AF824895

C.S. Lewis
Durchblicke

www.fontis-verlag.com

C. S. Lewis

Durchblicke

Texte zu Fragen über Glauben, Kultur und Literatur

Deutsche Erstveröffentlichung von Essays, Vorträgen, Briefauszügen und Passagen aus dem Werk von C. S. Lewis, ausgewählt, zusammengestellt und übersetzt von Norbert Feinendegen

fontis

MIX
Papier aus verantwortungsvollen Quellen
FSC® C014138

Bibliografische Information der Deutschen Nationalbibliothek
Die Deutsche Nationalbibliothek verzeichnet diese Publikation in der Deutschen Nationalbibliografie; detaillierte bibliografische Daten sind im Internet über www.dnb.de abrufbar.

Published by Fontis-Verlag Basel
under license from the C. S. Lewis Estate.
Rights Manager: Iona Teixeira Stevens, Harper Collins, London

2. Auflage 2022

Umschlag: Spoon Design, Olaf Johannson, Langgöns
Foto Umschlag: Andrey Armyagov / Shutterstock.com
Foto Umschlag (U4): Marion E. Wade Center
Foto Umschlag (Klappe vorne): Lotus_studio / Shutterstock.com
Foto Umschlag (Klappe hinten): Lotus_studio / Shutterstock.com
und (Lewis): Arthur Strong, 1947
Fotos im Anhang: © C. S. Lewis Estate
Satz: Samuel Ryba, Trnava, Slowakei
Druck: Finidr
Gedruckt in der Tschechischen Republik

ISBN 978-3-03848-168-3

Inhalt

EINFÜHRUNG ... 7
I. Philosophisch-theologische Durchblicke ... 9
II. Geistesgeschichtliche Durchblicke ... 19
III. Literaturwissenschaftliche Durchblicke ... 24

I. PHILOSOPHISCH-THEOLOGISCHE DURCHBLICKE ... 29
1. Hinter den Kulissen ... 29
2. Meditation in einem Geräteschuppen ... 35
3. Hedonik ... 40
4. Gespräch über das Fahrradfahren ... 46
5. Demokratische Erziehung ... 52
6. Meine erste Schule ... 57
7. «Bulverismus» oder Die Grundlage des Denkens des 20. Jahrhunderts ... 61
8. Schreckliche rote Dinger ... 69
9. Christliche Apologetik ... 74
10. Bevor wir miteinander reden können ... 93
11. Moderne Bibelübersetzungen ... 98
12. Bibelkritik oder Auslegung der Heiligen Schrift? ... 103
13. Die Geschichte Jesu – ein wahrer Mythos ... 108
14. Über die Angst Jesu ... 117
15. Gott und das Böse ... 121
16. Gott und das Leid ... 127
17. Der Schmerz der Tiere – Ein Problem für die Theologie ... 133
18. Vivisektion ... 141
19. Über den Unterschied von Katholizismus und Protestantismus ... 147
20. Christliche Wiedervereinigung. Ein Anglikaner spricht zu Katholiken ... 150

II. GEISTESGESCHICHTLICHE DURCHBLICKE 155
1. De descriptione temporum 155
2. Die Erscheinungen retten 173
3. Vorstellung und Denken im Mittelalter 180
4. Vom Modellcharakter aller Weltbilder 209
5. Hierarchie 216
6. Das Natur- und Menschenbild der Renaissance 227
7. Das leere Universum 241
8. Eine Weihnachtspredigt für Heiden 247
9. Xmas und Christmas: Ein verschollenes Kapitel aus Herodot . 253

III. LITERATURWISSENSCHAFTLICHE DURCHBLICKE 257
1. Bluspels und Flalansferes: Ein semantischer Alptraum 257
2. Was ist Dichtung? 278
3. Psychoanalyse und Literaturkritik 291
4. «Der Hobbit» 311
5. Tolkiens «Der Herr der Ringe» 314
6. Manchmal sagen Märchen am besten, was man sagen will.... 324
7. Über drei Weisen, für Kinder zu schreiben 328
8. Über Science-Fiction 344
9. Eine Replik auf Professor Haldane 361

Anmerkungen 377
Englisches Literaturverzeichnis 397
Anhang: Einige Fotos aus C. S. Lewis´ Leben 401

EINFÜHRUNG

Ein neuer C.S. Lewis? Nein, neu sind die in diesem Band versammelten Texte alle nicht. Lewis starb bereits 1963, und fast alle dieser Texte sind schon seit Jahren publiziert. Aber ja, sie sind insofern neu, als keiner dieser Texte bisher in deutscher Übersetzung vorlag. Da stellt sich natürlich die Frage: Lohnt sich eine solche Übersetzung denn jetzt noch? Hat C.S. Lewis uns heute, über 50 Jahre nach seinem Tod, noch etwas zu sagen? Und ist das, was er uns möglicherweise noch zu sagen hat, ausgerechnet in diesen verstreuten Texten zu finden, die in den bisherigen Übersetzungen seiner Werke nicht berücksichtigt wurden? Die Antwort ist ein klares: Ja, es lohnt sich!

In der Tat ist eine ganze Reihe wichtiger Texte von C.S. Lewis bisher noch nie in Deutsch erschienen. Die Gründe hierfür sind vielfältig; zum Teil handelt es sich um Vorträge und Essays, die an etwas abgelegenen Stellen publiziert wurden, oder um Abschnitte aus literaturwissenschaftlichen Arbeiten, oder um Passagen aus privaten Briefen.

Darunter befindet sich ein so grundlegender Vortrag wie «De descriptione temporum», Lewis' Antrittsvorlesung auf dem 1954 für ihn in Cambridge eingerichteten Lehrstuhl für die Literatur des Mittelalters und der Renaissance, in der er seine Sicht der Kultur- und Literaturgeschichte des Abendlandes präsentiert.

Und darunter befindet sich «Christliche Apologetik», ein Vortrag, in dem er die Grundzüge seiner apologetischen Methode darlegt.

Dazu kommt eine Reihe kurzer philosophischer Essays (man könnte sie fast schon «Miniaturen» nennen), in denen Lewis die Grenzen der bereits zu seiner Zeit dominierenden naturalistischen Weltsicht aufzeigt und für eine offenere Wahrnehmung der Welt in all ihrer Vielfalt und Reichhaltigkeit eintritt. Er verwendet hier zwar nicht den Ausdruck «Phänomenologie», aber es ist fast so etwas wie seine eigene phänomenologische Methode, die Lewis in diesen Essays entwickelt.

Ebenfalls unter diesen Texten sind Äußerungen zu literarischen Fragen, die ein neues Licht sowohl auf seine eigenen fantastischen Werke als auch auf den *Herrn der Ringe* seines Freundes J.R.R. Tolkien werfen.

Die vorliegende Zusammenstellung solcher Texte von C.S. Lewis, die bisher nicht in Deutsch vorlagen, ist dabei mehr als ein bloßes Sammelsurium von Stellungnahmen zu völlig unterschiedlichen Themen; diese Äußerungen bilden unverkennbar auch gedanklich eine Einheit. Und sie bieten zudem mehr als bloße Wege zu einem besseren Verständnis von C.S. Lewis: Sie können uns auch heute noch helfen, Orientierung zu gewinnen bei der Klärung unserer eigenen philosophisch-theologischen, geistesgeschichtlichen und literarischen Fragen.

Die Überlegungen, die er seinen Lesern in diesen Texten anbietet, kommen dabei auf den ersten Blick oft recht leicht daher, sie lassen sich aber nicht selten mit den Grundfragen unseres Glaubens und Denkens in Verbindung bringen. Dieses Bemühen, über die für uns Menschen wesentlichen Dinge in allgemein verständlicher Sprache zu sprechen, hat seine Wurzel in Lewis' Überzeugung, dass jemand, der nicht in der Lage ist, seine eigenen Glaubensüberzeugungen (ob nun religiös, philosophisch oder ästhetisch) in schlichter Sprache auszudrücken, entweder nicht weiß, was er eigentlich sagen will, oder selbst nicht hinter dem von ihm Behaupteten steht (vgl. Nr. I,9 «Christliche Apologetik» in diesem Band).

Dabei ist es erstaunlich, wie aktuell – und darum zum Teil auch herausfordernd – einige dieser Texte heute immer noch sind. In mancherlei Hinsicht kann man sie sogar als prophetisch bezeichnen: Es scheint, als habe Lewis schon zu seiner Zeit mit wachem Blick Entwicklungen wahrgenommen und auf sie aufmerksam gemacht, deren Bedeutung erst deutlich später allgemein erkannt werden sollte. Trotzdem war sein Gesprächskontext natürlich ein anderer als der unsrige heute in Deutschland, und auch das Herausgreifen einzelner Passagen aus umfangreicheren Werken von Lewis sowie die Vielzahl seiner literarischen Anspielungen macht einige erläuternde Hinweise erforderlich. Aus diesem Grund werden im Folgenden kurze Einführungen in die einzelnen Texte gegeben; zudem wurden auch die Anmerkungen an einigen Stellen deutlich über das hinaus erweitert, was Walter Hooper bei der Herausgabe der Texte im englischen Original für erforderlich hielt. An einigen wenigen Stellen wurden auch Angaben über von ihm vermutete Quellen literarischer Anspielungen berichtigt.[1] Um den Lesefluss nicht zu unterbrechen und klar zwischen den Texten von Lewis und den Hinweisen des Herausgebers zu unterscheiden, werden die Einführungen den Texten gemeinsam vorangestellt. Dies heißt jedoch nicht, dass es erforderlich wäre, diese Einführungen alle gelesen zu haben, bevor man mit der Lektüre von Lewis' Texten beginnt. Die meisten Leserinnen und Leser werden wohl eher (je nach Bedarf und Interesse) vor oder nach der Lektüre des jeweiligen Essays einen Blick auf sie werfen wollen.

Die ausgewählten Texte (die weit davon entfernt sind, den gesamten «Rest» des Werkes von Lewis in Deutsch zu präsentieren) ordneten sich bei der Zusammenstellung quasi von selbst in drei Gruppen von «Durchblicken», die nun die drei Hauptteile dieses Bandes ausmachen. Die Chronologie der Entstehung dieser Texte findet dabei ausdrücklich keine Berücksichtigung. Dies ist auch insofern nicht erforderlich, als mittlerweile als erwiesen gelten kann, dass das erwachsene (christliche) Denken von C.S. Lewis keinen wesentlichen Wandel mehr durchgemacht hat.[2] Am Ende des Bandes ist ein Verzeichnis mit Ausgaben der englischen Originaltexte von C.S. Lewis angefügt.

I. Philosophisch-theologische Durchblicke

1. «Hinter den Kulissen» (engl. «Behind the Scenes») erschien zuerst in «Time and Tide» (Nr. 37, 1. Dezember 1956). Was Lewis hier als den Kontrast zwischen dem Erscheinen der Dinge und Personen auf der Bühne der Welt und ihrem Sein hinter den Kulissen unserer (stets subjektiv gefärbten) Wahrnehmung skizziert, ist nicht weniger als eines

der großen Themen neuzeitlicher Philosophie. Es ist die Frage Kants, wie wir mit der Differenz zwischen Erscheinung (*Phainomenon*) und Ding an sich (*Noumenon*) umgehen sollen, es ist F.H. Bradleys Frage nach der Realität, die sich hinter dem subjektiven Erscheinen der Dinge in unserem Bewusstsein verbirgt. Lewis' Essay ist ein Plädoyer dafür, den Begriff «Realität» nicht für jene fernen Abstraktionen zu reservieren, die wir mit den Methoden naturwissenschaftlicher, philosophischer und psychologischer Erkenntnis aus der tatsächlichen Vielfalt unserer Erfahrungen herausdestillieren. *Alles* ist Realität, soweit es Teil unserer Erfahrungswelt ist, und hat als solches eine Bedeutung; nichts sollte von vorneherein ausgeschlossen werden, bloß, weil es nicht in unser aktuelles Weltbild passt oder nicht mit unseren (subjektiv ausgewählten!) wissenschaftlichen Erkenntnismethoden erfasst und auf den Begriff gebracht werden kann.

2. «Meditation in einem Geräteschuppen» (engl. «Meditation in a Toolshed») erschien erstmals am 17. Juli 1945 im «Coventry Evening Telegraph». Hinter dem Kontrast zwischen dem «Sehen entlang» und dem «Sehen auf etwas» verbirgt sich die für das Denken von Lewis zentrale Unterscheidung von «enjoyment» («Genuss») und «contemplation» («Betrachtung»), die er dem Buch *Space, Time and Deity* (1920) des australischen Philosophen Samuel Alexander entnahm[3] und die sich ganz ähnlich auch bei anderen Philosophen finden lässt. Lewis begründet in diesem Essay, weshalb unsere subjektive Weise des Erfahrens (= das Erscheinen der Dinge auf der Bühne der Welt) dem scheinbar objektiven Blick der Wissenschaften nicht unterlegen, sondern erkenntnistheoretisch *vorgeordnet* ist: Was die Phänomene sind, die wir in ihrem Entstehen wissenschaftlich zu erklären oder philosophisch zu deuten versuchen, wissen wir nur durch unsere Erfahrungen, und diese sind immer subjektiv. Damit nimmt er um fast 30 Jahre Thomas Nagels berühmten Essay «Wie ist es, eine Fledermaus zu sein?» (1974) vorweg, der in den Debatten der Analytischen Philosophie des Geistes den Vorrang der Erlebnisperspektive des Einzelnen erkenntnistheoretisch begründete.

3. «Hedonik» (engl. «Hedonics») erschien erstmals in «Time and Tide» (Nr. 26, 16. Juni 1945). In diesem Essay wendet Lewis die Grundgedanken der ersten beiden Essays bei der Reflexion einer eigenen konkreten Erfahrung von Sinn bzw. tiefer Freude an. Auch hier zeigt sich der Vorrang, den er den Phänomenen selbst einräumt, das heißt der konkreten Erfahrung in ihrer spezifischen Qualität. Dass wir eingebettet in das Prosaische unseres Alltags immer wieder Erfahrungen von besonderer Freude machen, ist für ihn nicht weniger eine Tatsache als das wissenschaftliche Faktum, dass Wasser bei normalem Luftdruck bei 100 Grad Celsius kocht. Eine Philosophie, die es ernst meint mit ihrem Erfahrungsbezug (und den Begriff der Erfahrung nicht von vorneherein reduktionistisch auf das naturwissenschaftlich Erfassbare einschränkt), muss auch für solche Erfahrungen offen sein und sie in ihre Deutung der Welt mit einbeziehen. Lewis sagt das in diesem Essay zwar nicht explizit, aber das gilt nach seiner Überzeugung natürlich auch für unsere religiösen Erfahrungen.

4. «Gespräch über das Fahrradfahren» (engl. «Talking about Bicycles») wurde erstmals im Oktober 1946 in der Zeitschrift *Resistance* veröffentlicht. Die Theorie einer «Entzauberung der Welt» durch Wissenschaft und Technik der Moderne wurde 1917 von dem deutschen Soziologen und Kulturkritiker Max Weber aufgestellt und auch in der englischsprachigen Welt breit rezipiert.[4] Bezeichnenderweise mehren sich heute die Stimmen, die für eine *Wieder-Verzauberung* (engl. *Re-Enchantment*) der Welt eintreten beziehungsweise eine solche bereits seit einiger Zeit im Gang sehen.[5] Eben hierfür trat Lewis in diesem Essay bereits vor gut 70 Jahren ein.

5. «Demokratische Erziehung» (engl. «Democratic Education») erschien erstmals in «Time and Tide» (Nr. 25, 29. April 1944) und liefert den Hintergrund für das abschließende Beispiel aus dem vorigen Essay. Es ist erstaunlich, mit welcher Klarheit Lewis bereits die Gefahr einer permanenten Nivellierung der Anforderungen *nach unten*

erkannte, die hinter dem (völlig berechtigten) Ruf nach Fairness oder Chancengleichheit in der Erziehung lauert. Immer weniger zu verlangen, um allen Schülern das Gefühl zu geben, gleich begabt zu sein (bzw. ohne jede Rücksicht auf das tatsächlich Geleistete das Recht auf einen guten Schulabschluss für alle zu fordern, wie das heute teilweise geschieht), hilft, so lautet die herausfordernde These von Lewis, letztlich niemandem: nicht einmal dem schwachen Schüler. Sie hilft ihm deshalb nicht, weil sie um den Preis einer falschen Selbstwahrnehmung erkauft ist, die die tatsächlichen Unterschiede im Leistungsvermögen ausblendet und so auf Dauer nur zu Enttäuschung und Frustration führen kann.

6. «Meine erste Schule» wurde erstmals in «Time and Tide» (Nr. 24, 4. September 1943) veröffentlicht, gut zehn Jahre, bevor Lewis dieser Schule in seiner Autobiografie *Überrascht von Freude* (engl. *Surprised by Joy* [1955]) ebenfalls ein Kapitel widmete. An beiden Stellen versucht er, seinen Lesern das Gute zu vermitteln, das die schwierige Zeit an dieser Schule ihm für sein Leben mitgegeben hat. Die Wynyard School in Watford, Hertfordshire war ein Internat, das von Robert Capron, einem äußerst grausamen und brutalen Schulleiter, geleitet wurde (in Anlehnung an das deutsche Konzentrationslager Bergen-Belsen nennt Lewis Watford daher in *Überrascht von Freude* auch «Belsen»). Die Schule stand bereits kurz vor dem Ruin, als Lewis im September 1908 dorthin kam, nicht einmal einen Monat nach dem frühen Krebstod seiner Mutter. Er besuchte das Internat bis Juli 1910, als es den Betrieb – nur fünf Schüler waren noch dort – endgültig einstellen musste. Erst gegen Ende seines Lebens bekam Lewis bestätigt, was er schon lange vermutet hatte: Robert Capron war geisteskrank gewesen; er starb im November 1911 in einem Heim für psychisch Kranke.

7. «‹Bulverismus› *oder* Die Grundlage des Denkens des 20. Jahrhunderts» (engl. «‹Bulverism,› or The Foundation of 20. Century Thought») wurde am 7. Februar 1944 als Vortrag im *Oxford University*

Socratic Club gehalten, dessen Präsident C.S. Lewis von 1941–1954 war. Der zweite Teil ist leider nur in der Form von Notizen der Sekretärin des *Socratic Club* überliefert. Die Tatsache, dass Lewis der Veröffentlichung von Vortrag und Notizen im «Socratic Digest» (Nr. 2, Juni 1944) zustimmte, belegt jedoch, dass er mit der Niederschrift seiner Ausführungen einverstanden war.[6] Dieser Essay präsentiert in Kurzform Lewis' zentrales Argument gegen den Naturalismus aus *Wunder* (engl. *Miracles* [1947/1960]). Er kritisiert aber auch in typisch Lewis'scher Manier die heute noch weit verbreitete Strategie, in öffentlichen Debatten das Zur-Geltung-Kommen echter Argumente zu verhindern, indem man über die vermeintlichen Gründe für die (als gegeben vorausgesetzte) Falschheit der Position seiner Gegner spekuliert.

8. «Schreckliche rote Dinger» (engl. «Horrid Red Things») wurde erstmals in der «Church of England Newspaper» (Nr. 51, 6. Oktober 1944) veröffentlicht, während Lewis gerade am Manuskript von *Miracles* arbeitete. *Miracles* enthält ein Kapitel mit demselben Titel, von dem dieser Essay eine Art Kurzfassung darstellt. Lewis betont in ihm zum einen die Notwendigkeit, über nicht mit unseren Sinnen wahrnehmbare Größen (wie z.B. unsere Vorstellungen von Gott) in Bildern und Metaphern zu sprechen; die ausführliche Begründung erfolgt in «Bluspels und Flalansferes», dem Essay Nr. III,1 im vorliegenden Band. Zum anderen betont er die Differenz zwischen unserem Denken und den unsere Denkakte unvermeidlich begleitenden Bildern. Dies macht nach seiner Ansicht eine Korrektur überkommener Glaubensvorstellungen möglich, die aber den eigentlichen Kern des christlichen Glaubens bewahrt.

9. «Christliche Apologetik» (engl. «Christian Apologetics») ist ein Vortrag, den C.S. Lewis Ostern 1945 in Carmarthen/Wales bei der «Carmarthen Conference for Youth Leaders and Junior Clergy» vor einer Versammlung von anglikanischen Priestern und Jugendleitern der Kirche von Wales hielt; erstmals veröffentlicht wurde der Text 1970 in

God in the Dock. Er erläutert in diesem Vortrag die Grundzüge seines eigenen apologetischen Vorgehens, weist aber auch darauf hin, dass sich nicht alles davon 1 : 1 in andere Kontexte übertragen lässt (noch nicht einmal auf die damalige Situation in der Kirche von Wales!); dies gilt natürlich umso mehr für unsere heutige Situation in Deutschland. Der Vortrag enthält dennoch wertvolle Anregungen, wie christliche Apologetik (bzw. Neuevangelisierung) heute aussehen könnte bzw. auch müsste. Besonders wichtig und aktuell ist Lewis' Feststellung, dass Apologetik nur dort gelingen kann, wo man sich immer wieder neu auf die Sprache seiner Adressaten einlässt.

10. «Bevor wir miteinander reden können» (engl. «Before We Can Communicate») erschien erstmals in der Zeitschrift «Breakthrough» (Nr. 8, im Oktober 1961). Lewis war gebeten worden, seine Gedanken darüber zu formulieren, wie es möglich ist, in einer modernen Zeit und Gesellschaft eine gelingende Kommunikation zwischen Christen und Nichtchristen auf den Weg zu bringen. Er fokussiert seine Antwort ganz auf einen Aspekt, den er bereits gut fünfzehn Jahre vorher in «Christliche Apologetik» betont hatte. Das größte Kommunikationshindernis ist ein *Sprachproblem*:[7] Viele (vor allem wenig gebildete) Leute verstehen einfach die Sprache von Theologie und Kirche nicht mehr. Es ist daher erforderlich, den christlichen Glauben immer wieder neu in die Umgangssprache einer gegebenen Zeit und Gesellschaft zu übersetzen. Dies, so betont Lewis, hat für den Übersetzer den positiven Nebeneffekt, dass er nicht umhinkann, sich selbst unmissverständlich klar zu machen, was er eigentlich sagen bzw. übersetzen will.

11. «Moderne Bibelübersetzungen» (engl. «Modern Translations of the Bible») erschien ursprünglich als eine Einführung in eine zeitgemäße Neuübersetzung der neutestamentlichen Briefe (J.B. Phillips, *Letters to Young Churches. A Translation of the New Testament Epistles* [1947]). In «Christliche Apologetik» hatte Lewis geschrieben, dass wir unsere Theologie immer wieder neu in die Sprache unserer Zeit übersetzen

müssen; hier sagt er nun dasselbe über unsere Bibelausgaben. Der Text lenkt die Aufmerksamkeit auf die Gefahren eines Festhaltens an den altbekannten Bibelübersetzungen, in England besonders an der King James Version von 1611, die bis heute einen großen (bei uns in etwa mit der Lutherbibel vergleichbaren) Einfluss auf das religiöse Denken und Empfinden ausübt. Und zudem korrigiert Lewis das weit verbreitete Missverständnis, die paulinischen Briefe würden eine Verzerrung der vermeintlich ursprünglicheren, schlichteren Liebesbotschaft Jesu darstellen. Nein, so Lewis, das exakte Gegenteil ist der Fall: Die Theologie des Paulus steht nicht im Widerspruch zum Jesusbild der Evangelien, sondern ist als den Lesern der (erst später geschriebenen) Evangelien bekannt vorauszusetzen.

12. «Bibelkritik oder Auslegung der Heiligen Schrift?» (engl. Titel «Letters to Malcolm. Letter XIIa») ist ein Kapitel, das Lewis dem Manuskript seines letzten theologischen Werkes *Letters to Malcolm* (1964, dt. Titel *Du fragst mich, wie ich bete*) nachträglich hinzufügte, um darin die Grundzüge seiner Auslegung der biblischen Schriften darzulegen. Lewis hatte bereits 1959 seine skeptische Haltung gegenüber der biblischen (Fach-)Exegese in dem Vortrag «Fern-seed and Elephants» (dt. Titel «Laiengeblök») mündlich erläutert, den Text aber (vermutlich aufgrund seiner kontroversen Natur) nicht publiziert. Dies mag ihn auf die Idee gebracht haben, das in *Letters to Malcolm* noch einmal in etwas vorsichtigerer Form zu tun. In diesem Text beschreibt er seine Position als eine kritische *Mittelposition* zwischen Fundamentalismus und Modernismus. Aus heute nicht mehr rekonstruierbaren Gründen wurde das Kapitel dennoch nicht mit veröffentlicht; es wurde in Lewis' Nachlass gefunden und erschien erstmals in der Zeitschrift «SEVEN» (Nr. 34, 2017).

13. «Die Geschichte Jesu – ein wahrer Mythos» ist eine Zusammenstellung von Passagen aus Briefen, die C.S. Lewis in den Monaten nach seiner Konversion zum Christentum an seinen Jugendfreund Arthur Greeves sowie seinen Bruder Warren schrieb. 1930 hatte Lewis

sich nach einem langen Weg des Nachdenkens und Reflektierens auf seine eigenen Erfahrungen vom Atheismus zur Anerkennung eines personalen Gottes durchgerungen. In der Nacht des 19. September 1931 führte er mit seinen Freunden Hugo Dyson und J.R.R. Tolkien ein langes Gespräch über das Wesen und die Natur des Mythischen und sein Verhältnis zum christlichen Glauben. Dieses Gespräch brachte ihn neun Tage später zum Glauben an Christus. Die hier ausgewählten Briefe (2000/2004 erstmals vollständig in Band I und II der *Collected Letters of C.S. Lewis* veröffentlicht) zeigen, wie Lewis sich mit dem neu gewonnen Glauben auseinandersetzt, ihn mit seiner eigenen Erfahrung von «Joy» verbindet und sein Verständnis der Inkarnation als ein «Mythos, der ein Faktum wurde» entwickelt.[8]

14. «Über die Angst Jesu» entstammt einem Brief von Lewis an seinen Studienfreund Owen Barfield vom August 1939 (erstmals veröffentlicht in *Letters of C.S. Lewis* [1966]). Der Text wirft einen Blick auf die Frage nach dem Verhältnis von Gottheit und Menschheit Jesu Christi. Indem Lewis dabei die Freiheit Jesu in den Mittelpunkt seiner Überlegungen stellt, bietet dieser kurze Abschnitt einen wichtigen Anknüpfungspunkt für ein neuzeitliches Verständnis der zwei Naturen Jesu.

15. «Gott und das Böse» ist einem Brief an Arthur Greeves vom 12. September 1933 entnommen; der Brief erschien erstmals 1979 in *They Stand Together. The Letters of C.S. Lewis to Arthur Greeves* (1914–63). Lewis beschreibt das Verhältnis des Menschen zu Gott hier bereits mittels einer humorvollen Analogie, die später wiederholt in seinen theologischen Schriften zum Einsatz kommen sollte: das Verhältnis eines Hundehalters zu seinem Hund (so z.B. in *Über den Schmerz* [engl. Titel *The Problem of Pain*, 1940]). Basis für das Verhältnis des Willens Gottes zu unserem fehlbaren menschlichen Willen ist die Auffassung des hl. Augustinus, das Böse habe kein eigenes Sein, sondern sei stets ein *Mangel* an Gutem. Lewis hielt diese Ansicht auch später für die einzig tragfähige Grundlage für eine Metaphysik des Guten.

16. «Gott und das Leid» ist eine Zusammenstellung von Abschnitten aus Briefen, die Lewis zwischen 1949 und 1959 schrieb, viele Jahre nach der Veröffentlichung von *Über den Schmerz*. Erstmals veröffentlicht wurden diese Briefe, die von einer vertieften Auseinandersetzung mit der Theodizeefrage zeugen, in *Letters of C.S. Lewis* (1988) sowie Band II und III der *Collected Letters of C.S. Lewis* (2004/2006).

Besonders deutlich ist dabei a) die christologische Orientierung von Lewis' Gedanken (Christus als Mitleidender; menschliches Leid als Leiden mit Christus) sowie die zentrale Bedeutung, die er dem Gedanken der Stellvertretung einräumt. Die Theorie und Praxis der *Stellvertretung* bildete den Mittelpunkt der Theologie seines Freundes Charles Williams, sie spielt aber auch eine zentrale Rolle in Lewis' Roman *Till We Have Faces* (1956, dt. Titel *Du selbst bist die Antwort*). Als der Knochenkrebs bei seiner Frau Joy 1957 zum Stillstand kam, während er selbst an Osteoporose erkrankte, deutete Lewis dieses Ereignis ebenfalls (vorsichtig) als einen Akt der Stellvertretung.

17. «Der Schmerz der Tiere: Ein Problem für die Theologie» (engl. «The Pains of Animals. A Problem for Theology») erschien erstmals im Februar 1950 in «The Month» (Nr. CLXXXIX). Der Essay ist eine Antwort auf die (dort ebenfalls abgedruckte) Kritik des britischen Philosophen C.E.M. Joad (1891–1953) am neunten Kapitel «Der Schmerz des Tieres» von *Über den Schmerz* und verdeutlicht einige Aspekte von Lewis' Haltung zum Problem des Schmerzes der Tiere. Joad war wie Lewis erst spät zum christlichen Glauben zurückgekehrt, wozu auch sein Auftritt im *Socratic Club* im Januar 1944 und die Lektüre von *Die Abschaffung des Menschen* (engl. *The Abolition of Man* [1943]) beigetragen hatten.

18. «Vivisektion» (engl. «Vivisection») erschien erstmals 1947 als Flugblatt der «New England Anti-Vivisection Society». Der Text knüpft insofern an den vorherigen Text an, als auch er Lewis' Skepsis bezüglich unseres möglichen Wissens über den Schmerz der Tiere betont. Und auch er nimmt das Leid der Tiere absolut ernst:

Stellt der nur schwer abzuweisende Anschein grundlosen Leidens im Tierreich bereits ein Problem für die Güte Gottes dar, so ist erst recht zu fragen, wie sich die Tatsache, dass Menschen Tieren bewusst Leid zufügen, mit den Grundprinzipien menschlicher Ethik vereinbaren lässt. Lewis betont: Handeln wir grausam gegenüber Tieren, so verhalten wir uns *in-human*; wir bleiben unter unserer eigenen Würde als Menschen. Und wir ebnen die Bahn für die Grausamkeit von Menschen gegenüber Menschen.[9]

19. «Über den Unterschied von Katholizismus und Protestantismus» ist ein Auszug aus Lewis' literaturwissenschaftlichem Standardwerk *The Allegory of Love* (1936). In diesem Abschnitt über Edmund Spensers epischen Ritterroman *The Faerie Queene* bringt Lewis die literarische Form der Allegorie in Verbindung mit den spezifischen religiösen Temperamenten von Katholizismus und Protestantismus (wozu für ihn auch der Anglikanismus zählt). Indem er das Verhältnis dieser beiden Konfessionen auf eine einzige Grunddifferenz zurückführt, wirft Lewis ein erhellendes Licht auf die Unterschiede, die Katholiken und Protestanten auch heute noch voneinander trennen. Dies schließt freilich nicht aus, dass es in beiden Konfessionen ihrerseits katholisierende und/oder protestantisierende Tendenzen in dem von ihm beschriebenen Sinn gibt.

20. «Christliche Wiedervereinigung» (engl. «Christian Reunion») wurde von Walter Hooper im Nachlass von C.S. Lewis gefunden und 1990 erstmals in der Sammlung *Christian Reunion* publiziert. Die Blätter, auf denen Lewis den Text mit der Hand notiert hat, legen nahe, dass er ca. 1944 entstand. Der Anlass ist nicht bekannt, der Text scheint aber auf Einladung von römisch-katholischer Seite geschrieben worden zu sein. Da Lewis es sonst stets ablehnte, sich zu ökumenischen Streitfragen zu äußern, ist dieser Text seine einzige ausdrückliche Stellungnahme zur Frage einer möglichen Wiedervereinigung von Anglikanern und Katholiken; dies erklärt vielleicht auch den vorsichtigen, eher beschreibenden Tonfall. Bemerkens-

wert (und auch heute noch bedenkenswert) ist seine abschließende Prognose, die Wiedervereinigung werde, wenn überhaupt, dann von den *Zentren* der verschiedenen Konfessionen aus erfolgen und nicht von ihren Rändern.

II. Geistesgeschichtliche Durchblicke

1. «De descriptione temporum» (dt. «Über die Beschreibung der Zeiten») ist C.S. Lewis' Antrittsvorlesung am 29. November 1954 auf dem neu für ihn eingerichteten Lehrstuhl für Literatur des Mittelalters und der Renaissance in Cambridge; erstmals veröffentlicht wurde der Text in *They Asked for a Paper* (1962). Bis 1954 war Lewis in Oxford fast dreißig Jahre lang Tutor für die Literatur des Mittelalters und der Renaissance gewesen, wo ihm jedoch aus politischen Gründen der Weg auf einen Lehrstuhl versperrt blieb. Er präsentiert und begründet in dieser Vorlesung eine Überzeugung, die seiner gesamten literaturwissenschaftlichen Arbeit wie auch seinem philosophisch-theologischen Denken zugrunde liegt: Der größte Bruch in der Geistesgeschichte des Abendlandes erfolgte nicht – wie von Autoren der Moderne zumeist behauptet – zwischen dem Mittelalter und der Renaissance (d.h. im 15./16. Jh.), sondern erst zu Beginn des 19. Jahrhunderts mit der Durchsetzung eines evolutiven Weltbildes und der Einbettung des Menschen in eine nun rein mechanisch verstandene Natur.

Die nachfolgenden Abschnitte dieses zweiten Teils illustrieren alle auf die eine oder andere Weise diese Überzeugung und reflektieren sie philosophisch. Man muss dabei nicht jeden der zahlreichen Autoren kennen, auf die Lewis verweist oder die er zitiert; seine Zitate und literarischen Bezüge dienen für gewöhnlich dazu, das allgemeine Empfinden oder die grundsätzliche Denkweise der jeweiligen Zeit zu charakterisieren.

2. «Die Erscheinungen retten» ist Kapitel II «Reservations» aus *The Discarded Image* (1964), C.S. Lewis' Einführung in die Literatur des

Mittelalters und der Renaissance. Dieses Buch geht auf Einführungsvorlesungen zurück, die Lewis zwischen 1931 und 1954 regelmäßig in Oxford hielt und welche er 1962 noch selbst für die Veröffentlichung vorbereitete. In ihm beschreibt er die Grundzüge des mittelalterlichen Weltbildes, die nach seiner Überzeugung auch dem literarischen Schrifttum der Renaissance noch zugrunde liegen; eine Unkenntnis dieses Weltbildes führt nach seiner Ansicht zu gravierenden Missverständnissen beim Lesen nahezu der gesamten vormodernen Literatur. In diesem Kapitel weist Lewis auf das Provisorische dieses Weltbildes hin – eine erkenntnistheoretische Beschränkung, die er auch für die Wahrnehmung unseres heutigen Weltbildes einfordert.

3. «Vorstellung und Denken im Mittelalter» (engl. «Imagination and Thought in the Middle Ages») besteht aus zwei Vorlesungen, die Lewis im Juli 1956 vor einer Gruppe von Zoologen in Cambridge hielt; erstmals veröffentlicht wurden sie 1966 in *Studies in Medieval and Renaissance Literature*. Sie bieten eine Art Kurzversion von *The Discarded Image* für ein breiteres Publikum: Während die meisten Leser dieses Buch durch seinen Umfang und die Fülle seiner literarischen Bezüge recht herausfordernd finden dürften, präsentiert «Vorstellung und Denken im Mittelalter» die Grundzüge des mittelalterlichen Weltbildes in einer leichter zugänglichen Form.

4. «Vom Modellcharakter aller Weltbilder» ist das abschließende Kapitel «Epilogue» aus *The Discarded Image*. Die hier präsentierten Reflexionen auf den Modellcharakter aller Weltbilder sind der Darstellung des mittelalterlichen Weltbildes zwar nur in der Form eines Epilogs nachgestellt, sie stellen aber nach Lewis' eigener Aussage dennoch eines der drei Hauptthemen des Buches dar.[10] Sie weisen dabei eine geradezu erstaunliche Ähnlichkeit zu den Analysen auf, die der US-amerikanische Philosoph Thomas Kuhn zur gleichen Zeit in seinem wissenschaftstheoretischen Klassiker *Die Struktur wissenschaftlicher Revolutionen* (1962) vortrug; der von Kuhn in diesem Buch eingeführte Begriff «Paradigma» trifft dabei ziemlich genau das, was

Lewis hier als «Modell» bezeichnet. Lewis prognostiziert am Ende des Kapitels, es werde nicht nur die Entdeckung neuer wissenschaftlicher Fakten, sondern auch ein Wandel auf geistiger Ebene sein, der das Ende unseres gegenwärtigen Modells von der Welt einläutet. Damit würde er heute gewiss die Zustimmung jener Philosophen finden, die darauf hinweisen, dass das im 20. Jh. vielfach als alternativlos behauptete naturalistische (neo-)darwinistische Paradigma inzwischen einen Großteil seiner Plausibilität eingebüßt hat.[11]

Die Texte «Die Erscheinungen retten» und «Vom Modellcharakter aller Weltbilder» bilden im vorliegenden Band die wissenschaftstheoretische Klammer um die Darstellung des mittelalterlichen Weltbildes – ganz so, wie Lewis sie auch in *The Discarded Image* seinen Lesern präsentiert.

5. «Hierarchie» ist Kapitel XI «Hierarchy» aus *A Preface to Paradise Lost* (1942), Lewis' Interpretation von John Miltons epischem Gedicht «Paradise Lost» (1667) über den biblischen Sündenfall. C.S. Lewis beschreibt in diesem Kapitel einen Aspekt antiker und mittelalterlicher Ethik, dessen Kenntnis nach seiner Überzeugung zum Verständnis nahezu aller Literatur aus der Zeit vor 1800 erforderlich ist: den Glauben an eine hierarchische Wertordnung im Kosmos, deren Störung notwendig Unheil und Verderben nach sich zieht. In *Die Abschaffung des Menschen* verteidigt Lewis den zentralen Gedanken dieser Konzeption, es gebe objektive Werte in der Natur, an denen der Mensch sich in seinem Handeln orientieren muss, ohne jedoch an der traditionellen Rangordnung der Werte in all ihren Details festzuhalten.[12] Dies verbietet ihm bereits sein Verständnis von Freiheit und Demokratie, das eine der alten Sicht vergleichbare Einteilung der menschlichen Gesellschaft in Stände oder soziale Ränge kategorisch ausschließt.

6. «Das Natur- und Menschenbild der Renaissance» ist dem Einführungskapitel «New Learning and New Ignorance» in Lewis' Literaturgeschichte *English Literature in the 16th Century* (1954) entnommen.

Auf diesen Seiten tritt Lewis der gängigen Ansicht entgegen, die im 16. und 17. Jahrhundert aufkommenden Naturwissenschaften hätten die ältere animistische Vorstellung von der Natur quasi von selbst verdrängt: im Gegenteil, nun blühten Astrologie und Magieglaube erst richtig auf. Heute wissen wir, dass die Naturwissenschaft dort Erfolg hatte, wo diese anderen vermeintlichen Wissenschaften versagten, doch in der Renaissance selbst verlief die Front nicht zwischen Naturwissenschaft und Aberglaube, sondern zwischen jenen, die an die Macht der Natur über den Menschen glaubten (Astrologen) und jenen, die an die Macht des Menschen über die Natur glaubten (Magier und Naturwissenschaftler). Von hier aus lässt sich eine weitere Brücke zu *Die Abschaffung des Menschen* schlagen, wo Lewis ebenfalls die ursprüngliche Verwandtschaft von Magier und Naturwissenschaftler betont und eindringlich vor den Folgen warnt, die das Streben nach uneingeschränkter Macht über die Natur nach sich zieht.[13]

7. «Das leere Universum» (engl. «The Empty Universe») entstand als Vorwort zu Douglas E. Hardings Buch *The Hierarchy of Heaven and Earth. A New Diagram of Man in the Universe* (1952). Der Text zeigt quasi im Zeitraffer, wohin Naturwissenschaft und philosophische Aufklärung letztlich führen, wenn sie die alte qualitative Betrachtung der Natur (einschließlich der Natur des Menschen) völlig aufgeben: in einen Nihilismus, in dem alles – auch der Mensch selbst – jeden Sinn und jede Bedeutung verloren hat. Diesen Nihilismus fand Lewis exemplarisch in *The Concept of Mind* (1950) seines Oxforder Philosophen-Kollegen Gilbert Ryle zum Ausdruck gebracht: Für Ryle war der Gedanke, der Geist oder die Seele des Menschen sei ebenso eine objektive Realität (ein substanzielles «Ding») wie die Gegenstände der physischen Natur, ein bloßes sprachliches Missverständnis.[14] Diese und ähnliche Thesen des Neopositivismus sind zwar heute überholt, doch das Programm lebt weiter in der Behauptung heutiger Hirnforscher, unser Glaube, ein für sein eigenes Tun verantwortliches Ich zu sein, sei eine vom Gehirn hervorgebrachte Illusion.

8. «Eine Weihnachtspredigt für Heiden» (engl. «A Christmas Sermon for Pagans») erschien im Dezember 1946 in «The Strand Magazine» (Band 112, Nr. 672). Dieser erst kürzlich wiederentdeckte Essay trägt unverkennbar die Handschrift von C.S. Lewis. Zum einen präsentiert er eine Überzeugung, die später auch in «De descriptione temporum» Thema sein wird: Es ist falsch, die Entchristlichung der Länder der westlichen Welt als einen Rückfall ins Heidentum zu beschreiben; die Heiden der Antike standen dem Christentum weitaus näher als der heutige Post-Christ. Deshalb kann eine Re-Christianisierung Europas auch nur dann gelingen, wenn die Menschen erst wieder zu Heiden (im antiken Sinn) werden. Den Grund hierfür nennt Lewis unter anderem auch in *Pardon, ich bin Christ* (engl. Titel *Mere Christianity* [1952]): Die christliche Erlösungsbotschaft spricht nur zu Personen, die anerkennen, dass es einen objektiven Standard für Recht und Unrecht (bzw. Gut und Böse) gibt, und die wissen, dass sie selbst immer wieder hinter diesem Standard zurückbleiben. Auch betont Lewis in diesem Essay nicht weniger deutlich als in *Die Abschaffung des Menschen* oder *Die böse Macht* (engl. Titel *That Hideous Strength* [1945]), dass das neuzeitliche Programm der Eroberung der Natur durch den Menschen unweigerlich zur Herrschaft von Menschen über Menschen führt.

9. «Xmas und Christmas. Ein verschollenes Kapitel aus Herodot» (engl. «Xmas und Christmas. A Lost Chapter from Herodotus») wurde erstmals in «Time and Tide» (Nr. 35, 4. Dezember 1954) veröffentlicht. Lewis schildert hier die englischen Weihnachtsbräuche seiner Zeit im Stil der *Historien* des griechischen Geschichtsschreibers Herodot (ca. 485–425 v. Chr.). Indem er dabei die Position des antiken Historikers einnimmt, der sich sehr über das wundert, was er da von anderen berichtet bekommt, kann er seinen Zeitgenossen humorvoll die Absurdität ihrer Weihnachtsbräuche vor Augen führen – die sich in mancherlei Hinsicht gar nicht so sehr von unseren heutigen Bräuchen unterscheiden.

III. Literaturwissenschaftliche Durchblicke

1. «Bluspels und Flalansferes. Ein semantischer Alptraum» (engl. «Bluspels und Flalansferes. A Semantic Nightmare») ist ein Vortrag, den C.S. Lewis am 3. Dezember 1936 vor dem «Philological Club» der Universität Manchester hielt; erstmals veröffentlicht wurde er 1939 in dem Essay-Band *Rehabilitations*. Bereits in den 1920er Jahren hatte sich Lewis in langen Debatten mit seinem Freund Owen Barfield mit dem Problem der Metaphorik der Sprache auseinandergesetzt. An deren Ende hatte die gemeinsame Erkenntnis gestanden, dass alle sprachlichen Ausdrücke, die sich nicht unmittelbar auf Objekte der Sinneswahrnehmung beziehen, notwendig metaphorisch sind – und dies trifft für nahezu unser gesamtes (auch unser wissenschaftliches) Sprechen zu. Als Konsequenz ergab sich daraus für Lewis, dass uns als Sprechenden letztlich nur drei Möglichkeiten offenstehen: a) die in unserer Sprache vergrabenen «toten» oder «versteinerten» Metaphern wiederzubeleben, b) bewusst neue Metaphern zu erfinden oder c) zu sprechen, ohne eine klare Vorstellung davon zu haben, was man eigentlich sagen will.[15] Diese in «Bluspels und Flalansferes» begründete Überzeugung ist die Basis sowohl für seine Kritik am pseudowissenschaftlichen Jargon seiner Zeit als auch für den bewussten und oft sehr erhellenden Einsatz von Bildern, Analogien und Metaphern in seinen eigenen Schriften.

2. «Was ist Dichtung?» ist ein Auszug aus einem 1939 unter dem Titel *The Personal Heresy* herausgegebenen Streitgespräch zwischen Lewis und dem Literaturkritiker E.M.W. Tillyard. Ausgangspunkt der Debatte war Lewis' Widerspruch gegen die von Tillyard in seinem Buch *Milton* (1930) vertretene Auffassung, Literatur sei in erster Linie als Ausdruck der Persönlichkeit des Dichters zu lesen. Nach Lewis' Ansicht geht es beim Lesen von Dichtung jedoch nicht darum, auf den Dichter zu schauen, sondern auf das, was dieser uns durch seine Dichtung zeigen will. Beide Autoren steuern jeweils drei Essays zu diesem Band bei, der hier vorliegende Abschnitt stammt

aus Lewis' drittem und abschließenden Beitrag (entstanden 1939). Er charakterisiert in diesem Text die Sprache des Dichters als eine Spezialisierung der Umgangssprache, die darauf abzielt, die Konkretheit und spezifische Qualität von Erfahrungen zu übermitteln.[16] Und er affirmiert die traditionelle, auf den römischen Dichter Horaz (65–8 v. Chr.) zurückgehende These, der Zweck von Literatur sei es, zu erfreuen und zu belehren.

3. «Psychoanalyse und Literaturkritik» (engl. «Psycho-analysis and Literary Criticism») ist der Titel eines Vortrags, den C.S. Lewis am 29. Januar 1940 vor einem Literaturclub am Oxforder Westfield College hielt; er wurde erstmals 1942 von der English Association in «Essays and Studies» (Nr. 27) publiziert.

Lewis setzt sich in diesem Vortrag kritisch mit zwei Thesen Sigmund Freuds (1856–1939) auseinander: a) der Behauptung, die bewegende Kraft hinter aller Literatur (ja sogar aller Kunst) seien unsere frühkindlichen Wünsche und b) der Behauptung, der Symbolismus imaginativer Werke ließe sich durchweg als Ausdruck der unbewussten Triebregungen des «Es» entschlüsseln.

Auch Carl Gustav Jungs (1875–1961) Theorie der Archetypen kommt zur Sprache, welche in der Tat in gewissem Maß mit Lewis' eigener Theorie des Mythischen konvergiert, der er aber nur einen geringen Erklärungswert für die große Wirkung solch universaler Bilder auf die menschliche Vorstellung zuerkennt. Lewis selbst hielt diesen Vortrag für so wichtig, dass er ihn 1962 in der Sammlung *They Asked for a Paper* erneut veröffentlichte.

4. «Der Hobbit» ist eine Zusammenstellung von zwei kurzen Besprechungen des Kinderbuches *The Hobbit* von J.R.R. Tolkien (1937). Die erste Besprechung erschien am 2. Oktober 1937 in «The Times Literary Supplement», die zweite am 8. Oktober 1937 in der Zeitschrift «The Times».

C.S. Lewis hatte die Entstehung der mythischen Welt seines Freundes Tolkien seit den 1920er Jahren mitverfolgt und wusste bei Erscheinen des *Hobbit*, dass in diesem Buch nur ein kleiner Ausschnitt einer weitaus umfangreicheren Mythologie für eine junge Leserschaft adaptiert worden war. Nicht ohne Grund hob er daher die Einmaligkeit und innere Stimmigkeit der Welt hervor, in der sich die Figuren bewegen: Tolkien hat seine Hobbits, Trolle, Elben, Orks und Drachen keineswegs bloß erfunden, er hat sie über Jahre hinweg in ihrem natürlichen Lebensraum persönlich studiert.

5. «Tolkiens ‹Der Herr der Ringe›» (engl. «Tolkien's ‹The Lord of the Rings›») ist aus zwei Besprechungen des berühmten Fantasywerkes von J.R.R. Tolkien zusammengestellt. Lewis hatte das Wachsen des *Herrn der Ringe* (1954/1955) nicht nur miterlebt, es war nicht zuletzt seiner beständigen Ermutigung zu verdanken, dass dieses gewaltige Werk schließlich veröffentlicht wurde.[17] Er besprach *The Fellowship of the Ring*, den ersten Doppelband des aus sechs einzelnen Büchern bestehenden Werkes, gleich nach dessen Erscheinen («Time and Tide», Nr. 35, 14. August 1954). Die anderen beiden Doppelbände *The Two Towers* und *The Return of the King* besprach er dann gemeinsam («Time and Tide», Nr. 36, 22. Oktober 1955).[18] Diese Rezensionen zeugen nicht nur von einer exzellenten Kenntnis der Welt des *Herrn der Ringe* und der Intentionen ihres Autors, sondern sie prophezeien auch bereits, dass dieses Werk ein Klassiker werden wird. Wichtige Aspekte von Lewis' eigenem Verständnis des Mythischen kommen dabei ebenfalls zur Sprache.

6. «Manchmal sagen Märchen am besten, was man sagen will» (engl. «Sometimes Fairy Stories Say Best What's to Be Said») erschien erstmals in der «New York Times Book Review» vom 18. November 1956. Schon zu Lewis' Lebzeiten kam der Vorwurf auf, seine *Narnia*-Geschichten (erschienen 1950–1956) seien simple Allegorien, konzipiert und geschrieben mit dem Ziel, Propaganda für das Christentum zu betreiben.

Lewis wehrt sich in diesem Essay gegen diesen Vorwurf: Die wahre Entstehungsgeschichte seiner Bücher ist um einiges komplexer, als die meisten Leser dies offenbar vermuten, und die Didaktik stand dabei keineswegs im Vordergrund. Auch sind die Narnia-Geschichten gar keine Allegorien (die eine 1 : 1-Übersetzung ihres Inhalts in die christliche Theologie erlauben würden), sondern der Gattung der «Fairy Tale» (dt. «Märchen») zuzurechnen.

7. «Über drei Weisen, für Kinder zu schreiben» (engl. «On Three Ways of Writing for Children») ist ein Vortrag, den C.S. Lewis vor der «British Library Association» (dt. «Bibliotheksgesellschaft») hielt; er wurde erstmals in ihren «Proceedings, Papers and Summaries of Discussions at the Bornemouth Conference 29th April to 2nd May 1952» veröffentlicht. Lewis erläutert hier genauer, was ihn an der literarischen Gattung der Fairy Tale besonders interessiert – und was ihn auch dazu brachte, sie als literarische Form für seine *Narnia*-Geschichten zu wählen. Zudem geht er auf den Vorwurf ein, Fairy Tales seien keine ernsthafte Literatur für Erwachsene, und tritt dem Vorwurf entgegen, sie würden eine Flucht aus der Realität darstellen. Lewis stellt dem eine Überzeugung entgegen, die er auch in vielen anderen seiner Werke verteidigt, nämlich die spezifische Form des *Realismus* von Mythos und Fairy Tale. Seine Verteidigung dieser Überzeugung macht dabei unverkennbar Gebrauch von seiner kritischen Auseinandersetzung mit Freuds psychoanalytischer Theorie der Literatur (vgl. den Essay Nr. III,3 «Psychoanalyse und Literaturkritik» in diesem Band).

8. «Über Science-Fiction» (engl. «On Science Fiction») wurde am 24. November 1955 dem «Cambridge University English Club» vorgetragen. Lewis erläutert in diesem Text, was er an der zu seiner Zeit in der Literaturwissenschaft überwiegend abschätzig betrachteten Gattung der Science-Fiction besonders schätzt. Dabei unterscheidet er zwischen verschiedenen Formen der Science-Fiction und stellt diese kurz vor. Seine Ausführungen zu Science-Fiction-Geschichten mit dem Charakter des Mythischen werfen ebenfalls ein erhellendes Licht auf Lewis' eigene Absichten beim Schreiben seiner interstella-

ren Romane. Bedenkenswert ist auch sein Plädoyer dafür (gerichtet an die Verächter der Science-Fiction), nur Dinge zu kritisieren, die man selber kennt und liebt: Wer nie Freude an einer Sache hatte, wird wohl kaum je in der Lage sein, die Faszination anderer zu verstehen, die sie bei der Beschäftigung mit ihr verspüren, und daher mit großer Wahrscheinlichkeit auch mit seinem Urteil über diese Sache in die Irre gehen.

9. «Eine Replik auf Professor Haldane» (engl. «A Reply to Professor Haldane») entstand in Reaktion auf die scharfe Kritik des britischen Biologen und Genetikers John Burdon Sanderson Haldane (1892–1964), erschienen im August 1946 im «Modern Quarterly» unter dem Titel «Auld Hornie, F.R.S.».

Lewis' Antwort auf Haldanes Vorwürfe gegenüber seinen fantastischen Science-Fiction-Romanen *Jenseits des schweigenden Sterns* (engl. Titel *Out of the Silent Planet* [1938]), *Perelandra* oder *Der Sündenfall findet nicht statt* (engl. Titel *Perelandra* [1943]) und *Die böse Macht* wurde erst posthum in der Essay-Sammlung *Of Other Worlds* (1966) veröffentlicht. Der Text ist leider nicht ganz vollständig erhalten, er wurde aber dennoch mit aufgenommen, da er wichtige Aspekte von Lewis' Sicht auf seine eigene interstellare Trilogie benennt und gegenüber dem Marxisten Haldane ausführlich die Gründe für sein Bekenntnis zur Demokratie darlegt.

Bonn, im Februar 2019
Dr. Norbert Feinendegen

I. PHILOSOPHISCH-THEOLOGISCHE DURCHBLICKE

1. Hinter den Kulissen

Wurde ich als kleiner Junge mit ins Theater genommen, so war es das Bühnenbild, was mich am meisten interessierte. Das Interesse war kein ästhetisches. Ohne Zweifel sahen die Gärten, Balkone und Paläste der edwardischen[19] «Szenerie» für mich hübscher aus, als sie es heute tun würden, aber darum ging es nicht. Eine hässliche Szenerie hätte mich nicht weniger angesprochen. Und noch weniger hielt ich diese Leinwandgemälde für Realitäten. Im Gegenteil, ich glaubte (und wünschte), alle Dinge auf der Bühne seien künstlicher, als sie es tatsächlich waren.

Trat ein Schauspieler in gewöhnlicher moderner Kleidung auf, so glaubte ich nie, dass er einen wirklichen Anzug mit echter Weste und Hose trug, die er auf gewöhnliche Weise anzog. Ich glaubte, er trage – und ich meinte irgendwie, er müsse tragen – eine Art von Theater-Overall, den er in einem überzog und der unsichtbar auf dem Rücken befestigt war. Der Bühnen-Anzug sollte kein Anzug sein; er sollte etwas völlig anderes sein, das trotzdem (daher das Vergnügen) vom Parkett aus wie ein Anzug aussieht. Das ist vielleicht der Grund, weshalb ich auch als Erwachsener weiter an die Theorie vom kalten Tee geglaubt habe, bis mir ein echter Schauspieler sagte, dass jemand, der eine Hauptrolle in einem Londoner Theater spielt, es sich leisten könne und sicherlich auch vorziehen würde, (nötigenfalls) auf eigene Kosten echten Whisky zu besorgen, anstatt jeden Abend kurz nach dem Abendessen ein Glas kalten Tee zu trinken.

Nein, ich wusste sehr genau, dass die Szenerie aus gemalter Leinwand bestand; dass die Räume und Bäume der Bühne, wenn man sie von hinten sehen würde, keineswegs wie Räume oder Bäume aussehen würden. Eben darin lag der Reiz. Das war die Faszination unseres Puppentheaters zuhause, bei dem wir unsere eigene Szenerie herstellten. Man schnitt ein Stück Pappe in der Form eines Turmes aus und bemalte es, und dann klebte man einen gewöhnlichen Spielzeug-Klotz auf die Rückseite, um es aufrecht hinzustellen. Das Entzücken bestand darin, vor und zurück zu gehen. Man ging nach vorne und da war dein Turm. Man ging nach hinten und dort – rohe braune Pappe und ein Klotz.

Im echten Theater konnte man nicht «dahinter» gehen, aber man wusste, dass es genauso sein würde. In dem Augenblick, in dem der Schauspieler in den Kulissen verschwand, betrat er eine andere Welt. Man wusste, dass es keine Welt von besonderer Schönheit oder besonderem Zauber war; jemand muss mir gesagt haben – zumindest glaubte ich das –, dass es eine eher triste Welt nackter Böden und geweißter Wände sei. Der Reiz lag in der Vorstellung, in der Lage zu sein, in drei Schritten in eine Welt hinein- und aus einer Welt heraustreten zu können.

Man wollte (in diesem Alter) kein Schauspieler sein, um Ruhm oder Applaus zu ernten, sondern lediglich, um dieses Vorrecht des Übergangs zu haben. Aus Garderoben und nackten Wänden und zweckmäßigen Fluren zu kommen – und plötzlich zu kommen – in Aladdins Höhle oder das Kinderzimmer der Darlings[20] oder was auch immer –, zu werden, was man nicht war, und zu sein, wo man nicht war – das schien höchst beneidenswert zu sein.

Das Beste war, wenn sich die Tür auf der Rückseite der Bühne öffnete und ein kleines Stück Flur freigab – unechter Flur natürlich, seine Paneele nur aus Leinen, um zu suggerieren (wovon man wusste, dass das nicht stimmte), dass der Raum auf der Bühne Teil eines ganzen Hauses war. «Man kann gerade noch einen kleinen Zipfel vom Flur im Spiegelhaus sehen ... und soweit man sehen kann, ist er unserem Flur sehr ähnlich; doch weißt du, weiter hinten kann es ganz anders sein.» So Alice zum Kätzchen.[21] Nur, dass der Bühnenflur einem keinen Raum für Mutmaßungen ließ. Man *wusste*, dass er «weiter hinten» ganz anders war; dass er aufhörte, überhaupt ein Flur zu sein.

Ich beneidete die Kinder in den Logen. Wenn man so weit zur Seite saß wie sie, dann konnte man vielleicht durch Recken des Halses den angedeuteten Flur entlang spähen und tatsächlich den Punkt sehen, an dem er aufhörte, zu existieren: die Verbindung zwischen dem Wirklichen und dem Scheinbaren.

Jahre später war ich «dahinter». Die Bühne war für ein elisabethanisches[22] Stück ausgestattet. Der Bühnenhintergrund stellte eine Palastfront dar, mit einem begehbaren Balkon in der Mitte. Ich stand (aus einer Perspektive) auf dem Palastbalkon, das heißt ich stand (aus der anderen Perspektive) auf einer Planke, die von einem Gerüst gestützt wurde, und schaute durch ein viereckiges Loch in einem Leinentuch hindurch. Es war ein sehr erhebender Moment.

Was, so frage ich mich, steckt hinter all dem? Und was, wenn überhaupt, folgt daraus? Ich habe keineswegs etwas gegen freudianische Erklärungen, vorausgesetzt, sie schließen nicht alle anderen Erklärungen aus.[23] Vermutlich wird jemand sagen, es könnte etwas mit frühkindlichen Fantasien über den weiblichen Körper zu tun haben. Es fühlt sich in keiner Weise so an. «Natürlich nicht», wird man mir antworten: «Das ist auch nicht zu erwarten, nicht mehr, als – lasst uns überlegen, was eine gute Parallele wäre – ja, nicht mehr, als dass die Räume und Wälder der Bühne von vorne wie eine Ansammlung merkwürdig geformter Latten und Leinentücher aussehen, die man vor einem ‹dahinter› liegenden staubigen, zugigen, weißgetünchten Ort angeordnet hat.»

Die Parallele ist ziemlich exakt. Der Komplex, der seinen Weg durch das Unbewusste schlängelt und sich plötzlich transformiert (und nur durch diese Transformation Zutritt erhält), während er in das einzige «Bewusstsein» eintritt, das ich jemals direkt kennen kann: Er ist wirklich wie der Schauspieler, der mit seinem nicht geschauspielerten Ausdruck durch die nackten, zugigen Kulissen geht und dann plötzlich als Mr. Darling im Kinderzimmer oder als Aladdin in der Höhle in Erscheinung tritt.

Doch erstaunlicherweise können wir die freudianische Theorie genauso leicht in das Vergnügen integrieren, mit dem ich begonnen habe, wie dieses Vergnügen in die freudianische Theorie. Ist unser Vergnügen an Tiefenpsychologie (das auch ich durchaus verspüre) nicht selbst ein Fall dieses Vergnügens am Kontrast zwischen «hinter den Kulissen» und «auf der Bühne»? Ich beginne mich zu fragen, ob uns dieser Kontrast im Theater nicht deshalb bewegt, weil er ein höchst passendes Symbol für etwas Universales ist.

Alle möglichen Gegenstände tun tatsächlich genau das, was der Schauspieler tut, wenn er durch die Bühnenflügel nach vorne tritt. Photonen oder Wellen (oder was immer es ist) kommen von der Sonne durch den Raum zu uns. Sie sind im wissenschaftlichen Sinn «Licht». Doch wenn sie in die Luft eintreten, werden sie «Licht» in einem anderen Sinn: was normale Menschen *Sonnenlicht* oder *Tag* nennen, jenes Brodeln von blauer oder grauer oder grüner Helligkeit, in dem wir uns bewegen, um zu sehen. Tag ist somit eine Art Kulisse.

Andere Wellen (diesmal der Luft) erreichen mein Trommelfell und wandern einen Nerv hinauf und reizen mein Gehirn. All dies geschieht hinter den Kulissen; ebenso geräuschlos, wie die getünchten Korridore des Theaters undramatisch sind. Dann treten sie irgendwie (ich habe es nie erklärt gesehen) auf die Bühne (niemand kann mir sagen, *wo* diese Bühne ist) und werden, sagen wir, die Stimme eines Freundes oder die *Neunte Sinfonie*. Oder natürlich das Radio meines Nachbarn; der Schauspieler kann auf die Bühne treten, um eine schwatzhafte Rolle in einem schlechten Stück zu spielen. Aber jedes Mal findet diese Transformation statt.

Biologische Bedürfnisse, die vorübergehende physiologische Zustände hervorrufen oder durch sie stimuliert werden, steigen hoch in das Gehirn eines jungen Mannes, treten auf die mysteriöse Bühne und erscheinen als «Liebe» – sei es (denn dort werden alle Arten von Stücken aufgeführt) die von Dante gefeierte Liebe, die Liebe eines Guido oder die eines Mr. Guppy.[24]

Wir können dies den Kontrast von Realität und Erscheinung nennen. Doch vielleicht wird uns die Tatsache, dass wir ihm zuerst im Theater begegnet sind, vor der drohenden Abwertung bewahren, die in dem Wort «Erscheinung» lauert. Denn natürlich ist im Theater das Stück, die «Erscheinung», die Sache. All die «Realitäten» hinter den Kulissen existieren nur um seinetwillen und sind nur insofern von Belang, als sie ihm dienen. Eine gute, neutrale Parabel ist Schopenhauers Geschichte von den zwei Japanern, die ein englisches Theater besuchen.[25] Der eine bemühte sich, das Stück zu verstehen, obwohl er von der Sprache kein Wort verstand. Der andere bemühte sich, zu verstehen, wie die Szenerie, die Beleuchtung und die übrige Maschinerie funktionieren, obwohl er noch nie hinter den Kulissen eines Theaters gewesen war. «Hier», sagt Schopenhauer, «haben wir den Philosophen und den Naturwissenschaftler.» Aber statt «Philosoph» hätte er auch «Dichter», «Liebhaber», «Glaubender», «Bürger», «sittlich Handelnder» oder «normaler Mensch» sagen können.

Aber beachten wir, dass Schopenhauers Parabel in zweierlei Hinsicht zusammenbricht. Der erste Japaner hätte versuchen können, Englisch zu lernen; aber wurde uns jemals eine Grammatik oder ein Wörterbuch gegeben, können wir den Lehrer der Sprache finden, in der dieses universelle Drama gespielt wird? Einige (ich gehöre zu ihnen) würden sagen: Ja; andere würden sagen: Nein; die Debatte geht weiter. Und der andere Japaner hätte versuchen können – hätte an Drähten ziehen und Erläuterungen erhalten können –, Zugang zum Bereich hinter den Kulissen zu bekommen und die Dinge hinter der Bühne selbst in Augenschein zu nehmen. Er wusste zumindest, dass es solche Dinge gab.

Uns sind beide dieser Möglichkeiten nicht gegeben. Niemand kann je «dahinter» gehen. Niemand kann, in irgendeinem normalen Sinn, ein Photon, eine Schallwelle oder das Unbewusste treffen oder erfahren. (Dies mag einer der Gründe sein, weshalb uns der Besuch eines Theaters fasziniert; wir tun etwas, das uns in den meisten Fällen nicht möglich ist.) Wir sind im äußersten Fall nicht einmal absolut sicher, dass diese Dinge überhaupt existieren. Sie sind Konstrukte, Dinge, die angenommen werden müssen, um unsere Erfahrung zu erklären, die aber niemals selbst erfahren werden. Sie mögen mit großer Wahrscheinlichkeit angenommen werden, doch letztlich sind sie hypothetisch.

Selbst die Existenz der Schauspieler außerhalb der Bühne ist hypothetisch. Vielleicht existieren sie gar nicht, bevor sie die Bühne betreten. Und wenn sie es doch tun, dann mögen sie, da wir nicht dahinter gehen können, in ihrem Leben und Charakter jenseits der Bühne ganz anders sein, als wir uns das vorstellen, und sehr verschieden voneinander.

2. Meditation in einem Geräteschuppen

Ich stand heute im dunklen Geräteschuppen. Draußen schien die Sonne und durch einen Spalt am oberen Ende der Tür kam ein Sonnenstrahl herein. Von dort, wo ich stand, war dieser Lichtstrahl mit den sich in ihm bewegenden Staubkörnchen die auffälligste Gegebenheit im Raum. Alles andere war nahezu stockdunkel. Ich sah den Strahl, aber keine Dinge durch ihn.

Dann bewegte ich mich und der Strahl traf meine Augen. Sofort verschwand das vorherige Bild. Ich sah keinen Geräteschuppen mehr und (vor allem) keinen Strahl. Stattdessen sah ich, umrandet von der unregelmäßigen Ritze am oberen Ende der Tür, grüne Blätter, die sich draußen auf den Ästen eines Baumes bewegten, und dahinter, gut neunzig Millionen Meilen entfernt, die Sonne. Am Strahl entlang sehen und auf den Strahl sehen sind zwei völlig verschiedene Erfahrungen.

Aber das ist nur ein sehr einfaches Beispiel für den Unterschied zwischen dem Sehen auf etwas und dem Sehen entlang von etwas. Ein junger Mann trifft ein Mädchen. Die ganze Welt sieht anders aus, wenn er sie sieht. Ihre Stimme erinnert ihn an etwas, von dem er sein ganzes Leben lang versucht hat, sich daran zu erinnern, und zehn Minuten Unterhaltung mit ihr sind kostbarer als alle Gefälligkeiten, die ihm alle übrigen Frauen der Welt erweisen könnten. Er ist, wie man sagt, «verliebt». Nun kommt ein Wissenschaftler und beschreibt diese Erfahrung von außen. Für ihn ist das alles eine Sache der Gene des jungen Mannes, ein wohlbekannter biologischer Impuls. Das ist der Unterschied zwischen einem Sehen *entlang* des sexuellen Impulses und einem Sehen *auf* ihn.

Haben wir uns einmal daran gewöhnt, diese Unterscheidung zu machen, so werden wir täglich Beispiele für sie finden. Der Mathematiker sitzt und denkt nach, und ihm scheint, er betrachte zeitlose und raumlose Wahrheiten über mathematische Größen. Doch der Hirnphysiologe, könnte er in den Kopf des Mathematikers blicken, würde dort nichts Zeit- und Raumloses finden – nur kleine Bewegungen in der grauen Gehirnmasse. Der Wilde tanzt vor Nyonga und fühlt mit jedem Muskel, dass sein Tanz dazu beiträgt, die neuen Grünpflanzen und den Frühlingsregen und die Babys hervorzubringen. Der Anthropologe, der diesen Wilden beobachtet, stellt fest, dass dieser ein Fruchtbarkeitsritual des Typs Soundso vollzieht. Das Mädchen weint über seine zerbrochene Puppe und hat das Gefühl, einen echten Freund verloren zu haben; der Psychologe sagt, ihr aufkeimender mütterlicher Instinkt sei vorübergehend auf ein geformtes und bemaltes Stück Kunststoff übergeflossen.

Haben wir diese einfache Unterscheidung einmal verstanden, so ergibt sich daraus ein Problem. Wir erhalten eine Erfahrung einer Sache, wenn wir ihr entlang blicken, und eine andere, wenn wir auf sie blicken. Welches ist die «wahre» oder «gültige» Erfahrung? Welche sagt uns am meisten über die Sache? Und wir können diese Frage kaum stellen, ohne zu bemerken, dass in den letzten gut fünfzig Jahren jedermann die Antwort für selbstverständlich hielt. Es galt als ausgemacht, dass wir, um die wahre Beschreibung von Religion zu erhalten, nicht religiöse Menschen fragen müssen, sondern Anthropologen, dass wir, um die Wahrheit über erotische Liebe zu erfahren, nicht zu Liebenden gehen müssen, sondern zu Psychologen, dass wir, um eine «Ideologie» zu verstehen (wie das mittelalterliche Rittertum oder die Vorstellung des 19. Jahrhunderts von einem «Gentleman»), nicht auf jene hören müssen, die sie innerlich gelebt haben, sondern auf Soziologen.

Es ging durchweg nach den Vorstellungen jener, die *auf* die Dinge sehen; die Leute, die *entlang* der Dinge sehen, hat man eingeschüchtert und zum Schweigen gebracht.

Man hält es inzwischen sogar für selbstverständlich, dass die äußere Beschreibung einer Sache die von innen gegebene Beschreibung irgendwie «entlarvt» oder als falsch widerlegt. «All diese moralischen Ideale, die von innen so transzendental und so schön aussehen», sagt der Besserwisser, «sind in Wahrheit nichts als eine Ansammlung biologischer Instinkte und ererbter Tabus.» Und niemand dreht den Spieß um und erwidert: «Wenn du dich nur in die Innenperspektive begeben würdest, würden die Dinge, die für dich wie Instinkte und Tabus aussehen, plötzlich ihre wahre, transzendentale Natur offenbaren.»

Das ist in der Tat die ganze Grundlage der spezifisch «modernen» Denkweise. Und ist es nicht, so könnte man fragen, eine höchst vernünftige Denkweise? Denn schließlich täuscht uns der Blick von innen oft genug. Das Mädchen zum Beispiel, das uns so wunderbar erscheint, solange wir in es verliebt sind, kann in Wahrheit eine sehr unattraktive, dumme und unsympathische Person sein. Der Tanz des Wilden vor Nyonga lässt nicht wirklich das Saatgut wachsen. Hat uns der Blick entlang von etwas schon so oft getäuscht, sind wir dann nicht besser beraten, nur dem Blick auf etwas zu trauen – also in der Tat all diese Innenerfahrungen als wertlos zu betrachten?

Nein, das sind wir nicht. Es gibt zwei gravierende Einwände, die dagegen sprechen, sie *alle* zu missachten. Der erste Einwand ist der folgende: Wir können nicht nachdenken – und daher auch nicht richtig nachdenken –, wenn wir nichts haben, *worüber* wir nachdenken können. Ein Physiologe kann zum Beispiel Schmerz untersuchen und feststellen, dass er dieses oder jenes neuronale Ereignis «ist» (was immer *ist* bedeutet). Doch das Wort *Schmerz* hätte für ihn keine Bedeutung, wenn er nicht durch eigenes Leiden selbst einmal «innen gewesen» wäre. Hätte er niemals *entlang* von Schmerz geblickt, so wüsste er einfach nicht, *worauf* er schaute. Das eigentliche Objekt seiner Untersuchungen von außen existiert für ihn nur deshalb, weil er, zumindest ein Mal, innen war.

Dieser Fall wird wohl kaum je eintreten, weil jeder Mensch schon einmal Schmerz empfunden hat. Doch es ist sehr wohl möglich, sein ganzes Leben lang Erklärungen über Religion, Liebe, Moral, Ehre und so weiter abzugeben, ohne sie jemals von innen erlebt zu haben. Und wenn wir das tun, so hantieren wir lediglich mit Spielmarken. Wir erklären ein Ding, ohne zu wissen, was es ist. Das ist der Grund, weshalb ein Großteil des modernen Denkens genau genommen Nachdenken über gar nichts ist – der ganze Denkapparat, sich emsig im Leeren drehend.

Der andere Einwand ist der folgende: Gehen wir zurück in den

Geräteschuppen. Ich mag abgetan haben, was ich beim Blick entlang des Lichtstrahls gesehen habe (d.h. die sich bewegenden Blätter und die Sonne), weil dieser «in Wahrheit nur ein Streifen staubigen Lichts in einem dunklen Schuppen» war. Das heißt, ich könnte mich darauf festgelegt haben, meine «Seitenansicht» des Lichtstrahls als die «wahre» zu betrachten. Doch diese Seitenansicht selbst ist ebenfalls ein Fall jener Tätigkeit, die wir «Sehen» nennen. Und dieser neue Fall könnte ebenfalls von außen betrachtet werden. Ich könnte mir von einem Wissenschaftler erklären lassen, dass das, was ein Lichtstrahl in einem Schuppen gewesen zu sein schien, «in Wahrheit nur eine Erregung meiner Sehnerven» war. Und das wäre ebenso gut (oder schlecht) eine Weg-Erklärung wie die vorherige. Das Bild des Lichtstrahls im Werkzeugschuppen müsste nun ebenso beiseitegelegt werden wie das vorherige Bild der Bäume und der Sonne. Und wo stehen wir dann?

Mit anderen Worten, wir können aus einer Erfahrung nur heraustreten, indem wir in eine andere Erfahrung eintreten. Deshalb werden wir, wenn alle Innenerfahrungen in die Irre führen, immer in die Irre geführt. Der Hirnphysiologe kann, wenn er will, sagen, das Denken des Mathematikers sei «nur» kleine physische Bewegungen in der grauen Masse. Aber was ist dann mit dem Denken des Physiologen selbst in eben diesem Moment? Ein zweiter Hirnphysiologe könnte, wenn er darauf blickt, es ebenfalls zu nicht mehr als kleinen physischen Bewegungen im Schädel des ersten Physiologen erklären. Wo soll dieser Unsinn nur enden?

Die Antwort ist, dass wir erst gar nicht erlauben dürfen, dass dieser Unsinn beginnt. Wir müssen, um dem Irrsinn zu entgehen, von Anfang an bestreiten, dass das Sehen *auf* etwas grundsätzlich und wesenhaft wahrer oder besser ist als das Sehen *entlang* von etwas. Man muss *entlang* jeder und zugleich *auf* jede Sache blicken. In bestimmten Fällen werden wir Gründe finden, die eine oder die andere Sichtweise als unterlegen zu betrachten. So muss zum Beispiel die Innensicht rationalen Denkens wahrer sein als die Außensicht, die nur Bewegungen der grauen Masse sieht, denn wenn die Außensicht die richtige wäre, wäre alles Denken (diesen Gedankengang eingeschlossen) wertlos, und das widerspricht sich selbst. Es kann keinen Beweis geben, dass es keine Beweise gibt. Auf der anderen Seite mag die Innensicht des Tanzes des Wilden vor Nyonga als Täuschung erkannt werden, weil wir Gründe für die Annahme finden, dass Saatgut und Babys nicht wirklich von ihm beeinflusst werden.

Wir müssen in der Tat jeden Fall für sich betrachten. Aber wir müssen ohne Vorurteile für oder gegen eine der beiden Sichtweisen beginnen. Wir wissen nicht im Voraus, ob der Liebende oder der Psychologe die zutreffendere Darstellung von Liebe gibt, ob beide Darstellungen in ihrer jeweiligen Weise gleichermaßen zutreffend sind, oder beide gleichermaßen falsch. Wir müssen es halt herausfinden. Aber die Zeit des Einschüchterns muss enden.

3. Hedonik

Es gibt Freuden, deren Ursachen man nahezu unmöglich benennen kann und die nur sehr schwer zu beschreiben sind. Ich habe gerade eine solche Freude erlebt, als ich mit der U-Bahn von Paddington nach Harrow fuhr. Ich bin mir keineswegs sicher, ob es mir gelingen wird, Ihnen davon eine Vorstellung zu vermitteln, doch meine einzige Chance besteht darin, Sie von Anfang an mit der Tatsache vertraut zu machen, dass ich bin, was man früher ein Landei nannte. Abgesehen von einer kurzen Weile in einem Londoner Krankenhaus während des letzten Krieges habe ich nie in London gelebt. Daher kenne ich es nicht nur schlecht, sondern habe auch nie gelernt, es als einen ganz normalen Ort zu betrachten. Wenn ich auf dem Rückweg von einem meiner Besuche unter die Erde tauche, um nach Paddington zu gelangen, weiß ich nie, ob ich an der Treppe unter dem Hotel oder an einem anderen Ort am Ende der Abfahrtsgleise wieder ans Tageslicht komme. «Alles ist Schicksal», soweit es mich betrifft; ich muss auf beides gefasst sein, wie ich auf Nebel, Regen oder Sonnenschein gefasst sein muss.

Doch die größte *terra incognita*[26] von ganz London sind für mich die Vororte. Swiss Cottage oder Maida Vale sind für mich, wenn auch nicht gerade Namen wie Samarkand oder Orgunje,[27] so doch zumindest Namen wie Winnipeg oder Tobolsk. Das war das erste Element in meiner Freude. Als ich nach Harrow aufbrach, würde ich auf jeden Fall in jene mysteriöse Region vordringen, die zu London gehört und die doch völlig anders ist als jenes London, das ein Landei kennt. Ich kam an jene Orte, aus denen all die Londoner wirklich kamen, die man auf den Straßen und in den Bussen traf, und in die sie alle zurückkehrten.

Denn die Innenstadt von London ist in einem tiefen Sinn des Wortes kaum *bewohnt*. Leute halten sich hier auf (ich nehme wahr, dass es hier Hotels gibt), aber wenige leben dort. Es ist die Bühne; die Garderoben und der Aufenthaltsraum für die Künstler, die ganze Welt «hinter den Kulissen» ist woanders – und dorthin fuhr ich.

Vielleicht sollte ich besser versuchen, Sie zu überzeugen, dass ich das nicht ironisch meine. Sie müssen mir glauben, dass all diese Namen wie «Tal», «Wald» und «Park»,[28] die für Londoner so gewöhnlich sind, für meine Ohren eine Art Zauberformel sind. Ich habe nie verstehen können, weshalb die Tatsache, dass jemand in der Vorstadt wohnt, komisch oder verachtenswert sein sollte.[29] Ich habe tatsächlich für einige Jahre immer mal wieder versucht, ein Gedicht zu vollenden, das (wie so viele meiner Gedichte) nie über die ersten beiden Zeilen hinausgekommen ist:

Who damned suburbia?
«I», said Superbia.[30]

Es gibt in der Tat nur einen Weg, auf dem ein Londoner meine Empfindung verstehen kann. Wenn es ihm Freude bereitet, für einen Augenblick zu sehen, wie London sich mir darstellt, dann ist diese Freude – die Freude, ein Ding verkehrt herum zu sehen, worin die Magie aller Spiegel besteht – dieselbe Art von Freude, die ich aus der bloßen Vorstellung der Vororte ziehe. Denn an sie zu denken heißt, zu denken, dass etwas, das für mich so wenig nach Heimat aussieht wie London, für andere Menschen einfach ihre Heimat ist. Das ganze Muster dreht sich um und stellt sich auf den Kopf.

Es war am frühen Abend, als meine Fahrt begann. Der Zug war voll, aber nicht unangenehm voll, mit Leuten, die nach Hause fuhren. Es ist wichtig, darauf zu bestehen – Sie werden in einem Augenblick verstehen, warum –, dass ich mir über sie keine Illusionen gemacht habe. Hätte mich jemand gefragt, ob ich diese Leute für besonders gute oder glückliche oder kluge Menschen halte, so hätte ich völlig wahrheitsgemäß mit Nein geantwortet. Mir war völlig klar, dass wahrscheinlich nicht einmal zehn Prozent der Heime, zu denen sie zurückkehrten, auch nur für jene eine Nacht frei sein würden von Missstimmung, Eifersucht, Niedergeschlagenheit, Angst oder Sorge. Und doch – ich konnte nicht anders –, das Klicken all jener Gartentore, das Öffnen all jener Haustüren, der nicht analysierbare

Geruch in all jenen Hausfluren, das Aufhängen all jener Hüte kam über meine Vorstellung wie das Schmeicheln eines halb erinnerten Musikstücks.

Das häusliche Leben anderer besitzt einen außerordentlichen Zauber. Jedes erleuchtete Haus, das man von der Straße aus sieht, ist magisch; jeder Kinderwagen oder Rasenmäher im Garten eines anderen, alle Gerüche oder Anzeichen von Kochen durch die Fenster fremder Küchen. Ich will mich in keiner Weise über unser häusliches Leben lustig machen. Die Freude ist auch diesmal die Freude des Spiegels – die Freude, etwas als Äußeres zu sehen, was für andere ein Inneres ist, und sich bewusst zu sein, dass man dies so sieht. Manchmal spielt man das Spiel auch anders herum.

Dann kamen andere Dinge hinzu. Als wir weiterfuhren, war da der Zauber, in den abendlichen Sonnenschein zu fahren, aber immer noch in einer tiefen Rinne – als wenn der Zug in der Erde schwimmen würde, anstatt über ihr zu segeln wie ein richtiger Zug oder sich unter ihr zu schlängeln wie eine richtige U-Bahn. Da war der Zauber plötzlicher Stille an Stationen, von denen ich noch nie gehört hatte und wo wir für lange Zeit zu halten schienen. Da war die Neuheit, ohne Menschenmenge und ohne künstliches Licht in einer solchen Art von Waggon zu sein. Aber ich muss nicht versuchen, alle Bestandteile aufzuzählen. Der Punkt ist, dass all diese Dinge miteinander bei mir ein Maß an Glück hervorbrachten, dessen Grad ich besser nicht beziffern sollte, weil Sie sonst glauben würden, dass ich übertreibe.

Aber halt, «hervorbrachten» ist der falsche Ausdruck. Sie haben mir diese Freude nicht übergestülpt, sie haben sie mir angeboten. Ich war frei, zu entscheiden, sie anzunehmen oder nicht – wie ferne Musik, der man nicht zuhören muss, wenn man nicht will; wie ein köstlicher, sanfter Wind auf dem Gesicht, den man leicht ignorieren kann. Man war eingeladen, sich ihr hinzugeben. Und das Merkwürdige ist, dass da etwas in mir war, das mir nahelegte, es sei «vernünftig», die Einladung abzulehnen; als wenn ich besser fahren würde, wenn ich mich daran erinnerte, dass ich einen Job zu erledigen habe, der mir nicht allzu viel Spaß macht, und dass ich eine sehr ermüdende Rückfahrt nach Oxford haben würde. Dann habe ich diesen inneren Besserwisser zum Schweigen gebracht. Ich nahm die Einladung an – öffnete mich für diese zarte, kaum greifbare, kribbelnde Einladung. Den Rest der Fahrt verbrachte ich in einem Zustand, der nur als Glückseligkeit beschrieben werden kann.

Ich berichte das alles nicht, weil ich meine, dass mein Erlebnis, bloß als mein Erlebnis, von irgendeinem allgemeinen Interesse wäre, sondern weil ich vermute, dass den meisten Leuten schon Ähnliches passiert ist. Stimmt es nicht, dass die tatsächliche Qualität des Lebens, wie wir es leben – das *Wetter* des Bewusstseins von Augenblick zu Augenblick – entweder wesentlich lockerer oder aber wesentlich subtiler mit dem verbunden ist, was wir oft unser «wirkliches» Leben nennen? Gibt es da nicht in Wirklichkeit zwei Leben? In dem einen kommt all das vor, worüber (sollten wir bedeutende Personen sein) unsere Biografen schreiben würden; all das, was wir normalerweise Glück oder Unglück nennen und zu dem wir Gratulationen oder Kondolenzen erhalten. Aber Seite an Seite damit und es begleitend wie jenes Geisterabteil, das wir durch die Fenster eines Zugs in der Nacht sehen, verläuft etwas anderes. Wir können es ignorieren, wenn wir wollen, aber es bietet uns beständig an, hineinzukommen. Enorme Freuden, niemals recht in Worte zu fassen, manchmal (wenn wir nachlässig sind) nicht einmal gewürdigt oder erinnert, überkommen uns aus diesem Bereich.

Daher auch die grundlose Freude, die einen manchmal ausgerechnet in den Stunden überkommt, die nach allen objektiven Kriterien die unglücklichsten hätten sein sollen. Sie werden mich fragen, ob das nicht in beiden Richtungen gilt. Gibt es nicht auch düstere und grauenhafte Besucher aus diesem zweiten Leben – unerklärliche Verdunklungen, wenn alles «gut» geht, wie wir es nennen? Ich denke, es gibt sie, aber ehrlich gesagt habe ich sie wesentlich seltener erlebt. Man ist öfter glücklich ohne erkennbaren Grund als unglücklich.[31]

Sollte ich recht haben mit meiner Vermutung, dass andere ebenfalls diese gelegentliche und unerwartete Einladung nach Eden verspüren, so vermute ich, dass andere auch den inneren Besserwisser, den *Gefängniswärter* kennen, der uns verbietet, diese Einladung anzunehmen. Dieser Wärter kennt jede Menge Tricks. Wenn er sieht, dass wir uns keine Sorgen machen in einer Situation, in der es möglich wäre, sich Sorgen zu machen, versucht er, uns zu überzeugen, dass wir dadurch, dass wir anfangen, uns Sorgen zu machen, «etwas tun können», um die Gefahr abzuwenden. In neun von zehn Fällen stellt sich das bei genauerem Hinsehen als Unsinn heraus. An anderen Tagen wird er sehr moralisch: er sagt, es sei «selbstsüchtig» oder «selbstgefällig», sich so zu fühlen – obwohl wir in eben diesem Augenblick möglicherweise dabei sind, den einzigen Dienst zu tun, der in unseren Kräften steht. Wenn er einen bestimmten schwachen Punkt in uns entdeckt hat, so wird er sagen, dass wir adoleszent sind, worauf ich immer antworte, dass er ganz furchtbar gesetzt ist.

Sein bevorzugtes Vorgehen in diesen Tagen besteht aber darin, den eigentlichen Punkt zu verunklaren. Wenn wir ihn lassen, wird er vorgeben, dass die Freude zum Beispiel am häuslichen Leben der Menschen auf einer Illusion basiert. Er wird uns lang und breit erklären (Beweise kümmern ihn nie), dass wir, sollten wir tatsächlich in eines dieser Häuser gehen, in jedem von ihnen eine Leiche im Keller finden würden. Aber er versucht nur, uns zu verwirren. Die Freude beinhaltet keinerlei Illusion, oder braucht keine zu beinhalten. Weit entfernte Hügel sehen blau aus. Sie sehen immer noch blau aus, selbst wenn man entdeckt hat, dass diese besondere Schönheit verschwindet, sobald man sich ihnen nähert. Die Tatsache, dass sie aus fünfzehn Meilen Entfernung blau aussehen, ist ebenso eine Tatsache wie alles andere auch. Wenn wir Realisten sein müssen, dann lasst uns überall Realismus haben. Es ist eine schlichte Tatsache, dass Momente der eigenen Kindheit, an die man sich, angeregt durch einen plötzlichen Geruch oder Klang, in seinen Vierzigern erinnert, in einem eine nahezu unfassbare Freude auslösen. Das eine ist nicht weniger eine Tatsache als das andere. Nichts würde mich dazu bringen, zum Alter von vierzehn Jahren zurückzukehren, es würde mich aber auch nichts dazu bringen, auf jene auserlesenen

Proust'schen oder Wordsworth'schen Momente[32] zu verzichten, in denen dieser Teil der Vergangenheit manchmal zu mir zurückkehrt.

Wir hatten ein für alle Mal genug vom Hedonismus – von jener trostlosen Philosophie, die behauptet, die Freude sei unser einziges Gut. Aber wir haben bisher kaum begonnen, was man *Hedonik*, die Wissenschaft oder Philosophie der Freude nennen könnte. Und ich meine, der erste Schritt in Hedonik sollte darin bestehen, den Wärter niederzuschlagen und die Schlüssel von da an selbst in der Hand zu halten.

Er hat unser Bewusstsein für an die dreißig Jahre dominiert, vor allem im Bereich der Literatur und der Literaturkritik. Er täuscht vor, ein Realist zu sein. Er bezichtigt jede Form von Mythos, Fantasy und Romantik des bloßen Wunschdenkens;[33] der Weg, ihn zum Schweigen zu bringen, besteht darin, realistischer zu sein als er – unsere Ohren näher an das Murmeln des Lebens zu halten, wie es tatsächlich in jedem Augenblick durch uns fließt, und dort all jenes Beben und Staunen und (in einem bestimmten Sinn) jene Unendlichkeit zu entdecken, die die Literatur, die er realistisch nennt, auslässt. Denn die Geschichte, die uns jene Erfahrung vermittelt, welche am meisten den Erfahrungen unseres tatsächlichen Lebens ähnelt, ist nicht notwendigerweise die Geschichte, deren Ereignisse am meisten denen in einer Biografie oder Zeitung ähneln.

4. Gespräch über das Fahrradfahren

«Wo wir gerade über Fahrräder sprechen», sagte mein Freund, «ich habe die vier Stadien durchlaufen. Ich kann mich an eine Zeit in der frühen Kindheit erinnern, als mir ein Fahrrad nichts bedeutete: Es war lediglich ein Teil jenes großen, bedeutungslosen Hintergrunds von Erwachsenen-Geräten, vor dem das Leben ablief. Dann kam eine Zeit, zu der es wie der Eintritt ins Paradies war, ein Fahrrad zu haben; gelernt zu haben, es zu fahren und früh am Morgen selbst unter Bäumen dahinzusausen, in die Schatten hinein und aus ihnen heraus. Das scheinbar mühelose und reibungsfreie Gleiten – mehr wie Schwimmen als jede andere Bewegung, doch in der Tat am ehesten wie die Entdeckung eines fünften Elements, das das Geheimnis des Lebens gelöst zu haben schien. Nun würde man wirklich glücklich sein können. Doch natürlich habe ich schon bald die dritte Phase erreicht. Bei jedem Wetter zur Schule hin und zurück zu radeln (es war einer jener Wege, bei denen es in beiden Richtungen bergauf zu gehen scheint) hat mir schnell das Prosaische des Radfahrens offenbart. Das Fahrrad selbst wurde für mich, was das Ruder für den Galeerensklaven ist.»

«Aber was ist das vierte Stadium?», fragte ich.

«In diesem Stadium bin ich jetzt, oder zumindest befinde ich mich oft in ihm. Ich musste neulich wieder aufs Fahrrad steigen, nun, da wir kein Auto haben. Und die Dinge, für die ich es verwende, sind oft eintönig genug. Doch die bloße Tatsache des Fahrens beschert mir immer wieder einen köstlichen Hauch der Erinnerung. Ich gewinne die Empfindungen des zweiten Stadiums zurück. Und, was noch mehr ist, ich sehe, wie wahr sie waren – wie geradezu philosophisch. Denn es ist wirklich eine bemerkenswert angenehme Bewegung. Es ist natürlich kein Rezept für Glück, wie ich damals glaubte. In dieser Hinsicht war das zweite Stadium ein Trugbild. Aber ein Trugbild von etwas.»

«Wie meinst du das?», fragte ich.

«Ich meine das Folgende: Ob es in dieser oder irgendeiner anderen Welt die Art von Freude gibt, die die ersten Erfahrungen des Radfahrens zu versprechen schienen; es ist in jedem Fall etwas, eine Ahnung von ihr bekommen zu haben. Der Wert der versprochenen Sache bleibt bestehen, auch wenn das konkrete Versprechen falsch war – selbst wenn alle möglichen Versprechen falsch sind.»

«Das klingt sehr nach einer Karotte vor der Nase eines Esels», sagte ich.

«Selbst das würde kein bloßer Betrug sein, wenn der Esel den Geruch von Karotten ebenso schätzt wie ihren Geschmack, oder vielleicht sogar noch mehr. Kann es nicht sein, dass der Geruch beim Esel Empfindungen auslöst, die kein reales Essen je befriedigen könnte? Würde er nicht (wenn er als alter Esel im vierten Stadium lebt) zurückschauen und sagen: ‹Ich bin froh, dass diese Karotte vor meiner Nase hing. Andernfalls hätte ich vielleicht immer geglaubt, dass Essen das größte Glück sei. Nun weiß ich, dass es etwas weitaus Besseres gibt – das, was durch den Geruch der Karotte zu mir kam. Und es ist mir lieber, von diesem Etwas zu wissen – selbst wenn ich es nie bekommen werde –, als nie von ihm erfahren zu haben, denn das bloße Verlangen nach ihm ist es bereits, was das Leben lebenswert macht.›»

«Ich glaube nicht, dass ein Esel so empfinden würde.»

«Nein, weder ein vierbeiniger noch ein zweibeiniger Esel. Aber ich habe den Verdacht, dass es das wahre Kennzeichen unseres Menschseins ist, so zu empfinden.»[34]

«So dass niemand wahrhaft Mensch gewesen wäre, bevor das Fahrrad erfunden wurde?»

«Das Fahrrad ist nur ein Beispiel dafür. Ich glaube, dass es diese vier Stadien bei fast allem gibt. Geben wir ihnen Namen. Sie sind das unverzauberte Stadium, das verzauberte Stadium, das entzauberte Stadium und das wieder-verzauberte Stadium. Als kleines Kind war ich unverzaubert in Sachen Fahrräder. Dann, als ich lernte, Fahrrad zu fahren, war ich verzaubert. Mit sechzehn war ich entzaubert, und jetzt bin ich wieder-verzaubert.»

«Fahr fort», sagte ich. «Was sind andere Beispiele dafür?»

«Ich denke, das offensichtlichste Beispiel ist die Liebe. Wir alle erinnern uns an das unverzauberte Stadium – es gab eine Zeit, da bedeuteten Frauen uns nichts. Dann haben wir uns zum ersten Mal verliebt; das war natürlich die Verzauberung. Dann, in den frühen oder mittleren Jahren der Ehe kam – nun, die Entzauberung. Von keiner Frau kann man erwarten – die Sache ist unmöglich – ich will weder meiner noch deiner Frau zu nahe treten. Aber ...»

«Ich war nie verheiratet», erinnerte ich ihn.

«Oh, das ist schade. Denn in dem Fall wirst du wohl kaum diese besondere Form der Wieder-Verzauberung verstehen können. Ich weiß nicht, ob ich einem Junggesellen erklären kann, dass eine Zeit kommen wird, in der man auf jenes erste Trugbild zurückblickt, sich völlig bewusst, dass es ein Trugbild war, und doch all die Dinge sieht, die daraus hervorgingen, Dinge, die sich der Junge und das Mädchen nie hätten träumen lassen, und spürt, dass sich daran zu erinnern heißt, es in gewisser Weise zurückzubringen, so dass es unter all den anderen Erfahrungen immer noch da ist, wie eine Muschel am Boden eines klaren, tiefen Beckens – und dass ohne es nie etwas geschehen wäre, so dass es selbst dort, wo es am wenigsten wahr war, dir in der einzigen dir damals zugänglichen Form wichtige Dinge mitgeteilt hat – aber ich sehe, ich langweile dich.»

«Nicht im Geringsten», sagte ich.

«Nehmen wir ein Beispiel, das dich mehr interessieren wird. Wie ist es mit dem Krieg? Die meisten Jugendlichen wurden im Hinblick auf den Krieg unverzaubert erzogen. Der Unverzauberte sieht (völlig richtig) all die Verschwendung und Grausamkeit, aber sonst sieht er nichts. Der Verzauberte ist in der Gemütsverfassung eines Rupert Brooke oder Philip Sidney[35] – er denkt an Ehre und Kriegspoesie und Himmelfahrtskommandos und letzte Gefechte und Rittertum. Dann kommt das entzauberte Stadium – sagen wir Siegfried Sassoon.[36] Doch es gibt auch ein viertes Stadium, obwohl sich im heutigen England nur wenige trauen, darüber zu sprechen. Du weißt sehr gut, was ich meine. Man macht sich nichts vor; wir erinnern uns nur zu gut an die Schützengräben. Wir wissen, wie viel von der Realität die romantische Sicht ausgeblendet hat. Doch wir wissen auch, dass das Heroische ebenfalls etwas Reales ist; dass es all die Hutfedern und Flaggen und Trompeten der Tradition nicht ohne Grund gegeben hat. Sie waren ein Versuch, das zu ehren, was wahrlich ehrenhaft ist; was einst als ehrenhaft erkannt wurde, weil jeder wusste, wie grausam der Krieg ist. Und das ist es, was die Sache des vierten Stadiums so wichtig macht.»

«Wie meinst du das?»

«Ist es nicht ungemein wichtig, Unverzauberung von Entzauberung zu unterscheiden – und Verzauberung von Wieder-Verzauberung? Bei den Dichtern zum Beispiel. Die Kriegsdichtung Homers oder der «Battle of Maldon»[37] ist zum Beispiel Wieder-Verzauberung. Man sieht, dass der Dichter die grausame Sache, über die er schreibt, nicht weniger gut kennt als irgendein Moderner. Er feiert das Heroische, hat aber den angemessenen Preis dafür bezahlt. Er sieht den Horror, aber auch die Ehre. In den *Lays of Ancient Rome* hingegen, oder in *Lepanto*[38] (so vergnügt, wie *Lepanto* ist), ist man noch verzaubert: die Dichter haben offensichtlich keine Ahnung, wie eine richtige Schlacht aussieht. Ebenso ist es auch mit Unverzauberung und Entzauberung. Man liest einen Autor, der Liebe als bloße Lust behandelt und jeden Krieg als Morden – und so weiter. Aber liest man einen entzauberten oder lediglich einen unverzauberten Autor? Hat der Autor die Verzauberung durchlebt und ist auf dem trostlosen Hochland herausgekommen, oder ist er einfach ein Barbar, der frei ist vom Trugbild der Liebe, wie es ein Hund ist, und vom heroischen Trugbild, wie es ein Feigling ist? Ist er entzaubert, dann mag er etwas zu sagen haben, das wert ist, gehört zu werden, wenn auch nicht so viel wie jemand, der wieder-verzaubert ist. Ist er unverzaubert, dann ins Feuer mit seinem Buch. Er spricht über etwas, von dem er nichts versteht. Doch die große Gefahr, vor der wir uns heute in Acht nehmen müssen, ist der Unverzauberte, der sich selbst für entzaubert hält und den andere für entzaubert halten. – Was wolltest du sagen?»

«Ich habe mich gerade gefragt, ob die Verzauberung, auf die du vom letzten Stadium aus zurückzublicken meinst, nicht oft eine bloße Täuschung des Gedächtnisses ist. Erinnert man sich nicht an wesentlich mehr aufregende Erfahrungen, als man sie tatsächlich je hatte?»

«Ja, natürlich, in einem gewissen Sinn. Die Erinnerung ist selbst eines der besten Beispiele für die vier Stadien. Weißt du, Wordsworth war verzaubert. Sein Gedächtnis bescherte ihm köstliche Schimmer der Erinnerung aus der frühen Kindheit, und er nahm sie für bare Münze. Er glaubte, wenn er zu bestimmten Orten in der eigenen Vergangenheit hätte zurückkehren können, so hätte er den Augenblick der Freude gefunden, der dort auf ihn wartet. Du bist entzaubert. Du argwöhnst, dass die Augenblicke, von denen die Erinnerung nun so entzückt ist, damals nicht so wunderbar waren, wie sie jetzt erscheinen. Sie waren es nicht. Jede große Erfahrung ist

«... ein Flüstern
Das das Gedächtnis als ein Rufen einlagert.»[39]

Na und? Ist dieses Einlagern nicht ebenso eine Tatsache wie alles andere auch? Ist die Vision irgendwie weniger bedeutsam, weil es eine bestimmte Form des polarisierten Lichtes zwischen Vergangenheit und Gegenwart ist, die sie ins Blickfeld bringt? Ist es nicht eine Tatsache – nicht weniger als jede andere Tatsache auch –, dass Berge aus einer bestimmten Entfernung violett aussehen? – Wenn du kein Bier mehr möchtest, dann sollten wir besser gehen. Der Mann auf der anderen Seite der Theke glaubt, wir würden über Politik sprechen.»

«Ich bin mir nicht sicher, ob wir das nicht getan haben», sagte ich.

«Du hast recht. Du meinst, dass Aristokratie ein weiteres Beispiel ist? Es war die pure Verzauberung, zu glauben, es könne Menschen geben, denen man unkontrolliert Macht über ihre Mitmenschen anvertrauen kann und die sie nicht nutzen, um diese auszubeuten; oder auch nur anzunehmen, dass ihre eigenen Standards von Ehre,

Tapferkeit und Vornehmheit (um derentwillen sie allein existierten) nicht bald zu bloßer Vulgarität degenerieren würden. Daher zu Recht, und unvermeidbar, die Entzauberung, die Zeit der Revolutionen. Aber die Frage, von der alles abhängt, ist, ob wir zu einer Wieder-Verzauberung kommen können.»

«Worin würde diese Wieder-Verzauberung bestehen?»

«In der Wahrnehmung, dass die Sache, von der die Aristokratie ein Trugbild war, eine elementare Notwendigkeit ist; von mir aus auch, dass die Aristokratie richtig war: Es waren nur die Aristokraten, die verkehrt waren. Oder, um es anders auszudrücken, dass eine Gesellschaft, die in ihrem Ethos ebenso demokratisch wird wie in ihrer Verfassung, dem Untergang geweiht ist. Und sie wäre auch kein großer Verlust.»

5. Demokratische Erziehung

«Demokratische Erziehung» sollte laut Aristoteles nicht jene Erziehung heißen, die Demokraten gefällt, sondern jene Erziehung, die die Demokratie am Leben erhält. Solange wir nicht erkannt haben, dass diese beiden Dinge nicht notwendigerweise dasselbe sind, können wir nicht klar über Erziehung denken.

Eine Erziehung zum Beispiel, die dem begabten und fleißigen Schüler[40] keinen Vorteil gegenüber dem dummen und faulen Schüler verschaffen würde, wäre in einem bestimmten Sinn demokratisch. Sie würde alle gleich behandeln, und Demokraten mögen Gleichheit. Das Caucus-Rennen in *Alice*,[41] bei dem alle Beteiligten gewannen und Preise bekamen, war ein «demokratisches» Rennen: wie der Hosenband-Orden wollte es mit Verdienst nichts am Hut haben.[42] Eine solche völlige Gleichbehandlung in der Erziehung wurde noch nicht offen empfohlen, doch eine Bewegung in dieser Richtung lässt sich bereits erkennen. Man kann sie an der lauter werdenden Forderung erkennen, dass Fächer, die einige Schüler wesentlich besser beherrschen als andere, nicht verpflichtend sein sollten. Gestern war es Latein; heute ist es, wie ich einem Brief in der Zeitung entnehme, Mathematik. Beide Fächer geben Schülern eines bestimmten Typs einen «unfairen Vorteil». Diesen Vorteil abzuschaffen ist daher in einem bestimmten Sinn demokratisch.

Doch es gibt natürlich keinen Grund, bei der Abschaffung dieser beiden Verpflichtungen stehen zu bleiben. Um konsequent zu sein, müssen wir weitergehen; wir müssen alle verpflichtenden Fächer abschaffen, und wir müssen die Lehrpläne so weit machen, dass «jeder Schüler eine Chance auf irgendetwas» hat. Selbst der Schüler, der sein Alphabet nicht lernen kann oder will, kann für *irgend etwas* gelobt oder gehätschelt werden – Werken oder Turnen, moralische Führung oder Benehmen, Bürgersinn oder die Pflege von Meerschweinchen, Hobbys oder Musikverstand – was immer ihm gefällt. Dann muss sich kein Schüler, dann müssen sich die Eltern keines Schülers zurückgesetzt fühlen.

Eine solche Erziehung sagt unseren demokratischen Gefühlen zu. Sie behebt die Ungleichheiten der Natur. Eine ganz andere Frage ist jedoch, ob sie eine demokratische Nation hervorbringt, die überlebensfähig ist, oder auch nur eine, deren Überleben wünschenswert wäre.

Mit der geringen Wahrscheinlichkeit, dass eine Nation, die in einer solchen Weise erzogen wird, überleben kann, brauchen wir uns nicht lange zu befassen. Sie kann der Zerstörung nur entgehen, wenn ihre Rivalen und Feinde so entgegenkommend sind, das gleiche System zu verwenden. Eine Nation von Dummköpfen kann nur in einer Welt von Dummköpfen Bestand haben. Aber die Frage der Wünschbarkeit ist von größerem Interesse.

Das Verlangen nach Gleichheit hat zwei Quellen; eine von ihnen gehört zu den edelsten Regungen des Menschen, die andere ist seine unedelste. Die noble Quelle ist der Wunsch nach *fair play*. Doch die andere Quelle ist der Hass auf Überlegenheit. In der gegenwärtigen Situation wäre es sehr unrealistisch, die Tragweite von Letzterem zu übersehen. In jedem Menschen findet sich eine Neigung (korrigierbar nur durch gutes Training von außen und beharrliches ethisches Bemühen von innen), die Existenz dessen zu verübeln, was stärker, klüger oder besser ist als man selbst. In nicht gebesserten und grausamen Menschen verfestigt sich diese Tendenz zu einem unerbittlichen und desinteressierten Hass auf jede Form der Exzellenz. Das Vokabular einer Epoche spricht für sich. Wir haben gegenwärtig Grund, alarmiert zu sein durch die enorme Popularität solcher Wörter wie «hochgestochen», «blasiert», «alte Schul-Seilschaften», «akademisch», «selbstgefällig» und «eingebildet». So, wie diese Wörter heute verwendet werden, sind sie Geschwüre: man spürt das Gift, das in ihnen wirkt.

Die Art von «demokratischer» Erziehung, die sich nun anbahnt, ist verkehrt, weil sie darauf abzielt, unsere schlechten Leidenschaften zu besänftigen, unseren Neid zu beschwichtigen. Es gibt zwei Gründe, weshalb wir das nicht versuchen sollten. Zum einen werden wir damit keinen Erfolg haben. Neid ist unersättlich. Je mehr wir ihm zugestehen, umso mehr wird er verlangen. Keine Haltung der Demut, die wir möglicherweise einnehmen könnten, wird jemanden mit einem Minderwertigkeitskomplex besänftigen. Zum anderen versuchen wir, Gleichheit an einer Stelle einzuführen, an der Gleichheit fatal ist.

Gleichheit ist (außerhalb der Mathematik) eine rein soziale Konzeption. Sie betrifft den Menschen als ein politisches und ökonomisches Lebewesen. Sie hat keinen Platz in der Welt des Geistes. Schönheit ist nicht demokratisch; sie offenbart sich mehr den Wenigen als den Vielen, mehr den hartnäckig und diszipliniert Suchenden als den Nachlässigen. Tugend ist nicht demokratisch; sie wird erlangt von jenen, die sie leidenschaftlicher erstreben als die meisten Menschen. Wahrheit ist nicht demokratisch; sie erfordert bestimmte Talente und besonderen Fleiß bei jenen, denen sie ihre Gunst erweist. Politische Demokratie ist dem Untergang geweiht, wenn sie versucht, ihr Verlangen nach Gleichheit in diese höheren Sphären auszudehnen. Ethische, intellektuelle oder ästhetische Demokratie ist der Tod dieser Dinge.

Eine wahrhaft demokratische Erziehung – eine, die die Demokratie am Leben erhält – muss in ihrem eigenen Bereich schonungslos aristokratisch, sie muss ungeniert «hochgestochen» sein. Bei der Erstellung ihrer Lehrpläne sollte sie stets vorrangig die Interessen jener Schüler im Blick haben, die lernen wollen und es auch können. (Mit wenigen Ausnahmen werden dies dieselben Schüler sein. Die dummen Schüler sind fast immer auch jene Schüler, die nichts lernen wollen.) Sie muss in einem bestimmten Sinn die Interessen der Vielen denen der Wenigen unterordnen, und sie muss die Schule der Universität unterordnen. Nur so kann sie eine Brutstätte für jene erstklassigen Intellektuellen sein, ohne die weder eine Demokratie noch irgendein anderer Staat gedeihen kann.

«Und was», so werden Sie fragen, «ist mit dem dummen Schüler? Was ist mit unserem Tommy, der so unruhig ist und keinen Spaß an Rechnen und Grammatik hat? Soll er gnadenlos den Kindern anderer geopfert werden?» Ich antworte: Verehrte Dame, Sie missverstehen Tommys wirkliche Wünsche und Interessen. Es ist das «aristokratische» System, das Tommy tatsächlich geben wird, was er möchte. Wenn Sie mich gewähren lassen, so wird Tommy ganz bequem ans untere Ende der Klasse driften; dort wird er in der hinteren Reihe sitzen, Bonbons lutschen und *sotto voce*[43] mit seinen Kameraden plaudern, manchmal Unfug treiben und manchmal bestraft werden, und sich während dieser ganzen Zeit spielerisch jene unnachgiebige Haltung gegenüber der Autorität einverleiben, die unser hauptsächlicher Schutz dagegen ist, dass England ein Sklavenstaat wird.

Als Erwachsener wird er kein Porson[44] sein, doch die Welt wird immer mehr Platz für Tommys als für Porsons haben. Es gibt Dutzende von Jobs (wesentlich besser bezahlt als die intellektuellen), in denen er sehr nützlich und glücklich sein kann. Und er wird sich eines unbezahlbaren Vorteils erfreuen: er wird wissen, dass er nicht clever ist. Der Unterschied zwischen ihm und den großen Geistern wird ihm seit jeher klar sein; auf dem Schulhof hat er jene Schädel bearbeitet, die diese großen Geister beherbergen. Er wird eine Art von halb belustigtem Respekt für sie empfinden. Er wird vergnügt zugeben, dass sie, obwohl er sie auf dem Golfplatz jederzeit in die Tasche stecken würde, etwas wissen und können, was er nicht weiß und kann. Er wird eine Säule der Demokratie sein. Er wird jenen Cleveren genau die richtige Länge an Seil lassen.

Aber was Sie machen wollen, ist, Tommy sein gesamtes freies, privates Leben als Teil der ewigen Opposition zu nehmen, das sein ganzes Verlangen ist. Sie haben ihm bereits jedes echte Spiel genommen, indem Sie Spiele verpflichtend gemacht haben. Müssen Sie sich noch weiter einmischen? Wenn er (in einer Lateinstunde, die in Wahrheit für jene über ihm gedacht ist) zufrieden unter dem Pult ein Stück Holz in der Form eines Bootes schnitzt, müssen Sie kommen und sein «Talent» entdecken und ihn in die Holzschnitzereiklasse stecken, so dass das, was bisher Spaß war, nun eine weitere Unterrichtsstunde für ihn werden muss? Glauben Sie, dass er Ihnen das danken wird?

Die Hälfte des Reizes, das Boot zu schnitzen, lag darin, dass dieses Schnitzen einen Widerstand gegen die Autorität beinhaltete. Müssen Sie ihm diese Freude nehmen – eine Freude, ohne die keine echte Demokratie existieren kann? Geben Sie ihm Noten für sein Hobby, geben Sie diesem einen offiziellen Status, gaukeln Sie dem armen Jungen vor, was er tue, sei «auf seine Weise» genauso clever wie echte Arbeit. Was glauben Sie, dass das bringt? Wenn er in die reale Welt kommt, wird er zwangsläufig die Wahrheit entdecken. Er wird höchstwahrscheinlich enttäuscht sein.

Weil Sie dieses einfache, gesunde Geschöpf in einen Stutzer verwandelt haben, wird er jene Unterlegenheiten hassen, die ihn (ohne Ihre Einmischung) überhaupt nicht gestört hätten. Eine gewisse Freude am Unfug und der Entschluss, sich nicht zu viel Einmischung gefallen zu lassen, sind ein wertvoller Einhalt gegen rücksichtsloses Planen und ein Dämpfer für die Aufdringlichkeit niederer Offizieller: Neid und das Blöken «Ich bin so gut wie du» sind die Brutstätte des Faschismus. Sie sind im Begriff, das eine zu zerstören und das andere zu schüren. Demokratie verlangt, dass die kleinen Leute die großen nicht zu ernst nehmen; sie stirbt, wenn sie voll ist von kleinen Leuten, die sich selbst für groß halten.

6. Meine erste Schule

«Nächste Woche geht nicht», sagte der Junge. «Ich fahre Freitag zurück in die Schule.»

«So ein Pech», sagte ich.

«Ach, ich weiß nicht», sagte der Junge. Und als ich einen Blick auf sein Gesicht erhaschte, sah ich, dass das kein stoischer Gleichmut war. Es machte ihm wirklich nichts aus, zurück zur Schule zu fahren, er hatte möglicherweise sogar Spaß daran.

War es wirklich nur Neid auf eine Generation, die glücklicher ist als meine eigene, der mich mit einer diffusen Abneigung gegen diese Entdeckung erfüllte? Man sollte diese Möglichkeit nicht zu leicht abweisen. Der Geist, der «Ich musste da durch, warum sollen sie das nicht auch?» sagt, ist stark und sehr gut darin, sich zu verkleiden. Doch ich denke, in diesem Fall kann ich mich selbst davon freisprechen. Ich fühlte in einer verworrenen Weise, wieviel Gutes die glücklichen Schuljungen unserer Tage verpassen, indem sie den Qualen entkommen, durch die ihre Väter hindurch mussten. Ich möchte nicht, dass diese Qualen zurückkehren. Das ist eben der Punkt, an dem die Dinge kompliziert werden.

Meine erste private Vorbereitungsschule[45] war eines der letzten Überbleibsel von jener Art, wie sie in *Vice Versa*[46] beschrieben werden, mit Ausnahme eines Details: Es gab keine Denunzianten. Ich weiß nicht, ob der behaarte alte Betrüger, dem sie gehörte, die Einrichtung durch Spionage geführt hätte, wenn die Jungen ihm die Chance dazu gegeben hätten. Die sirupartige Speichelleckerei seiner Briefe an meinen Vater, die mich schockierte, als sie Jahre später in meine Hände kamen, lässt dies als nicht unwahrscheinlich erscheinen. Doch er bekam nie die Chance dazu. Wir hatten keine Denunzianten unter uns. Der Leiter hatte jedoch einen erwachsenen Sohn, eine Art glattgesichtigen Pantoffelhelden, der für dieses Spiel geeignet gewesen wäre; ein privilegierter Halbgott, der dasselbe Essen aß wie sein Vater, während seine Schwestern ihr Essen mit den Jungen teilen mussten. Doch wir unter uns waren (wie man bei der

Gewerkschaft sagt) «verlässlich». Wir wurden geschlagen, betrogen und schlecht versorgt, gepetzt haben wir aber nicht.

Und ich kann mir nicht helfen, es kommt mir so vor, als sei es diese Schule gewesen, in der ich mir eine bestimmte unverzichtbare Haltung sowohl gegenüber bloßer Macht als auch gegenüber jeder Art von Verrätertum angeeignet habe. Ich empfinde das so stark, dass es mir schwerfällt, zu sehen, was den schlimmen Schulmeister ersetzen könnte, sollte er tatsächlich ausgestorben sein. Er war, sehr gegen seinen eigenen Willen, ein Lehrer der Ehre und ein Bollwerk der Freiheit. Der Nährboden für Diktatoren und Geheimpolizei sind Länder, in denen Schülern die «Sei keine Petze»-Regel fehlt. Natürlich sollten wir uns gute Schulleiter wünschen. Doch wenn sie eine Generation vom Typ «‹Ja, Sir›, und ‹Oh, Sir›, und ‹Bitte, Sir›»[47] heranziehen, wäre selbst Squeers[48] ein geringeres nationales Unheil gewesen.

Und dann das Ende des Trimesters. Der kleine bleistiftbeschriebene Kalender im Schreibpult. Noch dreiundzwanzig Tage, noch zweiundzwanzig Tage, noch einundzwanzig Tage ... heute in einer Woche ... übermorgen um diese Zeit ... morgen um diese Zeit ... die Koffer werden in den Schlafsaal heruntergebracht. Bunyan schreibt, als die Pilger im Lande Beulah ankamen, «war Christian krank vor Sehnsucht; Hopeful hatte ebenfalls einen oder zwei Anfälle derselben Art».[49] Wie gut kenne ich diese Krankheit! Das war mehr als eine Metapher. Es kitzelte und flatterte im Inneren, es bewegte sich die Wirbelsäule entlang mit köstlichen, aber heftigen Erregungen, es nahm einem den Appetit, es raubte einem den Schlaf. Und der letzte Morgen betrog einen nie. Er war immer mehr, nicht weniger, als die Sehnsucht ihn gezeichnet hatte: ein schwindelerregendes Hochgefühl, bei dem man sich ernsthaft bemühen musste, an normale Dinge zu denken, um nicht den Verstand zu verlieren.

Ich glaube, dieser Tag hat mir seitdem als mein Kriterium für Freude gedient, und besonders für den Unterschied zwischen Freude und bloßem Vergnügen. Für jene, die sich an solche Trimesterenden erinnern können, gibt es keine Entschuldigung, wenn sie sich in ihrem späteren Leben mit bloßem Vergnügen abspeisen lassen. Man kann sofort sagen, wenn diese rasiermesserscharfe oder nadelspitze Qualität fehlt: diese Erschütterung, als würde man das Licht selbst verschlingen.

Man lernte aber noch mehr als nur das. Am Anfang eines jeden Trimesters war dessen Ende unvorstellbar. Man glaubte natürlich daran, wie eine konventionell «religiöse» Person an den Himmel glaubt. Man bezweifelte es, wie eine solche Person den Himmel bezweifelt. Tröstungen aus dieser Quelle halfen ebenso viel gegen den unmittelbaren Schrecken der Geometrie am morgigen Tag (Geometrie war bei uns das Fach mit den meisten Peitschenhieben), wie die Rede von der himmlischen Herrlichkeit gegen den Verdacht eines irdischen Mannes hilft, dass sich bei ihm Krebs entwickelt. Die Freuden des eigenen Zuhauses waren in der ersten Hälfte der Schulzeit ein bloß «eskapistisches» Phantom. Theoretisch gab es irgendwo eine Welt, in der Leute komfortable Kleidung trugen, in der sie warme Betten hatten, Stühle, auf denen man sitzen konnte, und verträgliches Essen; es war aber unmöglich, das dem eigenen Geist als Realität zu vermitteln.

Und dann, Trimester auf Trimester, geschah das Unglaubliche: Das Ende kam wirklich. Der brüllende und Grimassen schneidende alte Mann mit seinem Stock, seinen Drohungen und seiner monströsen Scherzhaftigkeit; die Wände voller Tinte; die stinkende Hütte, die sowohl als Latrine als auch als Lager für unsere Spielkisten diente: all das «verschwand heftig»[50] wie ein Traum.

Es gab natürlich noch ein dunkleres Wunder. Für die erste Hälfte der Ferien war die Schulzeit ebenfalls unvorstellbar. Wir wussten – würde man das Wissen nennen? –, dass wir zurückmussten; so, wie ein gesunder junger Mann in Friedenszeiten weiß, dass seine Hand eines Tages die Hand eines Skeletts sein wird, oder wie wir alle wissen, dass unser Planet eines Tages unbewohnbar sein und (später) das gesamte Universum «zu Ende gehen» wird. Doch jedes Mal kam das Unglaubliche stetig näher und trat irgendwann ein. Es kam eine Woche, ein Tag, eine Stunde, wenn die Ferien vorbei waren: «Teile und Pakete der schrecklichen Vergangenheit»,[51] als hätte es sie nie gegeben.

Und das ist der Grund, weshalb ich seitdem nie in der Lage gewesen bin, die scheinbare Bedeutung gegenwärtiger Dinge für bare Münze zu nehmen, selbst dann nicht, als ich eine Philosophie vertrat, die mich ermutigte, dies zu tun. Ich kann (sehr oft) an meinen eigenen Tod und an den Tod unserer Spezies glauben, denn ich habe *diese Art von Ding* geschehen sehen. Ich kann mit Nerven und Vorstellungsvermögen wie auch mit dem Verstand an die menschliche Unsterblichkeit glauben; wenn sie kommt, wird sie nicht erstaunlicher sein als bestimmte andere Erwachen, die ich erlebt habe. Aus Hoffnung und Verlangen zu leben ist eine Kunst, die man mir in der Schule beigebracht hat. Es überrascht mich nicht, dass es zwei Welten geben soll.

Was ist die Moral von all dem? Ganz sicher nicht, dass wir nicht versuchen sollten, Schüler in der Schule glücklich zu machen. Die guten Auswirkungen, von denen ich glaube, dass sie sich auf meine erste Schule zurückführen lassen, wären nicht zustande gekommen, wenn ihre widerlichen Methoden es darauf angelegt hätten, sie hervorzubringen. Sie waren alles Nebenprodukte, die das Verlangen eines boshaften alten Mannes abwarf, so viel wie möglich aus betrogenen Eltern herauszubekommen und so wenig wie möglich dafür zurückzugeben.

Das ist der Punkt. Wenn wir die Erziehung der Zukunft planen, können wir uns von der Illusion befreien, dass wir jemals das Schicksal ersetzen werden. Wir sollten die Pläne natürlich so gut machen, wie wir es können. Doch wir können uns gewiss sein, dass die tiefen und langanhaltenden Auswirkungen auf jeden einzelnen Jungen etwas sein werden, das wir nie ins Auge gefasst haben und das von kleinen freien Bewegungen in unserem System ausgeht, auf die weder unsere Blaupause noch unser Arbeitsmodell auch nur den kleinsten Hinweis gegeben hat.

7. «Bulverismus» *oder* Die Grundlage des Denkens des 20. Jahrhunderts

Emerson sagt, es sei eine fatale Entdeckung, dass wir existieren.[52] Ich denke, es ist fatal, wenn wir, anstatt uns einfach einer Rose zuzuwenden, uns genötigt sehen, an uns selbst zu denken, wie wir auf die Rose blicken, mit einer bestimmten Art von Bewusstsein und einer bestimmten Art von Augen. Es ist fatal, denn wenn wir nicht äußerst vorsichtig sind, dann wird die Farbe der Rose unseren Sehnerven zugeschrieben und ihr Geruch unseren Nasen, und am Ende bleibt keine Rose übrig. Die professionellen Philosophen haben sich über diesen universellen Blackout seit mehr als zweihundert Jahren den Kopf zerbrochen, und die Welt hat ihnen nicht viel Aufmerksamkeit geschenkt. Aber dieselbe Katastrophe geschieht nun auf einer Ebene, die wir alle verstehen können.

Wir haben vor kurzem in zwei neuen Bedeutungen «entdeckt, dass wir existieren». Die Freudianer haben entdeckt, dass wir als Bündel von Komplexen existieren.[53] Die Marxisten haben entdeckt, dass wir als Mitglieder einer ökonomischen Klasse existieren.[54] Früher nahm man an, dass etwas, das hundert Menschen als offensichtlich wahr erschien, höchstwahrscheinlich tatsächlich wahr war. Heute wird uns der Freudianer auffordern, die Hundert zu analysieren: Wir werden feststellen, dass sie alle Elisabeth I. für eine große Königin halten, weil sie alle einen Mutterkomplex haben. Ihre Gedanken sind an der Wurzel psychologisch kontaminiert. Und der Marxist wird uns auffordern, die ökonomischen Interessen der Hundert zu untersuchen; wir werden feststellen, dass sie alle Freiheit für eine gute Sache halten, weil sie alle Mitglieder der bürgerlichen Klasse sind, deren Wohlstand durch eine Politik des *laissez-faire* gesteigert wird. Ihre Gedanken sind an der Wurzel «ideologisch kontaminiert».

Das macht natürlich großen Spaß, es wurde aber nicht immer gesehen, dass man einen Preis dafür bezahlen muss. Es gibt zwei Sachen, die man Leute, die solche Dinge sagen, fragen sollte. Das Erste ist: Sind damit *alle* Gedanken an der Wurzel kontaminiert oder nur einige? Das Zweite ist: Macht die Befleckung den kontaminierten Gedanken falsch – in dem Sinn, dass sie ihn ungültig macht – oder nicht?

Sagen sie, dass *alle Gedanken* dadurch verdorben sind, so müssen wir sie daran erinnern, dass Freudianismus und Marxismus ebenso Gedankensysteme sind wie das Christentum oder die Philosophie des Idealismus. Der Freudianer und der Marxist sitzen hier im selben Boot wie der Rest von uns und können uns nicht von außerhalb kritisieren. Sie haben den Ast abgesägt, auf dem sie selbst gesessen haben. Wenn sie andererseits sagen, dass die Kontamination ihr Denken nicht zwangsläufig falsch macht, dann muss das auch bei unserem nicht unbedingt der Fall sein. In diesem Fall haben sie ihren eigenen Ast gerettet, unseren damit aber auch.

Der einzige Weg, den sie einschlagen können, besteht darin, zu sagen, dass einige Gedanken verdorben sind und andere nicht – was den Vorteil hat (sollten Freudianer und Marxisten dies als einen Vorteil betrachten), das zu sein, was jeder vernünftige Mensch immer schon geglaubt hat. Wenn das aber so ist, dann müssen wir fragen, wie wir herausfinden, welche Gedanken verdorben sind und welche nicht.

Es ist müßig, zu sagen, jene seien verdorben, die mit den verborgenen Wünschen des Denkenden übereinstimmen. Einige der Dinge, die ich gerne glauben würde, müssen in der Tat wahr sein; es ist unmöglich, ein Universum so einzurichten, dass es zu jedem Zeitpunkt und in jeder Hinsicht den Wünschen aller widerspricht. Nehmen wir an, ich sei, nachdem ich meine Vermögensaufstellung gemacht habe, zu der Überzeugung gekommen, ein großes Guthaben bei der Bank zu haben. Und nehmen wir an, Sie wollen herausfinden, ob diese meine Überzeugung bloßes «Wunschdenken» ist. Sie können das niemals herausfinden, indem Sie meinen psychischen Zustand untersuchen. Ihre einzige Chance besteht darin, sich hinzusetzen und die Zahlen selbst durchzugehen. Wenn Sie meine Zahlen überprüft haben, dann (und nur dann) werden Sie wissen, ob ich dieses Guthaben habe oder nicht. Finden Sie meine Berechnungen korrekt, dann ist jedes Sich-Auslassen über meinen psychischen Zustand bloße Zeitverschwendung. Finden Sie in meinen Berechnungen einen Fehler, so mag es von Belang sein, zu erklären, warum ich so schlecht in Mathematik bin, und die Lehre vom verdeckten Wunsch wird relevant – aber erst, *nachdem* Sie die Berechnung selbst durchgeführt und auf rein mathematischer Basis meinen Fehler nachgewiesen haben.

Es ist dasselbe mit allem Denken und allen Denksystemen. Wer durch Spekulation über die Wünsche der Denkenden herauszufinden versucht, welche von ihnen verdorben sind, der macht sich nur lächerlich. Man muss auf rein logischer Ebene herausfinden, welche tatsächlich als Argumente zusammenbrechen. Im Anschluss daran fahre man, wenn man mag, fort und entdecke die psychischen Ursachen des Irrtums.

Mit anderen Worten, man muss zeigen, *dass* sich jemand im Irrtum befindet, bevor man anfängt, zu erklären, *warum* er sich irrt. Die moderne Methode besteht darin, ohne Diskussion zu unterstellen, dass er sich irrt, und dann seine Aufmerksamkeit davon (von der einzig wirklichen Frage) abzulenken, indem man eifrig erklärt, wie es dazu kam, dass er so dumm wurde. In den letzten fünfzehn Jahren habe ich diese Untugend so häufig angetroffen, dass ich einen Namen dafür erfinden musste. Ich nenne sie Bulverismus. Eines Tages werde ich die Biografie ihres imaginären Erfinders, Ezekiel Bulver, schreiben, dessen Schicksal sich im Alter von fünf Jahren entschied, als er seine Mutter zu seinem Vater sagen hörte – der behauptet hatte, dass zwei Seiten eines Dreiecks zusammen immer größer sind als die dritte –: «Ach, das sagst du nur, *weil du ein Mann bist.*»

«In diesem Augenblick», so versichert uns E. Bulver, «blitzte in meinem erwachenden Bewusstsein die großartige Erkenntnis auf, dass Widerlegung kein notwendiger Bestandteil der Beweisführung ist. Unterstelle, dass dein Gegner sich irrt, und erkläre seinen Irrtum, und die Welt wird dir zu Füßen liegen. Versuche, zu beweisen, dass er sich irrt, oder (schlimmer noch) versuche, herauszufinden, ob er sich irrt oder nicht, und die nationale Dynamik unserer Zeit wird dich überrollen.»

Auf diese Weise wurde Bulver einer der Macher des 20. Jahrhunderts.

Ich entdecke die Früchte dieser Erkenntnis nahezu überall. So sehe ich zum Beispiel meine Religion abgetan mit der Begründung, dass «der bequeme Geistliche allen Grund hatte, dem Arbeiter des 19. Jahrhunderts zu versichern, dass Armut in einer anderen Welt vergolten wird». Ja, ganz sicher, das hatte er. Unter der Voraussetzung, dass das Christentum falsch ist, kann ich leicht genug erkennen, dass einige Leute immer noch ein Motiv gehabt hätten, es anderen einzuimpfen. Ich erkenne es so leicht, dass ich das Spiel auch umgekehrt spielen kann, indem ich sage, dass «der moderne Mensch allen Grund hat, sich selbst zu überzeugen, dass hinter der Ethik, die er ablehnt, keine ewigen Sanktionen stehen».

Denn Bulverismus ist ein wahrhaft demokratisches Spiel, in dem Sinn, dass es alle den ganzen Tag lang spielen können, und dass es der kleinen, anstößigen Minderheit der Denkenden keinen unlauteren Vorteil zugesteht. Aber natürlich bringt es uns der Antwort auf die Frage, ob das Christentum tatsächlich wahr ist, keinen Zoll näher. Diese Frage muss nach wie vor auf anderer Basis diskutiert werden – als eine Sache von philosophischer und historischer Argumentation. Wie immer sie entschieden würde, die unsachgemäßen Motive einiger, an es zu glauben oder auch nicht, würden genau das bleiben, was sie sind.

Ich sehe Bulverismus am Werk in jeder politischen Debatte. Die Kapitalisten müssen schlechte Ökonomen sein, denn wir wissen, warum sie den Kapitalismus wollen, und die Kommunisten müssen ebenfalls schlechte Ökonomen sein, denn wir wissen, warum sie den Kommunismus wollen. So die Bulveristen auf beiden Seiten. In Wahrheit sind entweder die Lehren der Kapitalisten falsch oder die Lehren der Kommunisten oder beide, doch wir können ihre Fehler und Einsichten nur durch Denken herausfinden – nie durch Verunglimpfung der Psychologie unseres Gegners.

Solange der Bulverismus nicht zerschlagen wird, kann die Vernunft in menschlichen Angelegenheiten keine entscheidende Rolle spielen. Jede Seite greift früh zu ihm als Waffe gegen den anderen, doch die Vernunft ist zwischen den beiden diskreditiert. Doch warum sollte die Vernunft nicht diskreditiert werden? Es wäre einfach, als Antwort auf den gegenwärtigen Zustand der Welt zu verweisen, die tatsächliche Antwort liegt aber noch viel näher. Die Kräfte, die die Vernunft diskreditieren, hängen selbst von Vernunft ab. Selbst um zu bulverisieren, muss man argumentieren. Man versucht, zu *beweisen*, dass alle *Beweise* ungültig sind. Misslingt das, so misslingt es. Aber wenn es gelingt, so scheitert man umso mehr – denn der Beweis, dass alle Beweise ungültig sind, muss in diesem Fall selbst ungültig sein.

Die Alternative ist dann entweder bloßer selbstwidersprüchlicher Unsinn oder ein hartnäckiger Glaube an unsere Fähigkeit zu denken, durchgehalten im Angesicht sämtlicher Belege, die Bulveristen vorbringen können für eine «Kontamination» bei diesem oder jenem menschlichen Denker. Wenn Sie wollen, gebe ich zu, dass dieser hartnäckige Glaube etwas Transzendentales oder Mystisches an sich hat. Na und? Möchten Sie lieber ein Irrer sein oder ein Mystiker?

Wir sehen also, dass es Grund gibt, an unserem Glauben an die Vernunft festzuhalten. Kann das aber ohne Theismus geschehen? Beinhaltet «Ich weiß» die Tatsache, dass Gott existiert? Alles, was ich weiß, ist eine Schlussfolgerung aus Sinneswahrnehmungen (außer dem gegenwärtigen Moment). All unser Wissen über das Universum jenseits unserer unmittelbaren Erfahrungen hängt von Schlussfolgerungen aus diesen Erfahrungen ab. Wenn unsere Schlussfolgerungen uns keine wirkliche Einsicht in die Wirklichkeit geben, können wir nichts wissen. Eine Theorie kann nicht akzeptiert werden, wenn sie unserem Denken nicht erlaubt, eine wirkliche Einsicht zu sein, oder wenn die Tatsache unseres Wissens nicht in den Begriffen dieser Theorie dargestellt werden kann.

Doch unsere Gedanken können nur unter bestimmten Bedingungen als echte Einsichten anerkannt werden. Alle Überzeugungen haben Ursachen, aber wir müssen unterscheiden zwischen (1) gewöhnlichen Ursachen und (2) einer bestimmten Form von Ursache, die wir «einen Grund» nennen. Ursachen sind bewusstseinslose Ereignisse, die andere Ergebnisse als Überzeugungen hervorbringen können. Gründe entstehen auf Basis von Axiomen und Schlussfolgerungen und haben nur auf Überzeugungen Einfluss. Bulverismus versucht, zu zeigen, dass die andere Person Ursachen, aber keine Gründe hat, und dass wir Gründe und keine Ursachen haben. Eine Überzeugung, die allein auf Ursachen zurückgeführt werden kann, ist wertlos. Dieses Prinzip darf nicht aufgegeben werden, wenn wir die Überzeugungen untersuchen, die die Basis anderer Überzeugungen sind. Unser Wissen hängt von unserer Gewissheit im Hinblick auf Axiome und Schlussfolgerungen ab. Sind diese das Ergebnis von Ursachen, dann gibt es keine Möglichkeit für echtes Wissen. Entweder wir können nichts wissen oder Denken hat nur Gründe und keine Ursachen.

[[55] Man könnte argumentieren, fuhr Mr. Lewis fort, dass Vernunft durch natürliche Selektion entstanden ist, wobei nur jene Denkmethoden überlebt haben, die sich als nützlich herausgestellt haben. Doch diese Theorie hängt von einem Schluss von Nützlichkeit auf Wahrheit ab, dessen Gültigkeit dann *vorausgesetzt* werden müsste. Alle Versuche, Denken als ein rein natürliches Ereignis zu behandeln, begehen den Fehler, das Denken desjenigen auszuklammern, der diesen Versuch macht.

Zugegeben, das Bewusstsein wird von physischen Ereignissen beeinflusst; ein Radio wird von atmosphärischen Störungen beeinflusst, doch diese sind nicht der Ursprung seiner Mitteilungen – wir würden dem Radio keine Aufmerksamkeit schenken, wenn wir der Meinung wären, dem sei so. Natürliche Ereignisse können wir miteinander in Verbindung bringen, bis wir sie schließlich auf das Raum-Zeit-Kontinuum zurückführen. Doch Denken hat keinen anderen Vater als Denken. Es ist bedingt, ja, aber nicht verursacht. *Mein* Wissen, *dass* ich Nerven habe, hat den Charakter einer Schlussfolgerung.

Das gleiche Argument gilt für unsere Werte, die durch soziale Faktoren beeinflusst sind; werden sie aber durch sie verursacht, so können wir nicht davon ausgehen, dass sie richtig sind. Man kann Ethik als Illusion zurückweisen, aber wer das tut, nimmt oft sein eigenes ethisches Motiv aus: zum Beispiel die Pflicht, Ethik vom Aberglauben zu befreien und die Aufklärung voranzubringen.

Weder der Wille noch die Vernunft ist ein Produkt der Natur. Daher bin ich entweder selbstexistent (ein Gedanke, den niemand akzeptieren kann) *oder* ich bin ein Abkömmling eines Denkens und Willens, die selbstexistent sind. Die Vernunft und Güte, die wir erreichen können, müssen von einer selbstexistenten Vernunft und Güte abstammen, also in der Tat von etwas Übernatürlichem.

Mr. Lewis führte weiter aus, dass oft der Einwand erhoben wird, die Existenz des Übernatürlichen sei zu bedeutsam, um nur durch abstrakte Argumente erkannt zu werden, und daher nur von den wenigen, die die Muße dazu haben. Doch zu allen Zeiten haben die schlichten Gemüter die Erkenntnisse der Mystiker und Philosophen für ihren ursprünglichen Glauben an das Übernatürliche anerkannt. Heute sind die einfachen Leute gezwungen, diese Last selber zu tragen. Entweder hat die Menschheit einen furchtbaren Fehler begangen, Autorität zurückzuweisen, oder die Mächte, die ihr Schicksal bestimmen, machen ein kühnes Experiment, und alle sollen Weise werden. Eine Gesellschaft, die nur aus schlichten Gemütern besteht, muss im Desaster enden. Wenn wir überleben sollen, müssen wir entweder den Sehern Glauben schenken oder diese Höhen selbst erklimmen.

Es ist also klar, dass etwas jenseits der Natur existiert. Der Mensch steht an der Grenze zwischen dem Natürlichen und dem Übernatürlichen. Materielle Ereignisse können keine geistigen Akte hervorbringen, aber Letztere können für viele unserer Akte der Natur gegenüber verantwortlich sein. Wille und Vernunft können nicht von irgendetwas anderem als sich selbst abhängen, aber die Natur kann von Wille und Vernunft abhängen, oder, mit anderen Worten, Gott erschuf die Natur.

Das Verhältnis von Natur und Übernatur, welches kein Verhältnis in Raum und Zeit ist, wird verständlich, wenn das Übernatürliche das Natürliche erschaffen hat. Indem wir die Fähigkeit der Imagination kennen, haben wir sogar eine Vorstellung von diesem Schaffen, auch wenn wir nichts Neues erschaffen, sondern nur Material neu arrangieren können, das uns unsere Sinnesdaten zur Verfügung stellen. Es ist sehr wohl denkbar, dass das Universum von einer Imagination erschaffen wurde, die stark genug ist, anderen geistigen Wesen Phänomene einzuprägen.

Man hat uns zu verstehen gegeben, schloss Mr. Lewis, dass sich unsere Vorstellungen von Handeln und Verursachen vollständig auf unsere Erfahrung des Willens zurückführen lassen. Normalerweise zieht man hieraus den Schluss, dass es kein Handeln und Verursachen gibt, sondern nur «Projektion». Doch «Projektion» ist selbst eine Form des Verursachens. Es ist vernünftiger, anzunehmen, Wille sei die einzige Ursache, die wir kennen, und deshalb sei Wille die Ursache der Natur.]

8. Schreckliche rote Dinger

Viele Theologen und einige Naturwissenschaftler sind inzwischen bereit zu bekunden, dass der «Konflikt zwischen Naturwissenschaft und Religion» des 19. Jahrhunderts vorüber ist. Doch selbst wenn dies stimmen sollte, so ist dies eine Wahrheit, die nur wirklichen Theologen und wirklichen Naturwissenschaftlern bekannt ist – das heißt einigen wenigen hochgebildeten Leuten. Für den normalen Menschen ist der Konflikt noch sehr real, und in seinem Bewusstsein nimmt er eine Form an, die sich gebildete Leute kaum vorstellen können.

Der normale Mensch denkt nicht an bestimmte Dogmen und bestimmte wissenschaftliche Entdeckungen. Was ihn beunruhigt, ist ein alles durchdringender Unterschied in der Atmosphäre zwischen dem, was er für das Christentum hält, und dem allgemeinen Bild vom Universum, das er als Angehöriger eines wissenschaftlichen Zeitalters aufgeschnappt hat. Er entnimmt dem Glaubensbekenntnis, dass Gott einen «Sohn» hat (ganz, als wäre Gott eine mythische Gottheit wie Odin oder Jupiter); dass dieser Sohn «vom Himmel herabkam» (wie ein Fallschirmspringer), erst auf die Erde und dann später in ein unter der Erdoberfläche liegendes Reich des Todes; dass Er wiederum später in den Himmel aufstieg und Seinen Platz auf einem verzierten Sitz einnahm, etwas rechts vom Thron Seines Vaters. Das Ganze scheint einen räumlichen und materiellen Himmel zu implizieren – eine flache Erde und all die anderen archaischen Irrtümer.

Der normale Mensch weiß sehr wohl, dass wir all diese Überzeugungen bestreiten würden, die er uns unterstellt, und unser Glaubensbekenntnis anders auslegen würden. «Natürlich», so denkt er, «jetzt, da sie einmal da sind, können diese Glaubensartikel ganz nach Belieben allegorisiert oder spiritualisiert werden. Aber ist nicht klar, dass es sie nie gegeben hätte, wenn die erste Generation von Christen auch nur die geringste Ahnung davon gehabt hätte, wie das Universum tatsächlich beschaffen ist? Ein Historiker, der seine Arbeit auf ein Missverständnis eines Dokuments aufgebaut hat, mag später (nachdem sein Fehler aufgedeckt wurde) großen Erfindergeist entwickeln, um zu zeigen, dass seine Darstellung einer bestimmten Schlacht trotzdem mit den Aussagen des Dokuments vereinbart werden kann. Doch der Punkt ist, dass keine dieser geistreichen Erklärungen je entstanden wäre, wenn er seine Dokumente von Anfang an richtig gelesen hätte. Sie sind daher in Wahrheit reine Zeitverschwendung; es wäre mannhafter, seinen Irrtum einzugestehen und noch einmal von vorne anzufangen.»

Ich glaube, es gibt zwei Dinge, die Christen tun müssen, um diesen «normalen» modernen Menschen zu überzeugen. Als Erstes müssen sie sehr deutlich machen, dass das, was nach all ihren Erklärungen und Neuinterpretationen vom Glaubensbekenntnis übrig bleibt, immer noch etwas eindeutig Übernatürliches, Wunderbares und Schockierendes ist. Wir mögen nicht an eine flache Erde und einen Palast im Himmel glauben. Aber wir müssen von Anfang an darauf bestehen, dass wir nicht weniger als ein Wilder oder ein Theosoph an eine geistige Welt glauben, die in die Welt natürlicher Phänomene hineinwirken kann und dies auch tut.

Denn der einfache Mensch argwöhnt, dass wir, wenn wir anfangen zu erklären, wegerklären werden: dass wir unseren unwissenden Zuhörern Mythologie anbieten, aber dann, wenn wir von gebildeten Zuhörern in die Enge getrieben werden, bereit sind, sie auf harmlose moralische Plattitüden zu reduzieren, bei denen niemand im Traum daran denken würde, sie zu bestreiten. Und es gibt Theologen, die diesen Verdacht rechtfertigen. Von ihnen müssen wir uns absolut fernhalten. Wenn nichts zurückbleibt als das, was genauso gut ohne christliche Formeln vorgetragen werden könnte, dann wäre es ehrlicher, zuzugeben, dass das Christentum falsch ist, und ohne es von vorne zu beginnen.

Als Zweites müssen wir versuchen, etwas über den Unterschied zwischen Denken und bildhaftem Vorstellen zu sagen. Es ist natürlich ein historischer Irrtum, zu meinen, dass alle oder auch nur die meisten frühen Christen an den Palast im Himmel geglaubt haben, wie wir an das Sonnensystem glauben. Der Anthropomorphismus[56] wurde von der Kirche verurteilt, sobald die Frage danach klar vor ihr stand. Doch einige frühe Christen mögen dies geglaubt haben, und vermutlich haben Tausende nie über ihren Glauben nachgedacht, ohne dabei anthropomorphe Bilder zu benutzen. Das ist der Grund, weshalb wir den Kern des Glaubens von den ihn begleitenden Bildern unterscheiden müssen.

Wenn ich an London denke, sehe ich stets ein Bild des Bahnhofs Euston[57] vor mir. Aber ich glaube nicht, dass London der Bahnhof Euston ist. Das ist ein einfacher Fall, weil der Denkende weiß, dass seine Bilder falsch sind. Jetzt lasst uns einen komplexeren Fall nehmen. Ich habe einst gehört, wie eine Frau zu ihrer Tochter gesagt hat, man würde sterben, wenn man zu viele Aspirin-Tabletten einnimmt. «Aber warum?», fragte das Kind. «Wenn man sie zerdrückt, findet man darin doch gar keine schrecklichen roten Dinger.»

Dachte dieses Kind an Gift, so hatte es offenbar nicht nur das begleitende Bild von «schrecklichen roten Dingern», sondern glaubte tatsächlich, Gift sei rot. Und das war ein Irrtum. Aber inwieweit macht das seine Vorstellung von Gift falsch? Es hatte gelernt, dass eine Überdosis Aspirin jemanden töten kann; sein Glaube war wahr. Es wusste in bestimmten Grenzen, welche Substanzen im Haus seiner Mutter giftig waren. Hätte ich mich in seinem Haus befunden und ein Glas von etwas an die Lippen geführt, das für mich wie Wasser aussah, und hätte das Kind gesagt: «Trink das nicht. Mama sagt, das ist giftig», so wäre es dumm von mir gewesen, die Warnung zu ignorieren, nur weil «das Kind eine archaische und mythologische Vorstellung von Gift als schrecklichen roten Dingern» hat.

Es gibt also einen Unterschied nicht nur zwischen Denken und bildhaftem Vorstellen im Allgemeinen, sondern auch zwischen Denken und jenen Bildern, die der Denkende (fälschlicherweise) für wahr hält. Als das Mädchen später lernte, dass Gift nicht immer rot ist, hatte es nicht das Gefühl, dass sich an seiner Sicht von Gift etwas Wesentliches geändert hat. Es würde immer noch wissen, wie es das schon immer wusste, dass Gift das ist, was dich tötet, wenn du es einnimmst. Das ist das Wesen von Gift. Die falschen Vorstellungen über seine Farbe fallen ab, ohne seinen Kern zu betreffen.

In gleicher Weise mag ein frühchristlicher Bauer geglaubt haben, Christi Sitzen zur Rechten des Vaters beinhalte wirklich zwei Throne, die in einem Palast im Himmel in einer bestimmten Position zueinander stehen. Doch hätte derselbe Mann später eine philosophische Bildung erhalten und dabei entdeckt, dass Gott keinen Körper und keine Teile oder Leidenschaften hat, und daher weder eine rechte Hand noch einen Palast, so hätte er nicht das Gefühl gehabt, dass sich dadurch etwas am Kern seines Glaubens ändert. Was für ihn wichtig war, selbst in den Tagen seiner Einfalt, waren keine vermeintlichen Details himmlischer Möbelstücke. Es war die Versicherung, dass der einst gekreuzigte Herr nun der höchste Agent jener nicht vorstellbaren Macht ist, von der das ganze Universum abhängt. Und er würde erkennen, dass er sich darin nie geirrt hat.

Der Kritiker mag uns dennoch fragen, warum solche Bilder – von denen wir zugeben, dass sie unwahr sind – überhaupt zum Einsatz kommen müssen. Er hat aber nicht wahrgenommen, dass jede Sprache, durch die wir sie zu ersetzen versuchen, Bilder beinhaltet, die für dieselben Einwände offen sind.[58] Zu sagen, dass Gott in die Naturordnung «eintritt», beinhaltet ebenso viel räumliche Bildhaftigkeit wie zu sagen, dass Er «herabkommt»; wir haben lediglich eine horizontale (oder unbestimmte) Bewegung an die Stelle einer vertikalen Bewegung gesetzt. Zu sagen, dass Er in das Noumenale[59] «re-absorbiert» wurde, ist nur dann besser, als zu sagen, dass Er in den Himmel «aufstieg», wenn das Bild von etwas, das sich in einer warmen Flüssigkeit auflöst oder mit dem Mund eingesogen wird, weniger irreführend ist als das Bild eines aufsteigenden Vogels oder Ballons.

Jedes Sprechen, außer über Gegenstände der sinnlichen Wahrnehmung, ist durch und durch metaphorisch. Gott eine «Kraft» zu nennen (das heißt, so etwas wie ein Sturm oder Dynamo) ist ebenso metaphorisch, wie Ihn einen Vater oder König zu nennen. In diesen Dingen können wir unsere Sprache vielsilbiger und glanzloser machen: wir können sie nicht buchstäblicher machen. Diese Schwierigkeit betrifft nicht nur Theologen. Naturwissenschaftler, Dichter, Psychoanalytiker und Metaphysiker sitzen hier alle im selben Boot.

«Der menschliche Verstand ist so sehr den Sinnen verpflichtet.»[60]

Wo also ziehen wir die Grenze zwischen Erklären und «Wegerklären»? Ich glaube, hier gibt es keine großen Schwierigkeiten. Alles, was die uninkarnierten Aktivitäten Gottes betrifft[61] – Sein Tun auf jener Ebene des Seins, zu der unsere Sinne keinen Zugang haben –, muss mit einer Bildhaftigkeit genommen werden, von der wir wissen, dass sie im buchstäblichen Sinn verkehrt ist. Aber es kann keine Verteidigung dafür geben, die Wunder des inkarnierten Gottes in derselben Weise zu behandeln. Sie werden uns berichtet als Ereignisse auf dieser Erde, die unseren Sinnen zugänglich sind. Sie gehören zu den Dingen, die wir buchstäblich beschreiben können. Hat Christus tatsächlich Wasser in Wein verwandelt und wir wären dabei gewesen, so hätten wir es sehen, riechen und schmecken können. Die Geschichte, dass Er dies getan hat, ist nicht von der gleichen Art wie Sein «Sitzen zur Rechten des Vaters». Es ist entweder Fakt, Legende oder Lüge. Wir müssen es entweder glauben oder lassen, es zu glauben.

9. Christliche Apologetik

Einige von Ihnen sind Priester und einige Leiter von Jugendorganisationen.[62] Ich habe wenig Recht, zu diesen beiden Gruppen zu sprechen. Es ist an den Priestern, mich zu belehren, nicht an mir, sie zu belehren. Ich habe nie versucht, Jugendliche zu organisieren, und als ich selbst jung war, habe ich erfolgreich vermieden, organisiert zu werden. Wenn ich zu Ihnen spreche, dann in Reaktion auf eine solch dringende Bitte, dass ich es als eine Frage des Gehorsams empfand, ihr zu entsprechen.

Ich soll über Apologetik sprechen. Apologetik heißt natürlich Verteidigung. Die erste Frage ist – was wollen Sie verteidigen? Das Christentum natürlich, und zwar das Christentum, wie es die Kirche von Wales versteht. Und jetzt muss ich gleich zu Beginn etwas Unangenehmes sagen. Dem Laien scheint es, dass wir in der Kirche von England von unseren Priestern häufig Lehren hören, die nicht zum anglikanischen Christentum gehören.

Sie können sich vom anglikanischen Christentum in zweierlei Weise unterscheiden: (1) Sie mögen so «weit» oder «liberal» oder «modern» sein, dass sie de facto jede Form des Übernatürlichen ausschließen und somit aufhören, überhaupt christlich zu sein. (2) Sie mögen andererseits römisch-katholisch sein. Es ist natürlich nicht an mir, zu definieren, was anglikanisches Christentum ist – ich bin Ihr Schüler, nicht Ihr Lehrer. Aber ich bestehe darauf, dass, wo immer Sie die Grenze ziehen, Grenzen existieren müssen, außerhalb derer eine Lehre aufhört, entweder anglikanisch oder aber christlich zu sein: und ich behaupte, dass diese Grenzen um einiges früher kommen, als viele moderne Priester glauben. Ich halte es für Ihre Pflicht, diese Grenzen in Ihrem eigenen Bewusstsein klar festzulegen, und wenn Sie vorhaben, sie hinter sich zu lassen, dann müssen Sie Ihren Beruf wechseln.

Dies ist Ihre Pflicht, nicht speziell als Christen oder Priester, sondern als aufrichtige Menschen. Hier besteht im Klerus eine Gefahr, ein spezielles professionelles Gewissen zu entwickeln, das die schlichte ethische Frage verunklart. Leute, die diese Grenzen in beiden Richtungen überschritten haben, sind bereit, zu beteuern, sie seien aufrichtig zu ihren nicht mehr orthodoxen Überzeugungen gekommen. Sie sind bereit, bei der Verteidigung dieser Überzeugungen Verleumdungen zu ertragen und ihr berufliches Fortkommen zu verwirken. Sie fühlen sich daher als Märtyrer. Aber das geht schlicht an der Sache vorbei, die beim Laien so großen Anstoß erregt. Wir haben nie bezweifelt, dass die unorthodoxen Überzeugungen aufrichtig vertreten werden; woran wir Anstoß nehmen, ist, dass Sie Ihr Amt weiter ausüben, nachdem Sie sie einmal angenommen haben.

Wir wussten immer, dass jemand, der seinen Lebensunterhalt als bezahlter Vertreter der Konservativen Partei verdient, aufrichtig seine Ansichten ändern und Kommunist werden kann. Was wir bestreiten, ist, dass er aufrichtig fortfahren kann, ein Vertreter der Konservativen zu sein und Geld von einer Partei zu erhalten, obwohl er die Politik einer anderen Partei unterstützt.

Auch wenn wir damit eine Form des Lehrens ausgeschlossen haben, die in direktem Widerspruch zu unserem Beruf steht, müssen wir unsere Aufgabe noch weiter definieren. Wir sollen das Christentum selbst verteidigen – den Glauben, der von den Aposteln gepredigt wurde, von den Märtyrern bezeugt, in den Glaubensbekenntnissen verkörpert, von den Kirchenvätern ausgelegt. Dies muss klar vom Gesamt dessen unterschieden werden, was irgendeiner von uns über Gott und Mensch denkt. Jeder von uns hat seine persönlichen Schwerpunkte: jeder hat zusätzlich zum Glauben viele Überzeugungen, die ihm als damit vereinbar und wahr und wichtig erscheinen. Und das sind sie vermutlich auch. Aber es ist nicht unsere Aufgabe, *sie* zu verteidigen. Wir verteidigen das Christentum, nicht «meine Religion». Wenn wir unsere persönlichen Überzeugungen erwähnen, so müssen wir stets ausdrücklich den Unterschied zwischen ihnen und dem Glauben deutlich machen. Der hl. Paulus hat uns in 1. Korinther 7,25 das Vorbild dafür gegeben: in einer bestimmten Sache hat er «keine Order des Herrn», sondern äußert «sein eigenes

Urteil». Niemand bleibt im Zweifel, was den Unterschied im *Status* von beidem betrifft.

Diese Unterscheidung, die die Aufrichtigkeit von uns verlangt, gibt dem Apologeten zugleich einen taktischen Vorteil. Die große Schwierigkeit besteht darin, moderne Zuhörer dazu zu bringen, zu erkennen, dass wir das Christentum allein deshalb predigen, weil wir es für wahr halten; sie glauben stets, wir predigten es, weil es uns sympathisch ist, oder gut für die Gesellschaft, oder etwas von der Art. Eine klar geäußerte Unterscheidung zwischen dem, was der Glaube tatsächlich sagt, und dem, was wir gerne hätten, dass er es sagt, oder was wir verstehen und persönlich für hilfreich oder wahrscheinlich halten, bringt Ihre Zuhörer dazu, zu erkennen, dass Sie genauso an die Fakten gebunden sind wie der Naturwissenschaftler an die Ergebnisse seiner Experimente; dass Sie nicht einfach sagen, was Ihnen persönlich gefällt. Dies hilft ihnen sofort zu erkennen, dass es um eine Frage objektiver Tatsachen geht – kein Gefasel über Ideale oder persönliche Ansichten.

Zweitens hat diese skrupulöse Sorge darum, die christliche Botschaft frei von den eigenen Ideen zu halten, sehr gute Auswirkungen auf den Apologeten selbst. Sie zwingt ihn immer wieder, sich mit jenen Elementen des ursprünglichen Christentums auseinanderzusetzen, die ihm persönlich unverständlich oder abstoßend erscheinen. Er entgeht der Versuchung, das zu übergehen, zu verwischen oder zu ignorieren, was ihm missfällt. Wer dieser Versuchung nachgibt, wird natürlich nie einen Fortschritt im Verständnis des Christlichen machen. Denn die Lehre, die einem sofort einleuchtet, ist offensichtlich eine Lehre, welche eine Wahrheit christlich sanktioniert, die wir ohnehin bereits kannten. Die neue Wahrheit, die wir nicht kennen, die wir aber brauchen, muss der Natur der Sache nach genau in jenen Lehren versteckt sein, die wir am wenigsten mögen und verstehen.

Es ist hier genau wie in der Wissenschaft: Das Problem, das uns Schwierigkeiten macht, weil es nicht in die gängigen wissenschaftlichen Theorien hineinpasst, ist das Phänomen, das uns zwingt, neu nachzudenken, und so zu neuem Wissen führt. Die Wissenschaft macht Fortschritte, weil Wissenschaftler, anstatt solchen schwierigen Problemen auszuweichen oder sie zu vertuschen, ständig nach ihnen suchen. In gleicher Weise wird es Fortschritt im christlichen Wissen nur geben, wenn wir die Herausforderung der schwierigen oder abstoßenden Lehren annehmen. Ein «liberales» Christentum, das sich frei sieht, den Glauben zu ändern, wann immer er uns verwirrend oder abstoßend erscheint, *muss* völlig stagnieren. Fortschritt macht man nur in einem Material, dass einem *Widerstand* entgegensetzt.

Daraus ergibt sich eine Folge für die private Lektüre des Apologeten. Es gibt zwei Fragen, die er sich natürlich selbst stellen wird. (1) Habe ich Schritt gehalten mit den jüngsten Entwicklungen in der Theologie? (2) Bin ich *standhaft geblieben* (*super monstratas vias*)[63] im «Wechselspiel der Lehren»?[64] Ich betone ausdrücklich, dass die zweite Frage die weitaus wichtigere ist. Unsere Erziehung und die ganze Atmosphäre der Welt, in der wir leben, bringen es mit sich, dass unsere größte Versuchung darin besteht, dem Wechselspiel der Lehren nachzugeben, nicht, es zu ignorieren. Es ist nicht sehr wahrscheinlich, dass wir rückwärtsgewandt sind; es ist in der Tat sehr wahrscheinlich, dass wir Sklaven der Mode werden.

Wer sich entscheiden muss, ob er die alten oder die neuen Bücher liest, muss die alten wählen: nicht, weil sie zwangsläufig besser sind, sondern weil sie genau jene Wahrheiten beinhalten, die unsere eigene Zeit vernachlässigt. Der Maßstab des beständigen Christentums muss in unserem Bewusstsein fest verankert sein, und es ist dieser Maßstab, an dem wir alles zeitgenössische Denken messen müssen. Wir müssen in der Tat um jeden Preis *nicht* mit der Zeit gehen. Wir dienen Jemandem, der sagte: «Himmel und Erde werden vergehen, aber meine Worte werden nicht vergehen.»[65]

Bisher habe ich von theologischer Lektüre gesprochen. Wissenschaftliche Lektüre ist eine andere Sache. Wer sich in einer Naturwissenschaft auskennt, der sollte sie unbedingt beibehalten. Wir müssen uns mit der gegenwärtigen wissenschaftlichen Haltung dem Christentum gegenüber auseinandersetzen, nicht mit jener Haltung, die Naturwissenschaftler vor hundert Jahren eingenommen haben. Die Wissenschaft ist in beständigem Wandel und wir müssen versuchen, mit *ihr* Schritt zu halten. Aus dem gleichen Grund müssen wir sehr vorsichtig sein, nach einer wissenschaftlichen Theorie zu haschen, die uns im Moment günstig erscheint. Wir mögen solche Dinge *erwähnen*, aber nur leichthin und ohne mehr zu behaupten, als dass sie «interessant» sind. Sätze, die mit «Die Wissenschaft hat bewiesen» beginnen, sollten wir vermeiden. Versuchen wir, unsere Apologetik auf einer aktuellen Entwicklung in der Wissenschaft aufzubauen, so werden wir für gewöhnlich feststellen, dass die Wissenschaft just in dem Moment, in dem wir unserem Argument den letzten Schliff geben, ihre Meinung geändert und die Theorie, die wir als Grundstein unseres Argumentes benutzt haben, still und leise wieder fallengelassen hat. *Timeo Danaos et dona ferentes*[66] ist ein verlässliches Prinzip.

Da wir gerade beim Thema Wissenschaft sind, lassen Sie mich für einen Moment abschweifen. Ich glaube, dass ein Christ, der in der Lage ist, ein gutes, populäres Buch über irgendeine Wissenschaft zu schreiben, damit sehr viel mehr tun kann als durch jede direkte apologetische Tätigkeit. Die Schwierigkeit, mit der wir uns konfrontiert sehen, ist die folgende: Wir können Leute (oft) dazu bringen, der christlichen Sicht für vielleicht eine halbe Stunde Aufmerksamkeit zu schenken; doch in dem Moment, in dem sie von unserem Vortrag nach Hause gehen oder unseren Aufsatz beiseitelegen, tauchen sie wieder ein in eine Welt, in der die entgegengesetzte Position für selbstverständlich genommen wird. Solange diese Situation fortbesteht, ist ein flächendeckender Erfolg schlicht unmöglich.

Wir müssen die Nachrichtenwege unseres Gegners attackieren. Was wir brauchen, sind nicht mehr kleine Bücher über das Christentum, sondern mehr kleine Bücher von Christen über andere Themen – mit ihrem Christentum *im Hintergrund*. Sie können das sehr leicht sehen, wenn Sie es aus der umgekehrten Perspektive betrachten. Es ist nicht sehr wahrscheinlich, dass unser Glaube durch irgendein Buch über den Hinduismus erschüttert wird. Doch wenn wir jedes Mal, wenn wir eine Einführung in Geologie, Botanik, Politik oder Astronomie lesen, feststellen würden, dass seine Konsequenzen hinduistisch sind, dann würde uns das erschüttern. Es sind nicht die Bücher, die in direkter Verteidigung des Materialismus geschrieben sind, die den modernen Menschen zum Materialisten machen, es sind die materialistischen Annahmen in all den anderen Büchern. Ebenso sind es nicht Bücher über das Christentum, die ihn wirklich beunruhigen werden. Es würde ihn aber beunruhigen, wenn jedes Mal, dass er eine preiswerte populäre Einführung in eine Wissenschaft sucht, das beste Buch auf dem Markt von einem Christen geschrieben wäre.

Der erste Schritt zu einer Wiederbekehrung dieses Landes ist eine von Christen herausgegebene Reihe, die die *Penguin*-Reihe und die *Thinker's Library*[67] auf ihrem eigenen Feld schlagen kann. Ihr Christentum müsste verborgen und nicht offen sein: und ihre Wissenschaft *natürlich* absolut sauber. Die Wissenschaft im Interesse der Apologetik zu *verbiegen* wäre eine Sünde und eine Dummheit. Aber ich muss zu meinem eigentlichen Thema zurückkehren.

Unsere Aufgabe besteht darin, das, was zeitlos ist (dasselbe gestern, heute und morgen),[68] in der jeweiligen Sprache unserer Zeit zu präsentieren. Der schlechte Prediger tut genau das Gegenteil: Er nimmt die Ideen unserer Zeit und kleidet sie in die traditionelle Sprache des Christentums. Er mag zum Beispiel an den Beveridge-Report[69] denken und über das Kommen des Reiches Gottes *sprechen*. Der Kern seines Denkens ist zeitgenössisch, lediglich die Oberfläche ist traditionell. Doch Ihr Denken muss in seinem Kern zeitlos sein und ein modernes Gewand tragen.

Das bringt uns auf die Frage nach Theologie und Politik. Ich komme in der Lösung des Grenzproblems zwischen beiden nicht weiter als bis zu Folgendem: Die Theologie sagt uns, welche Ziele wünschenswert und welche Mittel rechtens sind; die Politik sagt uns, welche Mittel effektiv sind. Die Theologie sagt uns also, dass jeder Mensch ein angemessenes Einkommen haben sollte. Die Politik sagt uns, mit welchen Mitteln das am besten erreicht werden kann. Die Theologie sagt uns, welche dieser Mittel mit Gerechtigkeit und Nächstenliebe vereinbar sind. In politischen Fragen ist es nicht die Offenbarung, die uns Orientierung gibt, sondern die natürliche Klugheit, das Wissen über komplexe Tatsachen und reichhaltige Erfahrung. Wenn wir diese Qualifikationen besitzen, so können wir natürlich unsere politische Meinung äußern, aber dann müssen wir absolut klarmachen, dass wir unser persönliches Urteil abgeben und hierzu keine Weisung des Herrn haben. Nicht viele Priester besitzen diese Qualifikationen. Die meisten politischen Predigten lehren ihre Gemeinden lediglich, welche Zeitungen im Pfarrhaus gelesen werden.

Unsere große Gefahr besteht im Moment darin, dass die Kirche fortfahren könnte, eine bloße Methode der Erbauung[70] zu praktizieren, während die Situation eine missionarische geworden ist. Vor hundert Jahren bestand unsere Aufgabe darin, jene zu erbauen, die im Glauben erzogen worden waren: unsere gegenwärtige Aufgabe besteht hauptsächlich darin, Ungläubige zu bekehren und zu unterweisen. Großbritannien ist ebenso ein Teil des Missionsgebietes wie China. Wenn Sie zu den Bantus gesandt würden, würde man Sie ihre Sprache und ihre Traditionen lehren. Sie benötigen eine vergleichbare Ausbildung im Hinblick auf die Sprache und die geistigen Eigenheiten Ihrer eigenen ungebildeten und ungläubigen Mitbürger. Viele Priester wissen nichts über dieses Thema. Was ich darüber weiß, habe ich durch meine Vorträge in den Lagern der R.A.F.[71] gelernt. Sie waren größtenteils mit Engländern besetzt, so dass einiges von dem, was ich Ihnen sagen werde, ohne Belang für die Situation in Wales sein wird. Sortieren Sie einfach aus, was sich bei Ihnen nicht anwenden lässt.

(1) Ich stelle fest, dass der ungebildete Engländer ein nahezu vollkommener Skeptiker bezüglich der Geschichte ist. Ich hatte erwartet, dass er die Evangelien bezweifelt, weil sie Wunder beinhalten, aber er bezweifelt sie tatsächlich, weil sie von Dingen sprechen, die 2000 Jahre her sind. Er würde genauso die Schlacht von Actium[72] bezweifeln, wenn er von ihr hören würde.

Für jemanden, der unsere Art Bildung genossen hat, ist sein geistiger Zustand schwer nachzuvollziehen. Uns ist die Gegenwart immer als ein Abschnitt eines enormen kontinuierlichen Prozesses vorgekommen. In seiner Vorstellung besetzt die Gegenwart nahezu das gesamte Gesichtsfeld. Jenseits ihrer, losgelöst von ihr und völlig ohne Bedeutung, ist etwas, das man «die früheren Zeiten» nennt – ein kleiner, seltsamer Dschungel, in dem Wegelagerer, Königin Elisabeth I., Ritter in Rüstungen usw. herumspazieren. Und dann kommt (das ist das erstaunlichste) jenseits der früheren Zeiten ein Bild vom «Urmenschen». Er ist «Wissenschaft», nicht «Geschichte», und wird daher für wesentlich realer gehalten als die früheren Zeiten. Mit anderen Worten, man glaubt wesentlich mehr an das Vorgeschichtliche als an das Geschichtliche.

(2) Er misstraut (was sehr vernünftig ist bei seinem Wissensstand) alten Texten. So sagte mir zum Beispiel jemand: «Diese Berichte wurden in den Tagen vor dem Buchdruck verfasst, nicht wahr? Und Sie haben nicht das ursprüngliche Stück Papier, oder? Es läuft also darauf hinaus, dass jemand etwas geschrieben hat, und jemand anderes hat es abgeschrieben, und wieder jemand anderes hat das abgeschrieben, und so weiter. Nun, wenn das schließlich bei uns ankommt, hat es nicht mehr viel mit dem Original zu tun.»

Das ist ein schwieriger Einwand, weil man in dem Moment nicht anfangen kann, sie die gesamte Wissenschaft der Textkritik zu lehren. Doch an diesem Punkt ist mir ihre wahre Religion (d.h. ihr Wissenschaftsglaube) zu Hilfe gekommen. Die Versicherung, dass es eine «Wissenschaft» namens «Textkritik» gibt, und dass ihre Ergebnisse (nicht nur beim Neuen Testament, sondern generell bei alten Texten) allgemein anerkannt werden, wird normalerweise anstandslos akzeptiert werden. (Ich muss wohl kaum darauf hinweisen, dass das Wort «Text» vermieden werden muss, weil Ihre Zuhörer darunter nur ein Bibelzitat verstehen.)

(3) Ein Sündenbewusstsein fehlt völlig. Unsere Lage ist daher sehr verschieden von der der Apostel. Die Heiden (und noch mehr die *metuentes*),[73] zu denen sie predigten, wurden von einem Bewusst-

sein der Schuld verfolgt, so dass das Evangelium für sie eine «frohe Botschaft» war. Wir wenden uns an Menschen, die in dem Glauben erzogen wurden, dass alles, was in der Welt schiefläuft, die Schuld anderer ist – der Kapitalisten, der Regierung, der Nazis, der Generäle usw. Sie wenden sich Gott Selbst als Seine *Richter* zu. Sie wollen nicht wissen, ob sie von ihren Sünden losgesprochen werden können, sondern ob Er davon losgesprochen werden kann, eine solche Welt geschaffen zu haben.

Wenn wir diese fatale Gleichgültigkeit angehen wollen, so ist es zwecklos, die Aufmerksamkeit (a) auf Sünden zu richten, die Ihre Zuhörer nicht begehen, oder (b) auf Dinge, die sie tun, aber nicht als Sünden betrachten. Sie sind normalerweise keine Alkoholiker. Die meisten von ihnen treiben Unzucht, doch sie sehen Unzucht nicht als etwas Falsches an. Es ist daher zwecklos, sich mit einem dieser Themen zu befassen. (Nun, da Verhütungsmittel das offensichtlich *verantwortungslose* Element der Unzucht beseitigt haben, glaube ich nicht, dass wir von den Leuten erwarten können, dass sie Unzucht als eine Sünde betrachten, bevor sie das Christentum als Ganzes akzeptiert haben.)

Ich kann Ihnen kein Patentrezept für das Erwecken eines Sündenbewusstseins anbieten. Ich kann lediglich sagen: Beginnt man mit der Sünde, die in der vergangenen Woche das eigene Hauptproblem war, so ist man nach meiner Erfahrung oft erstaunt, wie weit man damit kommt. Doch welche Methode auch immer wir benutzen, wir müssen uns stets darum bemühen, ihre Gedanken von öffentlichen Affären und «Verbrechen» fernzuhalten und sie zur eigentlichen Sache zu bringen – zu dem ganzen Netz aus Bosheit, Gier, Neid, Ungerechtigkeit und Eitelkeit im Leben «normaler anständiger Leute», wie sie selbst (und wir) es sind.

(4) Wir müssen die Sprache unserer Zuhörer erlernen. Und lassen Sie mich von vorneherein klarstellen, dass es keinen Zweck hat, *a priori* festlegen zu wollen, was der «einfache Mann» versteht und was nicht. Sie müssen das durch Erfahrung herausfinden. Die meisten

von uns hätten zum Beispiel wohl vermutet, dass der Wechsel von «may truly and indifferently minister justice» zu «may truly and impartially»[74] diese Stelle für Ungebildete vereinfacht hat. Ein mir bekannter Priester hat jedoch festgestellt, dass sein Kirchendiener mit *«indifferently»* kein Problem hatte («Das heißt, dass man keinen Unterschied macht zwischen einer Person und einer anderen», sagte er), er aber keine Ahnung hatte, was *«impartially»* heißt.

Das Beste, was ich in dieser Frage der Sprache tun kann, ist, eine Liste mit Wörtern anzufertigen, die die Leute in einer anderen Bedeutung verwenden als wir.

ATONEMENT (SÜHNOPFER).

Existiert nicht wirklich in modernem gesprochenem Englisch, auch wenn es als «ein religiöses Wort» wahrgenommen würde. Sofern es den Ungebildeten überhaupt eine Idee vermittelt, bedeutet es vermutlich so etwas wie *Ersatz*. Kein einzelnes Wort wird ihnen vermitteln, was Christen mit *Sühnopfer* meinen: Sie müssen das umschreiben.

BEING (WESEN).

Bedeutet in der Umgangssprache niemals «Seiendes». Es meint oft, was wir eine «Person» nennen würden (z.B. sagte ein Mann zu mir: «Ich glaube an den Heiligen Geist, aber ich glaube nicht, dass er ein Wesen ist!»).

CATHOLIC (KATHOLISCH).

Bedeutet römisch-katholisch.

CHARITY (CARITAS).

Bedeutet (a) Almosen, (b) eine «wohltätige Einrichtung», (c) viel seltener – Nachsicht (z.B. eine «caritative» Haltung einer Person gegenüber wird als eine Haltung verstanden, die seine Sünden leugnet oder entschuldigt, nicht aber als eine, die den Sünder trotz seiner Sünden liebt).

CHRISTIAN (CHRISTLICH).

Hat nahezu nichts mehr mit Glauben zu tun. Normalerweise ein Ausdruck diffuser Zustimmung. «Wer ist für Sie ein Christ?», hat man mich wieder und wieder gefragt. Die Antwort, die sie hören *wollen*, ist: «Ein Christ ist ein anständiger Kerl, der nicht nur an sich denkt, usw.»

CHURCH (KIRCHE).

Bedeutet (a) ein sakrales Gebäude, (b) der Klerus. Hat für sie nichts mit der «Gemeinschaft aller Gläubigen» zu tun. Wird normalerweise negativ verwendet. Es gehört zu unseren Pflichten, die Kirche unmittelbar zu verteidigen, doch ein Gebrauch des Wortes *Kirche*, bei dem keine Zeit bleibt, es zu rechtfertigen, verscherzt uns die Sympathien unserer Zuhörer und sollte nach Möglichkeit vermieden werden.

CREATIVE (KREATIV).

Bedeutet heute lediglich «talentiert» oder «originell». Der Gedanke einer Schöpfung im theologischen Sinn ist ihrer Vorstellungswelt vollkommen fremd.

CREATURE (KREATUR).

Bedeutet «wildes» oder «vernunftloses» Tier. Ein Ausdruck wie «Wir sind nur Kreaturen» würde höchstwahrscheinlich missverstanden.

CRUCIFIXION, CROSS (KREUZIGUNG, KREUZ) usw.

Jahrhunderte des Gesangs christlicher Hymnen und Lieder haben diese Wörter so abgenutzt, dass sie heute – wenn überhaupt – nur noch entfernt die Vorstellung von einer Hinrichtung durch Folter vermitteln. Es ist besser, zu umschreiben; aus eben diesem Grund ist es auch besser, *ausgepeitscht* statt des neutestamentlichen *gegeißelt* zu sagen.[75]

DOGMA.

Wird von den Leuten heute rein negativ verwendet, im Sinn von «unbewiesene Behauptung, die in arroganter Weise vorgetragen wird».

IMMACULATE CONCEPTION (UNBEFLECKTE EMPFÄNGNIS).

Meint im Mund eines ungebildeten Sprechers *immer* die *Jungfrauengeburt*.

MORALITY (MORAL).

Heißt Enthaltsamkeit.

PERSONAL.

Ich habe mindestens zehn Minuten mit einem Mann über die Existenz eines «personalen Teufels» diskutiert, bevor ich festgestellt habe, dass personal für ihn körperlich bedeutet. Ich vermute, das kommt häufiger vor. Wenn sie sagen, dass sie nicht an einen «personalen» Gott glauben, meinen sie oft nur, dass sie keine Anthropomorphisten sind.[76]

POTENTIAL (POTENZIELL).

Wenn es überhaupt verwendet wird, wird es in einem technischen Sinn benutzt; es bedeutet nie «möglich».

PRIMITIVE (URSPRÜNGLICH).

Heißt plump, ungeschickt, unfertig, ineffektiv. «Ur-Christentum» (engl. «Primitive Christianity») würde für sie nicht im Geringsten bedeuten, was es für Sie bedeutet.

SACRIFICE (OPFER).

Wird nicht mit Tempel und Altar assoziiert. Sie sind mit diesem Wort lediglich im journalistischen Sinn vertraut («Die Nation muss zu großen Opfern bereit sein.»).

SPIRITUAL (SPIRITUELL).

Bedeutet überwiegend *immateriell, unkörperlich*, allerdings in einer bedenklichen Verschmelzung mit dem christlichen Gebrauch des Wortes πνεῦμα.[77] Daher der Gedanke, dass etwas, das «spirituell» im Sinne von «nicht sinnlich wahrnehmbar» ist, stets irgendwie *besser* ist als alles sinnlich Wahrnehmbare; sie glauben zum Beispiel nicht wirklich, dass Neid so schlimm sein kann wie Trunkenheit.

VULGARITY (VULGARITÄT).

Meint für gewöhnlich Obszönität oder Schweinkram. Es gibt bedenkliche Verwechslungen zwischen: (a) dem Obszönen oder Lasziven: dem, was darauf aus ist, Lust zu provozieren; (b) dem Unziemlichen: dem, was gegen den guten Geschmack oder die Schicklichkeit verstößt; (c) dem Vulgären im eigentlichen Sinn: dem, was sozial «niedrig» steht. «Anständige» Leute tendieren dazu, (b) als genauso sündhaft wie (a) zu betrachten, mit dem Ergebnis, dass andere meinen, (a) sei genauso unschuldig wie (b).

Um zusammenzufassen – Sie müssen jeden Aspekt Ihrer Theologie in die Umgangssprache übersetzen. Das ist sehr mühsam, und es bedeutet, dass Sie in einer halben Stunde nur sehr wenig sagen können, doch es ist absolut notwendig. Es ist außerdem von größter Wichtigkeit für Ihr eigenes Denken. Ich bin zu der Überzeugung gekommen, dass jemand, dem es nicht gelingt, seine Gedanken in bildungsferne Sprache zu übersetzen, seine Gedanken nicht klar hatte. Die Fähigkeit zu übersetzen ist der Test dafür, ob man wirklich weiß, was man sagen will. Die Übersetzung eines Abschnitts aus einem theologischen Werk in Umgangssprache müsste ein verpflichtender Teil eines jeden kirchlichen Abschlussexamens sein.

Ich wende mich nun der Frage der konkreten Herangehensweise zu. Sie kann entweder emotional oder intellektuell sein. Wenn ich mich nur zur intellektuellen Herangehensweise äußere, dann nicht deshalb, weil ich die andere geringachten würde, sondern weil ich, der ich nicht die nötigen Gaben empfangen habe, sie zu praktizieren, keine Ratschläge zu ihr erteilen kann. Aber ich möchte ausdrücklich betonen, dass da, wo ein Redner diese Gabe besitzt, der direkte evangelisierende Anruf des «Komm zu Jesus»-Typs heute ebenso überwältigend sein kann wie vor hundert Jahren. Ich habe es geschehen sehen, eingeleitet durch einen religiösen Film, begleitet vom Singen religiöser Lieder und mit erstaunlichen Ergebnissen. Ich kann das nicht, aber jene, die es können, sollten es mit all ihrer Kraft tun. Ich frage mich, ob das ideale Missionsteam nicht aus einer Person bestehen würde, die argumentiert, und einer, die (im vollen Sinne des Wortes) predigt. Bringen Sie zuerst Ihren Argumentierer, um ihre intellektuellen Vorurteile zu unterminieren; und dann lassen Sie den eigentlichen Evangelisierer seinen Aufruf starten. Ich habe das mit großem Erfolg geschehen sehen. Aber ich selbst muss mich hier auf den intellektuellen Angriff beschränken. *Non omnia possumus omnes.*[78]

Und gleich als Erstes ein Wort der Ermutigung. Ungebildete Leute sind keine dummen Leute. Ich habe festgestellt, dass sie bereit sind, sich auf eine längere Argumentation einzulassen, und ihr auch folgen können, wenn Sie langsam vorgehen. Oft begeistert sie die Neuheit dessen (sie haben das kaum je zuvor erlebt) geradezu.

Versuchen Sie nicht, das Christentum zu verwässern. Sie dürfen nicht so tun, als könne man es ohne das Übernatürliche haben. Soweit ich es sehen kann, ist das Christentum präzise die eine Religion, von der das Wunder nicht abgetrennt werden kann. Sie müssen von Anfang an offen für den Supranaturalismus eintreten.

Die zwei populären «Schwierigkeiten», mit denen Sie vermutlich zu tun haben werden, sind die folgenden:

(1) «Jetzt, wo wir wissen, wie riesig das Universum ist, und wie bedeutungslos die Erde, ist es absurd, anzunehmen, der allumfassende Gott interessiere sich besonders für unsere Angelegenheiten.» Als Antwort müssen Sie als Erstes ihren Irrtum bezüglich der *Tatsachen* korrigieren. Die Bedeutungslosigkeit der Erde im Verhältnis zum Universum ist keine moderne Entdeckung. Vor fast 2000 Jahren

hat Ptolemäus (*Almagest*, Buch 1, Kap. v) gesagt, die Erde müsse im Verhältnis zur Entfernung der Fixsterne als ein mathematischer Punkt ohne Ausdehnung betrachtet werden.[79] Als Zweites sollten Sie darauf hinweisen, dass das Christentum nur sagt, was Gott für die Menschheit getan hat, nicht aber (weil es das nicht weiß), was Er in anderen Teilen des Universums getan oder nicht getan hat. Als Drittes können Sie an das Gleichnis von dem einen verlorenen Schaf erinnern.[80] Sollte sich Gott besonders der Erde zugewandt haben (was wir nicht wissen), dann mag das nicht besagen, dass sie die wichtigste Sache im Universum ist, sondern nur, dass sie *vom Kurs abgeirrt* ist. Als Letztes sollten Sie die ganze Tendenz hinterfragen, Größe mit Bedeutung zu identifizieren. Ist ein Elefant wichtiger als ein Mensch, oder das Bein eines Menschen wichtiger als sein Gehirn?

(2) «Die Leute früherer Zeiten haben an Wunder geglaubt, weil sie nicht wussten, dass sie gegen die Naturgesetze verstoßen.» Aber sie wussten es. Wenn der hl. Joseph nicht wusste, dass eine Jungfrauengeburt der Natur widerspricht (das heißt, die normale Herkunft der Babys nicht kannte), warum beschloss er dann, sich von seiner Verlobten zu trennen, als er von ihrer Schwangerschaft erfuhr?[81] Gewiss würde kein Ereignis je als ein Wunder berichtet, es sei denn, die Berichtenden kennen die Naturordnung und nehmen dies als eine Ausnahme wahr. Wüssten die Leute nicht, dass die Sonne im Osten aufgeht, so wären sie gar nicht daran interessiert, sie einmal im Westen aufgehen zu sehen. Sie würden es nicht als ein *miraculum*[82] berichten – noch überhaupt berichten. Schon die Idee des «Wunders» setzt ein Wissen über die Naturgesetze voraus; man kann die Idee einer Ausnahme nicht haben, solange man nicht die Idee einer Regel hat.

Es ist sehr schwer, auf einem populären Level Argumente für die Existenz Gottes zu entwickeln. Und viele der populärsten Argumente scheinen mir nicht schlüssig zu sein. Einige von ihnen mögen in der Diskussion von wohlwollenden Zuhörern vorgetragen werden.

Das weist auf das ganze Problem des «ungelegenen Befürworters» hin. Es ist grausam (und gefährlich), ihn zu verprellen; es ist oft unehrlich, dem, was er sagt, zuzustimmen. Ich versuche meistens, zu vermeiden, etwas über die Gültigkeit seines Argumentes *selbst* zu sagen, und erwidere: «Ja. Das mag für Sie und mich so sein. Aber ich fürchte, wenn wir so argumentieren, dann wird unser Freund hier zu meiner Linken sagen, usw. usw.»

Ich habe, obwohl das eigentlich erstaunlich ist, zum Glück festgestellt, dass die Leute oft bereit sind, Argumente für die Göttlichkeit Unseres Herrn zu hören, *bevor* man auf die Existenz Gottes eingeht. Als ich anfing, habe ich, wenn ich zwei Vorträge hielt, den ersten für gewöhnlich auf den reinen Theismus verwendet; diese Methode habe ich aber bald aufgegeben, weil sie wenig Interesse hervorzurufen schien. Die Zahl der klaren und bestimmten Atheisten ist offensichtlich nicht allzu groß.

Wenn wir zur Inkarnation selbst kommen, stelle ich fest, dass eine Form des *aut Deus aut malus homo*[83] verwendet werden kann. Die Mehrheit unter ihnen beginnt zunächst mit der Vorstellung des «großen Lehrers der Menschheit», der durch seine abergläubischen Anhänger vergottet wurde. Sie müssen darauf hinweisen, wie außerordentlich unwahrscheinlich das bei Juden ist, und wie anders als alles, was mit Platon, Konfuzius, Buddha oder Mohammed geschehen ist. Die Worte und Ansprüche des Herrn (welche vielen völlig unbekannt sind) müssen ihnen klargemacht werden. (Die ganze Sache wird auf einem populären Level sehr gut in Chestertons *The Everlasting Man* [dt. *Der unsterbliche Mensch*] behandelt.)

Für gewöhnlich wird etwas über die Historizität der Evangelien gesagt werden müssen. Sie, die Sie ausgebildete Theologen sind, werden in der Lage sein, das in einer Weise zu tun, in der ich es nicht könnte. Mein eigener Ansatz bestand darin, zu sagen, dass ich von Beruf Literaturwissenschaftler bin und den Unterschied zwischen Legende und historischem Bericht kenne: dass die Evangelien ganz sicher keine Legenden sind (in einem bestimmten Sinn sind sie dafür nicht gut genug), und dass sie, wenn sie keine historischen Berichte sind, eine Form von realistischer Prosadichtung sein müssten, die es in der Tat nicht vor dem 18. Jahrhundert gegeben hat. Kleine Episoden wie Jesus, der mit dem Finger in den Staub schreibt, als man die beim Ehebruch ertappte Frau zu ihm bringt[84] (welche keinerlei Bedeutung für den Glauben haben), bringen das auf den Punkt.

Eine der großen Schwierigkeiten besteht darin, die Frage nach der Wahrheit bei Ihren Zuhörern wach zu halten. Sie meinen immer, Sie würden das Christentum nicht empfehlen, weil es wahr ist, sondern weil es nützlich ist. Und in der Diskussion werden sie in jedem Moment versuchen, der Frage «Wahr – oder falsch?» zu entfliehen in Debatten über eine gerechte Gesellschaft, Moral, das Einkommen von Bischöfen, die Spanische Inquisition, Polen – oder was auch immer. Sie müssen sie immer wieder zur eigentlichen Frage zurückholen. Nur dadurch werden Sie unterminieren können: (a) ihren Glauben, dass ein gewisses Maß an Religion wünschenswert ist, dass man es aber nicht zu weit treiben sollte. Man muss immer wieder darauf hinweisen, dass das Christentum eine Äußerung ist, die, wenn falsch, ohne jeden Belang ist, wenn wahr, aber von unendlichem Belang. Das eine, was es nicht sein kann, ist, von mäßigem Belang sein. (b) ihren festen Nicht-Glauben an Artikel 18.[85]

Es muss natürlich darauf hingewiesen werden, dass, auch wenn alle Erlösung durch Christus geschieht, wir nicht folgern müssen, es sei Ihm unmöglich, jene zu retten, die Ihn in diesem Leben nicht ausdrücklich anerkannt haben. Und es sollte (zumindest nach meinem Urteil) auch klargemacht werden, dass wir nicht alle anderen Religionen für völlig falsch erklären, sondern sagen, das, was in allen Religionen wahr ist, werde in Christus vollendet und perfektioniert. Andererseits müssen wir jedoch die unsinnige Vorstellung, sich gegenseitig ausschließende Aussagen über Gott könnten beide wahr sein, attackieren, wo immer wir sie vorfinden.

Ich selbst habe meinen Zuhörern manchmal gesagt, die beiden einzigen Dinge, die man wirklich bedenken sollte, seien das Christentum und der Hinduismus. (Der Islam ist lediglich die größte christliche Häresie. Das echte Heidentum ist tot. Das Beste aus Judentum und Platonismus überlebt im Christentum.) Es gibt für einen erwachsenen Geist nicht wirklich diese unüberschaubare Vielfalt an Religionen, mit denen man sich auseinandersetzen müsste. Wir können *salva reverentia*[86] die Religionen wie Suppen in «dick» und «klar»[87] einteilen. Mit *dick* meine ich jene, die Orgien und Ekstasen und Mysterien und räumliche Gebundenheiten besitzen: Afrika ist voll von *dicken* Religionen. Mit *klar* meine ich jene, die philosophisch, ethisch und universal sind: Stoizismus, Buddhismus und die Ethische Kirche[88] sind *klare* Religionen. Soll es die eine wahre Religion geben, so muss sie beides sein, *dick* und *klar*: denn der wahre Gott muss beide geschaffen haben, das Kind und den Mann, den Wilden und den Bürger, den Kopf und den Bauch.

Und die einzigen beiden Religionen, die diese Bedingung erfüllen, sind Hinduismus und Christentum. Aber der Hinduismus erfüllt sie unvollständig. Die *klare* Religion des brahmanischen Einsiedlers im Dschungel und die *dicke* Religion des benachbarten Tempels laufen *nebeneinander* ab. Der brahmanische Einsiedler kümmert sich nicht um die Tempelprostitution, und der Betende im Tempel nicht um die Metaphysik des Einsiedlers. Das Christentum hingegen reißt die Trennwand zwischen beiden nieder. Es nimmt einen Konvertiten aus Zentralafrika und fordert ihn auf, eine universalistische, aufgeklärte Ethik anzuerkennen: es nimmt einen akademischen Schnösel wie mich und fordert ihn auf, nüchtern einem Mysterium beizuwohnen und das Blut des Herrn zu trinken. Der Wilde muss *klar* werden: ich muss *dick* werden. So weiß man, dass man die wahre Religion gefunden hat.

Ein letztes Wort: Ich habe festgestellt, dass nichts für den eigenen Glauben so gefährlich ist wie das Tun des Apologeten. Keine Lehre dieses Glaubens erscheint mir so geisterhaft, so unwirklich wie jene, die ich gerade erfolgreich in einer öffentlichen Debatte verteidigt habe. Sie sehen: für einen Augenblick schien alles von einem selbst abzuhängen; das Resultat ist, dass, wenn Sie aus der Debatte herauskommen, Ihnen diese Lehre nicht verlässlicher erscheint als dieser schwache Stützpfeiler. Wir Apologeten müssen daher mit der Gefahr leben[89] und können nur gerettet werden, wenn wir das Netz unserer eigenen Argumente, das heißt, die Spielsteine unseres Intellekts, immer wieder hinter uns lassen und zur Realität zurückkehren – von der christlichen Apologetik zu Christus selbst. Und deshalb brauchen wir auch beständig unsere gegenseitige Hilfe – *oremus pro invicem.*[90]

10. Bevor wir miteinander reden können

Man hat mich gebeten, über «das Problem der Kommunikation» zu schreiben, womit der Fragesteller «Kommunikation zwischen Christen und der Außenwelt unter modernen Bedingungen» gemeint hat. Und wie so oft, wenn ich gefragt werde, bin ich etwas verlegen, wie einfach und wenig aufregend die Antwort ist, die ich geben will. Ich habe das Gefühl, das, was ich zu sagen habe, liegt auf einem schlichteren und niedrigeren Level, als man sich das erhofft hat.

Meine Gedanken zur «Kommunikation» sind rein empirisch, und zwei Anekdoten (beide absolut wahr) werden die Art von Erfahrung illustrieren, auf der sie aufbauen.

1. Das alte Gebetbuch betete darum, die Richter möchten «truly and indifferently minister justice».[91] Die Bearbeiter meinten, sie würden dies einfacher machen, indem sie *indifferently* in *impartially* abänderten.[92] Ein Landgeistlicher meiner Bekanntschaft fragte seinen Kirchendiener, was *indifferently* nach seiner Ansicht bedeutet, und erhielt die korrekte Antwort: «Es heißt, dass man keinen Unterschied macht zwischen einem Typ und einem anderen.» «Und was», fuhr der Geistliche fort, «würden Sie sagen, dass *impartially* bedeutet?» «Hm», sagte der Kirchendiener nach einer Pause, «*das* kann ich Ihnen nicht sagen.»

Jeder sieht, was die Bearbeiter im Sinn hatten. Sie hatten Sorge, der «Mann in der Kirchenbank» würde glauben, *indifferently* bedeute, was es so oft heißt, nämlich achtlos oder gleichgültig. Sie wussten, dass hochgebildete Leute diesen Fehler nicht begehen würden, doch sie glaubten, alle anderen würden ihn begehen. Die Antwort des Kirchendieners offenbart jedoch, dass die am allerwenigsten gebildete Klasse ihn auch nicht begeht. Er wird nur von jenen begangen, die vom Bildungsstand her in der Mitte liegen, von jenen, deren Sprache modern ist (unsere Vorfahren hätten «vornehm» gesagt), ohne gebildet zu sein. Die höchste und die niedrigste Klasse sind gleichermaßen vor ihm gefeit, und *impartially*, das die «mittleren» Kirchenbesucher vor dem Missverstehen schützt, ist für die einfachen Kirchenbesucher unverständlich.

2. Im Krieg bin ich mit einem Arbeiter in eine Diskussion über den Teufel geraten. Er sagte, er glaube an den Teufel, aber «nicht an einen persönlichen Teufel». Je weiter die Diskussion voranschritt, umso verwirrender wurde sie für beide Seiten. Dann entdeckte ich plötzlich und fast per Zufall, wo das Problem lag. Mir wurde klar, dass er mit dem Wort *persönlich* die ganze Zeit nicht mehr und nicht weniger und nichts anderes als *körperlich* gemeint hatte.[93] Er war ein sehr intelligenter Mann, und als das einmal klar war, gab es keine Schwierigkeiten mehr. Wir waren offensichtlich die ganze Zeit über gar nicht unterschiedlicher Meinung gewesen; der Unterschied zwischen uns war lediglich einer im Vokabular. Das hat mich auf die Frage gebracht, wie viele von den Tausenden von Leuten, die sagen, dass sie «zwar an Gott, aber nicht an einen persönlichen Gott glauben», uns nicht de facto sagen wollen, dass sie keine *Anthropomorphisten* im eigentlichen Sinn sind, und somit in diesem Punkt ihre vollkommene Orthodoxie bekunden.

Worin die Bearbeiter des Gebetbuchs und ich uns beide geirrt hatten, war das Folgende: Wir hatten beide *a priori*[94] Vorstellungen davon, was einfache Leute unter einem Wort verstehen. Ich ging davon aus, die Wortwahl des Arbeiters sei dieselbe wie meine eigene. Die Bearbeiter nahmen scharfsinniger, aber nicht zutreffender an, dass alle die Bedeutung von *indifferently* kennen – die sie vermeiden wollten, indem sie das Wort abänderten. Aber wir dürfen offenbar nicht *a priori* festlegen, was andere unter englischen Wörtern verstehen, nicht mehr als bei dem, was Franzosen unter französischen Wörtern verstehen. Wir müssen durch und durch empirisch sein. Wir müssen zuhören und notieren und uns einprägen. Und natürlich müssen wir jede Spur von Standesdünkel und Pedanterie bezüglich eines «richtigen» oder «falschen» Gebrauchs von Wörtern ablegen.

Nun, das kommt mir alles ziemlich alltäglich und gewöhnlich vor. Für jemanden, der über das Problem der Kommunikation auf einem hohen philosophischen Level diskutieren will, der über Konflikte der *Weltanschauung* und die missliche Lage des modernen oder urbanen oder in die Krise geratenen Bewusstseins sprechen will, ist es abschreckend, gesagt zu bekommen, der erste Schritt sei schlicht und einfach ein sprachlicher. So ist es aber.

Zu jedem kirchlichen Examen müsste eine Pflichtaufgabe in (bloßer) Übersetzung gehören: ein Abschnitt aus einem theologischen Werk, der in schlichte englische Umgangssprache zu übertragen ist. Nur übertragen, weder verziert, noch verwässert, noch sich seinen Lesern anbiedernd. Die Aufgabe ähnelt sehr dem Verfassen von lateinischer Prosa. Anstatt zu fragen: «Wie hätte Cicero das ausgedrückt?», muss man sich fragen: «Wie hätte mein Diener oder mein Zimmermädchen das gesagt?»

Man wird sofort feststellen, dass diese Tätigkeit zwei nützliche Nebeneffekte hat.

1. Beim Versuch, aus unserem Thema alles Technische oder Gebildete und alle Anspielungen zu entfernen, entdeckt man möglicherweise zum ersten Mal den wahren Wert gebildeter Sprache, nämlich Kürze. Sie kann in zehn Worten sagen, was Populärsprache kaum in hundert hinbekommt. Unsere Popularisierung des gegebenen Abschnitts wird daher wesentlich länger sein müssen als das Original. Und damit müssen wir uns abfinden.

2. Man wird ebenfalls entdecken – zumindest glaube ich, das als «umfangreicher» Übersetzer entdeckt zu haben – wie wenig man selbst bis zu diesem Augenblick die Sprache verstanden hat, die man gerade zu übersetzen versucht. Immer wieder bin ich so auf höchst nützliche Weise gedemütigt worden. Man vertritt – oder man glaubt, man vertritt – eine bestimmte Sicht, etwa der Erlösung oder der Weihe oder der Inspiration. Und man kann auf Jahre hinweg fortfahren, diese Sicht unter *seinesgleichen* zu diskutieren und zu verteidigen. Man kann neue Verfeinerungen vornehmen, um auf ihre Kritiker einzugehen; es kann so scheinen, als würden brillante Metaphern

ihre Unklarheiten erhellen, und es kommt einem so vor, als würden Vergleiche mit anderen Sichtweisen und «Klassifizierungen» ihre Position in so etwas wie einer Hierarchie der Ideen festigen. Denn die anderen sprechen alle dieselbe Sprache und bewegen sich alle in derselben Diskurswelt. Alles scheint in Ordnung zu sein.

Doch dann geh hin und versuche, dieselbe Sicht einem intelligenten Mechaniker oder einem ernsthaft interessierten, aber nach außen hin sehr respektlosen Schüler zu erklären. Manch eine Frage von erschütternder Grobheit (sie würde nie in gebildeten Kreisen gestellt werden) wird auf dich abgefeuert werden. Man ist wie ein ausgebildeter Schwertkämpfer, der gerade deshalb von einem Gegner durchbohrt wird, weil dieser keines der Grundprinzipien des Schwertkampfes kennt. Die grobe Frage stellt sich als verhängnisvoll heraus. Jetzt zeigt sich, dass man nie wirklich verstanden hat, was man so lange behauptet hat. Man hat es nicht wirklich bis zum Ende durchdacht, bis «zum verfluchten äußersten Ende».

Wir müssen die Sache entweder aufgeben oder noch einmal ganz von vorn beginnen. Kann man, Geduld und normales Geschick vorausgesetzt, eine Sache nicht grundsätzlich jeder verständigen Person erklären (sofern sie bereit ist, zuzuhören), so versteht man sie selbst nicht wirklich. Hier ist es ebenfalls wie bei der lateinischen Prosa: die Abschnitte, die man nicht ins Lateinische übersetzt bekommt, sind für gewöhnlich jene Abschnitte, die man auch im Englischen nicht wirklich verstanden hat.

Wogegen wir besonders auf der Hut sein müssen, sind präzise die Modewörter, die Beschwörungsformeln unserer eigenen Kreise. Für Ihre Generation sind sie vermutlich Engagement, Einsatz, im Gegensatz zu, gemäß Urteil, existenziell, Krise und Konfrontation.[95] Dies sind von allen Ausdrücken diejenigen, die vermutlich am wenigsten von jenen verstanden werden, die sich in ihrer Denkrichtung, Dekade oder sozialen Klasse von Ihnen unterscheiden. Diese Ausdrücke sind wie eine Familiensprache oder wie ein Schul-Slang. Und unsere private Sprache kann uns selbst ebenso täuschen, wie sie Außenseiter verwirrt. Verzauberte Wörter scheinen so bedeutungsvoll, so erhellend zu sein. Doch wir täuschen uns vermutlich. Was wir ihnen entnehmen, ist wahrscheinlich oft keine klare Vorstellung, sondern das herzerwärmende Gefühl, zuhause und unter unseresgleichen zu sein. «Wir verstehen einander» heißt oft: «Wir mögen uns». Sympathie ist eine gute Sache. Sie mag sogar in mancherlei Hinsicht etwas Besseres sein als intellektuelles Verstehen. Aber sie ist nicht dasselbe.

11. Moderne Bibelübersetzungen

Ein Leser, der diesen Band[96] auf der Theke eines Buchladens öffnet, mag sich fragen, warum wir eine neue Übersetzung irgendeines Teils der Bibel brauchen, und wenn, warum dann ausgerechnet der Briefe. «Haben wir nicht», so mag er fragen, «mit der *King James Bibel*[97] die schönste Fassung, deren sich irgendeine Sprache rühmen kann?» Einige Leute, die ich kenne, gehen noch weiter und empfinden eine moderne Übersetzung nicht nur als überflüssig, sondern sogar als anstößig. Sie können es nicht ertragen, die altehrwürdigen Worte geändert zu sehen; es kommt ihnen pietätlos vor.

Es gibt verschiedene Antworten, die wir diesen Leuten geben können. Erstens ist die Form der Abneigung, die sie gegenüber einer neuen Übersetzung verspüren, jener Abneigung sehr ähnlich, die einst dem Gedanken einer Übersetzung überhaupt entgegengebracht wurde. Dutzende aufrichtig fromme Leute schauderte es bei dem Gedanken, das altehrwürdige Latein der Vulgata in unser gewöhnliches und (wie sie glaubten) «barbarisches» Englisch zu übertragen. Es schien ihnen, eine heilige Wahrheit würde ihre Heiligkeit verlieren, wenn man sie des vielsilbigen Lateins entkleidet, das man seit langem in Messe und Stundengebet hört, und sie in eine Sprache überträgt, «die die Leute sprechen»[98] – eine Sprache, die getränkt ist mit den ganzen alltäglichen Assoziationen von Kinderstube und Kneipe, Stall und Straße.

Die Antwort von damals ist auch die Antwort von heute. Die einzige Form der Heiligkeit, die die Schrift (oder zumindest das Schrifttum des Neuen Testaments) durch Modernisierung verlieren kann, ist eine zufällige Form, die sie für ihre Autoren und ihre ersten Leser nie hatte. Das Neue Testament ist im griechischen Original kein Werk literarischer Kunst; es ist nicht in einer ehrwürdigen, geistlichen Sprache geschrieben, sondern in jener Form des Griechischen, das im Mittelmeerraum gesprochen wurde, nachdem Griechisch eine internationale Sprache geworden war und daher seine wirkliche Schönheit und Subtilität verloren hatte.[99] Man sieht in diesem Buch, wie das Griechische von Leuten benutzt wird, die kein wirkliches

Gefühl für griechische Wörter haben, weil griechische Wörter nicht die Wörter sind, die sie als Kinder gesprochen haben. Es ist eine Art von «basic» Greek;[100] eine Sprache ohne Wurzeln im Erdreich, eine zweckmäßige, kommerzielle und administrative Sprache.

Schockiert uns das? Das sollte es nicht tun, es sei denn in der Weise, in der uns die Inkarnation selbst schockieren sollte. Die gleiche göttliche Demut, die verfügte, dass Gott ein Baby an der Brust einer einfachen Frau vom Land sein sollte, und später ein verhafteter Dorfprediger in den Händen der römischen Polizei, verfügte auch, dass Er in einer ordinären, prosaischen, unliterarischen Sprache predigen sollte.[101] Wer das eine verkraften kann, der kann auch das andere verkraften. Die Inkarnation ist in diesem Sinn eine pietätlose Lehre; das Christentum ist in diesem Sinn eine unheilbar pietätlose Religion. Wenn wir meinen, es hätte vor der Welt in all der Schönheit erscheinen müssen, die wir nun mit der King James Version verbinden, so verfehlen wir den Kern der Sache nicht weniger als die Juden, die erwarteten, der Messias werde als ein großer irdischer König kommen. Die wahre Heiligkeit, die wahre Schönheit und Subtilität des Neuen Testaments (wie auch des Lebens Christi) ist von anderer Art; Meilen tiefer oder *weiter innen*.

Zweitens hat die King James Version aufgehört, eine gute (das heißt klare) Übersetzung zu sein. Sie ist nicht mehr modernes Englisch; die Bedeutung von Wörtern hat sich geändert. Derselbe antike Glanz, der sie (im oberflächlichen Sinn) so «schön», «heilig», «tröstend» und «inspirierend» gemacht hat, hat sie an vielen Stellen unverständlich gemacht. Wo der hl. Paulus sagt: «Ich bin mir keiner Schuld bewusst», übersetzt sie: «Ich weiß von mir aus nichts.»[102] Das war im 16. Jahrhundert eine gute (wenn auch bereits etwas altmodische) Übersetzung; für einen modernen Leser bedeutet es entweder gar nichts oder aber etwas völlig anderes als das, was Paulus gesagt hat. In Wahrheit müssen wir, wenn wir überhaupt übersetzen wollen, regelmäßig neu übersetzen. Man kann ein Buch nicht ein für allemal in eine andere Sprache übertragen, weil sich eine Sprache verändert. Braucht unser Sohn Kleidung, so können wir ihm nicht ein für alle Mal einen Anzug kaufen: er wird aus ihm herauswachsen und neu eingekleidet werden müssen.

Und schließlich, auch wenn dies ein bitteres Paradox sein mag: wir müssen manchmal schon deshalb von der King James Version Abstand nehmen, weil sie so schön und feierlich ist. Schönheit erhebt, aber Schönheit lullt auch ein. Frühe Assoziationen sind uns teuer, aber sie verwirren uns auch. Durch diese herrliche Feierlichkeit kommen die aufrüttelnden oder erschreckenden Realitäten, von denen das Buch berichtet, unter Umständen nur noch abgedämpft oder entwaffnet bei uns an, und wir seufzen lediglich mit sanfter Verehrung, wo wir vor Scham brennen sollten, oder wo es uns vor Schrecken die Sprache verschlagen sollte, oder wo wir durch großartige Hoffnung oder Anbetung aus uns selbst herausgerissen werden sollten. Trifft uns das Wort «gegeißelt»[103] wirklich so stark wie «ausgepeitscht»? Sticht «verhöhnten ihn»[104] wirklich so wie «sie lachten ihn aus»?

Wir sollten deshalb alle neuen Übersetzungen willkommen heißen (wenn sie von guten Wissenschaftlern stammen), und jene, die sich der Bibel zum ersten Mal nähern, sind ganz gewiss gut beraten, nicht mit der King James Version zu beginnen – außer vielleicht bei den historischen Büchern des Alten Testaments, wo ihre Archaismen dem Sagenhaften des Materials durchaus entsprechen.

Unter den modernen Übersetzungen scheinen mir die von Dr. Moffatt[105] und Monsignor Knox[106] besonders gut zu sein. Der gegenwärtige Band konzentriert sich auf die Briefe und gibt Anfängern mehr Hilfestellung; sein Fokus ist ein anderer. Die einführenden Zusammenfassungen zu jedem Brief werden als besonders hilfreich empfunden werden, und Leser, die die Briefe zuvor noch nicht gelesen haben, sind gut beraten, diese Zusammenfassungen zu lesen und eine Weile über sie nachzudenken, bevor sie sich dem Text selbst zuwenden. Es hätte mir einiges an Mühe erspart, wenn dieses Buch in meine Hände gekommen wäre, als ich mich zum ersten Mal ernsthaft bemüht habe, herauszufinden, was das Christentum ist.

Denn wer dies herausfinden will, der muss sich mit den Briefen auseinandersetzen. Und ob uns das gefällt oder nicht, die meisten von ihnen sind vom hl. Paulus. Er ist der christliche Autor, an dem niemand vorbeikommt.

Ein höchst erstaunlicher Irrtum hat das moderne Bild des hl. Paulus lange Zeit beherrscht. Kurz gefasst lautet er: Jesus predigte eine freundliche und schlichte Religion (die man in den Evangelien findet) und später korrumpierte der hl. Paulus sie zu einer grausamen und komplizierten Religion (die man in den Briefen findet). Das ist wirklich unhaltbar. Die erschreckendsten Textpassagen stammen alle aus dem Mund Unseres Herrn; alle Passagen, die wir zur Rechtfertigung unserer Hoffnung heranziehen können, dass alle Menschen gerettet werden, stammen vom hl. Paulus.

Sollte sich beweisen lassen, dass der hl. Paulus die Lehre seines Herrn in irgendeiner Weise geändert hat, so hätte er sie in einer Richtung geändert, die dem exakt entgegenläuft, was man gemeinhin annimmt. Aber es gibt keine wirklichen Belege für eine prä-paulinische Lehre, die sich von der des hl. Paulus unterscheidet. Die Briefe sind zum größten Teil die ältesten christlichen Dokumente, die wir haben. Die Evangelien kommen später. Sie sind nicht «das Evangelium», die Formulierung des christlichen Glaubens. Die Evangelien wurden für jene geschrieben, die bereits bekehrt waren, die also «das Evangelium» bereits angenommen hatten. Sie lassen viele der «Komplikationen» (das heißt, die Theologie) aus, weil sie sich an Leser richten, die in ihnen bereits unterrichtet waren. In diesem Sinn sind die Briefe ursprünglicher und zentraler als die Evangelien – obwohl natürlich nicht als jene großen Ereignisse, von denen die Evangelien berichten. Gottes Handeln (die Inkarnation, die Kreuzigung und die Auferstehung) kommt zuerst; seine erste theologische Analyse erfolgt in den Briefen; dann, als die Generation jener, die den Herrn persönlich gekannt hatten, wegzusterben begann, schrieb man die Evangelien, um den Gläubigen einen Bericht über die große Tat und einige Äußerungen des Herrn zu geben.

Die normale populäre Vorstellung hat alles auf den Kopf gestellt.

Den Grund hierfür brauchen wir nicht lange zu suchen. In der Frühphase einer jeden Rebellion gibt es ein Stadium, in dem man noch nicht den König in Person angreift. Man sagt: «Der König ist in Ordnung. Es sind seine Minister, die verkehrt sind. Sie stellen ihn falsch dar und korrumpieren seine Pläne – welche gute Pläne wären, wenn seine Minister sie nur zum Tragen kommen ließen.» Und der erste Sieg besteht darin, ein paar Minister zu köpfen; erst in einem späteren Stadium geht man dazu über, den König selbst zu köpfen.

Ebenso war der Angriff des 19. Jahrhunderts auf den hl. Paulus lediglich ein Stadium in der Revolte gegen Christus. Die Leute waren noch nicht in großen Zahlen bereit, Christus Selbst anzugreifen. Sie machten den ersten normalen Zug – einen Seiner wichtigsten Minister anzugreifen. Alles, was ihnen an Christus missfiel, schoben sie dem hl. Paulus in die Schuhe. Leider konnte ihre Anklage gegen ihn niemanden beeindrucken, der die Evangelien und die Briefe wirklich mit Aufmerksamkeit gelesen hatte; doch offensichtlich hatten das nur wenige, und der erste Sieg war errungen. Der hl. Paulus wurde wegen Amtsmissbrauchs verurteilt und verbannt und die Welt ging zur nächsten Stufe über – dem Angriff auf den König Selbst. Aber für jene, die wissen wollen, was der hl. Paulus und seine Lehrer-Kollegen wirklich gesagt haben, wird der vorliegende Band eine große Hilfe sein.

12. Bibelkritik oder Auslegung der Heiligen Schrift?[107]

Du sagst, wenn ich Vidlers[108] Methode als das «Ausrangieren unbequemer Tatsachen» beschreibe, setze ich von Anfang an eine Position voraus, die er nicht zugesteht. Ich gehe davon aus, dass die Schrift die Tatsachen für die Theologie bereitstellt – die «harten Fakten», an denen sich alle Theorien ausrichten müssen –, so, wie die Sinneserfahrung (gestützt durch Apparate und im Experiment erzwungen, um eindeutig zu sein) die Tatsachen für die Naturwissenschaften bereitstellt. Doch das unterstellt nach Deiner Ansicht eine Sicht der Schrift, die die meisten Theologen aufgegeben haben. Du meinst, dies würde in letzter Konsequenz auf Irrtumslosigkeit, mirakulöse Reinheit des Textes und buchstäbliche Interpretation hinauslaufen, mit einem Wort: auf Fundamentalismus. Und so landen wir wieder bei der «Steinbruchexegese» und all diesen Dingen. Will ich das wirklich?

Nein, natürlich nicht. Einer meiner Gründe, weshalb ich nicht an die buchstäbliche Inspiration glaube, ist, dass die Schrift dieser Theorie selbst widerspricht. Im Eröffnungssatz des Lukasevangeliums sagt uns der Autor ausdrücklich, er habe seine Fakten durch Recherche erhalten, das heißt, auf eine rein menschliche und natürliche Weise. Und ich glaube nicht an die Irrtumslosigkeit der Schrift, weil es Widersprüche in den historischen Teilen gibt. Und, was noch wichtiger ist, die Bibel enthält Schriftstücke, die sich noch nicht einmal als Tatsachenberichte anbieten.

Jeder echte Kritiker – ich meine keinen «Bibelkritiker», sondern einen wirklichen Kritiker, also jemanden mit einem Gespür für Literatur – sieht sofort, dass Jona oder Esther noch nicht einmal versuchen, die gleiche Art von Ding zu sein wie die Berichte vom Hof König Davids oder die Apostelgeschichte. Hiob ist das klarste Beispiel. Er hat keinen Stammbaum. Er lebt in einem Land, über das wir nichts wissen, in einer völlig undefinierten Zeit. Er hat keine Existenz außerhalb des Hauptthemas der Geschichte, bringt keine jener belanglosen Details ans Licht, die stets eine historische

Person begleiten. «Es war einmal» ist in Großbuchstaben über das ganze Buch geschrieben.

So weit gehe ich mit den Modernisten – doch in der Tat auch mit dem hl. Hieronymus und mit Calvin[109] – und gegen die Fundamentalisten. Doch ich unterscheide mich von Ersteren auf dreierlei Weise.

Erstens leugne ich nicht *a priori* die Möglichkeit von Wundern und habe bis jetzt noch kein Argument gehört, das mich überzeugt hätte, dass ich das tun sollte. Ein Modernist würde eine Passage für unhistorisch halten, weil sie ein Wunder beinhaltet: Ich würde die Wahrscheinlichkeit oder Unwahrscheinlichkeit, dass das berichtete Wunder historisch ist, anhand des allgemeinen Charakters der Erzählung beurteilen, in der es vorkommt. Hiob ist daher für mich aufgrund der bereits genannten Gründe unhistorisch, nicht aber, weil es mit einer Theophanie[110] endet.

Der zweite Unterschied ist in Wahrheit eine verallgemeinerte Form des ersten. Ich trage an meine Lektüre der Bibel nicht – ebenso wenig wie an Homer, Aischylos, Aristoteles oder *Beowulf* – die Auffassung heran, unsere moderne «Weltsicht» sei einfach richtig, und die einzig wertvollen Elemente in einem alten Buch seien jene, die unsere unmittelbare Sympathie gewinnen. Ich wende mich der Vergangenheit zu, um meinen Geist zu weiten, nicht, um meine heimischen Auffassungen zu bestätigen.

Ich glaube, jede Zeit hat ihre blinden Flecken und ihre besonderen Einsichten, und die Gegenwart ist lediglich eine Zeit wie jede andere. In jedem Zeitalter sind der Vater des Lichtes und der Vater der Lügen beide am Werk. Das erklärt vielleicht mein Verständnis des Wunderbaren. Ich weiß so gut wie Du, dass die Alten leicht geglaubt haben, sie hätten es dort gesehen, wo es nicht war; ich halte es für ebenso wahrscheinlich, dass wir versäumen würden, es zu sehen, wenn es vorliegen würde. Die «wahre Welt» ist für jede Zeit in erheblichem Maß etwas, das selektiv aus dem Chaos der Rohdaten unserer Erfahrung erschaffen wird.

Drittens, und mit allem Respekt für die Leute selbst, bin ich dem gegenüber sehr skeptisch, was man Bibelkritik nennt. Ich habe meinen Skeptizismus von den Rezensenten meiner eigenen Bücher und der Bücher meiner Freunde gelernt. Du magst lachen, aber warte einen Moment. Der Autor eines Buches ist sicher der schlechteste Richter über jegliche Form von Lob oder Kritik, die es erhält. Aber Du würdest kaum glauben, welch kleiner Teil einer Rezension von dem einen oder dem anderen eingenommen wird. Die meisten von ihnen sind damit beschäftigt, mit deinem Buch das zu tun, was die Bibelkritiker mit den Büchern der Bibel zu tun versuchen. Das heißt, sie versuchen, eine Geschichte seiner Entstehung zu schreiben – wann, mit welchen Absichten, wie, unter welchen Einflüssen du es geschrieben hast. Hiervon ist aber der Autor nicht nur der beste, sondern der endgültige Richter. Was die Kritiker vermuten, weiß er: er kann nicht anders, als es zu wissen. Und kannst Du Dir vorstellen, wie oft ich festgestellt habe, dass solche vermuteten Geschichten meiner eigenen Bücher richtig waren? Ich glaube, ich könnte mit gutem Gewissen sagen: nie. Ich bin mir sicher, dass ich sagen kann: selten. Wohlwollende, ablehnende, moderate Rezensionen können gleichermaßen falsch sein.

Bedenke aber, wie einfach ihre Arbeit war im Vergleich mit der des Bibelkritikers. Sie befassen sich mit einem Zeitgenossen, mit einem Mann, der in ihrer eigenen Sprache dachte und schrieb, der wie sie erzogen wurde und denselben Einflüssen unterworfen war wie sie; den sie möglicherweise sogar persönlich kennen. Ein Mann ihrer eigenen Profession (denn Rezensenten sind für gewöhnlich auch Autoren). Der Bibelkritiker hat keinen dieser Vorteile. Außerdem ist er oft ein Bibelkritiker geworden, ohne sich vorher der Mühe unterzogen zu haben, ein Literaturkritiker zu werden; ohne eine gute Nase für die Unterschiede zwischen Mythos, Legende, Fiktion, Geschichte und Reportage zu entwickeln. Er dürfte oft auch ein Mann sein, der nie etwas geschrieben hat und der nie versucht hat, etwas zu schreiben, das auch nur im Ansatz den Büchern ähnelt, über die er spricht.

Diese Überlegungen waren für mich bei meinen eigenen Studien von enormem Nutzen. Es braucht mir niemand mehr mit einer neuen Geschichte zu kommen, wie *Piers Plowman* oder *The Faerie Queene*[111] geschrieben wurden. Alles vergebliche Liebesmüh. Ich kann nicht anders als schließen, dass auch das, was die Bibelkritiker über die Entstehung bestimmter heiliger Texte zu wissen behaupten, nie wirklich herausgefunden werden kann. Der größte Teil ihrer Arbeit wird, so vermute ich, schon bald zu den anderen seltsamen Träumen gezählt werden, die Leute über die Bibel hatten; zu den mittelalterlichen Allegorisierungen oder dem puritanischen Versuch, in ihr ein Muster für die Kirchenverwaltung zu finden.

Ich vermute, Du wirst aus all dem schließen, dass ich der Bibel einen Rang und eine Art von Wert zuerkenne, die den Fundamentalisten nicht zufriedenstellen und die Vidler um einiges zu weit gehen würden. Ich glaube wie er an die Führung des Heiligen Geistes. Aber ich könnte nicht wie er dieser Führung für die Zukunft trauen, wenn ich der Meinung wäre, dass sich nahezu alles, was sie uns in der Vergangenheit zu bringen schien, nun als Irrtum herausstellt, so dass wir die gesamte verwobene Geschichte von Bibel, Kirche und individueller religiöser Erfahrung beiseitelegen könnten, sobald wir auf eine Schwierigkeit stoßen. Was würde eine solche Sicht beinhalten? Dass wir, heiliger und weiser und reicher an Leiden als die Propheten, Apostel, Märtyrer und Lehrer der Vergangenheit, verständiger sind? Oder dass der Heilige Geist inzwischen besser gelernt hat, uns zu führen?

Ich denke, ich bin nicht gezwungen zu sagen, die Schrift sei *die* Tatsache, oder? Aber sie ist doch gewiss zumindest eine der Tatsachen? Mögen die Tradition der Kirche, die Übereinstimmungen zwischen verschiedenen Kirchen, die Erfahrungen großer Heiliger und die Lehren der großen Kirchenlehrer alles Tatsachen sein. Es ist vielleicht die Aufgabe von irgendjemandem, sie in eine strikte Rangordnung zu bringen. Ich glaube nicht, dass es die meine ist. Mir genügt es zu sagen, dass eine Theologie umso stärker sein wird, je mehr dieser Tatsachen sie vereinbaren kann. In jeder anderen Disziplin ist ein rücksichtsloses Überbordwerfen letztlich ein Zeichen von Schwäche. Beim Umgang mit einer Schwierigkeit bei Sophokles oder Shakespeare ist der schlechteste Kritiker jener, der die Flinte ins Korn wirft, indem er sagt «Das ist korrupt». Es gibt korrupte Textstellen[112], aber nicht so viele, wie der schlechte Wissenschaftler meint. Es gibt Illusionen, doch seien wir nicht zu leicht überzeugt, dass jeder Bericht über etwas, das gegen unsere eigene Theorie zu sprechen scheint, eine von ihnen ist.

Erinnerst Du Dich, wie der «Punch»[113] einst einen Optimisten definierte? «Ein Mann, der glaubt, dass alle Wörter, die er nicht kennt, Druckfehler sind.»

13. Die Geschichte Jesu – ein wahrer Mythos[114]

An Arthur Greeves, 1. Oktober 1931

Ich denke, ich bin darüber hinaus, mir die Vergangenheit zurückzuwünschen. Ich sehe das so. Die Freuden dieser frühen Tage[115] wurden uns gegeben, um uns in die Welt des Geistes zu locken, etwa so, wie sexuelle Ekstase dazu da ist, Nachwuchs und Familienleben hervorzubringen. Sie waren hochzeitliche Leidenschaften. Zu wünschen, sie möchten wiederkehren oder sollten bleiben, ist wie der Wunsch, die Flitterwochen zu verlängern, wenn man stattdessen am Werdegang seiner heranwachsenden Söhne interessiert sein sollte. Sie haben in jenen Tagen ihren Dienst getan und zu besseren Dingen geführt.

All die «schlichte Vertrautheit» (die Deine größte Lektion für mich war) war eine Einführung in die christliche Tugend der Nächstenliebe. Mir gelingt es jetzt manchmal, in einen Zustand zu kommen, in dem ich an meine Feinde denke und aufrichtig sagen kann, dass ich in ihnen allen etwas Liebenswertes finde (selbst, wenn es eine Sonderbarkeit ist) – und Deine Idee von «schlichter Vertrautheit» ist der hauptsächliche Weg, auf dem ich dahin gelangt bin. Auf der anderen Seite hat sich all die «Fremdartigkeit» (die meine Lektion für Dich war) als bloß der erste Schritt zu weitaus tieferen Mysterien herausgestellt.

Wie tief, beginne ich gerade erst herauszufinden: denn ich bin soeben vom Glauben an Gott dazu übergegangen, definitiv an Christus zu glauben – ans Christentum. Ich werde versuchen, das ein andermal zu erklären. Mein langes nächtliches Gespräch mit Dyson und Tolkien hatte sehr viel damit zu tun.

An Arthur Greeves, 18. Oktober 1931

Ich weiß nicht, ob ich jetzt noch versuchen soll, Dir zu erklären, was ich im Hinblick auf das Christentum gemeint habe. Denn einerseits kam beim Lesen Deiner Antwort das Gefühl in mir hoch, ich hätte in meinem letzten Brief vielleicht zu viel gesagt – dass ich mir in dieser

Frage möglicherweise längst nicht so klar bin, wie ich Dich zu glauben verleitet habe. Doch ich habe mich gewiss *etwas* bewegt, auch wenn sich dies vielleicht als etwas weniger herausstellt, als ich gedacht hatte.

Was mich (zumindest für das letzte Jahr oder so)[116] zurückgehalten hat, war nicht so sehr eine Schwierigkeit zu glauben, als vielmehr eine Schwierigkeit zu verstehen, was die Lehre *meint*: man kann eine Sache nicht glauben, wenn man nicht weiß, *was* diese Sache ist. Mein Rätsel war die ganze Lehre von der Erlösung – in welchem Sinn das Leben und der Tod Christi die Welt «gerettet» oder ihr «die Erlösung eröffnet» hat.

Ich konnte erkennen, weshalb es eine wunderbare Errettung würde geben müssen: man konnte der alltäglichen Erfahrung entnehmen, wie Sünde (z.B. im Fall eines Trinkers) einen Menschen an einen Punkt bringt, an dem er in diesem Leben in die Hölle hinabsinken muss, sofern nicht etwas jenseits bloß natürlicher Hilfe oder Bemühung eingreift.[117] Und ich konnte mir gut eine ganze Welt in diesem Zustand vorstellen, die ein ebensolches Wunder benötigt. Was ich nicht erkennen konnte, war, wie das Leben und der Tod Eines Anderen (wer immer er war) vor 2000 Jahren uns hier und jetzt sollte helfen können – außer, insofern uns sein *Vorbild* hilft. Und die Sache mit dem Vorbild ist, auch wenn sie wahr und wichtig ist, nicht das Christentum. Mitten im Zentrum des Christentums, in den Evangelien und beim hl. Paulus, erhält man wieder und wieder etwas ganz anderes und äußerst Mysteriöses, ausgedrückt in jenen Formulierungen, über die ich so oft gespottet habe («Sühne», «Opfer», «das Blut des Lammes») – Formulierungen, die ich nur so interpretieren konnte, dass sie entweder unsinnig oder schockierend zu sein schienen.

Was Tolkien und Dyson mir gezeigt haben, ist Folgendes: Wenn mir die Idee des Opfers in einer heidnischen Geschichte begegnete, so stieß ich mich nicht im Geringsten daran, und wenn mir die Idee eines Gottes begegnete, der sich sich selbst zum Opfer bringt (vgl. das Zitat gegenüber der Titelseite von *Dymer*[118]), so gefiel sie mir sehr und ich war tief von ihr bewegt. Und die Idee des sterbenden und wieder auferstehenden Gottes (Balder, Adonis, Bacchus) bewegte mich in gleicher Weise, vorausgesetzt, ich begegnete ihr irgendwo *außerhalb* der Evangelien. Der Grund dafür war, dass ich bei den heidnischen Geschichten bereit war, den Mythos als tiefgründig und bedeutsam über mein Verstehen hinaus zu empfinden, auch wenn ich nicht in schlichter Prosa sagen konnte, «was er bedeutet».

Nun, die Geschichte Jesu ist einfach ein wahrer Mythos: ein Mythos, der auf uns in der gleichen Weise wirkt wie die anderen, doch mit dem gewaltigen Unterschied, dass *er sich tatsächlich ereignet hat*. Man muss daher damit zufrieden sein, ihn in der gleichen Weise zu akzeptieren, freilich ohne dabei zu vergessen, dass dies Gottes Mythos ist, während die anderen Mythen der Menschen sind. D.h. in den heidnischen Geschichten drückt Gott Sich durch den Geist von Dichtern aus (unter Verwendung der Bilder, die er dort vorfindet), während Gott Sich im Christentum durch das ausdrückt, was wir «reale Dinge» nennen. Die christliche Geschichte ist daher *wahr*, nicht im Sinn einer «Beschreibung» Gottes (die kein endliches Bewusstsein aufnehmen könnte), sondern in dem Sinn, dass es die Weise ist, in der Gott beschließt (oder es Ihm möglich ist), unseren Erkenntnisfähigkeiten zu erscheinen.

Die «Lehren», die wir diesem wahren Mythos entnehmen, sind natürlich *weniger* wahr: sie sind Übersetzungen in unsere *Begriffe* und *Vorstellungen* dessen, was Gott bereits in einer angemesseneren Sprache gesagt hat, nämlich der tatsächlichen Inkarnation, Kreuzigung und Auferstehung. Läuft das auf einen Glauben an das Christentum hinaus? Zumindest bin ich mir jetzt sicher, (a) dass man an die christliche Geschichte in einem bestimmten Sinn so herangehen muss, wie ich an die anderen Mythen herangehe, (b) dass es die wichtigste und bedeutungsvollste aller Geschichten ist. Ich bin mir zudem *fast* sicher, dass sie tatsächlich stattgefunden hat.

An Warren Lewis, 24. Oktober 1931

Ja, natürlich: wie viele Essays über Descartes' Gottesbeweise (es gibt mehr als einen) habe ich von meinen Studenten gehört.[119] (Es war eine Bemerkung Harwoods[120], die mich zuerst auf den Gedanken gebracht hat, man könnte Gott definieren als «ein Wesen, das seine Zeit damit verbringt, seine Existenz bewiesen und widerlegt zu bekommen».)

Die Gültigkeit des von Dir zitierten Beweises («Ich habe die Vorstellung eines vollkommenen Wesens»[121]) scheint mir davon abzuhängen, welche Bedeutung man den Worten «habe eine Vorstellung» gibt. Ich habe das für gewöhnlich durch die Analogie einer Maschine herausgearbeitet. Wenn ich, der ich kein Mechaniker bin, die Vorstellung von einer Maschine habe, die ich mir nicht selbst hätte ausdenken können, beweist das, dass ich diese Vorstellung aus einer der Mechanik kundigen Quelle habe – zum Beispiel vom wahren Erfinder? Worauf ich antworte: «Ja, wenn man eine wirklich detaillierte Vorstellung meint.» Es gibt natürlich einen anderen Sinn, in dem zum Beispiel eine Romanautorin «eine Vorstellung von» einem neuen Luftschiff hat, das von ihrem Helden erfunden wurde – einen Sinn, bei dem sie ihren Worten also *irgendeine* vage Bedeutung beilegt –, was nichts dergleichen beweist.

Fragt mich jemand, ob die Vorstellung von Gott im menschlichen Geist Seine Existenz beweist, so kann ich also nur zurückfragen: «Wessen Vorstellung?» Die des Goldzeisigs[122] zum Beispiel sicher nicht, denn sie beinhaltet nichts, wofür sein Stolz, seine Angst und seine Boshaftigkeit nicht leicht die Materialien bereitstellen könnten (vgl. «McAndrew's Hymn»: «Der Gott deiner Mutter ist ein habgieriger Teufel, ein Bild deiner selbst»[123]).

Andererseits lässt sich argumentieren, die «Vorstellung von Gott» beinhalte im Geist einiger Menschen keine bloß abstrakte Definition, sondern eine echte imaginative Wahrnehmung von Güte und Schönheit, die über die eigenen Ressourcen hinausgeht, und dies nicht nur im Geist von Leuten, die bereits an Gott glauben. Man scheint mir in der Tat argumentieren zu können, das «vage Etwas», das sich dem eigenen Geist das ganze Leben hindurch in Erfahrungen von Natur, Musik und Dichtung als begehrenswert angedeutet hat (selbst in solch scheinbar irreligiösen Formen wie dem «Land östlich der Sonne und westlich des Mondes» bei Morris[124]), und welches Sehnsüchte weckt, die kein endliches Objekt auch nur zu erfüllen vorgibt, sei *kein* bloßes Produkt unseres eigenes Geistes.[125]

Ich will natürlich nicht behaupten, diese vagen Vorstellungen von etwas, das wir uns wünschen und nicht haben, die in der heidnischen Phase von Individuen und Geschlechtern (daher Mythologie) vorkommen, seien mehr als lediglich die ersten und rudimentärsten Formen einer «Idee Gottes».

An Arthur Greeves, 8. November 1931

Mich beunruhigt es ebenso wie Dich, dass die unmittelbare Anziehungskraft der christlichen Geschichte so viel geringer ist als die des Heidentums. Beide Dinge, die Du vorschlägst (negative Assoziationen aus der frühen Kindheit und die Verderbnis der eigenen Natur), sind vermutlich Ursachen, doch ich habe das Gefühl, dass die Hauptursache woanders liegen muss, und ich habe sie noch nicht entdeckt.

Ich glaube, der Reiz der heidnischen Geschichten und der Romantik liegt darin, dass sie bloße Anfänge sind – während das Christentum die Sache selbst ist. Und keine Sache kann, wenn man wirklich mit ihr begonnen hat, sogleich den gleichen Reiz haben wie ihre ersten Andeutungen. Die Erfahrung, verheiratet zu sein und eine Familie großzuziehen, kann zum Beispiel nicht die gleiche Bittersüße haben wie das erste Verliebtsein. Es ist aber zwecklos (und verwerflich, wie ich meine), nach wie vor zu versuchen, den alten Reiz zurückzubekommen: man muss weitergehen und nicht zurück. Jeder wirkliche Fortschritt wird im Gegenzug durch einen neuen Reiz eingeleitet werden, der sich vom alten unterscheidet und seinerseits dazu verurteilt ist, zu verschwinden und zu einer Versuchung zur Rückentwicklung zu werden.

Freude ist eine Glocke, die läutet, wenn man seinen Fuß auf die erste Stufe einer neuen Treppe setzt, die hinaufführt. Hat man einmal den Aufstieg begonnen, wird man nur die harte Arbeit wahrnehmen; erst, wenn man den nächsten Treppenabsatz erreicht hat und die neue Treppe erblickt, kann man erwarten, dass die Glocke wieder schlägt. Das ist nur eine Idee und mag völliger Blödsinn sein, doch sie scheint mir recht gut zusammenzupassen (Freuden müssen ebenfalls sterben, um zu leben) mit dem allgemeinen Gesetz von Herbst und Frühling, Schlafen und Wachen, Tod und Auferstehung, und «wer sein Leben retten will, wird es verlieren» (Mt 16,25).

Es mag andererseits lediglich ein Teil der Zeit unserer Bewährung sein – es braucht die Anmut, um einen auf die Spur des geistlichen Lebens zu bringen. Doch wenn man einmal mit ihm begonnen hat, muss man lernen, Gott um Seiner Selbst willen zu gehorchen, und nicht um des Vergnügens willen. Vielleicht sind wir in dem Stadium, das Endymion auf dem Grund des Meeres durchgemacht hat.[126]

An Arthur Greeves, 6. Dezember 1931

Was Lucius'[127] Argument angeht, die Lehre vom Sühnetod finde sich nicht in den Evangelien, so denke ich, dass er vermutlich recht hat. Fast alle scheinen aber davon auszugehen, dass die Evangelien wesentlich jünger sind als die Briefe, geschrieben für Leute, die die Lehren bereits akzeptiert hatten und die nun natürlich die Geschichte haben wollten.[128] Ich denke, es ist sicher nicht historisch, die Evangelien als das Original zu betrachten und den Rest des Neuen Testaments als spätere Zuwächse oder Ausgestaltungen – auch wenn ich mich ständig dabei ertappe, das selber zu tun. Aber ich fühle mich in der ganzen Angelegenheit immer mehr wie ein Kind.

An Arthur Greeves, 10. Januar 1932

Zu Lucius' Argument, dass die Evangelisten die Lehre vom Sühnetod in die Evangelien gepackt hätten, wenn sie den geringsten Vorwand dafür gefunden hätten, und dass, da sie das nicht getan haben, Unser Herr sie also nicht gelehrt haben kann: Da wir aus den Briefen wissen, dass die Apostel (die Ihn tatsächlich kannten) diese Lehre unmittelbar nach Seinem Tod in Seinem Namen gelehrt *haben*, ist doch gewiss klar, *dass* Er sie gelehrt hat – oder dass sie sich sehr große Freiheiten herausgenommen haben müssten. Wenn die

Leute aber kurz nach Seinem Tod so frei in der Interpretation Seiner Lehre waren, warum sollten dann Leute, die wesentlich später schrieben (wenn eine solche Freiheit bei einem aufrichtigen Autor viel entschuldbarer wäre und bei einem unehrlichen Autor viel leichter unentdeckt bleiben würde), so viel präziser werden? Die Beschreibungen einer Sache werden für gewöhnlich nicht genauer, je mehr Zeit vergeht.

Und überhaupt, wenn wir die Idee des Opfers ganz aus dem Christentum entfernen, so berauben wir sowohl das Judentum als auch das Heidentum jeglicher Bedeutung. Können wir wirklich glauben, dass *überhaupt nichts* dran ist an dem beständigen *Motiv* von Blut, Tod und Auferstehung, das sich wie ein schwarzer und scharlachroter Faden durch alle großen Mythen zieht – durch Balder, Dionysus und Adonis, und auch durch die Gralslegenden? Die menschliche Geistesgeschichte hängt sicher besser zusammen, wenn wir davon ausgehen, dass dies alles die erste schattenhafte Annäherung an etwas war, dessen Realität mit Christus kam – auch wenn wir dieses Etwas gegenwärtig nicht ganz verstehen können.

An Warren Lewis, 17. Januar 1932

Was sind übrigens jetzt Deine Ansichten zur Frage der Sakramente? Für mich ist das die rätselhafteste Seite der ganzen Sache. Ich brauche wohl kaum zu sagen, dass ich keine der naturalistischen Schwierigkeiten verspüre. Doch ich verspüre sehr stark die entgegengesetzten. D.h. ich sehe so deutlich den Sinn (oder glaube ihn zu sehen), in dem *aller* Wein das Blut Gottes ist – oder alle Materie sogar der Leib Gottes –, dass ich über den besonderen Sinn stolpere, in dem dies für die konsekrierte Hostie in Anspruch genommen wird.

George MacDonald[129] meint, gute Menschen sollten sich bemühen, einen Geisteszustand zu erreichen, in dem alle Mahlzeiten zu Sakramenten werden. Das ist die Art von Dingen, die ich verstehen kann. Doch ich finde keine Verbindung zwischen ihr und dem expliziten «Sakrament» *proprement dit*[130]. Die presbyterianische Praxis, an Tischen zu sitzen und echte Brotscheiben zu kauen, ist gewiss unter normalen Umständen absurd. Doch man kann sich einen Zustand einer Gesellschaft vorstellen, in dem ein *echtes* Mahl so von einer Gemeinde geteilt wird, dass es ein Sakrament ist, ohne dabei aufzuhören, ihr tatsächliches Abendessen für den Tag zu sein. In der Urkirche war das vermutlich so.

An Warren Lewis, 8. April 1932
Das ganze Rätsel des Christentums in nichteuropäischen Ländern ist äußerst schwierig. Auf die Aussage, dass nur die Unterschicht bekehrt wird, würde der enthusiastische Missionar wohl antworten, dass man exakt dasselbe gesagt hätte, wenn man im Römischen Reich gelebt hätte, zu der Zeit, als die ersten Bekehrungen überhaupt stattfanden. (Er könnte den hl. Paulus zitieren: «Da sind nicht viele Weise im irdischen Sinn, nicht viele Mächtige, nicht viele Vornehme» [1Kor 1,26].) Das ist eine sehr kalte, unangenehme Überlegung! Ich denke, wir könnten darauf erwidern, dass die gleiche Art von Unterschicht, die jetzt von den Missionen lebt, auf jeden Fall nicht von einer armen und verfolgten Kirche angezogen worden wäre, so dass *diese* Erklärung ausscheidet.

Man sieht natürlich aus der gesamten Geschichte und aus den eigenen Kreisen, dass die Leute, die bereits eine eigene hohe, intellektuelle und ethische Tradition haben, am wenigsten geneigt sind, das Christentum anzunehmen. Stell' dir vor, einen Mann wie John Stewart Mill zu bekehren![131] Und die wirklich guten stoischen römischen Herrscher waren die am stärksten anti-christlichen.

Geht man nicht selbst in den Evangelien davon aus, dass die Pharisäer, die «hochkirchliche Gruppe» des Judentums, den größten Teil der kultivierten, gebildeten, aufgeklärten Bevölkerung Palästinas umfassten – Leute, die an gewöhnlichen Standards gemessen wesentlich netter waren als die kleinen Steuereintreiber und Prostituierten[132] (das ist modernes Deutsch für «Zöllner und Sünder»), aus dem sich offenbar der Kreis Unseres Herrn speiste? Wir würden immer noch antworten, dass einige Pharisäer (z.B. Joseph von Arimathäa und Nikodemus) dazugekommen sind, und dass andererseits niemand von der Unterschicht wegen des Geldes dazukam, weil da «*kein* Geld zu machen» war.

Wir brauchen daher für diese absolute Spaltung im Osten (wenn sie denn wirklich so absolut ist, wie Du sagst) immer noch eine Erklärung. Ich habe, ausgehend von Jesu Aussage «Ich habe noch andere Schafe, die nicht aus diesem Stall sind» (Joh 10,16), manchmal mit dem Gedanken gespielt, dass das Christentum nie für Asien gedacht war – sogar, dass Buddha die Form ist, in der Christus dem östlichen Bewusstsein erscheint. Doch ich glaube nicht, dass das wirklich funktionieren wird.

Wenn ich versucht habe, meine gesamten Vorurteile auszuklammern, kann ich immer noch nicht anders als glauben, dass die christliche Welt (teilweise) in einem Sinn «gerettet» ist, in dem es der Osten nicht ist. Wir mögen Heuchler sein, doch es gibt im Osten eine Form der schamlosen und *regierungsamtlichen* Ungerechtigkeit von Tempelprostitution, Kindermord, Folter, politischer Korruption und obszöner Vorstellung, die einen wirklich vermuten lässt, dass sie aus dem Gleis geraten sind – dass ein notwendiger Teil des menschlichen Apparats, der bei uns wiederhergestellt ist, bei ihnen immer noch fehlt. (Die Geschichte meines Freundes über die Anweisung der Internationalen Handelskammer «Es dürfen keine pornografischen Bücher oder Bilder importiert werden, außer *bona fide*[133] zu religiösen Zwecken» ist hier von Belang.)

Insgesamt lautet meine gegenwärtige Schlussfolgerung, dass die Schwierigkeit bezüglich der *Gegenwart* des Orients in Wahrheit dieselbe ist wie jene bezüglich der Jahre vor Christus. Aus einem Grund, den wir nicht herausfinden können, leben sie noch in der vorchristlichen Zeit (so, wie es afrikanische Stämme gibt, die noch in der Steinzeit leben), und es ist anscheinend nicht beabsichtigt, dass sie schon jetzt aus ihr heraustreten sollen.

14. Über die Angst Jesu

Was unsere Diskussion über Gethsemane angeht,[134] so sehe ich sehr wohl, dass es seltsam klingt, einem vollkommenen Menschen eine Angst zuzuschreiben, die unvollkommene Menschen oft überwunden haben. Doch wir sollten uns davor hüten, «vollkommener Mensch» in einer Weise zu interpretieren, die die Versuchung in der Wüste aufheben würde.[135] Eine Szene, bei der man zunächst zu kommentieren geneigt ist: (a) Soweit es den Stein und das Brot betrifft: «Unvollkommene Menschen haben freiwillig gehungert.» (b) Was Satans Aufforderung zur Verehrung angeht: «Die meisten Menschen sind nie tief genug gesunken, um diese Versuchung überhaupt zu verspüren.»

Wenn wir jedoch wie auch immer die Evangelien akzeptieren, müssen wir Christi Vollkommenheit in einem Sinn interpretieren, der es zulässt, dass Er *sowohl* die animalischsten und allen Menschen gemeinen Versuchungen (Hunger und Angst vor dem Tod) empfunden hat, als auch jene Versuchungen, die normalerweise nur bei den schlechtesten Menschen vorkommen (Teufelsanbetung um der Macht willen). Ich schlage vor, dass die Steine und das Brot Hunger repräsentieren, aber wenn Du es vorziehst, sie vornehmlich als Versuchung zur *Thaumaturgie*[136] anzusehen («Wenn du der Sohn Gottes bist, befiehl diesen Steinen»), dann fallen sie in meine zweite Kategorie.

Die Betrachtung dieser zweiten Kategorie lässt sofort die Frage aufkommen: «Gibt es nicht Versuchungen, die nur für die Besten und die Schlechtesten bestehen, die Durchschnittsmenschen aber nicht empfinden?», oder, vielmehr: «Machen nicht die allen Menschen gemeinen Versuchungen den Besten und den Schlechtesten am stärksten zu schaffen?» Ich würde mit Ja antworten und sagen, dass die Angst vor dem Tod eine von ihnen ist. Und in Bezug auf diese Angst würde ich die Menschen in drei Kategorien einteilen.

A. Die sehr schlechten, für die der Tod die unwiderrufliche Niederlage der selbstbezogenen Vorsicht und des Egoismus darstellt, welche die alleinige Beschäftigung ihres Lebens waren (falsche Freiheit zunichtegemacht).

B. Die Rechtschaffenen. Diese überwinden die Angst vor dem Tod tatsächlich nicht ohne die Unterstützung eines oder sämtlicher dieser Dinge:
(1) Stolz (αιδέομαι τρώιας και τρώαδας ελκεσπέπλους)[137]
(2) Angst («Charge, charge, 'tis too late to retreat!»)[138]
(3) *Taedium vitae*[139] («My baby at my breast, that lulls the nurse asleep.»)[140]
(4) Aufgabe des erschöpfenden Versuches zu wirklicher Freiheit, welche das Notwendige als eine *Erleichterung* erscheinen lässt («The ship glides under the green arch of peace»).[141]

C. Der Vollkommene. Er kann zu keiner der Hilfen Zuflucht nehmen, die Kategorie B bereitstellt, da sie alle auf einem Mangel beruhen. Seine Situation ist deshalb annähernd parallel zu Kategorie A: Der Tod ist für Ihn ebenfalls die unwiderrufliche Niederlage, doch diesmal echter Freiheit. (Ich setze als selbstverständlich voraus, dass der geistige Kern des Todes «das Gegenteil von Freiheit» ist; deshalb sind die *menschlichsten* Bilder jene von Erstarrung, Erstickung usw.)

Kein Zweifel, auch Er kennt die Antwort – dass freiwilliger Tod (wirklich freiwillig, nicht dem Schmerz entfliehend oder mit angetrunkenem Mut) die Unfreiheit selbst zum Vollzug von Freiheit macht. Doch freiwillige Unterwerfung heißt nicht, dass dort nichts mehr zu unterwerfen ist.

Was bedeutet es für einen gewöhnlichen Menschen zu sterben, sobald er sich dazu durchringen kann, die bloße animalische Furcht zu überwinden? Nachgeben – dies hat er sein ganzes Leben lang in neun von zehn Fällen getan. Das Niedrigere in ihm das Höhere besiegen sehen, seinen animalischen Körper in niedrigere Tiere verwandeln sehen und diese am Ende ins Anorganische – er hat das geschehen lassen, seit er geboren wurde. Die Kontrolle abgeben – so einfach für ihn wie das Hineinschlüpfen in einen gut eingelaufenen Schuh.

Doch in Gethsemane ist es die Freiheit selbst, die dazu aufgefordert wird, sich binden zu lassen, uneingeschränkte Kontrolle, das Handtuch zu werfen, das Leben selbst, zu sterben. Gewöhnliche Menschen haben das Leben nie so sehr geliebt, wie man normalerweise annimmt: Gering, wie ihr Anteil an ihm ist, haben sie es als zu viel zu ertragen gefunden, wenn sie nicht einen großen Teil von ihm so nahezu in Nicht-Leben verwandeln, wie sie es nur können: Wir haben Drogen, Schlaf, Verantwortungslosigkeit, Vergnügen, sind mehr als halb verliebt in einen leichten Tod[142] – wenn wir bloß sicher sein könnten, dass es nicht wehtut! Allein Er, der ein wirklich menschliches Leben gelebt hat (und ich gehe davon aus, dass nur einer es hat), kann den Horror des Todes ganz erfahren. Ich bin mir sicher, dass, wenn Dir die Sache in einem Mythos präsentiert würde, Du der Erste wärst, der gegen den prosaischen Kritiker protestieren würde, welcher beklagt, dass die Sonne diskreditiert werde, weil sie vor den Wölfen flieht.

Deine Ansicht, Christus würde bereits durch das bloße Faktum, im Körper zu sein, *leiden* und sei deshalb versucht, Seinen Tod, wenn überhaupt, zu beschleunigen, anstatt ihn hinauszuschieben, scheint darauf hinauszulaufen, dass Er nicht (wie das christliche Mysterium lautet) «wahrer Gott und wahrer Mensch» war, sondern eine Art zusammengesetztes Wesen, ein δαιμον oder Erzengel in einem für ihn unpassenden Gefäß (wie Ariel in der Eiche)[143] und in permanentem Kampf gegen dieses Gefäß. Das ist mythologisch im schlechten Sinn. Der Sohn war sicherlich nicht in einem solchen Sinn inkarniert, dass Er nicht zugleich Gott geblieben wäre (wäre Er es gewesen, so hätte das Universum zu existieren aufgehört).

Ich will nicht behaupten, eine Erklärung dafür zu haben, doch ich gehe davon aus, dass der entscheidende Unterschied der christlichen Lehre darin besteht, dass dieses «Etwas, welches ewig in der Noumenalen Welt[144] *ist* (und unveränderlich, selig, allwissend, allmächtig usw. ist), trotzdem einmal in der phänomenalen Welt *war* (und gelitten hat usw.)». Du kannst das irdische Leben Jesu nicht als eine Episode im ewigen Leben des Sohnes betrachten, wie die Sklaverei für Adametus eine Episode im unsterblichen Leben Apolls war.[145]

Ich brauche wohl nicht extra zu sagen, dass mir die Lehre (vertrittst Du sie?), das, was inkarniert war, sei «eine der Hierarchien» (oder «einer der Sonstigen») gewesen, völlig unvereinbar zu sein scheint mit der Position, die Christus durch Seine eigenen Worte wie auch die Worte Seiner Jünger zugeschrieben wird. *Aut deus aut malus angelus*[146] ist genauso wahr wie das alte *aut deus aut malus homo.*[147]

15. Gott und das Böse

Es war eine freudige Überraschung, Deinen langen und interessanten Brief zu erhalten:[148] mit Sicherheit der längste Brief, den ich je von Dir bekommen habe, und auch einer der interessantesten.

Ich habe den ganzen Morgen über Deine Frage zu Gott und dem Bösen nachgedacht, welche weit davon entfernt ist, «elementar» für mich zu sein – oder, von ihrem Gegenstand her, für die Engel, wie ich annehme. Wenn ich Dich richtig verstehe, so beschäftigt Dich *in erster Linie* nicht so etwas wie das logische Problem, wie denn der All-Gütige Böses hervorbringen kann oder eine Welt, in der Böses existiert, sondern ein mehr persönliches, praktisches und unmittelbares Problem: inwiefern Gott mit unserem bösen Willen ebenso sympathisieren kann wie mit unserem guten – oder, um es weniger drastisch auszudrücken, *ob* Er dies tut.

Ich denke, ich sollte beginnen, indem ich einer Formulierung widerspreche, die Du verwendest: «Es muss die Möglichkeit des Gegenteils von Gott geben – das Böse.» Dies würde ich durch die Idee von jemandem aus dem Mittelalter ersetzen, der Gott definierte als «*Das, was kein Gegenteil hat*».[149] Das heißt, wir leben in einer Welt der Widersprüche: Gut und Böse, Wahr und Falsch, angenehm und schmerzhaft, Körper und Geist, Zeit und Ewigkeit, usw. Doch Gott ist nicht einfach (um es so auszudrücken) *einer* dieser beiden Widersprüche, sondern die fundamentale Gegebenheit hinter ihnen allen – so wie in unserer Verfassung der König weder der Premierminister noch der Oppositionsführer ist, sondern die Gegebenheit hinter ihnen, welche allein diesen beiden ermöglicht, eine rechtmäßige Regierung und eine Opposition zu sein – oder wie Raum nicht Größe oder Kleinheit ist, sondern das, worin die Größenunterschiede vorkommen. Dies ist also mein erster Punkt: dass das Böse nicht etwas außerhalb Gottes ist und «Ihm gegenüber», sondern *in einem bestimmten Sinn* unter Ihm einbegriffen.

Mein zweiter Punkt scheint in direktem Widerspruch zu diesem ersten zu stehen und lautet (in biblischer Sprache) folgendermaßen:

Gott «ist der Vater des Lichtes und in Ihm ist *keine Finsternis*».[150] *In einem bestimmten Sinn* ist in Gott kein wie auch immer geartetes Böses. Er ist reines Licht. All die Hitze, die in uns Lust oder Ärger ist, ist in Ihm kühles Licht – ewiger Morgen, ewige Frische, ewiger Frühling: niemals gestört, niemals beeinträchtigt. Geh an irgendeinem perfekten Morgen im frühen Sommer nach draußen, bevor die Welt erwacht, und sieh: nicht die Sache selbst, sondern ihr materielles Symbol.

Nun, dies sind unsere beiden Ausgangspunkte. *In einem Sinn* (unsere alte Formulierung!) beinhaltet Gott Böses, in einem anderen Sinn tut Er dies nicht. Was sollen wir als Nächstes tun? Mein Beginn des «Nächsten» wird darin bestehen, eine andere Deiner Bemerkungen zu bestreiten – wenn Du sagst: «Kein Gutes ohne Böses.» Das ist in meiner Sicht absolut falsch, aber das Gegenteil: «Kein Böses ohne Gutes» ist absolut wahr. Ich will versuchen, dies durch eine Analogie zu erläutern.

Stell Dir vor, Du führst einen Hund an einer Leine durch ein Drehkreuz oder an einem Pfahl vorbei. *Du* weißt, was passiert (von den normalen Zeremonien beim Passieren eines Pfahles mal abgesehen!): Er versucht, die falsche Seite zu nehmen, so dass sich die Leine um den Pfahl wickelt. Du weißt, dass sein Tun keinen Zweck hat, und ziehst ihn deshalb zurück. Du ziehst ihn *zurück*, weil du ihm ermöglichen willst, *vorwärts* zu kommen. Er will genau dieselbe Sache – nämlich *vorwärts* kommen: Aus eben diesem Grund widersetzt er sich Deinem Zug *zurück*, oder, wenn er ein folgsamer Hund ist, fügt sich widerwillig als einer Pflichtübung, was für ihn in völligem Widerspruch zu seinem eigenen Willen zu sein scheint. Obwohl er *tatsächlich* nur dadurch, dass er sich Dir fügt, jemals dorthin kommen wird, wohin er will.

Wäre der Hund nun ein Theologe, so würde er seinen eigenen Willen als eine *Sünde* betrachten, zu der er versucht war, und daher als etwas *Böses*: Und er wird vielleicht fortfahren mit der Frage, ob Du sein Böses verstehst und «beinhaltest». Wenn er dies täte, so könntest Du nur antworten: «Mein lieber Hund, wenn du mit deinem Willen das meinst, was du wirklich tun willst, nämlich auf der

Straße vorwärtskommen, dann verstehe ich deinen Wunsch nicht nur, sondern *teile* ihn auch. Vorwärts ist exakt, wohin ich will, dass du gehst. Wenn du mit deinem Willen allerdings deinen Willen meinst, am Halsband zu zerren und dich in eine Richtung vorwärtszureißen, die zwecklos ist – nun, ich *verstehe* ihn natürlich: Doch gerade weil ich ihn verstehe (und die gesamte Situation, die du *nicht* verstehst), kann ich ihn möglicherweise nicht teilen. Tatsächlich, je mehr ich mit deinem *wirklichen* Wunsch sympathisiere – das heißt, dem Wunsch, voranzukommen –, umso weniger kann ich mit deinem Widerstand gegen das Halsband sympathisieren (im Sinne eines ‹Teilens› oder ‹Einverstandenseins›): Denn ich sehe, dass dies die Erlangung deines wirklichen Wunsches unmöglich macht.»

Ich weiß nicht, ob Du sofort zustimmen wirst, dass dies eine Parallele zu der Situation zwischen Gott und Mensch darstellt, doch ich will sie ausbauen unter der Annahme, dass Du dies tust. Lass uns zur ursprünglichen Frage zurückkehren – ob, und wenn ja, in welchem Sinn Gott, sagen wir, meinen bösen Willen in Sich trägt – oder ihn «versteht». Die Antwort lautet, dass Gott den Wunsch, der an der Wurzel all meines Bösen ist, nicht nur versteht, sondern sogar *teilt*: den Wunsch nach vollständigem und ekstatischem Glück. Er hat mich zu keinem anderen Zweck erschaffen, als es zu genießen. Doch Er weiß, und ich nicht, wie es wirklich und dauerhaft erlangt werden kann. Er weiß, dass die meisten *meiner* persönlichen Versuche, es zu erreichen, es in Wirklichkeit weiter und weiter außerhalb meiner Reichweite bringen. Mit ihnen kann Er deshalb nicht sympathisieren oder «einverstanden sein»: Seine Übereinstimmung mit meinem *wirklichen* Willen macht dies unmöglich. (Er mag Mitleid mit meinen irregeleiteten Versuchen haben, doch das ist eine andere Sache.) Als praktische Folgen würden sich zwei Dinge ergeben.

1. Ich kann, wenn ich auf eine vergangene Sünde zurückblicke, jederzeit daran glauben, dass im Zentrum meiner bösen Leidenschaft etwas war, dem Gott zustimmt und von dem Er will, dass ich nicht weniger, sondern mehr davon empfinde. Nimm eine Sünde der Lust.

Der überwältigende Durst nach *Verzückung* war gut und sogar göttlich: er muss nicht (sozusagen) ungeschehen gemacht und widerrufen werden. Doch er wird niemals befriedigt werden, wie ich ihn zu befriedigen versucht habe. Wenn ich mich zurückhalte – wenn ich mich dem Halsband füge und auf der richtigen Seite um den Laternenpfahl komme –, wird Gott mich, so schnell Er kann, dorthin geleiten, wo ich das erhalte, was ich die ganze Zeit über wirklich wollte. Es wird dem nicht allzu ähnlich sein, was ich jetzt zu wollen meine, doch es wird ihm mehr ähneln, als manche annehmen. In jedem Fall wird es die wirkliche Sache sein, nicht ein Trostpreis oder ein Ersatz. Hätte ich das, was ich wirklich will, so bräuchte ich nicht gegen die Sinnlichkeit als etwas Unreines anzukämpfen: Eher würde ich mich von ihr abwenden als von etwas Dummem, Kaltem, Abstraktem und Künstlichem. Auf diese Weise, so denke ich, lässt sich die Lehre auf vergangene Sünden anwenden.

2. Auf der anderen Seite, wenn wir an eine Sünde in der Zukunft denken, zum Beispiel wenn wir versucht werden, so müssen wir uns daran erinnern, dass *gerade weil* Gott für uns das will, was wir wirklich wollen, Er in einem bestimmten Sinn recht unbarmherzig gegenüber der Sünde sein muss. Er ist nicht wie eine menschliche Autorität, die umgestimmt oder in einer nachgiebigen Verfassung angetroffen werden kann. Je mehr Er dich liebt, um so bestimmter muss Er dich von deinem Weg zurückhalten, welcher nirgends in Seinen Weg mündet, der dorthin führt, wo du hinwillst. Deshalb MacDonalds Worte «Der *alles bestrafende, alles vergebende* Vater».[151] Du magst wieder den falschen Weg gehen und Er mag dir wieder vergeben: wie der Herr des Hundes den Hund befreien mag, nachdem dieser die gesamte Leine um den Laternenpfahl gewickelt hat. Doch *letztlich* gibt es keine Hoffnung, dorthin zu gelangen, wo du hinwillst, außer indem du Gottes Weg gehst.

Und was heißt «*letztlich*»? Das ist eine furchtbare Frage. Wenn endlose Zeit uns wirklich helfen würde, den richtigen Weg zu gehen, so glaube ich, dass uns endlose Zeit gegeben werden würde. Doch vielleicht weiß Gott, dass Zeit keinen Unterschied macht. Vielleicht weiß Er, dass, wenn du den Weg in 60 oder 70 Jahren auf diesem Planeten nicht findest (ein Ort, der möglicherweise durch Gottes Geschick für den Zweck deiner Erziehung gemacht wurde), du ihn auch sonst nie je finden wirst. Es mag dann für Ihn nichts mehr übrigbleiben, als dich zu vernichten (gnädigerweise): *wenn Er kann.*

Ich denke, man sollte die alte lockende Versuchung loswerden – die ihren Kopf in jeder Versuchung erhebt –, dass es etwas *anderes* gibt als Gott – ein anderes Land (Mary Rose ... Mary Rose),[152] in das Er uns einzutreten verbietet –, eine Form der Freude, die Er «nicht akzeptiert» oder einfach zu verbieten beschließt, die aber eine wirkliche Freude wäre, wenn uns erlaubt wäre, sie zu erhalten. So etwas *gibt es einfach nicht.* Was auch immer wir ersehnen, ist entweder das, was Gott uns so schnell zu geben versucht, wie Er nur kann, oder sonst ein falsches Bild von dem, was Er uns zu geben versucht – ein falsches Bild, das uns auch nicht für einen Augenblick anziehen würde, wenn wir die wirkliche Sache selbst sähen.

Deshalb beinhaltet Gott in einem bestimmten Sinn wirklich Böses – d.h. beinhaltet das, was die eigentliche bewegende Kraft hinter all unseren bösen Wünschen ist. Er weiß, was wir wollen, sogar in unseren schlechtesten Taten: Er sehnt sich danach, es uns zu geben. Er schaut nicht von außen auf einen neuen «Geschmack» oder «besonderen Wunsch von uns». Nur, weil Er *wirkliche* Güter für uns zum Wünschen bereitgestellt hat, sind wir in der Lage, irre zu gehen, indem wir nach ihnen in gieriger, verfehlter Weise greifen.

Die Wahrheit ist, dass das Böse nicht etwas wirklich *Seiendes* ist wie Gott. Es ist einfach das Gute *verdorben.* Deshalb sage ich, dass es Gutes ohne Böses geben kann, aber kein Böses ohne Gutes. Du weißt, was die Biologen unter einem Parasiten verstehen – ein Tier, das von einem anderen Tier lebt. Das Böse ist ein *Parasit.* Es gibt das Böse deshalb nur, weil es das Gute gibt, das es verderben und durcheinanderbringen kann.

Deshalb kann man sehr wohl glauben, dass Gott unsere Versuchungen versteht – sie wesentlich besser versteht als wir. Doch vergiss nicht wiederum MacDonald: «Nur Gott versteht das Böse und hasst es.»[153] Nur der Herr des Hundes weiß, wie zwecklos es ist, mit der um den Laternenpfahl geknoteten Leine weiterzukommen. Deshalb müssen wir darauf vorbereitet sein, dass Gott uns Dinge unerbittlich und unerschütterlich verbietet, die für uns ganz kleine und unbedeutende Dinge zu sein scheinen. Doch Er weiß, ob sie wirklich klein und unbedeutend sind. Wie klein würden einige der Dinge, die Ärzte verbieten, einem Unwissenden erscheinen.

Ich nehme an, dass ich all diese Dinge schon einmal gesagt habe: Wenn ja, so hoffe ich, dass ich keinen Brief verschwendet habe. Ach je! Sie sind so (vergleichsweise) einfach zu sagen: So schwer, so *fast völlig* unmöglich zu glauben, wenn der Zug an der Leine kommt.

16. Gott und das Leid

An Arthur Greeves, 2. Juli 1949

Glaube nicht, ich würde für einen Augenblick bezweifeln, dass das, was Gott uns schickt, in Liebe geschickt sein muss und dass alles zu unserem Besten ist, wenn wir die Gnade haben, es in dieser Weise zu nutzen.[154] Mein *Geist* schwankt nicht an diesem Punkt, meine *Gefühle* manchmal sehr wohl. Deshalb tut es mir gut, von Deiner Stimme wiederholt zu bekommen, was ich glaube – dass es das Gesetz des Universums ist, dass andere für uns tun können, was wir nicht für uns selbst tun können, und dass man jedes Kanu paddeln kann *außer* seinem eigenen. Deshalb ist Christi Leiden *für uns* nicht eine bloße theologische Ausflucht, sondern der höchste Fall eines Gesetzes, das die gesamte Welt regiert. Und als sie Ihn verspotteten, indem sie sagten: «andere hat er gerettet, sich selbst kann er nicht retten» (Mk 15,31), sprachen sie, so wenig sie es wussten, tatsächlich das höchste Gesetz der geistigen Welt aus.

An Arthur Greeves, 6. Juli 1949

Ich meine, die Ansicht, die Du in Deinem Brief äußerst, ist die, die ich auch vertrete, und ich bilde mir ein, sie auch im Druck geäußert zu haben. Ich behaupte nicht, Gott «schicke» uns Krankheit oder Krieg in demselben Sinn, in dem Er uns alle guten Dinge schickt. Deshalb ordnet Unser Herr in Lk 13,16[155] eine Krankheit eindeutig nicht dem Tun Seines Vaters zu, sondern dem Satans. Ich denke, Du hast völlig Recht. Alles Leid ist eine Folge der Sünde.

Der Sinn, in dem es auch Gottes Willen entspricht, scheint mir ein doppelter zu sein.

(a) Der, den Du erwähnst: dass Gott den freien Willen von Menschen und Engeln wollte, obwohl Er wusste, dass das in einigen Fällen zur Sünde und deshalb zu Leid führen würde. D.h. Er erachtete die Freiheit selbst zu diesem Preis für der Erschaffung wert. Es ist, wie wenn eine Mutter einem kleinen Kind erlaubt, alleine zu gehen, anstelle es an der Hand zu führen. Sie weiß, dass es hinfallen kann, doch eigenständig gehen zu lernen ist ein paar Stürze wert. Wenn es hinfällt, so ist das in einem bestimmten Sinn gegen den Willen der Mutter, doch die generelle Situation, in der Stürze möglich sind, *ist* der Wille der Mutter. (In der Tat, wie Du und ich schon so oft gesagt haben: «in einer Hinsicht ist es so, in einer anderen ist es das nicht!»)

(b) Die Welt ist so beschaffen, dass die Sünden des einen dem anderen Leid zufügen. Nun glaube ich nicht, dass Gott es zulässt, dass das nach dem Zufallsprinzip geschieht. Ich denke, wenn Er wüsste, dass das Leid, das die Sünden von B dem unschuldigen A zufügen, (im tiefsten Sinne und auf lange Sicht) *schlecht* wäre für A, so würde Er A davor bewahren. Und in diesem Sinn glaube ich, dass es manchmal Gottes Wille ist, dass A durch dieses Leid hindurchgehen soll. Der höchste Fall ist das Leiden, das unsere Sünden Christus zugefügt haben. Als Christus dieses Leiden auf sich zukommen sah, da betete Er: «Wenn du willst, nimm diesen Kelch von mir! Aber nicht mein, sondern dein Wille geschehe» (Lk 22,42). Das scheint für mich deutlich zu machen, dass die Kreuzigung (in exakt dem Sinn, den ich zu definieren versucht habe) Gottes Wille war. Ich sehe mich nicht im Widerspruch zu Dir, sondern vertrete die gleiche Ansicht mit ein paar notwendigen Differenzierungen, die Du ausgelassen hast.

An Mary van Deusen, 12. September 1951
Ich habe nicht ein Wort einzuwenden gegen die Lehre, Unser Herr leide in allen Leiden der Ihm Zugehörigen (vgl. Apg 9,4–5).[156] Oder dass, wenn wir das, was wir für andere leiden, freiwillig akzeptieren und es Gott um ihretwillen anbieten, mit Seinen Leiden vereint werden wird. Und dass es in Ihm zu ihrer Erlösung beitragen kann, oder auch zur Erlösung anderer, von denen wir nicht einmal träumen. So dass es nicht umsonst ist, auch wenn wir natürlich nicht damit rechnen dürfen, dass es genau so passieren wird, wie wir das in unserer jetzigen Unwissenheit für das Beste halten mögen. Der Schlüsseltext für diese Sicht ist Kol 1,24.[157] Ist das nicht letztlich eine weitere Anwendung der Wahrheit, das wir alle «Glieder einander» sind? Ich wünschte, ich hätte mehr gewusst, als ich *Über den Schmerz* schrieb.

An Mary van Deusen, 26. Dezember 1951
Dies scheint in der Tat eines der magischen Gesetze dieser unserer Schöpfung zu sein: dass eine Sache, die wir bereits wissen – die Sache, die wir schon hundertmal zu uns selbst gesagt haben –, plötzlich wirksam wird, wenn jemand anderes sie sagt. Es ist ein Teil von Charles Williams' Lehre, nicht wahr? –, dass niemand sein eigenes Kanu paddeln kann, aber jeder das Kanu eines anderen.[158]

An Mary van Deusen, 31. Januar 1952
Dass Leiden nicht *immer* als eine Strafe geschickt wird, wird für Glaubende eindeutig durch das Buch Hiob und Joh 11,1–4[159] begründet. Dass es *manchmal* so ist, wird durch Teile des Alten Testaments und die Offenbarung nahe gelegt. Es wäre sicherlich höchst gefährlich anzunehmen, dass irgendein konkretes Leid strafenden Charakter hätte. Ich glaube, dass aller Schmerz entgegen Gottes Willen ist, absolut, aber nicht relativ. Wenn ich einen Dorn aus meinem Finger ziehe (oder dem Finger eines Kindes), so ist der Schmerz «absolut» gegen meinen Willen. D.h. wenn ich eine Situation ohne Schmerzen hätte wählen können, so hätte ich es getan. Doch ich *will*, was den Schmerz verursacht, relativ zur gegebenen Situation. D.h. die Existenz des Dornes vorausgesetzt, wähle ich den Schmerz, anstatt den Dorn zu lassen, wo er ist. Eine Mutter, die ihrem Kind einen Klaps auf den Hosenboden gibt, wäre in derselben Position: Sie würde ihm lieber den Schmerz zufügen, als es fortfahren zu lassen, die Katze am Schwanz zu ziehen, doch es wäre ihr lieber, wenn erst gar keine Situation entstanden wäre, die einen Klaps erfordert.

An Belle Allen, 1. November 1954
Ich denke, es wäre gefährlich anzunehmen, dass Satan alle unangenehmen oder für uns gefährlichen Geschöpfe erschaffen hat, denn (a) hätten diese Geschöpfe, wenn sie denken könnten, genau denselben Grund zu meinen, *wir* wären von Satan erschaffen. (b) Ich glaube nicht, dass das Böse im strikten Sinn *schaffen* kann. Es kann etwas verderben, das Jemand Anderes geschaffen hat. Satan

mag andere Geschöpfe genauso verdorben haben wie uns. Ein Teil unserer Verderbnis könnte in dem unvernünftigen Horror und der Abscheu bestehen, die wir einigen Geschöpfen gegenüber empfinden, unabhängig davon, ob sie uns irgend etwas antun können. (Ich selbst kann keine Spinnen ausstehen.) Wir haben die Autorität der Schrift dafür, dass Satan Krankheiten verursacht – siehe Lk 13,16.

Wissen Sie, das Leiden der Unschuldigen ist für mich oft ein *geringeres* Problem als das Leiden der Bösen. Es klingt absurd, doch ich habe so viele unschuldig Leidende getroffen, die ihre Schmerzen Gott in Christus mit Freuden als Teil des Sühneopfers Christi darzubringen scheinen – so geduldig, so fromm, so selbstlos und sogar so sehr in Frieden –, dass wir kaum daran zweifeln können, dass sie «durch Leiden vollkommen gemacht werden» (vgl. Hebr 2,10), wie der hl. Paulus sagt. Auf der anderen Seite treffe ich selbstsüchtige Egoisten, in denen Leid nur Widerwillen, Hass, Blasphemie und noch mehr Egoismus hervorzubringen scheint. Sie sind das eigentliche Problem.

Die «Christliche Wissenschaft»[160] scheint mir insgesamt zu simpel zu sein. Selbst unter der Annahme, dass all die Übel Illusionen sind, wäre die Existenz dieser Illusion ein echtes Übel, und vermutlich ein echtes, von Gott zugelassenes Übel. Das bringt uns genau an den Punkt zurück, an dem wir begonnen haben. Wir haben durch die Theorie nichts gewonnen. Wir sehen uns immer noch dem großen Mysterium gegenüber, nicht erklärt, aber gefärbt und ganz verwandelt durch das Kreuz. Glaube und nicht wilde Vereinfachung ist es, was wohl helfen wird, denken Sie nicht? Es ist so äußerst schwer zu glauben, dass die Mühen der ganzen Schöpfung, in die Gott Selbst hinabstieg, um sie in ihrer höchsten Intensität mit uns zu teilen, notwendig gewesen sein sollen bei dem Unterfangen, begrenzte Geschöpfe (mit freiem Willen) zu verwandeln in – nun ja, Götter.

An Mary Willis Shelburne, 20. Februar 1955
[N]atürlich ist Gottes Gegenwart nicht dasselbe wie das *Gefühl* der Gegenwart Gottes. Letzteres kann ein Produkt der Imagination sein,

erstere mag von keinem «spürbaren Trost» begleitet sein. Der Vater war nicht *wirklich* abwesend vom Sohn, als Er sprach: «Warum hast du mich verlassen?» (Ps 22,2; Mk 15,34; Mt 27,46). Man sieht Gott Selbst, als Mensch, dem menschlichen Empfinden der Verlassenheit ausgesetzt.

An Mary Willis Shelburne, 6. Dezember 1955
Denn es ist eine furchtbare Wahrheit, dass der Zustand, «allein von Gott abzuhängen» (wie Sie sagen), das ist, was wir alle am meisten fürchten. Und das zeigt natürlich gerade, wie sehr, wie fast ausschließlich, wir von Dingen abhängig waren. Doch das Problem reicht in unserem Leben weit zurück und ist nun tief in uns verwurzelt: wir *werden* uns Ihm nicht zuwenden, solange Er uns irgend etwas anderes übrig lässt, dem wir uns zuwenden können. Ich nehme an, alles, was wir sagen können, besteht darin, dass es kommen musste. In der Stunde des Todes und am Tag des Gerichts: was sonst werden wir dann haben? Wenn diese Augenblicke kommen, dann werden vielleicht jene am glücklichsten sein, die (wie unfreiwillig auch immer) gezwungen waren, sich bereits hier auf Erden darin zu üben. Es ist gut von Ihm, uns hier zu *drängen*; doch ach je, wie schwer ist es, das zu dieser Zeit als gut zu *empfinden*.

An Mary Willis Shelburne, 26. April 1956
Natürlich haben wir alle gesagt bekommen, was wir mit Leiden tun sollen – sie Gott in Christus anbieten als unseren winzig kleinen Anteil an Christi Leiden –, doch es ist so schwer, das zu tun. Ich fürchte, ich kann mir dies auch eher vorstellen als *wirklich* darin eintreten. Ich nehme an, wenn jemand einen Menschen genug liebt, würde er sich tatsächlich wünschen, jeden Teil seines Lebens zu teilen, und ich nehme an, dass die großen Heiligen auf diese Weise *wirklich* die göttlichen Leiden teilen *wollen*, und dass sie auf diese Weise tatsächlich Schmerz ersehnen können. Doch das liegt weit über mir. Die Zähne zusammenbeißen, es ertragen und (in einer schwachen, verzweifelten Weise) zu vertrauen ist das Äußerste, was die meisten von

uns zustande bringen. Man versucht, eine Lektion nicht nur von den Heiligen zu lernen, sondern auch von den Tieren: Wie sehr vertraut einem ein kranker Hund, wenn man Dinge tun muss, die ihm wehtun!

An Sheldon Vanauken, 27. November 1957

Meine eigenen Neuigkeiten sind weiterhin besser, als wir das je zu hoffen gewagt hatten.[161] Die krebszerfressenen Knochen haben sich in einer höchst ungewöhnlichen Weise wiederhergestellt und Joy kann nun laufen: humpelnd und am Stock, ja, aber es ist ein echtes Laufen. – Und vor weit weniger als einem Jahr brauchte es drei Leute, um sie im Bett zu bewegen, und wir haben ihr oft wehgetan. Ihr allgemeiner Gesundheitszustand und ihre Stimmung erscheinen ausgezeichnet. Das Schwert des Damokles hängt natürlich über uns. Oder sollte ich sagen, dass die Umstände unsere Augen für das Schwert geöffnet haben, das in Wahrheit stets über jedem von uns hängt?

Ich weiß nicht mehr, ob meine eigene Knochenkrankheit (Osteoporose) bereits begonnen hatte, als Du bei uns warst. Sie ist auf jeden Fall nun um einiges besser und ich habe keine Schmerzen mehr. Ich trage ein orthopädisches Korsett und werde möglicherweise nie wieder in der Lage sein, eine echte Wanderung zu unternehmen, das macht mir aber irgendwie nichts aus. Das Faszinierende ist: während ich (ohne erkennbaren Grund) in meinen Knochen Kalzium verlor, gewann Joy, die es wesentlich mehr brauchte, es in ihren dazu. Man träumt von einer Stellvertretung à la Charles Williams! Nun, nie wurde ein Geschenk bereitwilliger gegeben, doch wir wollen nicht unrealistisch sein.

An Father Peter Bide, 29. April 1959

Ich sehe nicht, wie irgendein Grad an Glaube die Angst ausschließen kann, wenn selbst Christi Glaube Ihn nicht vor der Angst in Gethsemane bewahrt hat. Wir zweifeln nicht wirklich daran, dass Gott das Beste für uns tun wird; wir fragen uns, wie schmerzhaft das Beste für uns sein wird.[162]

17. Der Schmerz der Tiere – Ein Problem für die Theologie

Obwohl es eine Freude wie auch ein Wagnis ist, einem so aufrichtigen und sachlichen Disputanten wie Dr. Joad zu entgegnen, tue ich dies mit einigem Zögern. Dr. Joad schreibt nicht nur als ein Disputant, der eine Antwort verlangt, sondern als ein Fragender, der wirklich eine Antwort verdient. Mich betrifft die Sache jedoch nur deshalb, weil ihn meine bisherigen Antworten nicht zufriedengestellt haben. Und es ist vermutlich beschämend für mich und deprimierend für ihn, dass er in gewisser Weise in dasselbe Geschäft zurückgeschickt werden soll, das es einst versäumt hat, die gewünschten Waren zu liefern. Ginge es nur darum, die ursprünglichen Waren zu verteidigen, so würde ich es vermutlich dabei bewenden lassen. Doch es ist nicht genau dies. Ich glaube, er hat möglicherweise etwas missverstanden, was ich zum Kauf angeboten habe.

Dr. Joad ist beunruhigt über das neunte Kapitel meines Buches *Über den Schmerz.*[163] Als Erstes möchte ich daher darauf hinweisen, dass niemand durch seinen Aufsatz auf die Idee kommen würde, wie zugegebenermaßen spekulativ dieses Kapitel war. Das habe ich in meinem Vorwort eingeräumt und im Kapitel selbst mehrfach betont. Natürlich löst das nicht Dr. Joads Schwierigkeiten; unbefriedigende Antworten werden nicht dadurch befriedigend, dass sie mit Zögern vorgetragen werden. Ich erwähne den Charakter dieses Kapitels, um zu unterstreichen, dass es auf einer ganz anderen Ebene liegt als die ihm vorangehenden Kapitel. Und dieser Unterschied weist auf den Platz hin, den meine «Mutmaßungen» über Tiere (so habe ich sie damals genannt und so nenne ich sie auch heute noch) in meinem eigenen Denken haben und wovon ich hoffe, dass es auch der Platz ist, den diese ganze Frage in Dr. Joads Denken einnimmt.

Die ersten acht Kapitel meines Buches haben versucht, dem *prima facie*[164]-Argument gegen den Theismus zu begegnen, welches den menschlichen Schmerz zur Grundlage hat. Sie waren die Frucht eines langsamen Wandels in meinem Denken, der sich nicht wesentlich von dem Wandel unterscheidet, den Dr. Joad selbst durchgemacht hat und von dem er, nachdem er abgeschlossen war, sofort ehrenhaft und (wie ich vermute) unter Kosten Zeugnis abgelegt hat. Sein Denkprozess unterschied sich in vielen Punkten (höchstwahrscheinlich zum Besseren) von meinem eigenen. Doch wir kamen mehr oder weniger am selben Ort aus. Die Position, von der er in seinem Aufsatz sagt: «So viel verstehe ich und so viel akzeptiere ich in der Tat», kommt der Position sehr nahe, die ich in den ersten acht Kapiteln meines Buches erreicht habe.

So weit, so gut. Nachdem wir das Problem des menschlichen Schmerzes «hinter uns gebracht» haben, sehen Dr. Joad und ich uns mit dem Problem des Schmerzes der Tiere konfrontiert. Auch dann trennen sich unsere Wege nicht sofort. Wir beide wenden uns (wenn ich ihn richtig verstehe) mit Widerwillen gegen «jene leichten Reden, die grausame Menschen besänftigen»;[165] gegen Theologen, die nicht zu sehen scheinen, dass es hier ein echtes Problem gibt, und die damit zufrieden sind, zu sagen, dass Tiere eben letztlich nur Tiere sind. Für uns ist Schmerz ohne Schuld oder moralische Früchte, wie gering oder verachtenswert der Leidende auch sein mag, eine sehr ernste Angelegenheit. Ich bitte Dr. Joad nun, ganz genau darauf zu achten, was ich an diesem Punkt tue, denn mir scheint, es ist nicht exakt das, wovon er glaubt, dass ich es tue. Ich trage keine Lehre vor, gemäß der das Empfindungsvermögen von Tieren bewiesen ist, und schließe daraus «Tiere werden also nicht ohne Wiedergutmachung geopfert, und deshalb ist Gott gerecht». Schaut er sich mein neuntes Kapitel genau an, so wird er sehen, dass es aus zwei sehr ungleichen Teilen besteht, Teil eins, der den ersten Abschnitt umfasst, und Teil zwei, dem Rest. Sie lassen sich wie folgt zusammenfassen:

Teil eins. Die Daten, die Gott uns gegeben hat, ermöglichen es uns, in gewissem Maß menschlichen Schmerz zu verstehen. Uns fehlen solche Daten bei den Tieren. Wir wissen weder, was sie sind, noch, warum es sie gibt. Mit Gewissheit können wir nur sagen: Ist Gott gut (und wir haben Gründe, dies anzunehmen), so muss der Anschein göttlicher Grausamkeit in der Tierwelt ein falscher Anschein sein. Was die Realität hinter diesem falschen Anschein sein mag, darüber können wir nur spekulieren.

Teil zwei. Hier folgen einige meiner Spekulationen.

Es ist weitaus wichtiger, dass Dr. Joad meinem Teil eins zustimmt, als dass er irgendeine der Spekulationen in Teil zwei gutheißt. Ich werde aber zuerst auf seine Kritik an den Spekulationen eingehen, so gut ich es kann.

1. Auch wenn er (*positionis causa*)[166] meine Unterscheidung zwischen Empfindungsvermögen und Selbstbewusstsein akzeptiert, hält Dr. Joad sie für irrelevant. «Schmerz wird empfunden», so schreibt er, «selbst wenn es kein durchgehendes Ich geben sollte, das ihn fühlt und mit vergangenem oder zukünftigem Schmerz in Zusammenhang bringt», und «es ist die Tatsache, dass Schmerz empfunden wird, egal, wer oder was ihn empfindet, ... die nach einer Erklärung verlangt». Ich stimme zu, dass es (für unsere gegenwärtige Frage) in einem bestimmten Sinn unerheblich ist, «wer oder was» Schmerzen empfindet. Das heißt, es spielt keine Rolle, wie unbedeutend, hilflos, klein oder weit weg von unseren spontanen Sympathien derjenige ist, der sie empfindet. Aber es macht doch gewiss einen Unterschied, inwieweit der sie Empfindende zu etwas fähig ist, das wir als Leid wahrnehmen würden; inwieweit etwas, das ernstlich Mitleid erregen kann, mit seiner Existenzweise vereinbar ist.

Man wird wohl kaum bestreiten, dass Schmerzen umso mehr Mitleid und Empörung verdienen, je zusammenhängender das Bewusstsein des Betreffenden ist. Und dies scheint mir zu implizieren, dass der Betreffende sie umso weniger verdient, je weniger zusammenhängend sein Bewusstsein ist. Ich halte es immer noch für möglich, dass es eine Form von Schmerz gibt, die – durch das Fehlen einer jeglichen Wahrnehmung eines Nacheinanders – so unmittelbar ist, dass ihr «Unwert» (um ein Wort zu kreieren) quasi gleich null ist.

Einer meiner Korrespondenten hat auf unsere eigenen Erfahrungen von Schmerz in jenen Situationen hingewiesen, in denen sie nicht von Angst begleitet sind. Sie mögen heftig sein, doch sie sind schon wieder vorbei, wenn wir ihre Heftigkeit wahrnehmen. Ich für mich selbst finde in ihnen nichts, was nach Mitleid verlangen würde; sie sind eher komisch. Man neigt dazu, zu lachen. Eine Abfolge solcher Schmerzen ist ohne Zweifel schrecklich, doch die Behauptung lautet dann, diese Abfolge könne es für ein Empfindungsvermögen nicht ohne Selbstbewusstsein geben.

2. Ich denke nicht, dass ein Verhalten «wie aus dem Gedächtnis» das Vorhandensein eines Gedächtnisses im bewussten Sinn beweist. Zwinkern wir beim Näherkommen eines Objektes mit den Augen, so könnte ein nichtmenschlicher Beobachter annehmen, wir würden uns an Schmerzen «erinnern», die wir bei früheren Gelegenheiten erfahren haben. Und doch hat dies nichts mit Erinnerungen im eigentlichen Sinn des Wortes zu tun. (Es stimmt natürlich, dass das Verhalten des Organismus durch vergangene Erfahrungen beeinflusst wird. Wir können somit im übertragenen Sinn sagen, dass sich die Nerven an etwas erinnern, das der Geist vergessen hat; das ist es aber nicht, worum es Dr. Joad und mir geht.) Wären wir gezwungen, in jedem Fall, in dem sich eine Verhaltensweise an eine vermutliche Wiederkehr vergangener Ereignisse anpasst, ein Gedächtnis zu unterstellen, müssten wir dann nicht bei einigen Insekten eine ererbte Erinnerung an das Brutverhalten ihrer Eltern unterstellen? Und sind wir bereit, das zu tun?

3. Natürlich umfasst die von mir unterbreitete Theorie einer Auferstehung zahmer Tiere «in» ihrem menschlichen (und dadurch indirekt göttlichen) Kontext weder wilde Tiere noch misshandelte zahme Tiere. Darauf habe ich selbst hingewiesen, und ich habe ergänzt, sie diene «nur als Erprobungsmodell für die allgemeinen Grundsätze, die zu beachten sind, wenn man eine Theorie von der Auferstehung der Tiere formulieren wollte».[167] Und ich habe an-

schließend einen Alternativvorschlag gemacht, der auf denselben Grundsätzen beruht, wie ich hoffe.

Mein Hauptanliegen an dieser Stelle bestand darin, das Vorstellungsvermögen freizusetzen und zugleich einen gebührenden Agnostizismus bezüglich der Bedeutung und des Schicksals von Tieren zu bekräftigen. Ich hatte mit der Aussage begonnen: Ist unsere bisherige Beteuerung göttlicher Güte richtig, so können wir uns sicher sein, dass es auf die eine oder andere Weise «mit allem gut stehen wird, und mit jeglicher Art von Ding gut stehen wird».[168] Ich wollte dies mit dem Hinweis darauf unterstreichen, wie wenig wir wissen und wie viele Dinge man deshalb als Möglichkeiten im Blick behalten sollte.

4. Wenn Dr. Joad meint, ich hätte Satan so dargestellt, als würde er «Affen versuchen», so ist das insofern meine eigene Schuld, als ich das Wort «ermutigen» verwendet habe. Ich entschuldige mich für die Ambiguität. Ich hatte in der Tat angenommen, «Versuchung» (das heißt, ein Appell an den Willen) sei nicht die einzige Weise, in der der Teufel Dinge verderben oder beeinträchtigen kann. Das ist vermutlich noch nicht einmal die einzige Weise, in der er Menschen beeinträchtigen kann: Ich glaube nicht, dass unser Herr, als Er davon sprach, die verkrümmte Frau sei von «Satan gefesselt gehalten worden» (Lk 13,16), gemeint hat, sie sei zu ihrer Verkrümmung versucht worden. Moralische Verderbnis ist nicht die einzige Form der Verderbnis. Doch das Wort Verderbnis war vermutlich schlecht gewählt und hat zu Missverständnissen eingeladen. Entstellung wäre eindeutiger gewesen.

5. Mein Korrespondent schreibt: «Nach Ansicht der meisten Biologen sind selbst die schwersten Verletzungen bei den meisten wirbellosen Tieren nahezu, wenn nicht sogar vollständig, schmerzlos. Loeb[169] hat viele Belege dafür gesammelt, dass sich Tiere ohne Großhirn in physiologischer Hinsicht in keiner Weise von Pflanzen unterscheiden.[170] Der Fall kommt öfter vor, dass Raupen, deren In-

neres von den Larven einer Schlupfwespe zerfressen ist, gelassen weiter Nahrung zu sich nehmen. Das Tierschutzgesetz gilt nicht für Wirbellose, worin sich die Ansichten derer widerspiegeln, die es formuliert haben.»

6. Obwohl Dr. Joad diesen Punkt nicht anspricht, kann ich es nicht lassen, einige höchst interessante Vorschläge desselben Korrespondenten bezüglich der Angst von Tieren hinzuzufügen. Er weist darauf hin, dass menschliche Angst zwei Elemente beinhaltet: (a) die physischen Empfindungen aufgrund der Körpersekrete usw.; (b) geistige Bilder dessen, was passieren wird, wenn man den Halt verliert oder die Bombe an dieser Stelle fällt oder der Zug die Gleise verlässt. Nun ist (a) für sich genommen so weit davon entfernt, ein eindeutiges Leid zu sein, dass viele Leute es mögen, wenn sie es ohne (b) erlangen können, oder mit einem (b), an das sie nicht glauben, oder mit unterdrücktem (b). Daher auch Achterbahnen, Wasserrutschen, schnelles Autofahren, Klettern in den Bergen.

Aber all das spielt für den, der Teil eins in meinem neunten Kapitel nicht akzeptiert, keine Rolle. Niemand, der bei Sinnen ist, nimmt Spekulationen über das Bewusstsein von Tieren als Basis für den Aufbau seiner Theodizee. Wie ich bereits gesagt habe: Solche Spekulationen sind nur angebracht, um das Vorstellungsvermögen für das Mögliche zu weiten und unseren unausweichlichen Agnostizismus bezüglich der Realität zu unterstreichen – und nur, nachdem eine Rechtfertigung von Gottes Wegen *dem Menschen gegenüber* nicht mehr unmöglich erscheint. Wir kennen die Antwort nicht; diese Spekulationen waren lediglich Vermutungen, worin sie eventuell bestehen könnte.

Worauf es wirklich ankommt, ist das Argument, dass es eine Antwort geben muss: Nehmen wir in unserem eigenen Leben, in dem allein wir Ihn kennen (wenn überhaupt), die *pulchritudo tam antiqua et tam nova*[171] wahr, so kann Er in anderen Bereichen – in denen wir Ihn nicht kennen (*connaître*), wohl aber einige wenige Dinge über Ihn wissen (*savoir*)[172] – keine Macht der Dunkelheit sein, auch wenn der Anschein manchmal dagegen spricht. Denn auch in unserem eigenen Bereich hat es Augenblicke gegenteiligen Anscheins gegeben, über die Dr. Joad und ich aber hinweggekommen sind.

Ich weiß, es gibt Momente, in denen der unablässige Fortbestand und die verzweifelte Hilflosigkeit dessen, was zumindest wie ein Leiden der Tiere aussieht, jedes Argument für den Theismus hohl klingen lässt, und in denen (vor allem) die Welt der Insekten um uns herum wie die Hölle selbst in sichtbarem Vollzug erscheint. Dann kommt die alte Empörung, das alte Mitleid wieder in einem hoch. Doch wie merkwürdig ambivalent ist diese Erfahrung!

Ich muss diese Ambivalenz nicht ausführlich erläutern, denn ich denke, ich habe das bereits anderswo getan,[173] und ich bin mir sicher, dass Dr. Joad sie bereits selbst erkannt hat. Betrachte ich dieses Mitleid und diese Empörung lediglich als subjektive Erfahrungen meiner selbst, denen keinerlei Geltung jenseits ihrer Intensität in diesem Moment zukommt (die sich im nächsten Moment ändern wird), so kann ich sie wohl kaum als Maßstäbe verwenden, um die Schöpfung anzuklagen. Im Gegenteil, sie erhalten nur dann Gewicht als Argumente gegen Gott, wenn ich sie für transzendente Erleuchtungen halte, mit denen wir die Schöpfung messen oder verurteilen können. Sie sind nur dann Argumente gegen Gott, wenn sie selbst die Stimme Gottes sind.

Je mehr meine Revolte von der Art eines Shelley oder Prometheus[174] ist, umso gewisser nimmt sie eine göttliche Legitimation für sich in Anspruch. Dass ein bloßer kontingenter Joad oder Lewis, der in einer abgesicherten, liberalen Gesellschaft geboren wurde und aus ihr bestimmte humanitäre Empfindungen aufgesogen hat, sich zufällig am Leiden in der Welt stört – was tut das zur Sache? Wie könnte man ein Argument für oder gegen Gott auf einen solchen historischen Zufall aufbauen!

Nein. Nicht, insofern wir diese Dinge empfinden, sondern insofern wir beanspruchen, mit unserem Empfinden richtig zu liegen; insofern wir sicher sind, dass diese Standards eine Herrschaft *de jure*[175] über alle möglichen Welten haben: insofern und nur insofern werden sie ein Grund für Unglauben – und im gleichen Augenblick ein Grund für Glauben. In dem Augenblick, in dem wir den scheinbaren Gott dort draußen verurteilen, schleicht Gott sich in unserem Inneren zurück.

Deshalb ruft in Tennysons Gedicht der Mann, der zu der Überzeugung gekommen ist, der Gott seines überkommenen Glaubens sei böse: «Sollte es einen solchen Gott geben, so möge der Große Gott ihn verfluchen und zunichte machen.»[176] Denn steht kein «Großer Gott» hinter dem Fluch, wer spricht dann diesen Fluch aus? Nur eine Marionette des kleinen, des scheinbaren «Gottes». Dieser Fluch selbst ist an der Wurzel verdorben: er ist genau dieselbe Art von Ereignis wie die Grausamkeiten, die er verflucht, ein Teil derselben sinnlosen Tragödie.

Ich sehe nur zwei Auswege aus dieser Situation. Entweder es gibt einen Großen Gott und ebenfalls einen «Gott dieser Weltzeit» (2Kor 4,4); einen Fürsten der Engel, den der Große Gott verflucht und den Er manchmal auch durch uns verflucht. Oder aber die Taten des Großen Gottes sind nicht das, was sie mir zu sein scheinen.

18. Vivisektion

Nichts ist seltener in der Welt als eine rationale Debatte über Tierversuche. Jenen, die sie ablehnen, wirft man für gewöhnlich vor, «sentimental» zu sein, und häufig rechtfertigen die von ihnen vorgebrachten Argumente diesen Vorwurf. Sie zeichnen Bilder von hübschen kleinen Hunden auf Seziertischen. Doch die andere Seite setzt sich exakt demselben Vorwurf aus. Sie verteidigt die Praxis ebenfalls oft, indem sie Bilder von leidenden Frauen und Kindern zeichnet, deren Leid (so versichert man uns) nur durch die Früchte von Tierversuchen gelindert werden kann.

Der eine Appell richtet sich, nicht weniger als der andere, an das Gefühl, nämlich an jenes spezielle Gefühl, das wir Mitleid nennen. Und keiner dieser beiden Appelle beweist irgend etwas. Ist die Sache richtig – und sollte sie tatsächlich richtig sein, so wäre sie eine Pflicht –, dann ist Mitleid mit dem Tier eine der Versuchungen, denen wir widerstehen müssen, um dieser Pflicht nachzukommen. Ist die Sache falsch, dann ist Mitleid mit dem leidenden Menschen präzise jene Versuchung, die uns höchstwahrscheinlich dazu verlockt, dieses Falsche zu tun. Doch die eigentliche Frage – ob Vivisektion richtig oder falsch ist – bleibt in der Zwischenzeit genau dieselbe, die sie vorher war.

Eine rationale Debatte über dieses Thema beginnt mit der Frage, ob Leid ein Übel ist oder nicht. Ist es das nicht, so bricht das Plädoyer gegen Tierversuche zusammen. Doch das Gleiche gilt auch für das Plädoyer *für* Tierversuche. Werden diese nicht durch das Argument gerechtfertigt, dass sie menschliches Leiden verringern, mit welcher Begründung lassen sie sich dann rechtfertigen? Und wenn Leid kein Übel ist, warum sollte man dann menschliches Leiden verringern? Wir müssen somit als Grundlage für die ganze Debatte annehmen, dass Leid ein Übel ist; andernfalls gäbe es nichts, worüber man diskutieren könnte.

Ist Leid also ein Übel, so muss das Zufügen von Leid für sich betrachtet eine schlechte Handlung sein. Es gibt aber so etwas wie notwendige Übel. Einige Handlungen, die für sich betrachtet schlecht wären, können unter Umständen entschuldbar oder sogar lobenswert sein, wenn sie notwendige Mittel zur Erreichung eines größeren Gutes sind. Sagen wir, das Zufügen von Leid sei für sich betrachtet schlecht, so sagen wir nicht, man dürfe nie jemandem Leid zufügen. Die meisten von uns sind der Meinung, es könne jemandem rechtmäßig zugefügt werden, um ein gutes Ziel zu erreichen – wie etwa in der Zahnmedizin oder bei pädagogischen Strafen. Der Punkt ist, dass ein solches Tun immer einer Rechtfertigung bedarf. Derjenige, den wir dabei beobachten, wie er jemand anderem Leid zufügt, muss beweisen, weshalb eine Handlung, die für sich betrachtet schlecht wäre, unter diesen speziellen Umständen gut ist. Beobachten wir jemanden dabei, wie er anderen Vergnügen bereitet, so ist es an uns, zu beweisen (wenn wir ihn kritisieren), dass sein Tun falsch ist. Doch beobachten wir jemanden, wie er Leid zufügt, so muss er beweisen, dass sein Tun richtig ist. Kann er das nicht, so ist er ein böser Mensch.

Tierversuche können somit nur durch den Nachweis gerechtfertigt werden, dass es richtig ist, wenn eine Art leidet, damit es einer anderen Art besser geht. Und hier trennen sich die Wege. Der christliche Verteidiger und der normale «wissenschaftliche» (d.h. naturalistische) Verteidiger der Vivisektion müssen hier ganz verschiedene Begründungswege einschlagen.

Der christliche Verteidiger, vor allem in den lateinischen Ländern,[177] ist geneigt zu sagen, wir hätten das Recht, mit Tieren alles zu machen, was wir wollen, weil sie «keine Seele haben». Doch was heißt das? Wenn das heißen soll, dass Tiere kein Bewusstsein haben, woher wissen wir das? Sie verhalten sich doch gewiss so, als wenn sie es hätten, zumindest die höheren Tiere. Ich selbst neige der Ansicht zu, dass vermutlich weit weniger Tiere etwas besitzen, das wir als Bewusstsein identifizieren würden, als man gemeinhin annimmt. Doch das ist nur eine Meinung. Solange wir nicht aus anderen Gründen wissen, dass Tierversuche richtig sind, dürfen wir nicht das moralische Risiko auf uns nehmen, sie auf Grundlage einer bloßen Meinung zu quälen.

Die Aussage, dass sie «keine Seele haben», kann andererseits bedeuten, dass sie keine moralischen Verantwortlichkeiten kennen und nicht unsterblich sind. Die Abwesenheit einer «Seele» in diesem Sinn macht die Rechtfertigung dessen, dass man ihnen Leid zufügt, jedoch nicht leichter, sondern schwerer. Denn das heißt, dass Tiere weder Leid verdienen, noch davon profitieren, wenn man es ihnen zufügt, noch auch Freuden in einem anderen Leben als Ausgleich für ihre hiesigen Leiden erhalten können. All die Faktoren, die Leid beim Menschen erträglicher oder nicht so völlig negativ machen, würden bei Tieren also fehlen. Das Fehlen einer «Seele» ist, sofern es überhaupt für diese Frage relevant ist, somit ein Argument gegen Tierversuche.

Für den christlichen Befürworter von Tierversuchen besteht der einzig rationale Weg darin, zu sagen, der Vorrang des Menschen gegenüber dem Tier sei eine objektive, durch Offenbarung gesicherte Tatsache, und die Berechtigung, Tiere dem Menschen zu opfern, ergebe sich daraus als eine logische Konsequenz. Wir sind «mehr wert als viele Spatzen» (Mt 10,31), und wenn wir dies sagen, so äußern wir nicht nur eine natürliche Vorliebe für unsere eigene Art, bloß, weil sie unsere eigene ist: wir entsprechen einer von Gott geschaffenen hierarchischen Ordnung, die im Universum wirklich gegeben ist, ob irgendjemand sie anerkennt oder nicht.

Diese Position mag unbefriedigend sein. Es mag uns nicht gelingen zu erkennen, wie ein gütiger Gott wünschen kann, dass wir solche Schlüsse aus der von Ihm geschaffenen hierarchischen Ordnung ziehen. Es mag uns Probleme bereiten, das Recht des Menschen, Tiere zu quälen, so zu formulieren, dass es nicht zugleich ein Recht der Engel mit einschließt, Menschen zu quälen. Und wir mögen das Gefühl haben, dass selbst dann, wenn der Mensch für sich zu Recht eine objektive Überlegenheit in Anspruch nimmt, eben diese Überlegenheit zum Teil *darin bestehen* sollte, keine Tierversuche zu unternehmen: dass wir gerade dadurch zeigen sollen, dass wir besser sind als die Tiere, dass wir ihnen gegenüber Pflichten anerkennen, die sie uns gegenüber nicht kennen.

Doch in all diesen Fragen können unterschiedliche Auffassungen aufrichtig vertreten werden. Sollte ein christlicher Pathologe es auf der Basis unseres tatsächlichen, göttlich bestimmten Vorrangs für richtig halten, Tierversuche zu unternehmen – und tut er dies in dem skrupulösen Bemühen, das geringste Quäntchen oder den geringsten Verdacht unnötigen Leidens zu vermeiden, mit bebender Ehrfurcht gegenüber der Verantwortung, die er übernimmt, und mit wachem Empfinden für die hohen Standards, denen menschliches Leben entsprechen muss, um die seinetwillen gebrachten Opfer zu rechtfertigen –, so können wir seinen Standpunkt respektieren (ob wir ihm zustimmen oder nicht).

Doch die meisten Befürworter von Tierversuchen haben natürlich keinen solchen theologischen Hintergrund. Fast alle von ihnen sind Naturalisten und Darwinisten. Und hier stoßen wir gewiss auf eine alarmierende Tatsache. Dieselben Leute, die äußerst verächtlich jedes Nachdenken über das Leid der Tiere beiseite wischen, wenn es der «Forschung» im Weg steht, werden ebenfalls, in einem anderen Kontext, äußerst vehement bestreiten, dass es überhaupt einen radikalen Unterschied zwischen dem Menschen und den übrigen Tieren gibt. Aus naturalistischer Sicht sind die Tiere letztlich dieselbe Art von Ding wie wir selbst. Der Mensch ist einfach der cleverste unter den Anthropoiden.

ALLEN Gründen, mit denen ein Christ Tierversuche verteidigen könnte, ist damit der Boden entzogen. Wir opfern andere Arten unserer eigenen Art nicht deshalb, weil die unsrige diesen gegenüber irgendein objektives metaphysisches Privileg besitzt, sondern lediglich, weil sie unsere eigene ist. Es mag sehr natürlich sein, diese Loyalität gegenüber unserer eigenen Art zu empfinden, doch lasst uns dann von den Naturalisten nichts mehr über die «Sentimentalität» der Vivisektionsgegner hören. Ist Loyalität gegenüber unserer eigenen Art, die Bevorzugung des Menschen nur, weil wir Menschen sind, kein Gefühl: was soll sie dann sein? Sie mag ein gutes oder ein schlechtes Gefühl sein, doch ein Gefühl ist sie ganz gewiss. Versuchen wir, sie auf Logik zu gründen, und schauen wir, was dann passiert!

Doch das Schlimmste an modernen Tierversuchen ist dies: Rechtfertigt ein bloßes Gefühl Grausamkeit, warum dann bei einem Gefühl für die ganze menschliche Rasse stehenbleiben? Es gibt auch ein Gefühl für den weißen Mann und wider den schwarzen, für ein *Herrenvolk* und wider die Nicht-Arier, für «zivilisierte» oder «progressive» Völker und wider «wilde» oder «rückständige» Völker. Zuletzt, für unser eigenes Land, unsere Partei oder Klasse und wider andere.

Ist der alte christliche Glaube an eine echte Wesensdifferenz zwischen Mensch und Tier einmal abgeschafft, so lässt sich kein Argument für Versuche mit Tieren finden, das nicht auch ein Argument für Versuche mit schwächeren Menschen wäre. Schneiden wir Tiere nur deshalb auf, weil sie uns nicht daran hindern können und weil wir unsere eigene Seite im Kampf ums Überleben vertreten, so ist es nur logisch, auch Schwachsinnige, Kriminelle, Feinde oder Kapitalisten aus denselben Gründen aufzuschneiden. Tatsächlich hat es bereits Experimente mit Menschen gegeben. Wir alle hören, dass Nazi-Wissenschaftler sie gemacht haben. Wir alle vermuten, dass unsere eigenen Wissenschaftler jederzeit insgeheim mit ihnen beginnen könnten.

Das Alarmierende ist, dass die Befürworter der Vivisektion bereits die erste Runde gewonnen haben. Im 18. und 19. Jahrhundert wurde man nicht als ein Spinner abgestempelt, wenn man gegen Tierversuche protestierte. Lewis Carroll hat, wenn ich seinen berühmten Brief richtig in Erinnerung habe, aus demselben Grund gegen sie protestiert, den ich gerade vorgetragen habe.[178] Dr. Johnson – ein Mann, dessen Geist so viel *Eisen* in sich hatte wie nur irgendeiner – protestierte gegen sie in einer Bemerkung über *Cymbeline*, die es wert ist, vollständig wiedergegeben zu werden. In Akt I, Szene v erklärt die Königin dem Arzt, sie brauche Gift, um Experimente durchzuführen mit «Wesen, die Wir des Erhängens nicht für wert erachten – aber keine menschlichen».[179] Der Doktor antwortet:

«Ihre Majestät
Werden durch diese Praxis Ihr Herz verhärten.»[180]

Johnson kommentiert: «Dieser Gedanke wäre möglicherweise stärker ausgefallen, wenn der Autor lange genug gelebt hätte, um durch jene Experimente schockiert zu werden, die in späteren Zeiten veröffentlicht wurden; durch eine Gruppe von Menschen, die Folter ohne Mitleid durchgeführt haben und ohne Scham von ihr berichteten, und denen es dennoch erlaubt ist, ihre Köpfe über Menschen zu erheben.»[181]

Dies sind seine Worte, nicht die meinen, und in Wahrheit trauen wir uns in diesen Tagen kaum, eine solch ernste und besonnene Sprache zu verwenden. Der Grund, weshalb wir uns das nicht trauen, liegt darin, dass die andere Seite in der Tat bereits gewonnen hat. Und auch wenn Grausamkeit gegenüber Tieren bereits eine ernste Angelegenheit ist, so ist ihr Sieg doch ein Symptom für etwas noch Wichtigeres. Der Sieg der Vivisektionisten ist ein großer Fortschritt im Triumph eines rücksichtslosen, unmoralischen Utilitarismus[182] über die Welt des ethischen Gesetzes; ein Triumph, bei dem wir wie auch die Tiere bereits die Opfer sind, und Dachau und Hiroshima nur die jüngsten Errungenschaften. Indem wir Grausamkeit gegenüber Tieren rechtfertigen, begeben wir uns selbst auf das Level von Tieren. Wir wählen den Dschungel und müssen mit unserer Wahl leben.

Sie werden bemerken, dass ich keine Zeit darauf verwendet habe, herauszufinden, was in den Laboren tatsächlich vor sich geht. Man wird uns sagen, es gebe dort erstaunlich wenig Grausamkeit. Das ist eine Frage, mit der ich im Moment nichts zu tun habe. Wir müssen zuerst entscheiden, was erlaubt sein soll; dann ist es Sache der Polizei, herauszufinden, was tatsächlich bereits geschieht.

19. Über den Unterschied von Katholizismus und Protestantismus

Wenn wir über *The Faerie Queene*[183] als ein bewusst allegorisches Gedicht sprechen, so werde ich ihre politische Allegorie komplett übergehen. [...] Mein Interesse gilt der ethischen oder philosophischen Allegorie. Wenn wir uns dieser nähern, so braucht der moderne Leser ein wenig Ermutigung. Ihm wurde gesagt, es lohne sich nicht, sich mit der *significatio*[184] der *Faerie Queene* zu befassen. Kritiker haben so getan, als gebe es eine fatale Diskrepanz zwischen Spensers spirituellen Ambitionen und dem tatsächlichen Inhalt seiner Dichtung. Er wurde als ein Mann vorgestellt, der den Protestantismus predigte, während seine Vorstellungswelt ganz auf der Seite Roms verblieb, oder aber als ein Dichter, der ganz durch die Sinne geprägt war, welcher sich aber selbst als ein strenger Moralist verstand. Dies sind grundlegende Missverständnisse.

Das Erste – das des unbewussten oder unfreiwilligen römischen Katholizismus – lässt sich schnell aufklären. Es stimmt, dass Una (in ihrem Exil) wie eine Nonne gekleidet ist, dass das Haus der Heiligkeit einem Kloster ähnelt, dass Penaunce (= Buße) sich dort mit einer Peitsche befasst, und dass Contemplation, ganz wie der Eremit in Buch sechs,[185] einem katholischen Einsiedler ähnelt. Es stimmt ebenfalls, dass wir ähnlich katholische Bilder bei Bunyan[186] finden können; und ich kenne einen Mann, der in unserer Zeit etwas schrieb, das gedacht war als eine allgemeine allegorische Verteidigung für «alle, die sich selbst als Christen verstehen und bekennen», und der überrascht war, es als eine Verteidigung Roms gepriesen und getadelt zu finden.[187] Es scheint, dass überhaupt alle Allegorien dem normalen Leser katholisch erscheinen, und es lohnt sich, dieses Phänomen genauer zu untersuchen.

In Teilen lässt sich dies dadurch erklären, dass die sichtbaren und berührbaren Aspekte des Katholizismus mittelalterlich sind, und somit ganz durchdrungen von literarischen Anspielungen. Aber ist das alles? Fahren protestantische Allegoristen wie in einem Traum fort, Bilder zu benutzen, die ihre Leser höchstwahrscheinlich in die Irre führen, ohne diese Gefahr zu bemerken oder ein besseres Motiv hierfür zu haben als die eigene Nachlässigkeit? Ganz sicher nicht.

Die Wahrheit ist: Nicht die Allegorie ist katholisch, sondern der Katholizismus ist allegorisch. Allegorie besteht darin, dass man dem Immateriellen einen imaginierten Körper gibt; doch wenn der Katholizismus jedes Mal behauptet, ihm bereits einen materiellen Körper gegeben zu haben, dann wird das Symbol des Allegoristen natürlich diesem materiellen Körper ähneln. Penaunces Peitsche ist ein sehr gutes Beispiel. Kein Christ hat je bezweifelt, dass Reue «Selbstkasteiung» und «Peitschen» auf spiritueller Ebene beinhaltet; die Kontroverse beginnt, wenn daraus (wie bei Tartuffes *Zucht* in seiner Kammer)[188] materielle Peitschen werden.

Mit dem «Haus» der Heiligkeit ist es das Gleiche. Kein Christ bezweifelt, dass jene, die sich Gott ganz hingegeben haben, *wie* durch eine Wand von der Welt getrennt sind, dass sie unter eine *regula vitae*[189] gestellt sind und durch «sanften Gehorsam» in «leichtes Bett gelegt»[190] werden; doch wenn die Wand eine aus richtigen Steinen und Mörtel wird, und die Regel eine in richtiger Tinte, durch Ordnungspersonen beaufsichtigt und (beizeiten) durch die Macht des Staates bekräftigt, dann haben wir jene Form der Wirklichkeit erreicht, nach der Katholiken streben und die Protestanten bewusst vermeiden.

Dies ist in der Tat die Wurzel, aus der alle anderen Differenzen zwischen den beiden Konfessionen hervorgehen. Die eine hegt den Verdacht, dass man alle spirituellen Gaben zu Unrecht für sich reklamiert, wenn man sie nicht in Stein und Mörtel, offiziellen Positionen oder Institutionen verkörpern kann: die andere, dass nichts seine Spiritualität behält, wenn das Inkarnatorische in diesem Maß und in dieser Weise vorangetrieben wird. Die Uneinigkeit über die päpstliche Unfehlbarkeit ist hierfür ein einfaches Beispiel. Die typischen Entartungen beider Kirchen erzählen dieselbe Geschichte. Entartet der Katholizismus, so wird er zur uralten, weltweiten *religio* der Amulette, heiligen Orte und priesterlichen Künste: der

Protestantismus wird in seiner korrespondierenden Verfallsform zu einem vagen Nebel ethischer Plattitüden. Dem Katholizismus wirft man vor, er sei zu sehr wie all die anderen Religionen, dem Protestantismus, er sei zu wenig überhaupt wie eine Religion. Deshalb ist Platon mit seinen transzendenten Formen der Doktor der Protestanten, und Aristoteles mit seinen immanenten Formen der Doktor der Katholiken.

Die Allegorie existiert sozusagen in jenem Bereich des Bewusstseins, in dem diese Zweiteilung noch nicht existiert, denn sie tritt erst dann auf, wenn wir die materielle Welt erreichen. In der materiellen Welt sind Katholiken und Protestanten sich uneins, welche Form und welches Maß an Inkarnation oder Verkörperung wir dem Spirituellen gefahrlos zukommen lassen können; doch in der Welt der Imagination, in der die Allegorie lebt, bejahen beide eine grenzenlose Verkörperung. Imaginierte Gebäude und Institutionen, die eine starke Ähnlichkeit mit den realen Gebäuden und Institutionen der römischen Kirche aufweisen, kommen daher in jeder protestantischen Allegorie vor, und sie müssen dort vorkommen.

Versteht der Allegorist sein Geschäft, so wird ihre Häufigkeit eher darauf hindeuten, dass die Allegorie nicht katholisch ist, als dass sie es ist. Denn Allegorie ist *idem in alio*.[191] Nur ein Stümper wie Digulleville[192] würde in seinem Gedicht ein Kloster einführen, wenn er wirklich über das Mönchtum schreiben will. Schreibt Spenser über protestantische Heiligkeit, so gibt er uns etwas wie einen Konvent: schreibt er wirklich über das monastische Leben, so gibt er uns Abessa und Corcera.[193] Wenn ich, ohne respektlos sein zu wollen, die Worte eines wichtigen (und sehr relevanten) protestantischen Artikels verdrehen darf, dann würde ich sagen, dass eine katholische Interpretation der *Faerie Queene* «die Natur einer Allegorie verkehrt».[194] Ein katholischer Leser, der diesem großen protestantischen Gedicht gerecht werden will, wäre sehr schlecht beraten, es in dieser Weise zu lesen. Hier, wie in wichtigeren Angelegenheiten, helfen keine Höflichkeiten an der Grenze; es ist in ihrem feurigen Herzen, dass die beiden Konfessionen einander am nächsten sind.

20. Christliche Wiedervereinigung. Ein Anglikaner spricht zu Katholiken

Man hat mich gebeten, über die christliche Wiedervereinigung zu sprechen, ich fürchte jedoch, dass das, was ich zu sagen habe, nicht mehr sein wird als eine grobe Analyse der tatsächlichen Differenzen und ein Vorschlag, wie die meisten von uns sich verhalten sollten, solange unsere tragischen und sündhaften Differenzen anhalten.

Ich möchte mit der Feststellung beginnen, dass sich die Natur der Uneinigkeit, ob nun zum Guten oder zum Schlechten, mit den Jahrhunderten verändert hat: sie wurde strikter oder eindeutiger theologisch. Ich bin in einer günstigen Lage, dies wahrzunehmen, weil ich in einer höchst archaischen Gesellschaft – der von Nordirland – aufgewachsen bin, unter Bedingungen, die in England schon lange nicht mehr existieren. Ich konnte somit einen Blick auf jene *alte* Uneinigkeit werfen – jene Form, die aus dem 16. Jahrhundert herrührt. In ihr waren die theologischen Differenzen hoffnungslos vermischt mit Unterschieden in Nationalität, Klasse, Politik und den weniger bedeutsamen Unterschieden im Ritus. (Ich will nicht sagen, dass alle rituellen Unterschiede bedeutungslos sind.) Sie waren auch sehr erbittert. Eine protestantische Mutter, deren Sohn sich vom Atheismus nach Rom wandte, oder eine römische Mutter, deren Sohn sich vom Atheismus zum Protestantismus wandte, würde (so glaube ich) pure Trauer verspürt haben.

Dieser Zustand liegt nun hinter uns. In der Frage des Ritus hat er sich in der Tat fast ins Gegenteil verkehrt. In Südengland sind die Katholiken nun *nicht ritualistisch genug*, um die Anhänger der anglikanischen High Church zufriedenzustellen, und Kongregationalisten können (so habe ich gehört) genauso «hoch» sein wie beide.[195] Was auch immer nun die Barriere sein mag, es ist nicht länger eine Barriere von Kerzen; was auch immer der Nebel sein mag, es ist kein Weihrauchnebel.

Und auf rein theologischer Ebene kann man nach meiner Wahrnehmung sagen, dass die Barriere nicht länger eine zwischen einer

Doktrin des Glaubens und einer Doktrin der Werke ist. Ich bezweifle, dass je ein guter Katholik die Doktrin der Werke in der Form hielt, derer ihn Protestanten bezichtigt haben, oder dass je ein guter Protestant die Doktrin des Glaubens in der Form hielt, derer ihn Katholiken bezichtigt haben. Auf jeden Fall bin ich mir sicher, dass keine Person guten Willens heute hofft, Gott durch *pecca fortiter*[196] oder die Gründung einer Abtei zu sehen. Es mag immer noch schwierig sein (besonders in Deutschland), eine beiderseitig anerkannte Formel zu finden, doch ich glaube, dass die Schwierigkeit nun eher dem Geheimnischarakter der Sache selbst entspringt als zwei eindeutig vertretenen und einander ausschließenden Lehren.

Die verbleibende Schwierigkeit, die schärfer wird, je schmaler sie wird, ist unsere Uneinigkeit im Hinblick auf den Sitz und die Natur der Lehrautorität. Der wahre Grund, weshalb Sie keine Gemeinschaft mit uns haben können, ist nach meiner Wahrnehmung nicht Ihre Ablehnung dieser oder jener protestantischen Lehre, sondern vielmehr das Fehlen jeder wirklichen «Lehre» überhaupt in Ihrem Sinn des Wortes. Es kommt Ihnen so vor, als würde man jemanden nicht bitten, einem Redner zuzustimmen, sondern einem Debattierclub. Und der wahre Grund, warum ich mit Ihnen keine Gemeinschaft haben kann, ist nicht meine Ablehnung dieser oder jener katholischen Lehre, sondern dass die Anerkennung Ihrer Kirche bedeutet, nicht nur diesen oder jenen Bestand an Lehren anzuerkennen, sondern im voraus jede Lehre, die Ihre Kirche in Zukunft hervorbringen wird. Es ist, als würde man aufgefordert, nicht nur dem zuzustimmen, was eine Person gesagt hat, sondern auch dem, was sie noch sagen wird.

Für Sie ist die wahre Sünde des Protestantismus ein strukturloses Treiben, welches unfähig ist, die katholischen Wahrheiten festzuhalten, sie eine nach der anderen verliert und in einem «Modernismus» endet, der mit keiner tolerablen Dehnung des Wortes noch als christlich bezeichnet werden kann. Für uns ist der Schrecken Roms die Leichtfertigkeit (wie wir es sehen), mit der dort das *depositum fidei*[197] erweitert wurde – die tropische Fruchtbarkeit, die

Vermehrung der *credenda*[198]. Ihnen scheint, der Glaube versiege im Protestantismus in einer Wüste: uns scheint, der Glaube ersticke in Rom in einem Dschungel.

Ich sehe keinen Weg, diesen Abgrund zu überbrücken. Ich betrachte es aber auch nicht als die Aufgabe eines Laien, über ihm stehenden Leuten Ratschläge zu erteilen. Meine einzige Aufgabe als christlicher Autor ist es, das «Christentum schlechthin»[199] zu predigen, und zwar nicht *ad clerum*, sondern *ad populum*[200]. Aller Erfolg, der mir beschieden war, beruht auf einer strikten Einhaltung dieser Grenze. Würde ich etwas anderes versuchen, so würde ich den Reihen der Kontroverstheologen lediglich einen weiteren (äußerst schlecht qualifizierten) Rekruten hinzufügen. Von da an wäre ich für niemanden mehr von Nutzen.

Ich habe allerdings eine sehr klare Vorahnung, was den Weg angeht, auf dem die Wiedervereinigung *nicht* kommen wird. Sie wird nicht von den Rändern her erfolgen. «Liberale» Katholiken und «hohe» Anglikaner werden es nicht sein, die sich als Erste treffen. Denn erstaunlicherweise nimmt man den Unterschied zur anderen Gemeinschaft umso weniger wahr, je mehr man sich dem Kern der eigenen Gemeinschaft nähert.

Bitte missverstehen Sie mich an dieser Stelle nicht. Was ich zu sagen versuche, könnte man so deuten, als hätten Fragen der Lehre nach meiner Ansicht keinerlei Belang, als liege das Wesen des geistlichen Lebens entweder in den Empfindungen oder in einer «mystischen» Erfahrung, für die der Verstand einfach irrelevant ist. Ich glaube nicht, dass dem so ist. Dass das geistliche Leben den Verstand und die Moral übersteigt, darin sind wir uns vermutlich alle einig. Doch ich nehme an, dass es sie übersteigt wie Dichtung die Grammatik und sie nicht lediglich ausschließt wie Algebra die Grammatik. Ich würde einem Mystiker misstrauen, für den sie jemals schlicht irrelevant würden. Das ist nicht der Weg, auf dem die Unterschiede im Zentrum weniger bedeutsam werden. Zumindest proklamiert die Logik, dass, wenn sich zwei Personen in der Lehre widersprechen, sie zwar möglicherweise beide falsch liegen, sie aber unmöglich beide recht haben können. Und Irrtum beeinträchtigt einen immer in einem gewissen Maß.

Wenn wir also zwischen wirklich gläubigen Angehörigen unterschiedlicher Glaubensbekenntnisse eine gewisse himmlische Eintracht wahrnehmen – ein gegenseitiges Verstehen und sogar eine gewisse Kraft, sich gegenseitig zu erbauen, die beide gegenüber einem lauwarmen Mitglied der eigenen Konfession nicht besitzen –, dann müssen wir dies dem Werk Christi zuschreiben, der bei demjenigen, der sich im Irrtum befindet, die Irrtümer sterilisiert und die negativen Konsequenzen verhindert, die sie normalerweise haben würden («wenn sie tödliches Gift trinken, wird es ihnen nicht schaden»)[201] – und der anderen Seite die Augen öffnet für all jene mit den Irrtümern seines Freundes verwobenen Wahrheiten, die höchstwahrscheinlich genau die Wahrheiten sind, die er ganz besonders braucht.

II. GEISTESGESCHICHTLICHE DURCHBLICKE

1. De descriptione temporum

Indem ich von einem neugegründeten Lehrstuhl aus spreche,[202] finde ich mich von einer Verlegenheit befreit, nur um gleich in die nächste zu geraten. Ich habe zwar keine großen Vorgänger, die mich überschatten, muss aber andererseits versuchen, «die Rolle zu kreieren» (wie die Theaterleute sagen). Die Verantwortung ist groß. Misslingt mir das, so bereut die Universität möglicherweise nicht nur meine Ernennung – ein Irrtum, den im schlimmsten Fall die Zeit heilen wird –, sondern sogar die Einrichtung des Lehrstuhls selbst, was von weitaus größerem Belang wäre. Deshalb habe ich es für am besten gehalten, den Stier bei den Hörnern zu packen und diese Vorlesung darauf zu verwenden, so klar wie möglich meine Herangehensweise an meine Arbeit zu erläutern; das heißt, mein Verständnis des Auftrags, den Sie mir gegeben haben.

Was mich bei diesem Auftrag am meisten angesprochen hat, war die Kombination «Mittelalter und Renaissance». Mir schien, die Universität gebe durch diese Formulierung einem Wandel ihren offiziellen Segen, der sich in der Wahrnehmung der Geschichte während meiner eigenen Lebenszeit vollzogen hat. Er wurde von Professor Seznec in den moderaten Worten zusammengefasst: «Indem das Mittelalter und die Renaissance besser bekannt werden, verliert die traditionelle Antithese zwischen ihnen an Schärfe.»[203] Einige Forscher mögen sogar noch weiter gehen als Professor Seznec, doch ich glaube, nur wenige würden ihm heute widersprechen.

Sind wir uns dieses Wandels manchmal nicht bewusst, so nicht deshalb, weil wir ihn nicht mit vollzogen hätten, sondern weil er langsam und unmerklich vor sich ging. Wir nehmen ihn am deutlichsten wahr, wenn wir plötzlich mit der alten Sicht in ihrer vollen

Wucht konfrontiert werden. Ein gutes Experiment ist, erneut das erste Kapitel aus J.M. Berdans *Early Tudor Poetry* zu lesen.[204] Es ist in vielerlei Hinsicht immer noch ein nützliches Buch, doch es ist schwer, dieses erste Kapitel heute ohne ein Lächeln zu lesen. Wir beginnen mit neunundzwanzig Seiten (und sie beinhalten so einige historische Fehler) ungedämpfter Betrübnis über Rohheit, Aberglauben und Grausamkeit gegenüber Kindern. Und auf der 29. Seite kommt der Satz «Der erste Lichtstrahl in dieser Dunkelheit ist die kopernikanische Lehre», als würde eine neue Hypothese in der Astronomie einen Mann naturgemäß davon abhalten, seiner Tochter eins hinter die Löffel zu geben. Kein Forscher könnte heute so schreiben.

Doch das alte Bild, in weitaus gröberen Farben gezeichnet, hat unter unseren schwächeren Brüdern überlebt; wenn nicht in Cambridge (so wollen wir hoffen), so doch gewiss in jener westlichen Dunkelheit, aus der Sie mich erst kürzlich herausgerufen haben.[205] Noch im vergangenen Sommer beschrieb ein junger Gentleman, den zu prüfen ich die Ehre hatte, Thomas Wyatt als «den ersten Mann, der aus der großen, dunklen, wogenden See des Mittelalters ans Ufer geklettert kam».[206] Das war interessant, weil es zeigte, wie ein stereotypes Bild bei jemandem die gesamte eigene Erfahrung überdecken kann. Nahezu sämtliche mittelalterlichen Texte, die er laut Lehrplan hatte lesen müssen, hatten ihn tatsächlich in formale Gärten geführt, in denen jede Leidenschaft einem Zeremoniell unterworfen wird und jede Frage der Lebensführung eingebettet ist in eine komplexe und strikte Moraltheologie.

Aus der Formulierung «Mittelalter und Renaissance» meinte ich schließen zu können, die Universität unterstütze meine eigene Überzeugung, dass die Grenze zwischen diesen beiden Zeiten stark übertrieben wurde, sofern sie nicht überhaupt eine Erfindung humanistischer Propaganda war. Zum allermindesten meinte ich, jede Zunahme an Flexibilität in unserem Verständnis der Geschichte begrüßen zu können. Alle Demarkationslinien zwischen dem, was wir «Zeitalter» nennen, sollten einer permanenten Revision unterworfen werden. Könnten wir doch ganz auf sie verzichten! Wie ein großer

Historiker aus Cambridge gesagt hat: «Im Gegensatz zu Daten sind Zeitalter keine Tatsachen. Sie sind Vorstellungen, die wir im Rückblick auf vergangene Ereignisse bilden; sie helfen, die Debatte zu fokussieren, führen das historische Denken aber oft in die Irre.»[207]

Der tatsächliche Ablauf der Zeit, wie wir ihm in unserem Leben begegnen (und wir begegnen ihm im strikten Sinn nirgendwo sonst), hat keine Unterteilungen, außer vielleicht jene «gesegneten Grenzen zwischen Tag und Tag»[208], unseren Schlaf. Der Wandel ist nie vollständig, und er hört nie auf. Nichts ist ein für alle Mal vorbei; es kann jederzeit wieder neu beginnen. (Das gehört zu den Seiten des Lebens, die Richardson mit ermüdender Genauigkeit beschreibt.)[209] Und nichts ist völlig neu; es wurde immer schon irgendwie antizipiert oder vorbereitet. Eine nahtlose, formlose Kontinuität-in-Wandelbarkeit ist der eigentliche Modus unseres Lebens.

Doch unglücklicherweise können wir Historiker nicht auf Zeitalter verzichten. Wir können in der Literaturgeschichte nicht die Technik von Mrs. Woolfs *The Waves*[210] verwenden. Wir können die enorme Masse an Details nicht zusammenhalten, ohne ihr eine Art von Struktur zu geben. Noch weniger können wir ohne sie die Arbeit eines Trimesters planen oder eine Vorlesungsliste zusammenstellen. Das bringt uns zurück zu den Zeitaltern. Alle Einteilungen werden unserem Material in gewisser Weise nicht gerecht; das Beste, was wir tun können, ist, jene zu wählen, bei denen dies am wenigsten der Fall ist. Doch da wir einteilen müssen, heißt das, dass die geringere Gewichtung einer traditionellen Einteilung letztlich immer eine stärkere Gewichtung einer anderen Einteilung bedeuten wird. Und das ist das Thema, das ich diskutieren will. Wenn wir die Trennlinie nicht zwischen dem Mittelalter und der Renaissance ziehen, wo dann?

Ich stelle diese Frage im vollen Bewusstsein dessen, dass in der untersuchten Wirklichkeit keine solche Trennlinie existiert. Es gibt in der Geschichte nichts, was wirklich einer Küstenlinie oder einer Wasserscheide in der Geografie entspricht. Wenn ich dem zum Trotz immer noch meine, meine Frage sei es wert, gestellt zu werden, dann sicher nicht, weil ich für meine Antwort mehr als methodologischen Wert in Anspruch nehme, oder auch nur das. Am allerwenigsten wünsche ich mir, sie weniger als andere einer ständigen Überprüfung und schnellen Revision unterzogen zu sehen. Doch ich glaube, diese Diskussion ist so gut wie jede andere geeignet zu erklären, wie ich die Arbeit sehe, die Sie mir übertragen haben. Wenn ich damit durch bin, habe ich zumindest alle Karten auf den Tisch gelegt und Sie wissen das Schlimmste.

Der Sinn meiner Überschrift dürfte nun deutlich geworden sein. Sie ist eine Kapitelüberschrift, die ich mir von Isidore geborgt habe.[211] In diesem Kapitel bemüht sich Isidore, die ihm bekannte Geschichte in Zeitalter einzuteilen, oder, wie er es nennt, in *aetates*. Ich werde dasselbe tun. Indem ich davon ausgehe, dass wir unsere Trennlinie nicht zwischen dem Mittelalter und der Renaissance ziehen, werde ich die rivalisierenden Ansprüche einiger anderer Einteilungen diskutieren, die vorgeschlagen wurden oder vorgeschlagen werden könnten.

Zunächst jedoch ein Wort der Warnung. Ich habe nicht vor, auch nur im allerkleinsten Maßstab Professor Toynbee oder Spengler[212] nachzueifern. Bezüglich dessen, was man «die Philosophie der Geschichte» nennen könnte, bin ich ein hoffnungsloser Skeptiker.[213] Ich weiß nichts über die Zukunft, noch nicht einmal, ob es überhaupt eine Zukunft geben wird. Ich weiß nicht, ob die vergangene Geschichte notwendig oder kontingent war. Ich weiß nicht, ob die menschliche Tragikomödie sich gerade in Akt I oder Akt V befindet, ob unsere gegenwärtigen Krankheiten solche der Kindheit oder des hohen Alters sind. Ich werde lediglich diskutieren, wie wir jene Fakten arrangieren oder schematisieren sollten – lächerlich wenige im Vergleich mit der Gesamtheit –, die uns (oft rein zufällig) aus der Vergangenheit erhalten geblieben sind. Ich bin nicht so sehr wie ein Botaniker in einem Wald als wie eine Frau, die ein paar Schnittblumen für das Wohnzimmer arrangiert. Eben dies tun in gewissem Maß alle großen Historiker. Wir können den wahren Wald der Vergangenheit nicht betreten; das ist es, was das Wort *vergangen* bedeutet.

Die erste Einteilung, die sich uns quasi von selbst aufdrängt, ist jene zwischen der Antike und dem Frühmittelalter – der Untergang des Römischen Reiches, die Völkerwanderung, die Christianisierung Europas.[214]

Und natürlich wird keine mögliche Revolution im historischen Denken hierin weniger als einen massiven Wandel erblicken. Glauben Sie nicht, ich würde diesen Wandel für gering erachten. Doch ich muss darauf hinweisen, dass seit den Tagen etwa Gibbons[215] drei Dinge passiert sind, die ihn für uns eine Spur weniger katastrophal machen, als er für ihn war.

1. Der teilweise Verlust des antiken Wissens und seine Wiedergewinnung in der Renaissance waren für ihn einmalige Ereignisse. Die Geschichte bot ihm keine Rivalen für einen solchen Tod und eine solche Wiedergeburt. Doch wir haben inzwischen den zweiten Tod des antiken Wissens erlebt. In unserer Zeit ist das, was einst der Besitz aller gebildeten Menschen war, zusammengeschrumpft zur technischen Fertigkeit einiger weniger Spezialisten. Sagen wir, dies sei kein völliger Verlust, so lässt sich darauf erwidern, dass es im Frühmittelalter ebenfalls keinen völligen Verlust gab. Es ließe sich sogar argumentieren, dass das Latein, das im Frühmittelalter als Sprache überlebte und die Wissenszweige Recht und Rhetorik bewahrte, in jener Zeit einigen Teilen des klassischen Erbes einen weitaus lebendigeren und ganzheitlicheren Status gab, als die akademischen Studien der Spezialisten dies zu unserer Zeit für sich reklamieren können. Und was das Gebiet und das *Tempo* dieser beiden Tode angeht: würde man nach einer Person Ausschau halten, die Virgil nicht lesen kann, obwohl ihr Vater es konnte, so würde man sie leichter im zwanzigsten Jahrhundert finden als im fünften.

2. Gibbon wäre der literarische Wandel von Virgil zu «Beowulf» oder dem «Hildebrandslied»[216], sollte er sie gelesen haben, größer erschienen, als er uns heute erscheinen kann. Wir können heute in aller Klarheit sehen, dass diese barbarischen Dichter nicht wirklich

eine mit *The Waste Land* oder Mr. Jones' *Anathémata*[217] vergleichbare Neuheit waren. Sie waren eher eine unbewusste Rückkehr zum Geist der frühesten klassischen Dichtung. Die Zuhörer Homers und die Zuhörer des *Hildebrand* hätten nach dem Erlernen von Sprache und Metrum des jeweils anderen dessen Dichtung vollkommen verständlich gefunden. Nichts Neues war in die Welt gekommen.

3. Die Christianisierung Europas erschien all unseren Vorfahren, ob sie sie als Christen begrüßten oder als humanistische Ungläubige missbilligten, als ein einmaliges, unumkehrbares Ereignis. Doch wir haben den gegenteiligen Prozess erlebt. Die Entchristlichung Europas in unserer Zeit ist natürlich nicht vollständig, aber das war ihre Christianisierung im Frühmittelalter auch nicht. Doch im Großen und Ganzen können wir sagen, dass, während die gesamte Geschichte für unsere Vorfahren in zwei Zeitalter zerfiel, das vorchristliche und das christliche, es für uns in drei Zeitalter zerfällt – das vorchristliche, das christliche und das, was man wohl am besten das post-christliche Zeitalter nennen würde. Das macht natürlich einen gewaltigen Unterschied.

Ich will hier weder die Christianisierung noch die Entchristlichung aus theologischer Perspektive erörtern. Ich erörtere sie lediglich als kulturelle Veränderungen.[218] Wenn ich dies tue, dann erscheint mir der zweite Wandel sogar als noch radikaler als der erste. Christen und Heiden hatten viel mehr gemeinsam, als jeder von ihnen mit einem Post-Christen gemeinsam hat.[219] Der Graben zwischen jenen, die unterschiedliche Götter verehren, ist nicht so groß wie zwischen jenen, die verehren, und jenen, die es nicht tun.

Das heidnische und das christliche Zeitalter sind beides Zeitalter dessen, was Pausanias das «δρώμενον»[220] genannt hat, das heißt, Zeiten der externalisierten und gelebten Idee: des Opfers, der Spiele, des Triumphzugs, des rituellen Dramas, der Messe, des Turniers, des Maskenspiels, des Festumzugs und des Epithalamiums[221], und mit ihnen von rituellen und symbolischen Kostümen, *Toga* und Latiklave[222], Olivenzweigen[223], Königskrone, Diadem, richterlichen Roben, Spornen der Ritter, Wappenröcken der Boten, Waffenröcken, priesterlichen Gewändern und religiösen Gebräuchen – für jeden Stand, jedes Gewerbe und jede Gelegenheit ein sichtbares Zeichen. Doch auch wenn ich mich hiervon abwende und auf die Gemütsverfassung der Leute schaue, sehe ich anscheinend das Gleiche. Der Graben zwischen Professor Ryle und Thomas Browne ist doch gewiss um einiges größer als jener zwischen Gregor dem Großen und Virgil?[224] Gewiss stehen Seneca und Dr. Johnson einander näher als Burton und Freud?[225]

Sie sehen bereits, entlang welcher Linien sich mein Denken bewegt, und tatsächlich habe ich nicht vor, eine Überraschung für das Ende meiner Vorlesung zurückzuhalten. Wenn ich es gewagt habe, unsere Sicht des Übergangs von «der Antike» zu «dem Frühmittelalter» ein wenig zu modifizieren, dann nur deshalb, weil ich glaube, dass wir seitdem einen noch tiefgreifenderen Wandel erlebt haben.

Die nächste Grenze, die (allerdings erst vor kurzem) gezogen wurde, ist jene zwischen dem Frühmittelalter und dem Mittelalter. Wir setzen sie irgendwo im frühen 12. Jahrhundert an.

Im Bereich der Religion kann es diese Grenze gewiss nicht mit ihrer Vorgängerin aufnehmen, noch kann sie eine solch extreme Umverteilung ganzer Völker für sich in Anspruch nehmen. Diesen Mangel gleicht sie jedoch beinahe auf andere Weise wieder aus. Der Wandel von der Antike zum Frühmittelalter bestand letztlich vor allem aus Verlusten. Aber nicht nur. Das Frühmittelalter war nicht so völlig ohne Fortschritte, wie wir manchmal meinen. Es erlebte den Triumph des *codex* oder aufklappbaren Buches über die Rolle oder das *volumen*[226] – eine technische Verbesserung, die für die Geschichte des Wissens nahezu ebenso bedeutsam war wie die Erfindung des Buchdrucks. Die gesamte exakte Forschung hängt an ihm. Und wenn – hier spreche ich unter Vorbehalt – es auch den Steigbügel hervorbrachte, so tat es etwas, das für die Kriegskunst nahezu ebenso bedeutsam war wie die Erfindung des Panzers. Doch im Allgemeinen war es eine Zeit des Rückgangs: schlechtere Häuser, schlechtere Entwässerung, weniger Bäder, schlechtere Straßen, weniger Sicherheit. (Wir bemerken bei *Beowulf*, dass von einem alten Schwert erwartet wird, es sei besser als ein neues.)

Mit dem Mittelalter erreichen wir eine Zeit umfassender und brillanter Verbesserungen. Das Werk des Aristoteles wird wiederentdeckt. Seine schnelle Aneignung durch Albertus Magnus und Thomas von Aquin eröffnet eine neue Gedankenwelt. In der Architektur ebnen neue Lösungen für technische Probleme den Weg für neue ästhetische Wirkungen. In der Literatur machen die alten alliterativen und auf Assonanz aufbauenden Versmaße Platz für jene gereimte und syllabische Versform, die auf Jahrhunderte hinaus die Hauptlast europäischer Dichtung tragen wird. Zur gleichen Zeit erkunden die Dichter einen völlig neuen Bereich des Empfindens. Ich bin so weit davon entfernt, diese spezielle Revolution zu unterschätzen, dass man mir in der Vergangenheit vorgeworfen hat, sie zu übertreiben.

Doch «groß» und «klein» sind Vergleichsbegriffe. Ich würde diesen Wandel in der Literatur für den größten halten, wenn ich nicht einen noch größeren kennen würde. Mir scheint, das Werk der Minnesänger und Chrétiens war nicht wirklich eine so große Neuheit wie die Dichtung des 20. Jahrhunderts. Ein Mann, der mit dem *Rolandslied* groß geworden ist, mag sich über den *Lancelot* gewundert haben.[227] Er hätte sich gefragt, warum der Autor so viel Zeit auf die Gefühle verwendet und so (vergleichsweise) wenig Zeit auf die Taten. Doch er würde wissen, dass es dies ist, was der Autor getan hat. Er würde in einem entscheidenden Sinn wissen, wovon das Gedicht «handelt». Auch wenn er die Absicht missverstanden hätte, so hätte er doch zumindest die Wörter verstanden. Das ist der Grund, weshalb ich nicht glaube, dass der Übergang vom «Frühmittelalter» zum «Mittelalter» auf literarischer Ebene mit dem Wandel mithalten kann, der sich während meiner eigenen Lebenszeit ereignet hat. Und im Bereich der Religion gibt es noch nicht einmal den Ansatz eines Vergleichs.

Es bleibt eine dritte mögliche Grenze zu diskutieren. Wir können unsere Grenze irgendwo gegen Ende des 17. Jahrhunderts ziehen, bei der allgemeinen Anerkennung des Kopernikanismus, der Dominanz des Descartes und (in England) der Gründung der Royal Society[228]. Ginge es mir um die Geschichte des Denkens (im engeren Sinn des Wortes), so glaube ich, ich würde sie hier ziehen. Doch wenn wir die Geschichte unserer Kultur im Ganzen betrachten, dann ist das eine andere Sache. Gewiss, die Naturwissenschaften begannen, auf einem sichereren und schnelleren Pfad voranzuschreiten. Auf diesen Fortschritt können nahezu alle späteren und (nach meiner Wahrnehmung) weiter reichenden Veränderungen zurückgeführt werden. Doch die Folgen kamen erst mit Verzögerung. Die Naturwissenschaften blieben lange wie ein Löwenbaby, dessen Herumtollen seinen Herrn privat entzückte, das aber noch nicht das Blut des Menschen geleckt hatte. Durch das gesamte 18. Jahrhundert hindurch blieb die Färbung des öffentlichen Bewusstseins eher ethisch, rhetorisch und juristisch als naturwissenschaftlich, so dass Johnson zutreffend sagen konnte: «[D]as Wissen über die externe Natur und die Wissenschaften, die dieses Wissen erfordern oder beinhalten, sind kein großes oder häufiges Geschäft für den menschlichen Geist.»[229]

Es ist leicht zu sehen, warum. Die Wissenschaft war noch nicht das Geschäft des Menschen, weil der Mensch noch nicht das Geschäft der Wissenschaft geworden war. Sie beschäftigte sich hauptsächlich mit dem Unbelebten, und sie warf wenige technische Nebenprodukte ab. Wenn Watt seine Dampfmaschine baut, wenn Darwin beginnt, sich an der Abstammung des Menschen zu schaffen zu machen,[230] Freud an seiner Seele und die Ökonomen an seinem gesamten Besitz, dann wird der Löwe in der Tat seinem Käfig entkommen sein. Seine freigesetzte Präsenz in unserer Mitte wird zu einem der wichtigsten Faktoren im täglichen Leben aller. Aber jetzt noch nicht, noch nicht im 17. Jahrhundert.

Es sind diese Gedankenschritte, die mich dazu gebracht haben, von allen Einschnitten in der Geschichte des Abendlandes jenen am größten zu halten, der die Gegenwart in etwa vom Zeitalter Jane Austens und Scotts[231] trennt. Die Datierung solcher Dinge muss natürlich eher vage und ungenau bleiben. Keiner könnte auf ein Jahr oder ein Jahrzehnt verweisen, in dem der Wandel unzweifelhaft begann, und er hat vermutlich noch nicht einmal seinen Höhepunkt erreicht. Doch irgendwo zwischen uns und den Waverley-Romanen, zwischen uns und *Persuasion*, verläuft die Kluft.[232]

Sobald ich zu diesem Ergebnis gekommen war, habe ich mich natürlich gefragt, ob es nicht eine Täuschung der Perspektive sein könnte. Die Entfernung zwischen dem Telegrafenmast, den ich berühre, und dem nächsten Telegrafenmast erscheint größer als die Summe der Entfernungen zwischen allen anderen Masten. Könnte dies nicht eine Täuschung der gleichen Art sein? Wir können die Zeitalter nicht abschreiten, wie wir die Masten abschreiten können. Ich kann Ihnen nur die Gründe darlegen, die mich nach wiederholtem Überdenken genötigt haben, bei meiner Schlussfolgerung zu bleiben.

1. Ich beginne mit dem, was ich für den schwächsten Grund halte: mit dem Wandel, der sich zwischen der Zeit Scotts und unserer Zeit im Bereich der politischen Ordnung vollzogen hat. Dieser Wandel ist möglicherweise geringer als der zwischen der Antike und dem Frühmittelalter. Doch er ist erheblich, und ich glaube, er erstreckt sich über alle Nationen, über jene, die wir Demokratien nennen, ebenso wie über die Diktaturen. Wollte ich die gegenwärtige politische Ordnung karikieren, so würde ich mir jenen Namen ausborgen, den *Punch*[233] im 1. Weltkrieg erfunden hat: *Govertisement*. Das ist eine Wortkreuzung und meint «Regieren durch Propaganda».[234] Doch mein Ziel ist nicht Satire; ich versuche, objektiv zu sein.

Der Wandel besteht hierin: In allen mir bekannten vorherigen Zeiten bestand, außer in seltenen und kurzen Zwischenintervallen, das hauptsächliche Ziel der Herrschenden darin, ihre Untergebenen still zu halten, allgemeine Aufregung zu verhindern oder zu unterdrücken und die Leute dazu zu bringen, in Ruhe ihren verschiedenen Geschäften nachzugehen. Und im Großen und Ganzen stimmten ihre Untergebenen ihnen hierin zu. Sie beteten sogar darum (in Worten, die seltsam altmodisch klingen), «in aller Frömmigkeit und Rechtschaffenheit ungestört und ruhig leben» (1Tim 2,2) und «ihre Zeit in Ruhe und Frieden verbringen»[235] zu können.

Doch nun scheint die Organisation der Aufregung der Massen nahezu das normale Mittel politischer Machtausübung zu sein. Wir leben in einer Zeit der «Appelle», «Werbefeldzüge» und «Kampagnen». Unsere Herrscher sind zu so etwas wie Schuldirektoren geworden und verlangen stets «Eifer». Und Sie werden bemerkt haben, dass ich mich eines leichten Archaismus schuldig gemacht habe, indem ich sie «Herrscher» genannt habe. «Anführer» ist das moderne Wort. Ich habe anderswo nahegelegt, dass dies ein höchst bedeutsamer Wandel im Vokabular ist.[236] Und unsere Ansprüche an sie haben sich nicht weniger verändert als ihre Ansprüche an uns. Von einem Herrscher verlangt man Gerechtigkeit, Unbestechlichkeit, Gewissenhaftigkeit und vielleicht auch Milde; von einem Anführer Elan, Initiative und (wie ich vermute) das, was man «Anziehungskraft» oder «Persönlichkeit» nennt.

Auf politischer Ebene hat die von mir vorgeschlagene Grenze somit respektable, aber keineswegs zwingende Gründe auf ihrer Seite.

2. In der Kunst überragt sie jeden möglichen Rivalen. Ich glaube nicht, dass irgendeine vorherige Zeit Werke hervorgebracht hat, die in ihrer eigenen Zeit so erschütternd und verblüffend neu waren wie in unserer die Werke der Kubisten, Dadaisten, Surrealisten oder Picassos. Und ich bin mir sehr sicher, dass dies für die Form der Kunst zutrifft, die ich am meisten liebe, für die Dichtkunst.

Die Frage wurde oft recht hitzig diskutiert, doch ich glaube, diese Hitze hatte ihren Grund in dem (nicht immer unbegründeten) Verdacht, dass jene, die die beispiellose Neuheit moderner Dichtung betonten, die Absicht hatten, sie dadurch zu diskreditieren. Doch nichts läge mir ferner, als irgendein Werturteil zu fällen, ob nun positiv oder negativ. Und sollte es uns einmal gelingen, diese Frage der Kritik beiseite zu lassen und uns auf die historischen Fakten zu konzentrieren, so sehe ich nicht, wie irgendjemand bezweifeln könnte, dass die moderne Dichtung nicht nur eine größere Neuheit ist als jede andere «neue Dichtung» zuvor, sondern neu in einer neuen Weise, nahezu in einer neuen Dimension.

Es ist falsch, zu behaupten, jede neue Dichtung sei einst ebenso schwierig gewesen wie die unsrige; dass irgendeine es mal war, ist eine Äquivokation.[237] Manche frühere Dichtung war schwierig, aber nicht in der gleichen Weise wie heute. Alexandrinische Dichtung[238] war schwierig, weil sie einen gebildeten Leser voraussetzte; erwarb man diese Bildung, so fand man die Antworten zu den Rätseln. Skaldische Dichtung war unverständlich, wenn man die *Kenningar*[239] nicht kannte, aber verständlich, wenn dies der Fall war. Und – dies ist der eigentliche Punkt – alle alexandrinischen Gebildeten und alle Skalden wären sich in den Antworten einig gewesen. Ich glaube, das Gleiche gilt auch für Donnes dunkle Einfälle; es gab eine korrekte Interpretation und Donne hätte sie uns sagen können. Natürlich ist es möglich, misszuverstehen, worauf Wordsworth mit seinen *Lyrischen Balladen* «hinauswollte»; doch jeder verstand, was er sagte.[240]

Ich sehe hier nicht die geringste Parallele zu dem Stand der Dinge, der sich jüngst bei einem Symposium über Mr. Eliots «Cooking Egg» enthüllt hat.[241] Hier sehen wir sieben Erwachsene (zwei von ihnen Cambridge-Leute), die ihr Leben ausdrücklich dem Studium der Dichtung gewidmet haben, ein äußerst kurzes Gedicht diskutieren, das seit mehr als dreißig Jahren öffentlich zugänglich ist, und unter ihnen besteht nicht die geringste Einigkeit, was es in irgendeinem Sinn des Wortes bedeutet.

Mir geht es nicht im Geringsten darum, zu entscheiden, ob dieser Stand der Dinge eine gute oder eine schlechte Sache ist.[242] Ich will nur darauf hinweisen, dass dies eine neue Angelegenheit ist. In der gesamten Geschichte des Abendlandes, von Homer an – ich würde sogar sagen nahezu vom «Gilgamesch-Epos»[243] an –, hat es in der Entwicklung der Dichtung keinen Knick oder Bruch gegeben, der dem vergleichbar wäre. Auf dieser Skala hat meine vorgeschlagene Einteilung keinen Rivalen zu fürchten.

3. Drittens gibt es den großen religiösen Wandel, den ich bereits erwähnt habe: die Entchristlichung. Natürlich gab es zur Zeit Jane Austens und auch bereits davor viele Skeptiker, so wie es auch heute

viele Christen gibt. Doch die Grundsituation hat sich verändert. Zu ihrer Zeit waren eine Weise und ein Maß an Glauben und religiöser Praxis die Norm, jetzt sind sie die Ausnahme (auch wenn ich gerne glaube, dass sich sowohl die Weise als auch das Maß verbessert haben).

Ich habe bereits begründet, weshalb dieser Wandel nach meiner Ansicht jenen Wandel übertrifft, den Europa bei seiner Christianisierung erlebt hat. Es fällt nicht leicht, mit jenen Jeremiaden[244] in der Presse oder von der Kanzel Geduld zu haben, die uns davor warnen, wir würden «ins Heidentum zurückfallen». Es wäre eher lustig, wenn wir das täten. Es wäre nett, zu sehen, wie ein zukünftiger Premierminister versucht, in Westminster Hall einen riesigen milchweißen Bullen zu töten.[245] Das werden wir aber nicht.

Was hinter solchen nutzlosen Prophezeiungen steckt (sollten sie mehr sein als ein nachlässiger Sprachgebrauch), ist die irrige Annahme, der historische Prozess erlaube eine bloße Umkehr; es ist der Gedanke, Europa könne das Christentum «durch die gleiche Tür verlassen, durch die es eingetreten ist» und würde sich wieder dort befinden, wo es vorher war. Das ist es aber nicht, was geschieht. Ein post-christlicher Mensch ist kein Heide; man könnte genauso gut glauben, eine verheiratete Frau gewinne durch Scheidung ihre Jungfräulichkeit zurück. Der Post-Christ ist von der christlichen Vergangenheit abgeschnitten und dadurch doppelt von der heidnischen Vergangenheit.[246]

4. Als Letztes spiele ich meine Trumpfkarte. Zwischen Jane Austen und uns, aber nicht zwischen ihr und Shakespeare, Chaucer, Alfred, Virgil, Homer oder den Pharaonen erfolgt die Geburt der Maschinen. Dies hebt uns sogleich auf eine Ebene des Wandels, die bei weitem alles übersteigt, worüber wir bisher gesprochen haben. Dieser Wandel ist parallel zu jenen großen Veränderungen, durch die wir verschiedene Epochen der Vorgeschichte gegeneinander abgrenzen. Er ist auf einer Ebene mit dem Wandel von der Steinzeit zur Bronzezeit, von einer Hirten- zu einer Agrarwirtschaft. Er verändert den Platz des Menschen in der Natur.

Das Thema wurde gefeiert, bis wir es alle satthatten, weshalb ich nichts über seine wirtschaftlichen und sozialen Folgen sagen werde, so unermesslich sie auch waren. Was uns mehr beschäftigt, sind seine psychologischen Auswirkungen. Wie kam es dazu, dass wir für das, was andere Zeiten «Beständigkeit» genannt hätten, das höchst emotionale Wort «Stagnation» benutzen, mit all seinen übelriechenden und malariaverseuchten Obertönen? Warum suggeriert das Wort «ursprünglich» (engl. «primitive») uns sogleich Schwerfälligkeit, Ineffektivität und Barbarei? Sprachen unsere Vorfahren über die Urkirche oder die ursprüngliche Reinheit unserer Verfassung, so meinten sie nichts dergleichen. (Der einzige negative Sinn, den Johnson in seinem Wörterbuch dem Wort *Primitive* gibt, lautet bezeichnenderweise: «Förmlich; gekünstelt feierlich; den vermuteten Ernst alter Zeiten nachahmend».) Warum meint «das Letzte» in der Werbung stets «das Beste»?

Wir müssen wohl zugeben, dass diese semantischen Entwicklungen etwas mit dem Glauben des 19. Jahrhunderts an einen von selbst ablaufenden Fortschritt zu tun haben, der sich seinerseits entweder Darwins Theorie der biologischen Evolution verdankt oder aber jenem evolutionistischen Mythos, der sich in Wahrheit so sehr von dieser Theorie unterscheidet (und älter ist als sie). Denn im Unterschied zur Theorie stammen die beiden großen imaginativen Äußerungen dieses Mythos – Keats' «Hyperion» und Wagners «Ring» – aus der Zeit vor Darwin.[247] Lassen wir ihnen Gerechtigkeit widerfahren. Doch ich behaupte, dass das, was diese geistige Atmosphäre dem menschlichen Bewusstsein so fest eingeprägt hat, ein neues archetypisches Bild ist.

Es ist das Bild alter Maschinen, die durch neue und bessere Maschinen ersetzt werden. Denn in der Welt der Maschinen ist das Neue meistens wirklich besser und das Ursprüngliche wirklich das Schwerfälligere. Und dieses Bild, wirksam in unser aller Bewusstsein, regiert im Bewusstsein der Ungebildeten nahezu ohne jeden Rivalen. Für sie sind, nach ihrer Hochzeit und der Geburt ihrer Kinder, die wirklichen Meilensteine ihres Lebens technische Verbesserungen. Vom alten Fahrrad zum Motorrad und von dort zum kleinen Wagen; vom Grammophon zum Radio und vom Radio zum Fernseher; vom Kohlenherd zum elektrischen Ofen; dies sind die wahren Stadien ihrer Pilgerschaft.

Doch ob aus diesem Grund oder einem anderen, die Haltung dem Leben gegenüber, die diese Fußspuren in unserer Sprache hinterlassen hat, unterscheidet uns ganz gewiss am schärfsten von unseren Vorfahren, und ihre Abwesenheit wäre das, was uns am fremdartigsten vorkommen würde, wenn wir in ihre Welt zurückkehren könnten. Könnten unsere Vorfahren die unsrige besuchen, so würde sie umgekehrt unsere Überzeugung äußerst schockieren und verwundern, alles sei provisorisch und werde schnell überholt sein – dass das Hauptgeschäft unseres Lebens das Erlangen von Gütern ist, die wir noch nie hatten, und nicht die Verteidigung und Erhaltung jener Dinge, die wir bereits haben.

Ich beanspruche somit für die von mir vorgenommene Einteilung der Zeiten, dass sie im ersten Bereich durchaus mithalten kann, im zweiten und dritten die anderen höchstwahrscheinlich übertrifft und sie im vierten ohne jeden Zweifel hinter sich lässt. Ich schließe daraus, dass dies tatsächlich der größte Wandel in der Geschichte der abendländischen Menschheit ist.

Zumindest bestimmt diese Überzeugung die gesamte Herangehensweise an meine Arbeit auf diesem Lehrstuhl. Ich bereite damit nicht im vorhinein eine Entschuldigung vor, für den Fall, dass ich mich später selbst dabei ertappen sollte, Vorlesungen über das *Gilgamesch-Epos* oder die Waverley-Romane zu halten. Schon das Feld «Mittelalter und Renaissance» übersteigt meine Kräfte. Doch Sie sehen, warum der abgesteckte Bereich mir als ein Muster von etwas weitaus Größerem erscheinen muss, von etwas, das bereits begonnen hatte, als die *Ilias*[248] entstand, und das immer noch kaum beeinträchtigt war, als die Schlacht von Waterloo ausgetragen wurde.

Natürlich gibt es innerhalb dieser riesigen Periode jede Menge Unterschiede. Es gibt zwischen der Zeit, mit der ich mich zu befassen habe, und anderen Zeiten viele zweckdienliche Unterschiede; es gibt wichtige Unterschiede innerhalb der gewählten Zeitperiode. Und doch – all dem zum Trotz – offenbart dieses ganze Etwas von seinen griechischen oder vorgriechischen Anfängen bis vorgestern aus der heutigen großen Distanz eine Einheit, die gewiss von Belang ist, und wahrscheinlich von größerem Belang als seine inneren Unterschiede. Das ist der Grund, weshalb ich nicht in der Lage sein werde, zu Ihnen über meinen speziellen Bereich zu sprechen, ohne mich permanent mit Dingen zu befassen, die weder im Mittelalter begannen noch mit dem Ende der Renaissance aufhörten.

Auf diese Weise werde ich genötigt sein, Ihnen eine Menge von dem zu präsentieren, was man nur die alte europäische oder alte abendländische Kultur nennen kann. Wenn Sie vor einer Zuhörerschaft von Marsianern eine Vorlesung über Warwickshire halten müssten (nichts für ungut: Marsianer können sehr nette Leute sein), könnten Sie getreu alle *Daten* aus dem Bereich dieser Grafschaft wählen; doch viel von dem, was Sie ihnen berichten würden, wäre keine spezielle Kunde über Warwickshire, sondern «allgemein irdische» Kunde.

Die Aussicht, in solch stockender Weise, wie es mir möglich ist, ein Sprecher der alten abendländischen Kultur zu werden, erschreckt mich. Es mag auch Sie erschrecken. Ich will mit einer Versicherung und einer Behauptung schließen.

Zunächst zu meiner Versicherung. Ich denke, Sie müssen nicht befürchten, dass das Studium einer vergangenen Zeit, wie anhaltend und wohlwollend es auch sein mag, ein Schwelgen in Nostalgie und eine Versklavung an die Vergangenheit bedeuten muss. Im Leben des Einzelnen, so haben uns die Psychologen gelehrt, ist es nicht die erinnerte, sondern die vergessene Vergangenheit, die uns versklavt. Ich glaube, das Gleiche gilt auch für die Gesellschaft. Die Vergangenheit zu studieren befreit uns tatsächlich von der Gegenwart, von den Idolen unseres eigenen Marktplatzes.

Und ich glaube, es befreit uns auch von der Vergangenheit. Ich denke, keine Klasse von Menschen ist der Vergangenheit weniger versklavt als die der Historiker. Die Unhistorischen sind, ohne es zu wissen, für gewöhnlich Sklaven einer ziemlich frischen Vergangenheit. Dante[249] hatte Virgil im Original gelesen. Einige andere mittelalterliche Autoren[250] entwickelten die Legende von Virgil als einem großen Magier. Es war die jüngere Vergangenheit, die ganze Geisteshaltung, die sich während einiger weniger Jahrhunderte zuvor entwickelt hatte, die sie dazu getrieben hatte. Dante war freier, er wusste auch mehr über die Vergangenheit.

Und Sie werden nicht freier, wenn Sie anfangen, die alte abendländische Kultur ebenso schnell und grundsätzlich zu missdeuten, wie diese Leute des Mittelalters die klassische Antike missdeuteten, oder sogar so wie die Romantiker das Mittelalter.[251] Eine solche Missdeutung hat bereits begonnen. Ihrem Wachstum Einhalt zu gebieten, solange das noch möglich ist, ist sicherlich eine angemessene Aufgabe für eine Universität.

Und nun zu der Behauptung, die vielleicht arrogant klingen mag, von der ich aber hoffe, dass sie es nicht ist. Ich habe gesagt, der enorme Wandel, der Sie vom alten Abendland trennt, habe sich graduell vollzogen und sei auch heute noch nicht abgeschlossen. So weit die Kluft auch ist, jene, die ihre Heimat auf den verschiedenen Seiten haben, können sich immer noch begegnen; sie begegnen sich in diesem Raum. Das ist in Zeiten großer Veränderungen völlig normal. Die Korrespondenz zwischen Henry More[252] und Descartes ist ein amüsantes Beispiel; man könnte meinen, die beiden Männer schrieben in verschiedenen Jahrhunderten.

Und nun kommt der entscheidende Punkt. Ich selber gehöre weit mehr zu dieser alten abendländischen Ordnung als zu Ihrer. Ich behaupte, dies ist, auch wenn es mich in einer bestimmten Hinsicht für meine Aufgabe disqualifiziert, in anderer Hinsicht eine Qualifikation. Die Disqualifikation ist offensichtlich. Sie wollen nicht von einem Neandertaler über Neandertaler unterrichtet werden, und noch weniger von einem Dinosaurier über Dinosaurier. Und doch, ist das die ganze Geschichte? Würde ein lebender Dinosaurier seine langsame Länge ins Labor ziehen,[253] blickten wir nicht alle zurück, während wir fliehen? Was für eine Gelegenheit, herauszufinden, wie er sich wirklich bewegte und wie er roch und welche Geräusche er von sich gab! Und könnte der Neandertaler sprechen, würden wir, auch wenn seine Vortragsweise sicherlich zu wünschen übrig ließe, nicht höchstwahrscheinlich einige Dinge von ihm erfahren, die uns der moderne Anthropologe nie hätte sagen können? Er würde sie uns mitteilen, ohne es zu wissen. Eines weiß ich ganz gewiss: Ich würde einiges dafür geben, irgendeinen (selbst einen dummen) alten Athener über die griechische Tragödie sprechen zu hören. Er würde so vieles instinktiv wissen, wonach wir vergebens suchen. In jedem Augenblick könnte, ohne dass er es wüsste, ein zufälliger Ausdruck uns zeigen, wo die Wissenschaft seit Jahren auf der falschen Spur ist.

Meine Damen und Herren, ich stehe in etwa so vor Ihnen, wie der Athener vor Ihnen stehen würde. Ich lese als Eingeborener Texte, die Sie als Fremde lesen müssen. Sie sehen, warum diese Behauptung nicht wirklich arrogant ist; wer kann stolz darauf sein, seine Muttersprache fließend zu sprechen oder sich in seinem Elternhaus auszukennen? Es ist meine feste Überzeugung: Um die alte abendländische Literatur richtig lesen zu können, müssen Sie die meisten Reaktionen unterdrücken und die meisten Angewohnheiten ablegen, die Sie sich beim Lesen moderner Literatur angeeignet haben. Und da dies ein Urteil eines Eingeborenen ist, behaupte ich, dass selbst dann, wenn die Verteidigung dieser meiner Überzeugung schwach sein sollte, die Tatsache meiner Überzeugung ein historisches *Datum* ist, dem Sie größte Bedeutung beimessen müssen. Auf diese Weise mag ich selbst dort, wo ich als Kritiker scheitern sollte, immer noch als ein Anschauungsexemplar von Nutzen sein. Ich würde sogar wagen, noch weiter zu gehen. Indem ich für alle Vertreter des alten Abendlandes spreche, die Sie möglicherweise treffen werden, sage ich: Gebrauchen Sie Ihre Exemplare gut, solange Sie es können. Es wird nicht mehr viele Dinosaurier geben.

2. Die Erscheinungen retten

Ich gehe nicht um mit Dingen, die mir
zu wunderbar und zu hoch sind.
Psalm 131

Eine Beschreibung des Weltbildes, wie es für gewöhnlich in der mittelalterlichen Literatur vorausgesetzt wird, ist nicht dasselbe wie eine allgemeine Geschichte mittelalterlicher Wissenschaft und Philosophie.

Das Mittelalter war wie die meisten Zeiten reich an Veränderungen und Auseinandersetzungen. Denkrichtungen kamen auf, vertraten ihre Ansichten und verschwanden wieder. Meine Darstellung dessen, was ich das mittelalterliche Modell oder Weltbild nenne, ignoriert all dies; sie ignoriert sogar den großen Wandel von einer vorwiegend platonischen zu einer vorwiegend aristotelischen[254] Perspektive und den direkten Konflikt zwischen Nominalisten und Realisten. Sie tut dies, weil diese Dinge, so wichtig sie auch für den Philosophiehistoriker sein mögen, kaum Auswirkungen auf der literarischen Ebene hatten. In jenen Aspekten, für die Dichter und Künstler Verwendung hatten, blieb das Weltbild unverändert.

Der Leser wird auch feststellen, dass ich Elemente jenes Weltbildes, das ich das «mittelalterliche» nenne, durch Autoren illustriere, die nach dem Ende des Mittelalters schrieben, durch Spenser, Donne oder Milton. Ich tue dies, weil das alte Modell ihrem Werk in vielerlei Hinsicht weiter unterliegt. Es wurde nicht vor dem Ende des 17. Jahrhunderts komplett und mit Überzeugung abgelegt.

In jedem Zeitalter trägt das Weltbild, das von den großen Denkern anerkannt wird, zu dem bei, was wir den (Bühnen-)Hintergrund für die Künste nennen können. Aber dieser Hintergrund ist höchst selektiv. Er übernimmt aus dem gesamten Weltbild nur das, was für einen Laien verständlich ist und die Imagination und die Emotionen anspricht. Deshalb enthält unser eigener Hintergrund viel Freud und wenig Einstein. Der mittelalterliche Hintergrund beinhaltet die Ordnung und die Einflüsse der Planeten, aber nicht viel über Epizykel und Exzenter.[255] Auch reagiert dieser Hintergrund oft nicht allzu schnell auf große Veränderungen auf wissenschaftlicher und philosophischer Ebene.

Außerdem, und abgesehen von den tatsächlichen Auslassungen in der Hintergrundversion des Weltbildes, gibt es für gewöhnlich einen Unterschied anderer Art. Wir können dies einen Unterschied im Status nennen. Die großen Lehrer nehmen das Weltbild nicht ganz so ernst wie der Rest von uns. Sie wissen, dass es letztlich nur ein Modell ist, das möglicherweise ersetzt werden wird.

Es ist die Aufgabe des Naturphilosophen, Theorien zu entwerfen, die «die Erscheinungen retten». Die meisten von uns werden diesem Ausdruck zum ersten Mal in *Paradise Lost* begegnet sein,[256] und die meisten von uns werden ihn vermutlich missverstanden haben. Milton übersetzt hier σώζειν τὰ φαινόμενα, was, soweit wir wissen, zum ersten Mal von Simplicius in seinem Kommentar zu Aristoteles' Schrift *De Caelo* verwendet wurde. Eine wissenschaftliche Theorie muss die Erscheinungen, mit denen sie sich befasst, in dem Sinn «retten» oder «bewahren», dass sie sie alle einbezieht, ihnen allen gerecht wird. Unsere Phänomene sind zum Beispiel leuchtende Punkte am Nachthimmel, die in Relation zueinander und gegenüber Beobachtern an einem bestimmten Ort (oder verschiedenen ausgewählten Orten) auf der Erde diese oder jene Bewegungen vollziehen. Unsere astronomische Theorie wird eine Hypothese sein, die so gestaltet ist, dass im Falle ihrer Wahrheit die von diesem Ort (oder diesen Orten) aus wahrnehmbaren Bewegungen eben jene sind, die wir tatsächlich beobachtet haben. Die Theorie wird dann die Erscheinungen «einbezogen» oder «gerettet» haben.

Würden wir von einer Theorie aber nicht mehr verlangen, so wäre Wissenschaft unmöglich, denn ein lebendiges Vorstellungsvermögen kann eine Menge unterschiedlicher Hypothesen ersinnen, die gleichermaßen die Erscheinungen retten. Wir mussten deshalb das Prinzip der Rettung der Erscheinungen um ein weiteres Prinzip erweitern – das vermutlich zum ersten Mal in aller Klarheit von Wilhelm von Ockham formuliert wurde. Gemäß diesem zweiten Prinzip müssen wir nicht jede Theorie anerkennen, die die Erscheinungen rettet, sondern (provisorisch) jene, welche dies mit den geringsten Zusatzannahmen tut. Die beiden Theorien, dass (a) die schwachen Passagen in Shakespeare alle von Bearbeitern eingefügt wurden, und (b) Shakespeare sie schrieb, als er nicht ganz in Bestform war, «retten» gleichermaßen die Erscheinungen. Doch wir wissen bereits, dass es eine solche Person wie Shakespeare gab und dass Autoren nicht immer in Bestform sind. Wenn die Literaturkritik hofft, jemals den kontinuierlichen Fortschritt der Naturwissenschaften zu erreichen, so müssen wir (provisorisch) die zweite Theorie anerkennen. Wenn wir die schlechten Passagen ohne die Annahme eines Bearbeiters erklären können, so müssen wir das tun.

Zu jeder Zeit wird es für gründliche Denker offenkundig sein, dass wissenschaftliche Theorien, zu denen man auf dem von mir beschriebenen Weg kommt, niemals Aussagen über Tatsachen sind. Dass Sterne sich in dieser oder jener Weise bewegen, oder dass Substanzen sich so oder so im Labor verhalten haben – dies sind Aussagen über Tatsachen. Die astronomische oder chemische Theorie kann niemals mehr als provisorisch sein. Sie wird aufgegeben werden müssen, wenn eine klügere Person eine Hypothese aufstellt, die die beobachteten Erscheinungen mit noch weniger Annahmen «rettet», oder wenn wir neue Phänomene entdecken, die sie überhaupt nicht erfasst.

Ich glaube, das wird heute von allen sorgfältigen Wissenschaftlern anerkannt. Es wurde von Newton anerkannt, als er (wie man mir sagte) nicht schrieb, dass sich «die Anziehungskraft umgekehrt zum Quadrat der Entfernung verändert», sondern dass «alles so geschieht, als ob» sie sich so verändern würde. Es wurde auf jeden Fall im Mittelalter anerkannt. «In der Astronomie», so sagt Thomas von Aquin, «ist die Grundlage für die Aufstellung einer Hypothese über Exzenter und Epizykel, dass bei Annahme ihrer Wahrheit (*hac positione facta*) die sinnenfälligen Erscheinungen der Himmelsbewegungen gerettet werden können. Doch dies ist kein strikter Beweis (*sufficienter probans*), denn soweit wir wissen, könnten sie auch durch eine andere Hypothese gerettet werden.»[257] Der eigentliche Grund, weshalb Kopernikus keine Welle kräuselte und Galileo einen Sturm entfachte, könnte sehr wohl darin liegen, dass, während der eine eine neue Hypothese über himmlische Bewegungen unterbreitete, der andere darauf bestand, diese Hypothese als Tatsache zu behandeln. Stimmt dies, so bestand die wirkliche Revolution nicht in einer neuen Theorie des Himmels, sondern in «einer neuen Theorie über das Wesen von Theorien».[258]

Auf der höchsten Ebene wurde das Weltbild also als provisorisch erkannt. Was wir gerne wissen würden, ist, wie weit die Bildungsleiter hinab diese vorsichtige Sicht anzutreffen war. In unserer eigenen Zeit wäre es angemessen zu sagen, dass die Leichtigkeit, mit der einer wissenschaftlichen Theorie die Würde und Unveränderbarkeit einer Tatsache zuerkannt wird, in umgekehrtem Verhältnis zur wissenschaftlichen Bildung des Einzelnen steht. In Debatten mit völlig ungebildeten Zuhörern habe ich festgestellt, dass Dinge, die wahre Wissenschaftler als höchst spekulativ betrachten würden, manchmal entschiedener geglaubt werden als vieles, was im Bereich unseres tatsächlichen Wissens liegt; die populäre *imago*[259] des Höhlenmenschen galt als sichere Tatsache und das Leben Caesars oder Napoleons als ungewisses Gerücht.

Wir sollten allerdings nicht vorschnell unterstellen, dass die Situation im Mittelalter genau dieselbe war. Die Massenmedien, die in unserer Zeit einen populären Szientismus (und damit eine Karikatur der wahren Wissenschaften)[260] hervorgebracht haben, gab es damals noch nicht. Die Unwissenden waren sich früher ihrer Unwissenheit bewusster, als sie es heute sind. Ich habe aber den Eindruck, dass die Dichter, wenn sie Motive aus diesem Modell verwendeten, sich nicht im gleichen Maß wie ein Thomas von Aquin über dessen bescheidenen erkenntnistheoretischen Status im Klaren waren. Nicht, dass sie sich dieselbe Frage gestellt hätten wie er und sie nur anders beantwortet hätten. Ich glaube viel eher, dass sie ihnen nie in den Sinn gekommen ist. Sie hätten es so empfunden, dass die Verantwortung für ihre kosmologischen, historischen oder religiösen Überzeugungen bei anderen liegt. Ihnen genügte es, guten *acutours*[261] zu folgen, großen Schreibern, «diesen alten Weisen».[262]

Nicht nur erkenntnistheoretisch, auch emotional hatte das Modell für die großen Denker vermutlich weniger Bedeutung als für die Dichter. Ich glaube, das muss zu allen Zeiten so sein. Quasi-religiöse Reaktionen auf die hypostasierte Abstraktion *Leben* findet man bei Shaw oder Wells oder bei einem hochgradig poetischen Philosophen wie Bergson, nicht in den Aufsätzen und Vorträgen von Biologen.[263] Die Freude am mittelalterlichen Weltbild findet ihren Ausdruck eher bei Dante oder Jean de Meung als bei Albertus Magnus oder Thomas von Aquin. Das liegt sicherlich zum Teil daran, dass der Ausdruck irgendwelcher Emotionen nicht Aufgabe des Philosophen ist. Ich vermute aber, dass das nicht alles ist. Es liegt nicht in der Natur der Sache, dass große Denker allzu viel Interesse an Modellen entwickeln sollten. Sie haben es mit schwierigeren und umstritteneren Dingen zu tun. Jedes Modell ist ein Konstrukt aus beantworteten Fragen. Der Experte ist entweder damit beschäftigt, neue Fragen zu stellen oder neue Antworten auf alte Fragen zu geben. Tut er Ersteres, so ist das alte, anerkannte Weltbild für ihn ohne Interesse; tut er Letzteres, so beginnt er ein Unternehmen, welches schließlich das alte Modell als Ganzes zu Fall bringen wird.

Eine bestimmte Gruppe von Experten, die großen geistlichen Schriftsteller, ignoriert das Modell nahezu vollständig. Wir müssen etwas über das Modell wissen, wenn wir Chaucer lesen wollen, aber wir können es ignorieren, wenn wir den hl. Bernhard, *The Scale of Perfection* oder die *Nachfolge Christi* lesen.[264]

Das liegt einerseits daran, dass die geistlichen Werke durch und durch praktisch orientiert sind – wie medizinische Bücher. Jemandem, der sich um den Zustand seiner Seele sorgt, wird es für gewöhnlich nicht viel bringen, sich mit den Sphären oder der Struktur des Atoms zu befassen. Doch möglicherweise war im Mittelalter noch ein anderer Faktor mit am Werk. Ihre Kosmologie und ihre Religion waren keine so einfachen Bettgesellen, wie man das vielleicht meinen würde. Wir mögen das zunächst übersehen, weil die Kosmologie uns mit ihrer sicheren theistischen Basis und ihrer bereitwilligen Annahme des Übernatürlichen überaus religiös erscheint. Und so ist es in einem bestimmten Sinn auch. Doch sie ist nicht überaus christlich. Das heidnische Element in ihr beinhaltete eine Vorstellung von Gott und dem Platz des Menschen im Universum, die, obwohl nicht unbedingt in logischem Widerspruch zum Christentum, unterschwellig nicht mit ihm harmonierte. Es gab keinen direkten «Konflikt zwischen Religion und Wissenschaft» nach der Art des 19. Jahrhunderts, doch es gab eine Unvereinbarkeit im Temperament. Die freudige Betrachtung des Modells und ein intensives religiöses Empfinden von ausdrücklich christlichem Charakter kamen selten zusammen, außer im Werk Dantes.

Das vorherige Kapitel hat unbeabsichtigt einen Unterschied zwischen einer Beschreibung des Modells und dem Schreiben einer Geschichte des Denkens illustriert. Ich habe dort sowohl Platon als auch Aristoteles zitiert, doch die Rolle, die ich ihnen dabei zugewiesen habe, war philosophisch demütigend – der eine wurde als Zeuge für einen Fetzen Dämonologie zitiert, der andere für ein Stück überholter Physik.[265] Natürlich wollte ich damit nicht nahelegen, ihr wahrer und bleibender Platz in der Geschichte des westlichen Denkens basiere auf einem solchen Fundament. Doch sie betrafen uns hier nicht als große Denker, sondern als Beiträger – indirekte, unbewusste und nahezu zufällige Beiträger – zu diesem Modell.

Die Geschichte des Denkens an sich würde sich hauptsächlich mit dem Einfluss großer Experten auf große Experten befassen – dem Einfluss nicht der Physik des Aristoteles, sondern seiner Ethik und seiner dialektischen Methode auf jene des Thomas von Aquin. Doch das Modell entsteht auf Basis der wahren oder angenommenen Übereinstimmung sämtlicher alten Autoren – gut oder schlecht, Philosophen oder Dichter, verstanden oder missverstanden –, die, aus welchen Gründen auch immer, zur Verfügung standen.

Diese Erklärungen werden vielleicht einen Zweifel beruhigen oder umleiten, den ein künftiger Leser möglicherweise empfinden könnte, wenn er hier oder dort in dieses Buch hineinblättert. Ich kann mir vorstellen, wie eine solche vorausschauende Erkundung zu der Frage führt: «Aber wie weit hinab auf der intellektuellen Leiter reichte dieses Modell denn? Bieten Sie nicht etwas als Hintergrund für die Literatur an, das nur wenigen Experten bekannt war?» Es wird nun gesehen werden, dass die Frage, «wie weit hinauf» die Macht dieses Modells wirklich reichte, zumindest nicht weniger hierhergehört.

Es gab gewiss eine Ebene unterhalb des Einflusses dieses Modells. Es gab Grabenzieher und Schankwirtinnen, die noch nie etwas vom *Primum Mobile* gehört hatten und die nicht wussten, dass die Erde rund war; nicht, weil sie dachten, sie sei flach, sondern weil sie noch nie über diese Frage nachgedacht hatten. Elemente des Modells kommen gleichwohl in einer solch schlichten und kunstlosen Sammlung wie dem *South English Legendary*[266] vor. Auf der anderen Seite gab es, wie ich anzudeuten versucht habe, gewiss Ebenen, sowohl intellektuell als auch spirituell, die «in einem bestimmten Sinn» oberhalb der vollen Macht des Modells lagen.

Ich sage «in einem bestimmten Sinn», weil diese Metaphern *oberhalb* und *unterhalb* sonst vielleicht eine falsche Vorstellung hervorrufen könnten. Man könnte annehmen, ich würde Wissenschaft und Philosophie von ihrem Wesen her irgendwie für wertvoller halten als Kunst und Literatur. Das tue ich nicht. Die «höhere» intellektuelle Ebene ist nur gemessen an einem bestimmten Maßstab höher; gemessen an einem anderen Standard ist die dichterische Ebene höher. Es ist nach meiner Meinung sinnlos, Fähigkeiten, die von ihrem Wesen her völlig verschieden sind, miteinander zu vergleichen.[267] Ein Chirurg ist besser im Operieren als ein Violinist und ein Violinist besser im Geigespielen als ein Chirurg.

Auch behaupte ich nicht, es sei falsch oder dumm von den Dichtern und Künstlern, in ihrem Hintergrundbild vieles auszulassen, was die Experten für wichtig halten. Ein Künstler braucht etwas Anatomie; er muss sich nicht mit Physiologie und noch weniger mit Biochemie befassen. Und wenn sich diese Wissenschaften weit mehr wandeln, als es die Anatomie tut, dann wird sich dieser Fortschritt in ihrem Werk nicht widerspiegeln.

3. Vorstellung und Denken im Mittelalter

1

Der Mensch des Mittelalters teilte in vielerlei Hinsicht die Unwissenheit moderner Wilder[268], und einige seiner Überzeugungen würden gewiss einem Anthropologen nahelegen, hier an Parallelen zu den Wilden zu denken. Es wäre aber höchst verkehrt, daraus zu schließen, dass er insgesamt wie ein Wilder war. Mir geht es nicht allein oder auch nur hauptsächlich darum, dass eine solche Ansicht dem mittelalterlichen Menschen seine wahre Würde rauben würde. Das mag so sein, wie es ist; manche bevorzugen vielleicht den Polynesier. Der Punkt ist, dass er, zum Guten oder zum Schlechten, anders war. Er war in einer anderen Schwierigkeit und hatte eine andere Geschichte. Auch wenn er die gleichen Dinge tat oder dachte wie der Wilde, so war er auf einem anderen Weg zu ihnen gekommen. Wir wären völlig auf der falschen Fährte, wenn wir den Ursprung, zumindest den unmittelbaren Ursprung, selbst der seltsamsten mittelalterlichen Lehren in dem suchen würden, was manche gar ein prälogisches Denken nennen.

Hier ist ein Beispiel. In einem englischen Gedicht aus dem 12. Jahrhundert namens «Brut» lesen wir das Folgende: «In der Luft wohnen viele Arten von Lebewesen, die dort bis zum Jüngsten Tag verweilen. Einige von ihnen sind gut und andere tun Böses.»[269] Diese Lebewesen werden erwähnt, um die Geburt eines Kindes zu erklären, für das kein menschlicher Vater gefunden werden konnte; eines von ihnen hatte in der Tat Merlin gezeugt.

Wenn wir diesen Abschnitt *in vacuo*[270] betrachten, könnten wir durchaus auf den Gedanken kommen, dass der Geist des Dichters wie der eines Wilden arbeitet, und dass sein Glaube an Luftgeister ebenso unmittelbar einer Stammeskultur entsprang wie gewöhnliches Gras einer nicht kultivierten Erde. In Wahrheit wissen wir, dass er das alles aus einem Buch hat, aus Geoffrey von Monmouths lateinischer *Geschichte der Könige Britanniens*[271], und dass Geoffrey es Apuleius' *Über den Gott des Sokrates*[272] entnimmt, der wiederum die Pneumatologie Platons wiedergibt. Verfolgen wir diese Pneumatologie einige Jahrhunderte zurück, so werden wir schließlich zu dem kommen, was auch immer sie an Wurzeln in einer Kultur hatte, die wirklich Unkultiviertheit und vielleicht prälogischem Denken nahesteht. Doch all das ist vom mittelalterlichen Dichter nahezu ebenso weit entfernt wie von uns. Er erzählt uns von den Luftgeistern weder, weil seine eigene poetische Imagination sie erfunden hat, noch, weil sie die spontane Reaktion seiner Zeit und Kultur auf die Kräfte der Natur sind, sondern weil er von ihnen in einem Buch gelesen hat.

Hier ein anderes Beispiel. In einem französischen Gedicht aus dem 14. Jahrhundert erscheint die Natur personifiziert als eine Figur und unterhält sich mit einer anderen Figur namens *Grâcedieu*. «Gnade Gottes» wäre aus verschiedenen Gründen eine irreführende Übersetzung, weshalb ich diese Figur *Übernatur* nennen werde. Und die Natur sagt zur Übernatur: «Der Kreis des kalten Mondes markiert wahrlich auf immer die Grenze zwischen deinem und meinem Bereich.»[273]

Auch hier könnten wir leicht den Geist eines Wilden am Werk vermuten; was wäre natürlicher, als die Wohnstätten der Götter in einer angemessenen Entfernung zu lokalisieren und den Mond als die Pforte zwischen ihrer und unserer Welt zu nehmen? Und doch ist es mit ziemlicher Sicherheit nicht dies, was passiert ist. Der Gedanke, dass die Umlaufbahn des Mondes eine bedeutende Grenze zwischen zwei Bereichen des Universums ist, stammt von Aristoteles. Er basiert auf einem Kontrast, der sich jemandem nahezu von selbst aufdrängte, dessen Studien so oft biologisch und psychologisch, manchmal aber auch astronomisch waren.

Die Erde als derjenige Teil der Welt, den wir bewohnen, ist der Schauplatz von Wachstum und Vergehen, und daher von ständigem Wandel. Regelmäßigkeiten von der Art, wie er sie auf ihr beobachten konnte, erschienen ihm unvollkommen; nach seiner Ansicht führt die irdische Natur die Dinge nicht immer, sondern nur «im

Großen und Ganzen» in der gleichen Weise fort.[274] Durch die Beobachtung des Wetters war klar, dass sich diese Unregelmäßigkeit von der Erdoberfläche aus ein gutes Stück weiter aufwärts fortsetzte. Über dem veränderlichen Teil des Himmels befanden sich die himmlischen Körper, deren Verhalten seit Beginn der ersten Beobachtungen absolut regelmäßig erschien und von denen nach seinem Wissen keiner je zu existieren begonnen hatte oder vergangen war. Der Mond war offensichtlich der niedrigste von diesen Körpern; alles, was darüber lag, war notwendig, regelmäßig und ewig; alles, was darunter lag, kontingent, unregelmäßig und vergänglich. Und natürlich steht für jeden Griechen das, was notwendig und ewig ist, dem Göttlichen näher. Dies, ergänzt um eine christliche Färbung, erklärt die Passage völlig, mit der wir begonnen haben.

Beide Beispiele – und es wäre nicht schwer, weitere zu zitieren – weisen auf dieselbe Wahrheit hin, auf eine Wahrheit, die grundlegend ist für ein jedes Verständnis des Mittelalters. Ihre Kultur ist durch und durch eine Buchkultur. Ohne Zweifel waren Millionen Analphabeten, doch die Meister waren belesen, und nicht nur belesen, sondern wissenschaftlich und sogar pedantisch. Die missliche Lage, in der sich der mittelalterliche Mensch befand, war in der Tat einfach diese: er war ein gebildeter Mann, der einen großen Teil seiner Bücher verloren hatte und der all seine griechischen Bücher nicht mehr zu lesen verstand. Er arbeitet mit der zufälligen Auswahl an Büchern, die er hat. Dadurch war das Mittelalter weitaus weniger wie eine Zeit, die noch nicht kultiviert worden war, als wie eine Zeit, die den Verlust einer Kultur überlebt hatte. Ein übertriebenes, aber nicht völlig verkehrtes Bild wäre eine Gruppe von Schiffbrüchigen, die sich anschickt, auf einer unbewohnten Insel eine Kultur aufzubauen, und dafür auf jene sonderbare Sammlung von Büchern zurückgreift, die sich zufälligerweise an Bord ihres Schiffes befunden hatte.

Das ist natürlich stark vereinfacht und ich muss sofort auf eine Verwicklung hinweisen, die Ihnen möglicherweise bereits aufgefallen ist. Genealogisch, und in gewissem Maß auch kulturell, hatte der mittelalterliche Europäer ebenso Wurzeln im barbarischen Leben des Nordens wie in der Kultur des Mittelmeerraumes. Dadurch hatte er, so könnte man sagen, eine wesentlich engere Verbindung mit primitivem Denken als durch seine weit entfernten Reminiszenzen in der lateinischen Literatur. Das stimmt natürlich. Fragmente einheimischer und instinktiver Mythologie überleben; Germanisch im Altenglischen, Altnordischen und Althochdeutschen sowie Keltisch (in ungewissem Maß) in den französischen Ritterromanen. Populäre Literatur wie die Balladen kann zu wesentlich späteren Zeiten noch mehr oder weniger verschleierte Fragmente hiervon zum Vorschein bringen.

Doch wir müssen darauf bestehen, dass diese Dinge im populären Bild vom Mittelalter wesentlich größer erscheinen, als sie tatsächlich waren. Wenn wir die Zeit des Hochmittelalters erreichen, so ist die gesamte altgermanische Literatur vergessen und die Sprachen, in denen sie geschrieben worden war, sind unbekannt. Und was die Ballade und den Ritterroman angeht, so ist es wichtig zu begreifen, dass diese beiden reizvollen Produkte alles andere als typisch sind. Wir können uns hier leicht täuschen, weil es die Ballade und der Ritterroman waren, die als Erste das moderne Interesse am Mittelalter erregt haben; die Mittelalterstudien begannen hier.

Das hat einen einfachen Grund. Diese Formen sprachen die Romantik des 18. und 19. Jahrhunderts an. Selbst heute wurden viele von uns durch diesen romantischen Reiz dazu verlockt, das Mittelalter zu studieren. Selbst heute denkt der «Mann auf der Straße» (wenn überhaupt) in der Form der Ritterromane ans Mittelalter; die populäre Ikonografie – ein Witz im «Punch»[275], eine Werbeanzeige – zeigt, wenn sie etwas Mittelalterliches suggerieren will, einen Ritter, der in Rüstung durch ein einsames Land reitet, ergänzt durch Burgen und Drachen und verzweifelte Jungfrauen *quantum suff.*[276]

Doch das Paradox ist, dass der dadurch angeschlagene Ton im echten Mittelalter nur in einer Minderheit von Balladen angeschlagen wurde, und kaum je in anderer Form. Diese Schrankenlosigkeit, Unbestimmtheit und Zweideutigkeit ist nicht die übliche oder typische Gemütslage des Mittelalters. Der eigentliche Charakter dieser

Zeiten war nicht romantisch. Die Artus-Geschichten stellen vielleicht eine Auszeit oder Flucht aus den üblichen Verhältnissen dar.

Vom Charakter her war der mittelalterliche Mensch kein Träumer oder spiritueller Abenteurer; er war ein Organisator, ein Sortierer, ein Mann des Systems. Es wäre nicht ungerecht, sein Ideal in der alten Hausfrauenmaxime «Ein Platz für alles und alles an seinem (rechten) Platz» zusammenzufassen. Drei Dinge sind typisch für ihn. Erstens jene kleine Minderheit an Kathedralen, bei denen der Entwurf des Architekten tatsächlich umgesetzt wurde (normalerweise wurde er durch die nächste Welle baulicher Mode überholt, lange bevor die Kathedrale fertig war). Ich denke an so etwas wie Salisbury. Zweitens die *Summa* des Thomas von Aquin. Und drittens Dantes *Göttliche Komödie*.[277]

In diesen drei Dingen sehen wir gleichermaßen die ruhige, unermüdliche, frohgemute Energie eines leidenschaftlich logischen Geistes eine Unmenge heterogener Details zu einer Einheit ordnen. Sie verlangen nach Einheit und Proportion, nach all den klassischen Tugenden, nicht weniger leidenschaftlich, als es die Griechen taten. Doch sie haben eine größere und vielfältigere Sammlung an Dingen, die sie einpassen müssen. Und das tun sie mit Wonne. Daher die *Göttliche Komödie*, die nach meiner Ansicht ihre größte Leistung ist: vielfältig und belebt wie ein Bahnhof an einem Feiertag, aber strukturiert und in ein Schema gebracht wie ein Bataillon bei einer feierlichen Parade.

Sie sehen, wie natürlich sich dies aus ihrer Situation ergibt? Ich habe sie als belesene Leute vorgestellt, die fast alle ihre Bücher verloren hatten. Und was überlebte, war in gewissem Maß eine zufällige Sammlung. Sie beinhaltete althebräische, klassisch-griechische, klassisch-römische, dekadent-römische und frühchristliche Elemente. Diese hatten sie auf verschiedenen Wegen erreicht. Der gesamte Platon war verschwunden, bis auf einen Teil des *Timaeus* in einer lateinischen Fassung: einer der großartigsten, aber auch einer der am wenigsten typischen Dialoge. Die Logik des Aristoteles fehlte zunächst, doch man hatte eine lateinische Übersetzung einer sehr späten Einführung in dieses Buch. Astronomie und Medizin und (später) Aristoteles kamen in lateinischen Übersetzungen arabischer Übersetzungen aus dem Griechischen. Dies ist die typische Herkunftsroute des Wissens: von Athen zum hellenistischen Alexandria, von Alexandria nach Bagdad, von Bagdad über Sizilien zur Universität von Paris, und von dort nach ganz Europa ...

Eine zusammengewürfelte Sammlung, die sich häufig selbst widersprach. Doch hier stoßen wir auf eine wirkliche Leichtgläubigkeit im mittelalterlichen Geist. Konfrontiert mit dieser selbstwidersprüchlichen Sammlung, entschieden sie fast nie, dass eine der Autoritäten schlechthin recht hatte und die anderen unrecht; nie, dass sie alle unrecht hatten. Gewiss, wenn es hart auf hart kam, galt es als ausgemacht, dass die christlichen Autoren gegenüber den heidnischen Autoren im Recht sein müssen. Doch zum Äußersten ließ man es kaum je kommen. Man fand es offensichtlich schwer, zu glauben, irgendetwas in den Büchern – so kostbar, von so weit her geholt, so alt, oft so entzückend für das Auge und die Hand, könne einfach völlig falsch sein. Nein, wenn Seneca und der hl. Paulus einander widersprachen, und beide Cicero und sie alle Boethius, dann musste es eine Erklärung geben, die sie miteinander in Einklang bringt. Was nicht buchstäblich wahr war, musste in irgendeinem anderen Sinn wahr sein; was *simpliciter* falsch war, musste *secundum quid*[278] wahr sein. Und so weiter, mit jeder erdenklichen Subtilität und Verästelung.

Dies ist es, woraus man das mittelalterliche Bild vom Universum entwickelte: eine zufällige Sammlung von Materialien, eine Unfähigkeit, etwas als Unsinn abzutun, ein Naturell, das bis zur Morbidität systematisch ist, große geistige Kräfte und eine enorme Freude an ihrem Tun. All diese Faktoren brachten sie dazu, das größte und komplexeste Werk des Synkretismus oder der Harmonisierung hervorzubringen, das die Welt vermutlich je gesehen hat. Sie haben das Universum aufgeräumt. Diesem ordentlichen Universum und seinen Auswirkungen auf das menschliche Vorstellungsvermögen wende ich mich nun zu.

Ich gehe davon aus, dass sein materieller Aufbau allen mehr oder weniger bekannt ist: eine bewegungslose Erde im Zentrum, transparente Sphären, die sich um sie drehen, deren niedrigste, langsamste, nächste und kleinste den Mond trägt, und von dort aus in aufsteigender Reihenfolge Merkur, Venus, Sonne, Mars, Jupiter, Saturn; jenseits dessen in einer Sphäre alle Sterne; jenseits dessen eine Sphäre, die keine Lichter trägt, sondern lediglich den Sphären unter ihr Bewegung verleiht; jenseits dessen das Empyreum, die Grenze des *mundus*[279], der Beginn des wahren unendlichen «Himmels».

Soweit ich weiß, hat niemand den imaginativen und emotionalen Unterschied zwischen einem solchen Universum und dem, welches wir nun zu bewohnen glauben, je überschätzt, doch viele haben sich im Wesen dieses Unterschieds geirrt. Der Hauptirrtum (allgegenwärtig bei Autoren der frühen Neuzeit; und einige, die es besser wissen müssten, sind ihm heute immer noch verhaftet) kann in den folgenden Worten wiedergegeben werden: «Die Erde, sowohl durch ihre angenommene Größe als auch durch ihre zentrale Position, hatte für die Denker des Mittelalters eine Bedeutung, von der wir heute wissen, dass sie in keiner Weise gerechtfertigt ist.» Daher natürlich der naheliegende Schluss, dass ihre Theologie – hier mag man erneut prälogisches Denken vermuten – ein Ergebnis ihrer Kosmologie war. Meiner Ansicht nach trifft das genaue Gegenteil zu. Man kann ihrer Theologie unterstellen, sie impliziere eine Erde, die im Universum wirklich etwas zählt, und die sowohl an Würde als auch räumlich einen zentralen Ort einnimmt; das Merkwürdige ist, dass ihre Kosmologie diese Sicht in keinerlei erkennbarer Weise unterstützt.

Zunächst, was die Größe angeht. Dass die Erde nach jedem irdischen Maßstab völlig unbedeutend ist, ist eine Wahrheit, die sich jeder intelligenten Person aufdrängte, sobald man mit ernsthaften astronomischen Beobachtungen begann. Ich habe bereits gesagt, dass Aristoteles den Bereich oberhalb des Mondes für göttlicher hielt als den mit Luft, Wasser und Erde gefüllten Bereich darunter. Er hielt ihn auch für unvergleichlich groß. Wie er in der *Metaphysik* erklärt, «Die wahrnehmbare Welt um uns herum» – das heißt der Bereich von Wachstum, Vergehen und Wetter – «ist sozusagen ein Nichts, wenn man ihn als einen Teil des Ganzen betrachtet.»[280] Später, im Kompendium des Ptolemäus, das die griechische Astronomie an das Mittelalter weitergab, finden wir eine präzisere Angabe; dort heißt es, die Erde müsse für astronomische Zwecke als ohne jede Ausdehnung betrachtet werden, als ein Punkt.

Dies wurde vom Mittelalter anerkannt. Es wurde nicht nur von den Gelehrten anerkannt, es wurde von den Moralisten und den Dichtern noch und noch wiederholt. Wenn wir nach den Texten urteilen, so dachte der mittelalterliche Mensch wenn überhaupt, dann durchgängiger an die Bedeutungslosigkeit der Erde als seine modernen Nachkommen. Wir finden sogar populäre Texte, die dies mit Methoden einbläuen, die auch von heutigen Wissenschaftsvermittlern verwendet werden. Man sagt uns, wie lange es dauern würde, die Sphäre der Fixsterne zu erreichen, wenn man pro Tag soundso viele Meilen reist. Diese Zahl ergibt eine Entfernung von knapp 118 Millionen Meilen.

Das ist im Vergleich mit den von modernen Astronomen genannten Zahlen eine recht geringe Distanz. Doch es geht hier nicht um die Präzision der Zahl, sondern um ihre Auswirkungen auf Vorstellung und Emotion. Aus dieser Perspektive ist, so behaupte ich, der Unterschied zwischen einer Million, hundert Millionen und einer Million Millionen völlig vernachlässigbar. All diese Zahlen können von jedem, der die einfachsten Rechenoperationen beherrscht, verwendet oder gehandhabt werden, doch keine von ihnen kann man sich visuell vorstellen, und jene, die das lebendigste Vorstellungsvermögen haben, wissen dies am besten.

Aus dieser Perspektive ist das mittelalterliche Modell vom Universum somit auf einem Level mit dem Newton'schen (ich sage nicht mit dem modernen, weil ich die Auseinandersetzung damit zurückstellen möchte). Beide machen es möglich, uns in unvorstellbaren Entfernungen zu verlieren, zu versinken und mit Leopardi *il naufragar m'e dolce in questo mare*[281] zu sagen, ja die Erde als ein Staubkorn zu betrachten – sofern dies die Art von Ding ist, die wir gerne tun wollen. Und jetzt kommt der Punkt, auf den es mir wirklich ankommt. Ich habe nicht behauptet, der Unterschied zwischen dem mittelalterlichen und etwa dem Newton'schen Bild sei weniger groß gewesen, als unsere Großväter das annahmen. Er war tatsächlich so groß. Doch es war nicht der Unterschied, den man uns zu erwarten gelehrt hat.

Worin er wirklich bestand, das kann ich hier und jetzt nur andeuten. Er kann tatsächlich nicht durch eine Vorlesung herausgefunden werden, sondern (Sie sind Naturwissenschaftler) nur durch ein Experiment; ein Experiment mit dem eigenen Vorstellungsvermögen. Es ist ein einfaches Experiment. Gehen Sie an irgendeiner sternklaren Nacht für eine halbe Stunde nach draußen und stellen Sie sich fest vor, die vor-kopernikanische Astronomie sei wahr. Ich prophezeie Ihnen, der wahre Unterschied zwischen einem Leben in diesem Universum und einem Leben in dem unsrigen wird Ihnen dann zu dämmern beginnen.

Sie werden auf eine Welt schauen, die unvorstellbar groß, aber auch ganz eindeutig begrenzt ist. Mit keiner menschenmöglichen Geschwindigkeit ließe sich innerhalb der Lebenszeit eines Menschen ihre Grenze erreichen, doch die Grenze ist da; hart, klar und plötzlich wie eine Staatsgrenze. Und zweitens, weil die Erde ein absoluter Mittelpunkt ist und es von jedem Teil dieses riesigen Universums aus hinab zur Erde geht, werden Sie feststellen, dass Sie die Planeten und Sterne nicht nur unter dem Aspekt der «Entfernung» betrachten, sondern unter jenem besonderen Aspekt, den wir «Höhe» nennen. Die Planeten und Sterne befinden sich nicht nur weit weg von der Erde, sondern auch weit über ihr.

Ich muss wohl kaum sagen, dass Höhe eine wesentlich lebhaftere Idee ist als Entfernung; sobald wir sie uns vorstellen, knüpft sie Verbindungen zu unseren Nerven, unseren ethnischen und kindlichen Ängsten, unseren Freuden als Bergsteiger, unserer Liebe zu schönen Aussichten und einem weiten Netz ethischer und sozialer Metaphern, das wir selbst dann nicht abstreifen könnten, wenn wir es versuchen würden. Diese beiden Faktoren zusammengenommen – enorme, aber begrenzte Größe und Entfernungen, die, so groß sie auch sein mögen, eindeutig vertikal und in der Tat schwindelerregend bleiben – konfrontieren Sie sofort mit etwas, das sich vom Newton'schen Bild in etwa so unterscheidet wie ein großes Gebäude von einem großen Dschungel.

In der Unendlichkeit des Newton'schen Universums kann man sich verlieren; man kann in der Tat nicht viel anderes mit ihr tun. Sie weckt Fragen, sie ruft eine bestimmte (für gewöhnlich triste) Art von Staunen und Ehrerbietung hervor, so dass Wordsworth von einem «melancholischen Raum und einer beklagenswerten Zeit»[282] sprechen kann, oder Carlyle vom bestirnten Himmel als einem «traurigen Anblick»[283]. Doch sie beantwortet keine Fragen; zwangsläufig formlos und pfadlos, keiner absoluten Ordnung oder Richtung unterworfen, führt sie nach kurzer Zeit zu Langeweile oder Verzweiflung oder (häufig) zu der quälenden Empfindung, dass sie eine Illusion sein muss. Erde und Mensch werden von ihr überschattet, doch nicht viel mehr als das Sonnensystem oder die Galaxie oder irgendetwas anderes. Man kann nicht in irgendeinem relevanten Sinn klein sein, wenn Größe jede Bedeutung verloren hat.

Das alte Universum war in seinen Auswirkungen vollkommen anders. Es war eine Antwort, keine Frage. Es bot kein Feld für Grübeleien, sondern ein einziges überwältigendes Objekt: ein Objekt, das den Geist zugleich beschämt und erfreut. Denn in ihm gibt es einen endgültigen Standard für Größe. Das Primum Mobile[284] ist wirklich groß, weil es das größte materielle Ding ist, das es gibt. Wir sind wirklich klein, weil unsere gesamte Erde ein Staubkorn ist im Vergleich zum Primum Mobile.

Ich habe bislang nur von den Dimensionen gesprochen. Doch die Auswirkungen des alten Modells werden noch interessanter, wenn wir seine Ordnung bedenken. Es ist nicht nur äußerst groß, sondern es ist ein Ganzes mit fein abgestuften Teilen. Vom Umfang aus steigt alles herab unter kontinuierlicher Abnahme von Größe, Tempo, Kraft und Würde. Diese neunfache Unterteilung kreuzt sich harmonisch mit einer dreifachen Unterteilung. Alles jenseits des Empyreums ist in einem speziellen, immateriellen Sinn «Himmel», gefüllt mit göttlicher Substanz. Vom Empyreum bis zum Mond reicht der Äther – jene merkwürdige Halbmaterie, an die nach Ansicht eines Laien so viele Zeiten ohne hinreichende Gründe geglaubt haben – unveränderlich, notwendig, nicht dem Schicksal unterworfen. Vom Mond hinab zur Erde ist der Bereich der Luft (denn sie glaubten, die Luft reiche bis zur Umlaufbahn des Mondes), der auch der Bereich von zufälligem Wandel, Geburt, Tod und Möglichkeit ist.

Sie sehen, warum ich es mit einem Gebäude verglichen habe – wobei irgendein großes Kunstwerk – *Paradise Lost*, Euklids *Elemente*, Spinozas *Ethik*[285] oder Beethovens Neunte Sinfonie – es nahezu ebenso gut getan hätte. Es ist eine Struktur, ein fertiges Werk, eine Einheit, die sich in einer harmonischen Vielfalt artikuliert. Es ruft nicht bloß Staunen hervor, sondern Bewunderung. Es gibt uns Stoff zum Nachdenken und eine Befriedigung unserer ästhetischen Natur. Ich denke, jeder wird verstehen, wenn ich sage, dass wir, wenn wir vom Newton'schen auf den Ptolemäischen Kosmos zurückblicken, von der Romantik zur Klassik übergehen. Milton konnte schreiben, der Mond sehe aus

«Wie jemand, der irregeleitet worden war
Durch der Himmel weite pfadlose Wege.»[286]

Das trifft ausgezeichnet das Empfinden, das nun viele Generationen hatten, wenn sie den nächtlichen Himmel betrachteten; ich glaube nicht, dass irgendein antiker oder mittelalterlicher Mensch je so empfunden hat. Diesen besonderen Reiz, den Reiz des Pfadlosen, hatte das alte Universum nicht; es besaß eine ernstere, kräftigere Anziehungskraft und sprach ein formelleres Vorstellungsvermögen an.

Nach den Dimensionen und der Ordnung müssen wir uns nun mit seiner Dynamik beschäftigen. Ich habe bereits gesagt, dass eine erdwärts gewandte Bewegung von jedem Teil des Ganzen aus als eine Abwärtsbewegung empfunden wurde. In diesem Sinn verstanden sie, was wir Gravitation nennen würden. Deshalb sagt ein

Philosoph, dass, wenn wir ein Loch durch die Erde bohren und einen Stein hineinwerfen würden, der Stein im Mittelpunkt zum Stillstand kommen würde. Und in der *Göttlichen Komödie* kommen Dante und Virgil zum Erdmittelpunkt, wo sie Luzifer gebettet finden und über seine struppige Seite steigen müssen, um ihren Weg zu den Antipoden fortzusetzen. Doch Dante stellt zu seiner Überraschung fest, dass sie, nachdem sie seine Taille passiert haben, zu seinen Füßen hinaufsteigen müssen, denn sie haben natürlich das Zentrum der Gravitation passiert.

Aber sie sprechen nie von Gravitation. Ihre Art der Beschreibung lautet, dass jedes natürliche Objekt einen ursprünglichen oder «passenden» Platz hat und stets danach «strebt» oder «verlangt», an ihn zu gelangen. Wenn sie nicht daran gehindert werden, bewegen sich Flammen aufwärts und feste Körper abwärts, weil sie, wie man sagen könnte, «nach Hause» gelangen wollen. Ist das Animismus? Dachten sie wirklich, dass alle Materie empfindsam ist? Offensichtlich nicht. Sie können das Belebte vom Unbelebten ebenso klar unterscheiden wie wir; sie können sagen, dass Steine zum Beispiel nur Sein haben; Pflanzen Sein und Leben; Tiere Sein, Leben und Empfindungsvermögen; der Mensch Sein, Leben, Empfindungsvermögen und Vernunft.

Die Wahrheit ist, dass ihr Sprechen über unbelebte Körper dieselbe Art von Sprechen ist, die der moderne Mensch verwendet – ich meine der moderne «normale» Mensch, nicht der moderne Naturwissenschaftler oder Philosoph. Wenn ein Moderner sagt, ein fallender Stein «gehorche dem Gravitationsgesetz», so denkt er nicht wirklich, es gebe buchstäblich ein Gesetz oder buchstäblich einen Gehorsam – als ziehe der Stein, sobald er losgelassen wird, ein kleines Buch mit Gesetzesvorschriften heraus, finde das Kapitel und den auf seine Lage anzuwendenden Paragraphen und beschließe, lieber ein gesetzestreuer Stein zu sein und folgsam zu fallen. Genauso wenig glaubte der mittelalterliche Mensch, der Stein würde wirklich Heimweh verspüren oder überhaupt etwas fühlen. Beide Ausdrucksweisen sind analog, und keiner der Sprecher wüsste in der Regel einen Weg, die Tatsachen ohne Analogie auszudrücken.

Doch es macht natürlich einen großen Unterschied für die Tönung Ihres Bewusstseins, welche Analogie Sie verwenden – ob Sie Ihr Universum mit Phantom-Polizeigerichten und -Verkehrsregeln füllen oder mit Phantom-Sehnsüchten und -Strebungen. Die zweite Alternative, die das Mittelalter wählte, ist mit einer anderen und tiefgreifenden Lehre verbunden, die keine bloße Analogie darstellt. Wir erreichen nun den Verbindungspunkt zwischen ihrer Kosmologie und ihrer Theologie. Die Theologie, um die es hier geht, ist jedoch nicht die der Bibel, der Väter oder der Konzilien, sondern die des Aristoteles. Sie hielten sie natürlich für mit dem Christentum vereinbar; ob sie damit richtig lagen, ist hier nicht mein Thema.

Das Unendliche ist laut Aristoteles keine Realität. Kein unendliches Objekt existiert; kein unendlicher Prozess kommt je vor. Deshalb können wir die Bewegung eines Körpers nicht durch die Bewegung eines anderen Körpers erklären und damit immer weiter fortfahren. Keine solche unendliche Abfolge könnte nach seiner Ansicht existieren. Alle Bewegung im Universum muss daher letztlich von einer treibenden Kraft herrühren, die von etwas Unbeweglichem ausgeübt wird. Er glaubte, ein solcher Unbewegter Beweger könne andere Dinge dadurch bewegen, dass er lediglich ihr Zweck oder Objekt oder (wenn wir wollen) Ziel ist – was er ihre Finalursache nennt –, nicht, wie ein Billardball einen anderen bewegt, sondern wie Essen einen Hungrigen bewegt, eine Geliebte ihren Liebhaber oder die Wahrheit den philosophisch Fragenden. Er nennt diesen Unbewegten Beweger entweder «Gott» oder einen «Geist». Dieser bewegt das Primum Mobile (welches natürlich all die geringeren Körper in Bewegung setzt) durch Liebe.[287] Aber beachten Sie, dass damit nicht das gemeint ist, was ein Christ normalerweise unter diesem Wort verstehen würde. Es ist hier keine Rede von einem wohlwollenden Wesen, das die Welt liebt, die Es geschaffen hat und in die Es hinabsteigt, um sie zu erlösen. Gott bewegt die Welt bei Aristoteles nicht durch Seine Liebe, sondern indem Er geliebt wird; weil Er das oberste Ziel allen Strebens ist.

Dies setzt natürlich nicht nur Bewusstsein, sondern auch große Vernunft aufseiten des Bewegten voraus. Demgemäß finden wir (nun nicht als bloße Analogie, sondern als strikte Tatsache) in jeder Sphäre eine rationale Kreatur, Intelligenz genannt, die durch ihre unablässige Liebe zu Gott angehalten wird, sich zu bewegen und damit ihre Sphäre in Bewegung zu halten. Man diskutierte darüber, ob die Intelligenz «in» der Sphäre ist wie die Seele im Körper (so dass die Sphäre als ein ewiges und erhabenes Tier betrachtet werden müsste) oder wie eine Person in einem Schiff (so dass die materielle Sphäre eine Art von Instrument wäre). Im Großen und Ganzen gewann die zweite Sichtweise.

Ein Moderner mag nun fragen, weshalb die Liebe zu Gott ein permanentes Rotieren zur Folge haben sollte. Ich denke, das liegt daran, dass diese Liebe zu, oder dieses Verlangen nach, Gott ein Verlangen danach ist, so viel wie möglich an Seiner Natur teilzuhaben: d.h. sie nachzuahmen. Und die größte Nähe zur göttlichen Unbewegtheit, das Zweitbeste, ist eine ewige gleichmäßige Bewegung in der vollkommensten Gestalt, welche für jeden Griechen der Kreis ist. Daher wird das Universum in Gang gehalten durch das kontinuierliche Bemühen seiner vornehmsten Teile (jedes ein wenig langsamer und schwächer als das über ihm), mit ihrem Verhalten einem Modell zu entsprechen, hinter dem sie stets zurückbleiben. Das ist natürlich die wahre Bedeutung von Dantes (häufig missverstandener) Zeile über «die Liebe, die die Sonne und die anderen Sterne bewegt». Auch hier ist Liebe vielleicht ein zu stark ethisch gefärbtes Wort; Verlangen wäre besser. In diesem Schema ist Gott die Beute und die Intelligenzen die Jäger; Gott die Geliebte und alle übrigen Dinge die Bewerber; Gott die Kerze und das Universum die Motte.

2

In meiner letzten Vorlesung habe ich das Experiment eines Spaziergangs unter sternklarem Himmel vorgeschlagen, bei dem wir uns vorstellen, die ptolemäische Astronomie sei wahr. Um dieses alte Modell in vollere Tätigkeit zu setzen, möchte ich nun an eine Erfahrung erinnern, von der ich annehme, dass jeder von uns sie schon einmal gemacht hat: die Erfahrung, von einem prunkvollen und wichtigen Geschehen in einem Gebäude (eine Oper, eine Debatte oder ein Fest) nach draußen zu kommen und plötzlich nach oben in den kalten Sternenhimmel über den Dächern zu schauen. Was so wichtig erschien, solange wir drinnen waren, ist plötzlich alles zusammengeschrumpft. Der Himmel ist wie ein ironischer Kommentar zu dieser und allen übrigen menschlichen Angelegenheiten. Wenn wir uns an unseren Pascal erinnern, werden wir vielleicht sogar murmeln: «Die Stille dieser ewigen Weiten macht mich schaudern.»[288] Danach mögen wir uns sammeln und immer noch mit Pascal kontern, dass wir, obwohl klein und vergänglich wie Tautropfen, dennoch Tautropfen sind, die denken können,[289] was (nach unserer Vermutung) mehr ist als das, was man von den Galaxien sagen kann.

Lasst uns nun versuchen zu verstehen, warum es höchst unwahrscheinlich ist, dass eine dieser beiden Reaktionen – weder das ursprüngliche Schrumpfen noch die Gegenreaktion – einem Menschen des Mittelalters je gekommen wäre.

Er glaubte nicht, dass die Weiten, zu denen er aufsah, still oder dunkel oder leer waren. Weit davon entfernt, still zu sein, waren sie durchgehend von lieblichem, unermesslichem Klang erfüllt. Die gewaltigen hohlen Sphären, die sich jeweils in angemessenen Intervallen innerhalb der nächstgrößeren Sphäre bewegten, verschmolzen zu einer einzigen Harmonie. Es gab verschiedene Erklärungen, warum wir sie nicht hören. Eine der ältesten und zufriedenstellendsten geht auf den Reisebericht zurück, dass jene Leute, die direkt an den großen Nilfällen wohnen, deren Lärm nicht wahrnehmen. Weil sie ihn immer gehört haben, hören sie ihn nie.

Dasselbe würde natürlich in höherer Weise auch für die Sphärenmusik gelten. Dies ist der einzige Klang, der nie auch nur für den Bruchteil einer einzigen Sekunde in irgendeinem Teil des Universums aufgehört hat; zu diesem Positiv haben wir kein Negativ als

Kontrast. Sollte er (*per impossibile*)[290] jemals aufhören, so würden wir vermutlich mit Terror und Bestürzung, mit einer Entwurzelung unserer gesamten Hörerfahrung, das Empfinden haben, dass der Boden unter unserem Leben wegbricht. Aber das wird nie geschehen. Die Musik, die uns zu vertraut ist, als dass wir sie hören würden, umgibt uns Tag und Nacht und zu jeder Zeit.

Diese hohen Himmelsregionen waren auch nicht dunkel. Die Dunkelheit, in die die Sterne (für uns) gestellt sind, ist lediglich die Dunkelheit des langen kegelförmigen Schattens, den die Erde bildet, wenn sich die Sonne unter unseren Füßen befindet. Sie wussten aus ihrer Theorie der Mondfinsternisse, dass die Spitze dieses dunklen Kegels bis weit oberhalb des Mondes reichen musste. Jenseits dieser Spitze sind die höheren Himmelsregionen in permanenten Sonnenschein getaucht.

In gewisser Weise würden wir dasselbe sagen. Doch wir sind uns der Rolle bewusst (was sie nach meiner Ansicht nicht waren), die die Luft bei der Streuung des Sonnenlichts spielt und dadurch jene Helligkeitsblase hervorbringt, welche wir Tag nennen; wir sind sogar hoch genug in die Stratosphäre gestiegen, um zu sehen, wie sich der blaue Vorhang im Zenit ausdünnt, das Blau zu Schwarz wird und sich die Nacht des Weltraums erahnen lässt.[291] Sie wussten, dass man sich dort oberhalb der Luft befinden würde, in dem, was sie «Äther» nannten; sie wussten nicht, dass man dort die Sonne wie in einem schwarzen Loch flammen sehen würde. Sie dachten im Gegenteil (Milton ist hier ganz ein Mensch des Mittelalters), sie würden treiben in ...

> «... jenen glücklichen Gefilden, die liegen,
> wo der Tag nie sein Auge schließt,
> hoch in den weiten Feldern des Himmels.»[292]

Und diese Weiten, hell und klingend, waren auch bewohnt. Wir haben sie bereits mit den Intelligenzen bevölkert, die die Sphären entweder beseelen oder führen. Unterschieden von diesen, doch ebenfalls unsterblich und übermenschlich, sind die Engel. Ihr natürlicher Lebensraum ist zwischen dem Empyreum und dem Mond; ihre Zahl ist vermutlich enorm. Anders als die irdischen Dämonen, die zwischen Mond und Erde leben, haben sie keine Körper – das war zumindest die Sicht, die sich schließlich durchsetzte –, sondern sind reine Geister. Wir sind wie sie vernunftbegabt, es gibt aber einen großen Unterschied. Wir haben eine unmittelbare und intuitive Einsicht nur in Axiome und müssen alles übrige Wissen durch den mühsamen Vorgang diskursiven Denkens erwerben. Sie sind völlig intuitiv; Begriffsgehalte sind für sie greifbar wie für uns Pennies oder Äpfel. Ihre Vernunft steht in der Tat zu unserer wie die Mittagshelle zur Dämmerung. Blickt man hinauf in einen durch solche Geschöpfe bevölkerten Himmel, so ist es offensichtlich zwecklos, darauf zu bestehen, dass «ich ein Tautropfen bin, der denkt». Gerade die Notwendigkeit, zu «denken» (wie wir das Wort normalerweise verstehen), zeigt das Maß unserer Unterlegenheit.

Machen Sie sich klar, dass der allergrößte Teil dieser körperlosen Geister nicht das Geringste mit uns zu tun hat. Wir berühren nur den untersten Saum des Lebens der Engel. Denn das Leben der Engel ist ebenfalls abgestuft; das Wort *Engel* wird dabei unglücklicherweise sowohl für alle zusammen als auch für die niedrigste Stufe gebraucht – so, wie wir *Seeleute* manchmal als Kontrast zu den Schiffsoffizieren verwenden und manchmal alle mit einbeziehen, die einem Schiff seine Fahrt ermöglichen.

Die Engel sind in neun Klassen eingeteilt, die wiederum aus Gruppen zu jeweils drei bestehen. Die oberste Hierarchie, bestehend aus den Geschöpfen namens Seraphim, Cherubim und Throne, wendet sich Gott allein zu; sie geht ganz in der Kontemplation des göttlichen Wesens auf und hat mit dem geschaffenen Universum nichts zu tun. Die nächste Hierarchie (Herrschaften, Mächte und Gewalten) hat eine gewisse Verantwortung für die allgemeine Ordnung der Dinge. Die niedrigste Hierarchie befasst sich mit menschlichen Angelegenheiten; Fürsten mit dem Schicksal von Nationen, Erzengel und Engel in unterschiedlicher Weise mit dem von Einzelpersonen. Sie werden bemerken, dass selbst bei solch einem einmaligen Höhepunkt wie der Verkündigung an die Mutter Christi nur ein Erzengel seine Aufwartung machte, also ein Mitglied der zweituntersten Klasse. Das bringt die Dinge in die richtige Perspektive.

Diese Konzeption wie auch das dem Dichter eigene Genie gibt Dantes Engeln eine Erhabenheit und Maskulinität, die von der späteren Kunst nie wieder erreicht wurde. Es ist der Verlust dieser Konzeption, der die Engel schließlich zu jenen schwindsüchtigen Mädchen mit Flügeln vulgarisiert, die auf so vielen viktorianischen Glasfenstern zu sehen sind. Der völlige Abstieg des Cheruben – das fette Baby, das diese Rolle seit Raffael stets gespielt hat – lässt sich wohl am besten ermessen, wenn wir uns daran erinnern, dass das Wort vermutlich dieselbe Wurzel wie *gryphon*[293] hat. Selbst für Chaucer war ein Cherub ein Wesen aus Feuer und in keiner Weise «knuddelig».

Doch ich muss den Himmel noch etwas mehr bevölkern. Der mittelalterliche Mensch schaute in einen Himmel, der nicht nur klangvoll, sonnendurchflutet und prächtig bewohnt war, sondern auch unablässig tätig; er schaute auf Akteure, denen er und die ganze Erde passiv unterworfen waren. Neben den Intelligenzen und den Engelshierarchien gibt es die Planeten selbst. Jeder von ihnen wirkt auf uns in jedem Moment.

Zunächst, auf physikalischer Seite, finden die Strahlen der Planeten (die die Erdkruste durchdringen) die passende Erde und verwandeln sie in das entsprechende Metall; Saturn produziert Blei, Mars Eisen, der Mond Silber und so weiter. Die Verbindungen des Mondes mit Silber und der Sonne mit Gold mögen echte Überbleibsel (über große Entfernung) von prälogischem, bildlichem Denken sein. Die Venus produziert vermutlich Kupfer, weil sie Jahrhunderte zuvor Kupris, die Herrin Zyperns war, und dieses verhasste Land produzierte in der Antike Kupfer. Weshalb der Saturn Blei oder der Jupiter Zink machte, weiß ich nicht.

Aber wie jeder weiß, hatten die Planeten mehr als nur einen physikalischen Effekt. Sie beeinflussten den Gang der Ereignisse und sie beeinflussten die menschliche Psychologie. Wer unter dem Saturn geboren wurde, war zur Melancholie disponiert, wer unter der Venus geboren wurde, zur Verliebtheit. Hier überlebt ein reichhaltiger klassischer Paganismus in der mittelalterlichen Kultur. Und natürlich sind die Namen der Planeten und ihre Darstellung in der mittelalterlichen Kunst jene der antiken Planetengötter. Soweit meine Kenntnisse reichen, scheint sich nie jemand daran gestört zu haben.

Es gab in der Tat einen Streit zwischen Theologen und Astrologen, aber nicht exakt über diesen Punkt. Soviel ich weiß, bestritt kein Theologe die generelle Theorie der planetarischen Einflüsse. Die theologisch bedeutsame Frage war, ob die Planeten jemanden nötigten oder lediglich zu bestimmten Handlungen disponierten. Wenn sie ihn nötigten, dann war es aus mit menschlicher Freiheit und Verantwortlichkeit. Wenn sie ihn nur disponierten, dann war der planetarische Einfluss, nicht anders als Vererbung, Gesundheit oder Bildung, lediglich ein Teil der konkreten Situation, mit der der Einzelne konfrontiert war und aus der er das Beste zu machen hatte.

Die Theologen kämpften wie so oft gegen den Determinismus. Und sie kämpften auch keineswegs gegen ein Phantom: in der Renaissance, wenn nicht schon früher, wurde der astronomische Determinismus weithin akzeptiert. So merkwürdig das für uns klingen mag, er schien Jahrhunderte an Erfahrung wie auch den gesunden Menschenverstand auf seiner Seite zu haben, wogegen der theologische Widerstand wie bloßes Wunschdenken erschien. Im Mittelalter schwankten die Leute ohne Zweifel. Die normale, gemäßigte, seriöse Sicht wurde in der Maxime *sapiens dominabitur astris*[294] zusammengefasst; ein weiser Mensch konnte mit Hilfe der Gnade ein schlechtes Horoskop ebenso überwinden, wie er einen natürlichen Hang zum Jähzorn überwinden konnte.

Das war wie gesagt die wichtige Frage auf theoretischer Ebene. Auf praktischer Ebene missbilligten orthodoxe Leute, auch wenn sie die planetarischen Einflüsse anerkannten, eine Astrologie des Menschen, das heißt die lukrative Praxis einer Vorhersage der Zukunft. Sie mussten nicht bestreiten, dass einige der astrologischen Vorhersagen menschlichen Verhaltens korrekt sein können. Planetarischer Einfluss konnte den freien Willen nicht abschaffen, doch er konnte den Zustand von Geist und Vorstellung beeinflussen, mit dem sich der freie Wille auseinandersetzen muss. Jeder kann dieses psychologische Rohmaterial beherrschen und dadurch die Vorhersage widerlegen, doch nur wenige tun dies, so dass die Vorhersage in den meisten Fällen eintreten wird.

In gleicher Weise und mit ähnlichen Gründen kann ein moderner Theologe sagen, marxistische Vorhersagen auf Basis eines ökonomischen Determinismus oder freudianische Vorhersagen auf Basis eines psychologischen Determinismus seien für gewöhnlich wahr und würden für das Verhalten der Massen gelten, nicht aber notwendigerweise für das Verhalten einer bestimmten Einzelperson.

Ich betone die Parallele zwischen Astrologie und modernen Formen des Determinismus, um einen Punkt herauszustellen, der, obwohl ich ihn bereits woanders präsentiert habe, zu wichtig ist, um ihn zu übergehen.[295] Wir dürfen Astrologie nie als etwas ansehen, das zur romantischen und quasi mystischen Seite des Bewusstseins gehörte, und wir dürfen sie auf keinen Fall mit Magie in Verbindung bringen. Astrologie war eine nüchterne, ernste, anti-idealistische Angelegenheit; sie war der Glaube von Leuten, die ein Universum wollten, das keine Unwägbarkeiten zulässt. Magie strebte nach Macht über die Natur; Astrologie verkündete die Macht der Natur über den Menschen. Deshalb ist der Magier der Ahnherr des modernen praktizierenden oder «angewandten» Naturwissenschaftlers – der Erfinder, der Astrologe hingegen der Ahnherr des philosophischen Materialisten des 19. Jahrhunderts. Keiner von ihnen ist übrigens besonders typisch für das Mittelalter. Beide gediehen ebenso, wenn nicht noch mehr, in der Welt der Antike und der Renaissance.

Ich habe bereits gesagt, dass der mittelalterliche Mensch durch den dunklen Schatten der Erde zu einem lichten Universum aufsah. Er schaute also durch den Bereich der Luft hinauf in den Bereich des Äthers. Die Luft war das Medium, durch das ihn alle Einflüsse von oben erreichten. Die gesamte Luft konnte infolge bestimmter Konjunktionen am Himmel gesund oder ungesund werden. Ein mittelalterlicher Arzt konnte daher weit verbreitete Krankheiten dadurch erklären, dass er sagte: «Es geht auf diesen Einfluss zurück.» Sprach er italienisch, so hätte er ohne Zweifel *questa influenza*[296] gesagt, und dieses Wort blieb hängen. Ich erwähne die Luft aber nicht nur, um diese Kuriosität einzubringen, sondern auch aus zwei anderen Gründen.

Erstens: die Luft befindet sich unterhalb des Mondes. Wie Sie gehört haben, heißt das, dass sie aus dem Bereich des Notwendigen ausgeschlossen ist. In der Luft haben wir wie auf der Erde Kontingenz und Irregularität, in der Luft haben wir die Dämonen der Luft, die wie Menschen Gutes oder Böses tun können.

Hier kommen wir zu einem wichtigen Unterschied zwischen dem mittelalterlichen und dem modernen Menschen. Der gewöhnliche Moderne (ich meine nicht den modernen Naturwissenschaftler) würde Regelmäßigkeit – oder, wenn Sie wollen, Monotonie – als ein Symptom der Unterlegenheit betrachten. Die Tatsache, dass himmlische Körper sich stets gleich verhalten, während Menschen dies und das tun und ihre Ansichten ändern, wäre für ihn vermutlich ein Beweis, dass Erstere vernunft- und seelenlos sind und wir, wir denkende «Tautropfen», ihnen in dieser Hinsicht überlegen sind. Aus eben diesem Grund würde er, sollte er an die Dämonen der Luft und die planetarischen Intelligenzen glauben, vermutlich die Dämonen vorziehen.

Das Mittelalter erbte von den Griechen eine völlig andere Sichtweise. Aristoteles bemerkt in der *Metaphysik*, dass in einem Haushalt (er denkt natürlich an einen Haushalt mit Sklaven) die freien Mitglieder gerade jene sind, die die geringste Chance haben, «aufs Geratewohl» zu leben. Die Sklaven können das tun, doch für die freien Leute «ist alles vorgeplant». Es ist ein überraschendes Bild, doch ich habe keine Zweifel, dass es zutrifft; die gesamte antike Literatur bestätigt, dass ein Haussklave von allen Dienern derjenige ist, der am wenigsten einem Roboter ähnelt. Doch ich zitiere dies hier aus einem anderen Grund. Auch wenn Aristoteles das nicht völlig klarmacht, so sind sich die Wissenschaftler einig, dass er die himmlischen Körper mit den freien Leuten vergleichen will und die Sklaven mit uns. Denn für die himmlischen Körper «ist alles vorgeplant»; unsere Freiheit, aufs Geratewohl zu leben, markiert unseren unterlegenen Status. Wir haben oder nehmen uns wie Sklaven «Freizeit» und «trödeln» in ihr herum, plaudern, lieben uns, spielen Spiele, knacken Nüsse oder «sitzen einfach herum»; die Freien haben wie Aristoteles selbst ihr striktes Programm.

Zweitens illustriert die Vermittlung himmlischer Einflüsse durch die Luft ein Prinzip, das sich durch das ganze Universum zieht. Beim letzten Mal hatte ich das Universum mit einem großen Gebäude verglichen, nun möchte ich es mit einer musikalischen Fuge vergleichen – die geordnete und variierte Wiederholung desselben «Themas». Wenn Donne sagt:

> «Auf den Menschen wirkt der Einfluss des Himmels nur so, /
> Dass er sich zuerst der Luft einprägt»[297],

dann beschreibt er hier eine Instanz dieses Themas. Sie sehen, dass wir hier eine Triade haben, von der Form: Agent (die Planeten), Medium (die Luft), Patient (der Mensch und im Allgemeinen die Erde). Das ist eine Triade, die immer noch ihren Reiz besitzt; ich vermute, dass man in nicht allzu ferner Vergangenheit noch an den Äther glaubte, weil wir ein Medium oder ein Mittleres haben wollten. Doch dieser Reiz wurde im Mittelalter wesentlich stärker verspürt. Die Triade wird auf allen Ebenen wiederholt.

Zunächst unter den Engeln selbst. Das Mittelalter lernte seine gesamte triadische Ordnung aus der lateinischen Fassung eines Textes eines griechischen Theologen (vermutlich aus dem 6. Jahrhundert), den wir als Pseudo-Dionysius kennen. Die Methode, mit der er seine triadische Angelologie in sein Altes Testament einpasst, in dem (für unsere Verhältnisse) nichts dergleichen zu finden ist, ist ein charmantes Beispiel für den zuvor genannten Prozess – für das große mittelalterliche Bemühen um Harmonisierung und Synkretismus.[298] Er weist darauf hin, dass die Engel in Jesaja 6 ihr «Heilig,

Heilig, Heilig» nicht Gott zurufen (wie wir vermuten würden), sondern einander. Warum?

Offensichtlich, weil jeder Engel sein Wissen um diese göttliche Heiligkeit dem nächsten Engel unter ihm weitergibt. Die einzige Ausnahme sind die Seraphim. Sie allein von allen Geschöpfen nehmen Gott unvermittelt wahr. Doch sobald wir die Cherubim erreichen, haben wir eine Triade: Gott als Agent, die Seraphim als Medium, die Cherubim als Patient. Darunter dann die Seraphim als Agent, die Cherubim als Medium, die Throne als Patient. Und dann dieselbe Triade innerhalb der zweiten und dritten Hierarchie; und natürlich zwischen der ersten, zweiten und dritten Hierarchie als Ganzen. Es ist eine ständige Abwärtsbewegung, als tue Gott, der in einem gewissen Sinn alle Dinge tut, doch nichts direkt, was durch die Vermittlung eines seiner Geschöpfe getan werden kann. Und als wenn dies nicht genug wäre, so sagt man uns, dass in jedem Engel, welcher Klasse auch immer, die Triade erneut vorkommt; jeder hat primäre Fähigkeiten, die durch sekundäre Fähigkeiten auf tertiäre Fähigkeiten wirken. Wir erhalten also nicht nur Triaden über Triaden, sondern auch Triaden innerhalb der Triaden, bis dem Geist von ihnen schwindelt.

All dies innerhalb der Welt der Engel selbst. Doch in dem Moment, in dem wir aus dieser Welt heraustreten, stellen wir fest, dass sie Teil einer größeren, umfassenderen Triade ist. Denn Gott regiert die Welt durch die Engel; die gesamte Population der Engel ist, unbeschadet ihrer komplexen inneren Triaden, das Medium zwischen Gott als Agent und der Natur (oder dem Menschen) als Patient. Ebenso regiert auf Erden ein König das gemeine Volk durch die Barone. Doch dies war in der mittelalterlichen Sicht keine bloße Analogie. Es war eine echte irdische und soziale Nachbildung dieser Triade. Ich sage «sozial», um sie von der «individuellen» zu unterscheiden, denn innerhalb des einzelnen Menschen wiederholt sich diese Triade ebenfalls, nicht anders als beim einzelnen Engel.

Sie wiederholt sich in der Tat zweimal, einmal auf ethischer und einmal auf psychologischer Ebene. Ethisch (und hier folgten sie über einige Entfernung Platon) lautet die Triade Vernunft, Gefühl und Begierde. Die Vernunft, deren Sitz im Kopf ist, regiert die Begierden, die im Bauch oder darunter angesiedelt sind, mithilfe der stärker menschlichen und kultivierten Gefühle, die im Brustkorb angesiedelt sind, Dinge wie Scham, Ehre, Mitleid, Selbstachtung und Zuneigung.

Diese ethische Triade galt für Jahrtausende. Der heute manchmal unternommene Versuch, ein kultiviertes Leben unter Missachtung der Gefühle auf Basis der Vernunft allein zu führen, der Versuch des monarchischen Kopfes, ohne Unterstützung durch den aristokratischen Brustkorb den proletarischen Bauch zu regieren, wäre Platon als ein gewagtes Unternehmen erschienen; wie das, was Autofahrer ein plötzliches «in die Eisen steigen» nennen. Es tut den Bremsen nicht gut und kann zu Ausrutschern führen.[299]

Auf psychologischer Ebene basiert die individuelle Triade auf der Lehre von der dreifachen Seele. Doch das Wort *anima* hatte eine weitere und weniger exklusiv religiöse Bedeutung als Seele; «Leben» wäre manchmal die bessere Übersetzung. Es gibt die vegetative Seele, die allen Pflanzen gemeinsam ist und die lediglich Leben verleiht, die sensitive Seele, die Leben und Empfindung verleiht, und die rationale Seele, mit der wir denken. Der Mensch hat natürlich alle drei: sind die Dinge bei ihm richtig bestellt, so regiert seine rationale Seele seine vegetative Seele durch die sensitive Seele.

Alanus, ein Autor des 12. Jahrhunderts, arbeitet die theologischen, sozialen und individuellen Triaden in der Form einer Burg (oder Zitadelle), einer Stadt und der Ländereien außerhalb der Stadt heraus. Diese sind in der sozialen Triade buchstäblich gegeben: ein König in seiner Zitadelle, die Barone in der Stadt und die Bauern ringsum auf den Feldern. Bei der individuellen Triade ist der Kopf die Zitadelle, in der die Kaiserin Weisheit Hof hält. In der Stadt der Brust leben die hohen Barone des Edelmuts. Außerhalb im Bauch oder noch weiter draußen leben die gewöhnlichen Begierden. Doch es ist die theologische Triade, die uns im Moment am meisten interessiert. Die Burg Gottes ist das Empyreum, die Region jenseits der obersten Sphäre. In der Stadt, in den weiten Räumen des Äthers, lebt die kosmische Nobilität, die neun Klassen der Engel. Hier unten auf Erden ist uns ein Platz «wie Fremden» zugestanden, sagt er, «außerhalb der Mauer».[300]

Außerhalb der Mauer – das ist der entscheidende Punkt. Gehen wir einen Augenblick zurück zu der Erfahrung, die ich eingangs geschildert habe, der Erfahrung, zu den Sternen aufzublicken, wenn wir von einer Oper oder einem Fest nach draußen treten. Der ganze Kontrast zwischen der mittelalterlichen Erfahrung und unserer eigenen liegt nun auf der Hand. Denn was auch immer wir noch empfinden mögen, wir haben gewiss das Gefühl, nach draußen zu sehen; von etwas Warmem und Beleuchtetem aus in dunkle, kalte, teilnahmslose Verlassenheit, aus einem Haus heraus auf die dunkle Wüste der See. Doch der mittelalterliche Mensch hatte das Gefühl, hineinzublicken. Er ist draußen. Die Umlaufbahn des Mondes ist die Stadtmauer. Die Nacht öffnet für einen Augenblick die Mauer und wir erhaschen einen flüchtigen Blick auf die große Pracht, die im Inneren vor sich geht; wie Tiere, die staunend die Feuer eines Lagerplatzes betrachten, den sie nicht betreten können; wie Hinterwäldler, die staunend eine Stadt betrachten; wie Vororte, die staunend Mayfair[301] betrachten.

Ich habe bewusst von einer «großen Pracht» gesprochen. Meine Darstellung hat diesen komplexen, dicht bevölkerten Kosmos vielleicht ein wenig zu ernst gemacht; sie hat die Operationen der Sphären und der Engel vielleicht «zu sehr nach Arbeit» klingen lassen. Das ließe sich leichter korrigieren, wenn ich Dias zeigen könnte. Ich denke ganz besonders an ein bestimmtes Bild, das die Intelligenz des Primum Mobile darstellt. Es ist natürlich durch und durch symbolisch; sie wussten sehr wohl, dass ein solches Geschöpf – es hatte keinen Körper – nicht bildlich dargestellt werden kann. Doch das gewählte Symbol ist von reizvoller Relevanz.

Es ist das Bild eines Mädchens, das tanzt und Tamburin spielt; ein Bild der Fröhlichkeit, fast schon der Ausgelassenheit. Und warum nicht? Diese Sphären werden durch Liebe bewegt, durch ein intellektuelles Verlangen, das niemals gesättigt wird, weil sie sich ihrem Objekt niemals ganz angleichen können, welches aber auch niemals frustriert wird, weil sie im vollsten Maß tun, was ihre Natur ermöglicht und erfordert. Ihre ganze Existenz ist somit eine der Freude. Wir müssen uns die Bewegungen des Universums nicht wie die einer Maschine oder auch nur die einer Armee vorstellen, sondern vielmehr wie einen Tanz, ein Fest, eine Sinfonie, ein Ritual, einen Karneval oder all dies in einem. Sie sind die ungehinderte Bewegung des vollkommensten Strebens hin zum vollkommensten Objekt.

Ein moderner Geist wird natürlich sagen, die Menschen dieser Zeit hätten den Himmel nach dem Vorbild der Erde gestaltet und, weil sie große Pracht, die Messe, Krönungen, Festumzüge, Turniere und das Singen von Weihnachtsliedern liebten, solche Aktivitäten *par excellence*[302] der translunaren Welt zugeschrieben. Bedenken Sie aber, dass es für sie genau andersherum war. Sie glaubten, die kirchliche und die soziale Hierarchie seien schwache Abbildungen der himmlischen Hierarchie. Der Prunk und die Zeremonien, in denen sie bis zum Äußersten ihrer Kräfte schwelgten, waren ihr Versuch, den *modus operandi*[303] des Universums nachzuahmen und in diesen Sinn «gemäß der Natur» zu leben.

Das ist der Grund, weshalb es so viel mittelalterlicher Kunst schlicht darum geht, die Natur der Dinge zu bestätigen. Es machte ihnen Freude, davon zu erzählen und wieder und wieder davon erzählt zu bekommen, wie das Universum, das ich Ihnen vorgestellt habe, beschaffen sei. Bei jedem Dichter kann es in jedem Gedicht passieren, dass er anfängt, die Engel, die Sphären, die Einflüsse, die Metalle und hundert andere Dinge zu beschreiben, für die ich keine Zeit hatte – Edelsteine, Tiere, den Tierkreis, die sieben Tugenden, die sieben Todsünden, die neun Helden, das Wesen der Winde, die Teile der Seele, Kräuter, Blumen oder was auch immer. Sie schrieben darüber, sie sangen darüber, sie malten und schnitzten diese Dinge. Manchmal scheint ein ganzes Gedicht oder ein ganzes Gebäude aus fast nichts als verbalisierter oder in Stein gehauener Kosmologie zu bestehen.

In all dem habe ich nie auch nur eine Spur der primitiven Idee gefunden, dass man durch eine Darstellung dieser Dinge auf Erden irgendwie dazu beiträgt, dass sie im Universum geschehen. Ihr Geist war nicht so beschaffen. Es war vielmehr das spontane Verlangen von uns «Fremden außerhalb der Stadtmauer», soweit wie möglich am Leben innerhalb der Stadt teilzuhaben; wie wenn die Müttervereinigung das gleiche Stück in der Stadthalle aufführt, das gerade in London gegeben wird – ein legitimer, aber absurder Versuch, und ein großer Spaß für alle Beteiligten.

Es verbleiben zwei Punkte, die etwas Unbehagen hervorgerufen haben könnten. Ist es imaginativ und emotional erträglich, dass sich die Erde räumlich im Zentrum befindet und zur gleichen Zeit in einem anderen Sinn ein gutes Stück außerhalb der Stadtmauer? Und ist es wirklich befriedigend, außerhalb des höchsten Himmels einen unendlichen Raum zu haben? Ja, das ist es, wenn wir ihr Denken auf seinem höchsten Niveau nehmen. Auf diesem Niveau beinhaltet es etwas, von dem kein Modell auf einer Tafel gezeichnet, ja noch nicht einmal ohne Mühe in drei Dimensionen angefertigt werden könnte.

Aristoteles hatte gesagt: «Was immer sich außerhalb des höchsten Himmels befindet, ist von solcher Art, dass es weder Platz benötigt noch von der Zeit berührt wird.»[304] Das ist typisch aristotelisch in seiner trockenen Vorsicht, und typisch heidnisch in seiner ehrfürchtigen Scheu. Von Christen übernommen, wird dies zu etwas weitaus Positiverem und stärker Widerhallendem. Ein Autor sagt zum Beispiel, dieser ganze Himmel sei *Deo plenum*, er sei voll von Gott. Und Dante sagt, er sei *luce intellettual piena d'amore*.[305] In anderen Worten, es gibt keinen wirklichen Raum außerhalb des Kosmos. Das Empyreum ist die Grenze des Raumes nicht in dem absurden Sinn, dass wir genötigt wären, mehr Raum außerhalb seiner zu platzieren, sondern in dem Sinn, dass es der Punkt ist, an dem die räumliche Denkweise zusammenbricht. Das Ende des Raumes zu erreichen heißt, das Ende der Räumlichkeit zu erreichen.

Dante veranschaulicht uns dies durch eine bemerkenswerte *tour de force*.[306] Er kann natürlich das Raumlose nicht im strikten Sinn vorstellbar machen. Was er tut, ist, uns zeigen, wie sich der Raum von innen nach außen kehrt. Das lehrt uns höchst wirksam, dass das räumliche Denken, wie wir es normalerweise kennen, an ein Ende gekommen ist.

Zunächst, um uns vorzubereiten, gibt er uns ein bemerkenswertes Bild. Das Primum Mobile wird beschrieben als das «Gefäß», in dem die Zeit ihre Wurzeln hat – «suchen wir woanders ihre Blätter».[307] Die Zeit wurde in der alten Philosophie natürlich von der Bewegung des Primum Mobile hervorgebracht. Aber bedenken Sie das Bild – ein gigantischer Baum, der über diese 118 Millionen Meilen abwärts wächst, mit seinen Wurzeln in den Sternen und seinen Blättern als den Tagen und Minuten, die wir auf Erden durchleben. Ich hätte beinahe gesagt «die Blätter seiner *obersten* Äste», denn wir können sie uns nicht anders als oben vorstellen; was für uns unten ist, muss für den Baum oben sein, sein Saft muss heraufkommen, seine Wurzeln müssen an seinem tiefsten Punkt sein. Auf diese Weise stellt Dante das Universum auf den Kopf.

Später dann, im Empyreum selbst, wird ihm ein Punkt aus Licht gezeigt, um den neun Lichter kreisen, von denen der dem Zentrum am nächsten befindliche sich am schnellsten bewegt und der äußerste am langsamsten. Vom Zentrum sagt Beatrice: «Der Himmel und die gesamte Natur hängen an diesem Punkt»,[308] was genau das ist, was Aristoteles in so vielen Worten vom Unbewegten Beweger gesagt hatte. Der Punkt ist eine Darstellung Gottes, die neun Planeten sind (gewissermaßen) die Engel-Hierarchien, und Sie erkennen, dass hier unser Universum auf den Kopf gestellt ist.

In unserer sichtbaren Welt bewegt sich der Umfang, das Primum Mobile, am schnellsten und ist Gott am nächsten; der Mond bewegt sich am langsamsten und ist dem am nächsten, was wir den Mittelpunkt nennen, d.h. der Erde. Doch die wahre Natur des Universums ist das exakte Gegenteil. In der sichtbaren und räumlichen Ordnung ist die Erde der Mittelpunkt; in der dynamischen, unsichtbaren Ordnung ist das Empyreum der Mittelpunkt und wir befinden uns in der Tat «außerhalb der Stadtmauer», am Ende von allem. Im

Mittelpunkt dieses Mittelpunkts, dem Mittelpunkt der Erde, ist der Rand, das heißt der Punkt, an dem sich alles Sein und alle Realität schließlich verlieren. Denn dort drinnen (wie wir das nennen), dort draußen (wie wir es nennen sollten), ist die Hölle – der letzte Vorposten, der Rand, der Ort, an dem das Sein dem Nicht-Sein am nächsten kommt, wo positive Nichtexistenz sich (sozusagen) asymptotisch jenem Punkt nähert, den sie nie ganz erreichen kann.

Das war das Weltbild des Mittelalters. Es hatte natürlich einen großen Haken. Es war nicht – oder ein großer Teil von ihm war nicht – wahr. Ich habe Sie eingeladen, es eher als ein Werk der Kunst zu betrachten; vielleicht sogar insgesamt das größte Kunstwerk, das das Mittelalter hervorgebracht hat. Es war natürlich keine bloße Einbildung. Es sollte dazu dienen, und es gelang ihm auch in gewissem Maß, die Tatsachen abzudecken, wie sie ihnen bekannt waren. Und indem wir es unwahr nennen, meinen wir vielleicht heute auch etwas anderes als das, was unsere Großväter darunter verstanden hätten.

Sie hätten die Newton'sche Darstellung schlicht für wahr gehalten und die mittelalterliche schlicht für falsch. Für sie wäre es gewesen wie der Unterschied zwischen einer guten und einer schlechten Landkarte. Ich denke, die meisten Leute würden heute zugeben, dass kein Bild des Universums, das wir zeichnen können, in genau dem Sinn «wahr» ist, in dem unsere Großväter dies hofften. Wir würden eher von «Modellen» sprechen. Und da es nur Modelle sind, sollten wir erwarten, in jedem von ihnen sowohl etwas von der Natur des Künstlers als auch von der des Objekts zu finden.

Aus dieser Perspektive hat auch eine Untersuchung der verschiedenen Modelle ihren Wert. Ich glaube, das mittelalterliche und das Newton'sche Modell – das eine so geordnet, so subtil und so festlich, das andere so pfadlos, so ohne jede Form –, sie spiegeln die ältere formale und intellektuelle Welt und die jüngere schwärmerische, romantische Welt recht gut wider. Was unsere eigenen Modelle – sofern man uns überhaupt erlaubt, weitere Modelle zu bilden – widerspiegeln werden, möge die Nachwelt beurteilen.

4. Vom Modellcharakter aller Weltbilder

Die besten von dieser Art sind bloße Schatten.
Shakespeare[309]

Ich habe nicht ernsthaft vor Ihnen zu verbergen versucht, dass mir das alte Weltbild sehr zusagt: so, wie ich glaube, dass es auch unseren Vorfahren sehr zugesagt hat. Mir scheint, nur wenigen Konstrukten der menschlichen Vorstellungskraft ist es in demselben Maß gelungen, Pracht, Ernst und Kohärenz miteinander zu vereinen. Es kann aber sein, dass es einige Leser schon lange juckt, mich daran zu erinnern, dass es einen ernsthaften Defekt hatte: es war nicht wahr.

Ich stimme zu. Es war nicht wahr. Doch ich würde gerne mit dem Hinweis darauf enden, dass dieser Vorwurf für uns nicht mehr exakt das gleiche Gewicht haben kann, das er im 19. Jahrhundert hatte. Wir haben damals geglaubt, so wie wir es heute immer noch glauben, dass wir wesentlich mehr über das reale Universum wissen, als es das Mittelalter wusste; und wir haben gehofft, so wie wir es immer noch hoffen, in Zukunft noch mehr Wahrheiten darüber herauszufinden. Doch die Bedeutung der Wörter «wissen» und «Wahrheit» hat sich in diesem Zusammenhang verändert.

Das 19. Jahrhundert war immer noch der Ansicht, wir könnten durch Ableitungen von unserer sinnlichen Erfahrung (verbessert durch Instrumente) in ungefähr der Weise etwas über die letzte physische Realität «wissen», wie man anhand von Landkarten, Bildern und Reiseführern etwas über ein Land «wissen» kann, das man nicht besucht hat; und dass in beiden Fällen die «Wahrheit» eine Art geistiges Abbild der Sache selbst wäre. Philosophen mögen beunruhigende Anmerkungen zu dieser Konzeption gemacht haben, aber Wissenschaftler und einfache Leute haben dem nicht viel Aufmerksamkeit geschenkt.

Die Mathematik war zwar bereits das Idiom, in der viele Wissenschaften sprachen. Doch ich glaube nicht, dass man Zweifel hatte, dass es eine konkrete Realität gibt, *für die* diese Mathematik gilt, und die sich so von der Mathematik unterscheidet, wie sich ein Haufen Äpfel vom Vorgang seiner Zählung unterscheidet. Wir wussten durchaus, dass diese Realität in einigen Aspekten unser Vorstellungsvermögen übersteigt; Quantitäten und Entfernungen, die entweder sehr groß oder sehr klein waren, ließen sich nicht visualisieren. Doch abgesehen davon hofften wir, unser gewöhnliches bildliches und begriffliches Vorstellungsvermögen könne sie erfassen. Wir hätten dann durch die Mathematik ein Wissen gehabt, das nicht bloß mathematisch ist. Wir wären wie ein Mann gewesen, der etwas über ein fremdes Land erfährt, ohne es selbst besucht zu haben. Er erfährt etwas über die Berge, indem er sorgsam die Höhenlinien auf einer Landkarte studiert. Doch sein Wissen ist nicht nur ein Wissen *über* den Verlauf der Höhenlinien. Er erlangt sein eigentliches Wissen, indem diese ihm ermöglichen zu sagen: «Hier wäre ein einfacher Aufstieg möglich», «Das ist ein gefährlicher Felsabhang», «A wäre von B aus nicht sichtbar», «Diese Wälder und Gewässer müssen ein schönes Tal ergeben». Indem er über die Höhenlinien hinaus zu solchen Schlüssen kommt (wenn er eine Landkarte zu lesen weiß), kommt er näher an die Realität heran.

Es wäre etwas ganz anderes, wenn ihm jemand sagen würde (und er dies glaubte): «Es sind aber die Höhenlinien selbst, die die vollste Realität sind, die wir haben können. Wenden wir uns von ihnen zu diesen anderen Aussagen, so kommen wir der Realität nicht näher, sondern entfernen uns von ihr. All diese Vorstellungen von ‹echten› Felsen und Abhängen und Ausblicken sind bloß eine Metapher oder ein Gleichnis; ein *pis aller*,[310] erlaubt als ein Zugeständnis an die Schwäche jener, die Höhenlinien nicht verstehen, welches aber in die Irre führt, wenn man es wörtlich nimmt.»

Und dies ist, wenn ich die Situation richtig verstehe, genau das, was jetzt in den physikalischen Wissenschaften geschehen ist. Die Mathematik ist nun die größte Annäherung an die Realität, die wir erlangen können. Alles Vorstellbare, und sogar alles, was durch gewöhnliche (das heißt, nicht-mathematische) Begriffe gehandhabt werden kann, ist, weit davon entfernt, eine weitere Wahrheit zu sein, zu der die Mathematik der Zugang wäre, eine bloße Analogie, ein Zugeständnis an unsere Schwäche. Die moderne Physik spricht nicht ohne Gleichnis zu den Massen.

Selbst unter ihresgleichen nennen die Wissenschaftler, wenn sie versuchen, ihre Ergebnisse in Worte zu bringen, diesen Vorgang nun ein Bilden von «Modellen». Von ihnen habe ich mir auch dieses Wort geborgt. Doch diese «Modelle» sind nicht wie Schiffsmodelle kleine Nachbildungen der Realität. Manchmal illustrieren sie diesen oder jenen Aspekt dieser Realität durch eine Analogie. Manchmal illustrieren sie nicht, sondern deuten lediglich an, wie die Äußerungen der Mystiker. Ein Ausdruck wie die «Krümmung des Raumes» ist exakt vergleichbar mit der alten Definition Gottes als «ein Kreis, dessen Zentrum überall und dessen Umfang nirgendwo ist».[311] Beide sind erfolgreich im Andeuten; jeder tut dies, indem er etwas anbietet, das auf der Ebene unserer normalen Vorstellungswelt Unsinn ist. Indem wir die «Krümmung des Raumes» akzeptieren, «wissen» wir oder erfreuen wir uns der «Wahrheit» nicht in jener Weise, wie sie einst für möglich gehalten wurde.[312]

Es wäre daher in gewisser Weise irreführend zu sagen: «Das Mittelalter glaubte, das Universum sei in etwa so, wir wissen aber, dass es so ist.» Ein Teil unseres heutigen Wissens besteht darin, dass wir nicht in diesem alten Sinn «wissen können, wie das Universum ist», und dass kein Modell, das wir je werden bilden können, ihm in diesem alten Sinn «entspricht».

Eine solche Aussage würde zudem unterstellen, dass das alte Modell einfach unter dem Druck neu entdeckter Phänomene zusammenbrach – wie die ursprüngliche Theorie eines Detektivs durch die Entdeckung zusammenbrechen kann, dass sein erster Verdächtiger ein unanfechtbares *Alibi* hat. Das ist natürlich mit vielen Details des alten Modells geschehen, so, wie es heute täglich mit bestimmten Hypothesen in einem modernen Labor geschieht. Die Erforschung der Tropen widerlegte den Glauben, sie seien zu heiß für menschliches Leben; die erste *nova*[313] widerlegte den Glauben, der Bereich jenseits des Mondes sei unveränderlich. Doch der Wechsel des Modells oder Weltbildes als Ganzes ist keine solch einfache Angelegenheit.

Die spektakulärsten Unterschiede zwischen dem mittelalterlichen und unserem modernen Weltbild betreffen Fragen der Astronomie und der Biologie. In beiden Bereichen wird das neue Weltbild durch eine Fülle empirischer Belege gestützt. Doch wir würden dem historischen Prozess nicht gerecht, wenn wir sagen würden, das Hereinbrechen neuer Fakten sei der alleinige Grund für den Wandel gewesen.

Die alte Astronomie wurde nicht in irgendeinem exakten Sinn durch das Fernrohr «widerlegt». Wenn man will, so kann man die vernarbte Oberfläche des Mondes und die Jupitermonde in ein geozentrisches Schema integrieren. Selbst die enormen und höchst unterschiedlichen Entfernungen der Sterne können aufgenommen werden, wenn man bereit ist, ihrer «Sphäre», dem *stellatum*, eine riesige Dicke zu geben. Am alten Schema, «mit zentrisch und exzentrisch darüber gekritzelt»,[314] hatte man schon erheblich herumgebastelt, um mit den Beobachtungen mithalten zu können. Inwiefern es möglich gewesen wäre, es durch endlose Ausbesserungen bis heute aufrechtzuerhalten, weiß ich nicht. Aber der menschliche Geist wird solche stetig zunehmenden Komplikationen nicht lange erdulden, wenn er einmal erkannt hat, dass eine einfachere Konzeption ebenfalls «die Erscheinungen rettet».

Weder theologische Vorurteile noch persönliche Interessen können einem Modell einen bleibenden Vorrang sichern, das sich als so völlig unökonomisch herausgestellt hat. Die neue Astronomie triumphierte nicht, weil die Lage für die alte hoffnungslos geworden war, sondern weil die neue ein besseres Instrument war; sobald dies eingesehen war, tat unsere tief verwurzelte Überzeugung, die Natur selbst sei sparsam, den Rest. Wenn unser eigenes Modell eines Tages aufgegeben werden wird, so wird diese Überzeugung ohne Zweifel wieder mit am Werk sein. Was für Modelle wir auch bilden werden, oder ob wir überhaupt welche werden bilden können, wenn ein großer Wandel in der Psychologie des Menschen diese Überzeugung einmal aufhebt, ist eine interessante Frage.

Doch der Wandel im Weltbild betraf nicht nur die Astronomie.

Er beinhaltete in der Biologie auch den – vermutlich noch bedeutenderen – Wandel von einem devolutionären zu einem evolutionären Muster, von einer Kosmologie, in der es als axiomatisch galt, dass «alle vollkommenen Dinge allen unvollkommenen Dingen vorausgehen»[315], zu einem Muster, in dem es als axiomatisch gilt, dass «der Ausgangspunkt (*Entwicklungsgrund*) stets niedriger ist als das, was sich entwickelt».[316] (Die Größe dieses Wandels kann man daran ermessen, dass *primitiv*[317] nun in den meisten Fällen eine Abwertung impliziert.)

Zu dieser Revolution kam es ganz sicher nicht durch die Entdeckung neuer Tatsachen. Als Kind glaubte ich, Darwin habe «die Evolution entdeckt» und der bis vor kurzem das allgemeine Denken dominierende weit umfangreichere allgemeine, grundsätzliche und sogar kosmische Evolutionismus sei ein Überbau, der das biologische Theorem zur Grundlage hat. Diese Sicht ist inzwischen widerlegt.[318] Die Aussage, die ich gerade zitiert habe, stammt von Schelling aus dem Jahr 1812. Bei ihm, bei Keats, in Wagners Ringzyklus, bei Goethe und Herder[319] hat der Wechsel zu dieser neuen Sichtweise bereits stattgefunden. Seine Entstehung kann bis zu Leibniz, Akenside, Kant, Maupertuis und Diderot[320] zurückverfolgt werden. Schon 1768 glaubt Robinet[321] an ein «aktives Prinzip», das die bloße Materie überwindet, und konstatiert, dass *la progression n'est pas finie*.[322] Für ihn, nicht weniger als für Bergson oder de Chardin,[323] «stehen die Tore der Zukunft weit offen».[324]

Das Verlangen nach einer sich entwickelnden Welt – ein Verlangen, das offensichtlich sowohl mit dem revolutionären als auch mit dem romantischen Temperament in Einklang steht –, entsteht zuerst; wenn es voll ausgereift ist, gehen die Wissenschaftler an die Arbeit und entdecken das Beweismaterial, von dem man nun annehmen würde, dass unser Glaube an ein so beschaffenes Universum auf ihm aufgebaut ist.

Hier kann keine Rede davon sein, dass das alte Modell durch den Ansturm neuer Tatsachen erschüttert worden wäre. Offenbar ist das Gegenteil der Fall: wenn Veränderungen im Bewusstsein des

Menschen genügend Abneigung gegenüber dem alten Modell und genügend Verlangen nach einem neuen Modell hervorbringen, tauchen Phänomene zur Unterstützung des neuen Modells gehorsamst auf. Ich will keineswegs behaupten, dass diese neuen Phänomene bloße Illusionen sind. Die Natur hat alle möglichen Phänomene auf Lager und kann vielerlei Geschmäcker bedienen.

Ein interessanter astronomischer Wandel vollzieht sich gerade in unserem Weltbild. Fragte man vor fünfzig Jahren einen Astronomen nach «Leben auf anderen Planeten», so war er geneigt, sich als ein völliger Agnostiker zu geben oder sogar dessen Unmöglichkeit zu betonen. Nun sagt man uns, in einem solch riesigen Universum müssten Sterne mit Planeten und Planeten mit Bewohnern unzählige Male vorkommen. Wir haben jedoch keinerlei zwingende Beweise. Ist es aber völlig ohne Belang, dass zwischen der alten und der neuen Sicht die enorme Ausbreitung der «Science-Fiction»-Literatur und die Anfänge der echten Raumfahrt lagen?

Ich hoffe, niemand glaubt, ich würde empfehlen, zum mittelalterlichen Weltbild zurückzukehren. Ich unterbreite Ihnen lediglich Überlegungen, die uns dazu bringen können, alle Modelle des Universums in rechter Weise zu verstehen und dabei jedes zu respektieren und keines blind zu vergöttern. Wir alle sind mit dem Gedanken wohlvertraut, dass das menschliche Bewusstsein zu jeder Zeit stark von dem anerkannten Modell des Universums beeinflusst wird. Doch es gibt hier einen Verkehr in beiden Richtungen; das Modell vom Universum wird ebenso von dem vorherrschenden Bewusstseinsklima beeinflusst.

Wir müssen erkennen, dass das, was man einen «Geschmack an Universen»[325] genannt hat, nicht nur verzeihlich, sondern unausweichlich ist. Wir können den Wandel der Modelle nicht länger als einen einfachen Fortschritt vom Irrtum zur Wahrheit abtun. Kein Modell ist ein Katalog letzter Realitäten und keines ist eine bloße Einbildung. Jedes ist ein ernsthafter Versuch, alle zu einer bestimmten Zeit bekannten Phänomene einzubeziehen, und jedem gelingt dies mit sehr vielen. Doch nicht weniger gewiss reflektiert jedes auch die vorherrschende Psychologie eines Zeitalters fast ebenso viel, wie es den Wissensstand seiner Zeit reflektiert. Kaum eine Aufhäufung neuer Fakten hätte einen Griechen davon überzeugen können, dass das Universum eine für ihn so abstoßende Eigenschaft wie Unendlichkeit haben könnte; kaum eine solche Aufhäufung könnte einen Modernen überzeugen, dass es hierarchisch ist.

Es ist sehr wohl denkbar, dass unser eigenes Modell einen gewaltsamen Tod sterben wird, gnadenlos zertrümmert durch einen nicht bewusst provozierten Ansturm neuer Tatsachen – nicht bewusst provoziert wie die *nova* von 1572. Doch ich glaube, es ist wahrscheinlicher, dass es sich ändern wird, wenn und weil weitreichende Veränderungen im Bewusstseinsklima unserer Nachkommen nach einer solchen Veränderung verlangen. Das neue Modell wird nicht ohne Beweismaterial aufgestellt werden, doch das Beweismaterial wird auftauchen, wenn das innere Bedürfnis danach groß genug sein wird. Es werden wahre Beweise sein. Doch die Natur gibt das meiste ihres Beweismaterials als Antwort auf die Fragen, die wir ihr stellen.

Hier, wie vor Gericht, hängt der Charakter der Beweise von der Form der Untersuchung ab, und ein gutes Kreuzverhör kann Wunder bewirken. Der Verhörende wird aus einem ehrlichen Zeugen keine Falschheiten herausholen. Doch im Verhältnis zur gesamten Wahrheit im Bewusstsein des Zeugen wirkt der Aufbau des Verhörs wie eine Schablone. Er bestimmt, wie viel von der gesamten Wahrheit in Erscheinung tritt und welches Muster dadurch nahegelegt wird.

5. Hierarchie

Die gleiche Konzeption einer universalen Ordnung ist auch von fundamentaler Bedeutung für die religiöse Entwicklung Indiens und Persiens. Sie erscheint in der Rigveda … unter dem Namen Rta oder Rita. Dies wird normalerweise mit Ordnung oder Recht übersetzt, doch es ist schwer, ein Äquivalent in modernem Englisch zu finden, weil es zugleich kosmisch, rituell und ethisch ist.

Christopher Dawson[326]

Auch kann dich dein allseits bekannter Heldenmut nicht zu der Gemeinheit verleiten, dich an die Stelle des rechtmäßigen, dir durch eine solch lange Reihe königlicher Ahnen vorgegebenen Prinzen zu setzen und dich dadurch zum Tyrannen über deine Mitmenschen aufzuschwingen.

Philip Sidney[327]

Johnson beklagte, Milton sei der Ansicht gewesen, dass Männer nur für die Rebellion geschaffen sind und Frauen nur für den Gehorsam.[328] Andere meinten, er müsse, da er ein Rebell gegen die Monarchie der Stuarts[329] war, auch ein Rebell gegen die Monarchie Gottes gewesen sein und insgeheim auf der Seite des Teufels gestanden haben. Zum mindesten hat man das Gefühl, es bestehe ein beunruhigender Kontrast zwischen Republikanismus für die Erde und Royalismus für den Himmel. Meines Erachtens sind all diese Auffassungen verkehrt und Ausdruck eines tiefgreifenden Missverstehens von Miltons zentralem Gedanken.

Dieser Gedanke ist nicht bloß Milton zu eigen. Er ist Bestandteil der alten orthodoxen Tradition europäischer Ethik von Aristoteles bis Johnson selbst, und ein Missverstehen dieser Tradition führt zu einer falschen Beurteilung nicht nur von *Paradise Lost*, sondern nahezu aller Literatur vor dem Zeitalter der Revolution. Wir können sie die hierarchische Konzeption nennen.

Gemäß dieser Konzeption sind Stufen von Werten im Universum objektiv gegeben. Alles außer Gott hat ein von Natur aus Übergeordnetes; alles außer ungeformter Materie hat ein von Natur aus Untergeordnetes. Die Tugend, das Glück und die Würde eines jeden Wesens besteht darin, dem ihm von Natur aus Übergeordneten zu gehorchen und über die ihm von Natur aus Untergeordneten zu herrschen. Versagt es in einem Teil dieser doppelten Aufgabe, so entsteht Übel oder Missgestalt im Gefüge der Dinge, bis das sündige Wesen entweder zerstört oder aber berichtigt ist. Eines von beidem wird es auf jeden Fall werden, denn durch das Verlassen seines Platzes im Gefüge (ob nun nach oben wie ein rebellischer Engel oder nach unten wie ein unterwürfiger Ehemann) hat es sich die Natur der Dinge selbst zum Feind gemacht. Es kann keinen Erfolg haben.

Aristoteles sagt uns, es liege in der Natur der Dinge, zu herrschen und beherrscht zu werden. Die Seele ist der natürliche Herrscher über den Leib, das Männliche über das Weibliche, die Vernunft über die Leidenschaft. Sklaverei ist gerecht, weil einige Menschen zu anderen stehen wie Seelen zu Leibern (*Politeia* I, 5). Wir dürfen aber nicht glauben, das Herrschen des Herren über den Sklaven oder der Seele über den Leib sei die einzige Form von Herrschaft; es gibt so viele Formen des Herrschens, wie es Formen der Überlegenheit und Unterlegenheit gibt. Ein Mann sollte daher über seine Sklaven despotisch herrschen, über seine Kinder monarchisch und über seine Frau politisch; die Seele sollte der Despot des Leibes sein, doch die Vernunft der konstitutionelle König der Leidenschaften (ebd., I, 5, 12).

Die Gerechtigkeit oder Ungerechtigkeit einer bestimmten Form von Herrschaft hängt ganz von der Natur der beiden Parteien ab, nicht im Geringsten von irgendeinem Gesellschaftsvertrag. Wo die Bürger einander wirklich gleich sind, sollten sie in einer Republik leben, in der alle im Wechsel regieren (ebd., I,12; II, 2). Sind sie einander nicht wirklich gleich, so wird die republikanische Form ungerecht (ebd., III, 13). Der Unterschied zwischen einem König und einem Tyrannen hängt nicht ausschließlich von der Tatsache ab, dass der eine mild und der andere streng regiert. Ein König ist jemand, der über die ihm von Natur aus Untergebenen herrscht. Wer auf Dauer und ohne Nachfolger über ihm von Natur aus Gleichgestellte herrscht,[330] ist ein Tyrann – selbst dann, wenn er (möglicherweise) gut regiert. Er ist maßlos (ebd., III, 16, 17; IV, 10). Gerechtigkeit heißt Gleichheit für Gleiche und Ungleichheit für Ungleiche (ebd., III, 9). Die Art von Fragen, die wir heute stellen – ob Demokratie oder Diktatur die bessere Verfassung ist –, wäre für Aristoteles sinnlos gewesen. Er würde fragen: «Demokratie *für wen*?» «Diktatur *für wen*?»

Aristoteles dachte hauptsächlich an die staatsbürgerliche Gesellschaft. Die Anwendungen der hierarchischen Konzeption auf das private oder das kosmische Leben müssen wir bei anderen Autoren suchen. Wenn Donne sagt, «deine Liebe soll die Sphäre meiner Liebe sein», so hat er als Hintergrund die kosmische Hierarchie der Platonischen Theologen, ich vermute insbesondere die des Abrabanel. Jedes Seiende ist der Vermittler von höherer Liebe oder *Agape* an das Seiende unter ihm und von niederer Liebe oder *Eros* an das Seiende über ihm. Von dieser Art ist die liebende Ungleichheit zwischen der Intelligenz, die eine Sphäre führt, und der Sphäre, die geführt wird.[331]

Das ist keine Metapher. Für den Denker der Renaissance, nicht weniger, sondern mehr als für den Scholastiker, war das Universum vollgepackt mit und quoll über vor anthropomorphem Leben; sein wahres Bild kann man auf den aufwändigen Titelseiten alter Foliobände finden, wo die Winde aus den Ecken blasen und Delphine unten aus dem Wasser schießen und wo es das Auge aufwärts zieht über Städte und Könige und Engel hin zu vier strahlenumkränzten hebräischen Buchstaben an der Spitze, die den Unaussprechlichen Namen repräsentieren. Wir sind daher nur am Rande des Metaphorischen, wenn Spensers Artegall den alles einebnenden Riesen tadelt, indem er ihm erklärt, alle Dinge seien «mit göttlichem Maß» geschaffen und würden «ihre sichere Grenze kennen», sodass weder Hügel die Täler «verachten» noch Täler die Hügel «beneiden»; gemäß derselben erhabenen Autorität, die Könige zum Befehlen veranlasst und Untergebene zum Gehorchen. Das ist für Spenser mehr als eine fantasievolle Analogie. Die soziale Hierarchie hat dieselbe Quelle wie die kosmische, sie ist tatsächlich der Abdruck desselben Siegels in einer anderen Art von Wachs.

Vielleicht der großartigste Ausdruck der hierarchischen Konzeption in seinem doppelten Bezug zum gesellschaftlichen und zum kosmischen Leben ist die Rede des Ulysses in Shakespeares *Troilus*. Ihre besondere Bedeutung liegt in ihrer klaren Formulierung der Alternative zur Hierarchie. Nehmen wir die «Grade» weg, so «trifft sich alles in bloßem Gegensatz»; «Stärke» wird regieren, alles wird «von Macht eingeschlossen». Mit anderen Worten, der moderne Gedanke, wir könnten zwischen Hierarchie und Gleichheit wählen, ist für Shakespeares Ulysses blanker Unsinn. Die wahre Alternative ist Tyrannei: Wollen wir keine Autorität anerkennen, so werden wir feststellen, dass wir roher Gewalt ausgeliefert sind.

Hierarchie ist ein beliebtes Thema bei Shakespeare. Ein Versäumnis, seine Vorstellung von naturgegebener Autorität anzuerkennen, führt beispielsweise *Der Widerspenstigen Zähmung* ad absurdum. Es bringt den Hofdichter dazu, Katharinas Rede der Unterordnung als «melancholisches Gesabber» zu beschreiben. Es bringt moderne Produzenten dazu, Katharina so darzustellen, als sei ihre Unterordnung bloß taktisch oder ironisch. In den Zeilen, die Shakespeare ihr gegeben hat, ist nicht eine Spur davon zu finden. Wenn wir fragen, was Katharinas Unterordnung ankündigt, so glaube ich, dass Shakespeare uns seine Antwort durch den Mund Petruchios gegeben hat:

«Heirat, sie kündet Frieden an, und Liebe und ein ruhiges Leben / Ein ehrfürchtiges Herrschen und gerechte Souveränität / Und, um es kurz zu sagen, was auch immer lieblich und glücklich ist.» Nimmt man diese Worte für bare Münze, so sind sie für moderne Leser sehr bestürzend, doch wer diese Bestürzung nicht erträgt, der sollte keine alten Bücher lesen. Hätte der Dichter nicht beabsichtigt, dass wir uns an Katharinas Züchtigung erfreuen, so hätte er ihr einen liebenswerteren Charakter gegeben. Er hätte sich gewiss nicht die Mühe gemacht, uns unter der Maske ihres vorgeblichen Hasses auf Männer das eifersüchtige Schikanieren ihrer Schwester zu zeigen.

Noch auch fehlen die Belege aus anderen Stücken, dass Shakespeare die Lehre von der «rechten Souveränität» in vollem Umfang anerkannte. «Eigensinnige Freiheit» (von Frauen gegenüber Männern) «ist mit Kummer gegeißelt», wie wir in der *Comedy of Errors* lernen. Ein Kind sollte seinen Eltern gegenüber «wie eine Wachsfigur sein», sagt Theseus. Ein Kind, das versucht, mit seinem Vater zu diskutieren – und der Vater ist der Weise Prospero –, erhält als einzige Antwort «Was? Soll mein Fuß mein Lehrer sein?» Selbst *Lear* sehen wir im falschen Licht, wenn wir nicht mehr als moderne Zugeständnisse an elterliche und königliche Autorität machen. Selbst *Macbeth* wird verständlicher, wenn wir begreifen, dass die Dominanz der Ehefrau über den Ehemann eine missgestaltete Form der Herrschaft ist. Ich habe keinerlei Zweifel, dass Shakespeare sich mit Montaigne einig war, dass «Gehorsam das rechte Amt einer Vernunftseele» ist.

Haben wir diese Konzeption von Hierarchie einmal verstanden, so sehen wir, dass Ordnung in zweierlei Weise zerstört werden kann: (1) Indem man über von Natur aus Gleichgestellte herrscht oder sich ihnen unterordnet, das heißt durch Tyrannei oder Unterwürfigkeit. (2) Indem man es unterlässt, einem von Natur aus Übergeordneten zu gehorchen oder über ein von Natur aus Untergeordnetes zu herrschen – das heißt durch Rebellion oder Nachlässigkeit. Und dies sind, ob nun von gleicher Schuld oder nicht, gleichermaßen Missgestalten. Der Gedanke, es bestehe irgendeine logische Inkonsistenz oder auch nur eine emotionale Disharmonie darin, die Monarchie Gottes anzuerkennen und die Monarchie Karls II. zurückzuweisen, basiert auf einer Konfusion. Wir müssen zuerst fragen, ob Karl II. unser natürlicher Superior ist. Denn sollte er es nicht sein, so wäre Rebellion gegen ihn kein Abweichen vom hierarchischen Prinzip, sondern seine Bestätigung; wir müssten Gott aus demselben Grund gehorchen, aus dem wir uns Karl widersetzen, geradeso wie ein moderner Mensch dem Gesetz gehorchen und sich aus dem gleichen Grund einem Gangster widersetzen würde. – Und für den Fall, dass eine solch offensichtliche Wahrheit seinen Lesern entgangen sein sollte, hat Milton sie in zwei einander kontrastierenden Passagen verdeutlicht.

Die erste von ihnen ist die Debatte zwischen Satan und Abdiel in Buch V. Beide Seiten sind solide Aristoteliker, doch der Punkt ist, dass Satan bei den Tatsachen falsch liegt. Satans Argumentation wird durch die Tatsache erschwert, dass er Gleichheit speziell in seinem eigenen Lager vermeiden will und daher für einen Augenblick abweichen muss, um zu erklären, dass «Ordnungen und Grade sich nicht in ihrer Freiheit unterscheiden» (789f.). Er wird nicht allzu deutlich an dieser Stelle, *et pour cause*[332]. Diese Stelle ist eine von jenen, in denen (zu Recht und in der Tat unvermeidbar) ein Maß an düsterer Komödie erlaubt ist. Doch Satans zentraler Punkt ist klar. Er behauptet, die Mitherrschaft des Sohnes (Gottes) sei eine Tyrannei im aristotelischen Sinn. Es ist wider die Vernunft, Monarchie zu beanspruchen «über jene, die von Rechts wegen als Ihm Ebenbürtige leben» (792).[333]

Abdiels Antwort ist eine doppelte. Als Erstes bestreitet er Satans Recht, Gottes Taten überhaupt zu kritisieren, weil Gott sein Schöpfer ist. Als Schöpfer hat Er ein über jedes elterliche Recht hinausgehendes Recht, ohne Frage zu tun, was Er will: «Mein Fuß mein Lehrer?» Als Zweites bestreitet er, unter Anerkennung von Satans Definition der Tyrannei, dessen Fakten: der Sohn ist nicht von gleichem Wesen wie die Engel und in Wahrheit das Instrument, durch das sie geschaffen wurden. Ist Er ihnen nicht von Natur aus gleichgestellt, so ist «Macht ohne Nachfolge» (818) auf Seiner Seite (der Ausdruck *ohne Nachfolge* verbindet diese Passage mit Aristoteles)[334] natürlich keine Tyrannei, sondern gerechte Herrschaft. Und das ist so offensichtlich, dass Satan sich bei dem Versuch seiner Antwort auf die absurde und inkohärente Theorie zurückziehen muss, die Engel hätten sich «selbst gezeugt», mit der freundlichen Unterstützung einer Chimäre namens «verhängnisvoller Verlauf» (858).

Die andere Stelle kommt am Anfang von Buch XII. Wir bekommen dort gesagt, wie die Monarchie unter Menschen entstand. Jemand mit einem «ambitionierten Herz» – das heißt, jemand, der die Sünde Satans selbst beging –, wurde unzufrieden mit jener brüderlichen Gleichheit, die unter denen herrschen sollte, die einander von Natur aus gleichgestellt sind. Indem er diese Gleichheit zurückwies, lehnte er sich gegen das «Recht der Natur» auf. Sein «Reich» war somit «tyrannisch», und sein Anspruch auf göttliches Recht («Als beanspruche er vom Himmel her zweite Hoheit») unberechtigt. Denn wie Adam «väterlich ungehalten» erklärt, und durch diese *väterliche* Verärgerung in dem Moment, in dem er einen tyrannischen Bruch verurteilt, das wahre hierarchische Prinzip bestätigt: «absolute Herrschaft» wurde dem Menschen über alle Tiere gegeben, nicht aber einem Menschen über andere (XII, 24–70).

Die Rebellion Satans und die Tyrannei eines Nimrod[335] oder eines Karl sind aus demselben Grund verkehrt. Tyrannei, das Herrschen über Gleichgestellte, als seien sie Untergebene, ist Rebellion. Und ebenso ist Rebellion Tyrannei, wie Shakespeares Ulysses sah. Miltons gesamter Hass auf die Tyrannei kommt in dem Gedicht zum Ausdruck, doch der Tyrann, der unseren Verwünschungen preisgegeben wird, ist nicht Gott. Es ist Satan. Er ist der *Sultan* – ein Name, der in Miltons Tagen allen Europäern sowohl als freien Bürgern als auch als Christen verhasst war. Er ist der *Chef*, der *General*, der *Große Kommandeur*. Er ist der machiavellische Prinz, der seinen «politischen Realismus» durch «Notwendigkeit, die Ausrede des Tyrannen» entschuldigt. Seine Rebellion beginnt mit Reden über Freiheit, geht aber schnell über zu «dem, was uns mehr betrifft, Ehre, Herrschaft, Ruhm und Ansehen» (VI, 421). Der gleiche Prozess ist auch bei Eva am Werk. Sie hat die Frucht kaum gegessen, da will sie schon mehr «von gleichem Rang sein» wie Adam; und kaum hat sie das Wort «gleich» ausgesprochen, korrigiert sie es in «überlegen» (IX, 824).

Einige mögen sagen, Miltons Bestätigung der göttlichen Monarchie sei mit seinem Republikanismus zwar logisch kompatibel, doch Logik sei hier nicht alles. Sie entdecken eine emotionale Disharmonie in dem Gedicht: was immer der Dichter *sagen* mag, nach ihrer Ansicht *empfindet* er die Ansprüche der Autorität nicht so, wie er jene der Freiheit empfindet. Und es ist unsere tatsächliche Erfahrung beim Lesen des Gedichts, die zählt – nicht logische Konstrukte, die wir über es bilden können. Doch unsere tatsächliche Erfahrung hängt nicht nur vom Gedicht ab, sondern auch von dem Vorverständnis, das wir an es herantragen. Es wäre keine Überraschung, wenn wir, die wir größtenteils mit egalitären oder freiheitlichen Vorstellungen groß geworden sind, uns dem Gedicht mit einem Geist nähern, der zu Satans Gunsten Gott gegenüber voreingenommen ist, und zu Evas Gunsten Adam gegenüber, und dann mit diesen Voreingenommenheiten in den Dichter eine Sympathie hineinlesen, die bei ihm gar nicht vorhanden ist.

Ich glaube, das ist tatsächlich geschehen, doch wir müssen hier unterscheiden. Es ist eine Sache zu sagen, Milton sei es nicht gelungen, den Gedanken der Hierarchie auf sich selbst anzuwenden, und eine andere zu sagen, sein Glaube daran sei oberflächlich gewesen. Wir sind nicht «so völlig unwissend im Blick auf die menschliche Natur, um nicht zu wissen, dass das Prinzip sehr ernsthaft sein kann, wo die Praxis sehr mangelhaft ist».[336]

Ich bin bereit, zuzugestehen, dass Milton selbst es wahrscheinlich an den Tugenden der Demut und des Gehorsams hat fehlen lassen; und wenn das, was Sie mit einer Disharmonie im Gedicht meinen, nur darin besteht, dass der Dichter besser dachte, als er lebte, und höhere Tugenden liebte, als er erlangt hatte, dann ist das Gedicht zwiegespalten. Doch wenn Sie meinen, er habe gegenüber dem Prinzip der Unterordnung nur ein Lippenbekenntnis abgelegt und die Befehle seines oberflächlichen und konventionellen Gewissens hätten in dieser Frage in Opposition zu den innersten Impulsen seines Herzens gestanden, dann widerspreche ich. Der hierarchische Gedanke ist dem Gedicht nicht lediglich an Stellen aufgepfropft, an denen die christliche Glaubenslehre dies verlangt: er ist das innere Leben des gesamten Werkes; er schäumt oder sprießt in jedem Moment aus dem Gedicht.

Milton zeichnet das Leben der Herrlichkeit als eines der Ordnung – ein verschachtelter Tanz, der so verschachtelt ist, dass er gerade dort unregelmäßig erscheint, wo seine Regelmäßigkeit am kunstvollsten ist (V, 620). Er zeichnet das ganze Universum als ein Universum der Abstufungen, von der Wurzel zum Halm, vom Halm zur Blume, von der Blume zum Atemhauch, von der Frucht zur menschlichen Vernunft (V, 480). Er ist entzückt vom zeremoniellen Austausch ungleichartiger Höflichkeiten, mit Herablassung (ein wunderbares Wort, das wir verdorben haben) auf der einen und Ehrerbietung auf der anderen Seite. Er zeigt uns den Vater, wie er «mit Strahlen gerichtet» voll den Sohn bescheint, und den Sohn, «der sich über sein Szepter beugt», als er sich erhebt (VI, 719, 746); oder Adam, «nicht überwältigt», aber sich «tief beugend», als er sich anschickt, dem Erzengel entgegenzutreten und den Engel, nicht gebeugt, aber voller Huld, als er seine Worte des Grußes an das menschliche Paar richtet (V, 359–390); oder die Höflichkeiten der niederen Engel gegenüber den höheren, wie «man es im Himmel pflegt / Wo niemand es an geziemender Ehre und Ehrerbietung fehlen lässt» (III, 737); oder Adam, der mit «höherer Liebe» auf Evas «demütige Reize» herablächelt, wie es der große Himmelsvater bei der Erdmutter tut (IV, 498); oder die Folgsamkeit der Tiere bei Evas Anruf, ganz so wie bei dem der Circe (IX, 521).

Die Bedeutung all dessen scheint mir völlig klar zu sein. So schreibt nicht jemand, der das hierarchische Prinzip nur widerwillig akzeptiert, sondern jemand, der von ihm verzaubert ist. Und das ist auch alles andere als überraschend. Nahezu alles, was wir über Milton wissen, legt uns eine solche Verzauberung nahe und verdeutlicht, dass Hierarchie nicht nur seine Imagination, sondern auch sein Gewissen anspricht; dass sie sein Gewissen möglicherweise hauptsächlich durch seine Imagination erreicht.

Er ist ein gepflegter, eleganter Mann, «die Lady vom Christ College»[337]; ein penibler Mann, der *in gepflegten* Gärten umherwandelt. Er ist ein Grammatiker, ein Fechter, ein Musiker mit einer Vorliebe für die Fuge. Alles, wofür er sich begeistern kann, verlangt Ordnung, Proportion, Maß und Kontrolle. In der Dichtung betrachtet er *decorum*[338] als das große Meisterstück. In der Politik ist er das, was am wenigsten an einen Demokraten erinnert – ein aristokratischer Republikaner, der «nichts für der Ordnung der Natur angemessener oder den Interessen der Menschheit zuträglicher [hält], als dass die Geringeren den Größeren Vorrang gewähren sollten, nicht der Zahl nach, aber in Weisheit und Tugend».[339] Und über den Bereich der Politik weit hinaufreichend, schreibt er: «Disziplin ist gewiss mehr als nur die Entfernung von Unordnung, doch wenn göttlichen Dingen irgendeine sichtbare Gestalt gegeben werden kann, dann ist sie die sichtbare Gestalt und das Bild der Tugend, wodurch diese nicht nur an den regelmäßigen Gesten und Bewegungen ihrer himmlischen Schritte erkannt wird, sondern auch die Harmonie ihrer Stimme für sterbliche Ohren hörbar wird. Sogar die Engel selbst, bei denen keine Unordnung zu fürchten ist, sind gemäß der Beschreibung des Apostels, der sie in seiner Entrückung sah, unterschieden und verteilt auf ihre himmlischen Fürstentümer und Provinzen, nach Maßgabe dessen, was Gott Selbst durch Seine kaiserlichen Anordnungen für die großen Provinzen des Himmels verfügt hat. Der Zustand der Erlösten im Paradies, auch wenn er nie so perfekt sein wird, bleibt daher ebenfalls nicht ohne Disziplin, deren goldener Maßstab jedes Viertel und jeden Bezirk des Neuen Jerusalem absteckt und vermisst.»

Achten Sie auf den Grund. Nicht, weil auch die geretteten Seelen immer noch endlich sein werden, nicht, weil der Rückzug von der Disziplin ein Privileg wäre, das zu hoch für die Geschöpfe ist. Nein, es wird Disziplin im Himmel geben, «damit unsere Freude aufsteigt in tausend Bewegungen der Pracht und des Entzückens, und mit einer Art exzentrischem Gleichgewicht gewissermaßen ein beständiger Planet der Freude und des Glückes wird».[340] Mit anderen Worten, damit wir «einer Regel folgen, wo wir am unregelmäßigsten erscheinen».[341]

Jene, die dieser Konzeption nichts abgewinnen können, sollten nicht ihre Zeit darauf verschwenden, zu versuchen, sich an Milton zu erfreuen. Denn das ist vermutlich das zentrale Paradox seiner Vision. Disziplin existiert, solange die Welt noch nicht gefallen ist, um dessen willen, was ihr absolutes Gegenteil zu sein scheint – um der Freiheit, ja nahezu der Zügellosigkeit willen.

Das Muster, das tief im Tanz verborgen ist, so tief, dass oberflächliche Betrachter es nicht sehen können, dieses Muster allein verleiht den wilden, freien Gesten, die ihn ausfüllen, ihre Schönheit; geradeso, wie die zehnsilbige Norm all jenen Ausnahmen und Variationen in den Versen des Dichters ihre Schönheit verleiht. Die glückliche Seele ist wie ein Planet, wie ein *Wandelstern*, doch in eben diesem Wandeln unwandelbar (wie uns die Astronomie lehrt); sie ist exzentrisch jenseits aller Vorhersage und doch gleichmäßig in ihrer Exzentrizität. Das himmlische Frohlocken entspringt einem Orchester, das richtig gestimmt ist; die Regeln der Etikette machen völlige Leichtigkeit und Freiheit zwischen jenen möglich, die sie befolgen. Ohne Sünde ist das Universum ein feierliches Spiel, und es gibt kein gutes Spiel ohne Regeln.

Und so, wie dieser Abschnitt die Frage ein für alle Mal erledigen sollte, ob Milton in seinem Herzen das Prinzip des Gehorsams liebte, sollte es auch jene eingebildete Entzweiung zwischen dem ethischen und dem dichterischen Prinzip beenden, die Moderne unglücklicherweise so oft in die großen Dichter hineinlesen. Es gibt hier keine Unterscheidung. Die ganze Person ist entfacht von ihrer Vision der «Gestalt der Tugend». Solange wir das nicht berücksichtigen, werden wir weder *Comus*[342] noch *Paradise Lost* verstehen, weder *The Faerie Queene* noch die *Arcadia*, noch auch die *Göttliche Komödie* selbst. Wir wären in der ständigen Gefahr zu unterstellen, dass der Dichter eine Regel einschärft, wo er tatsächlich von einer Perfektion entzückt ist.

6. Das Natur- und Menschenbild der Renaissance

Einem modernen Menschen erscheint der Gedanke selbstverständlich, die neue Astronomie müsse den menschlichen Geist stark beeindruckt haben; blicken wir in die Literatur der Zeit, so finden wir sie jedoch kaum erwähnt.[343] Die Annahme, sie habe einen Schock hervorgerufen, der dem Schock vergleichbar wäre, den Darwin den Viktorianern verpasste oder Freud unserer eigenen Zeit, ist sicher verkehrt.

Die Gründe hierfür brauchen wir auch nicht lange zu suchen. Als Erstes müssen wir uns daran erinnern, dass Kopernikus' *De Revolutionibus* (1543) nur eine Theorie aufstellte; der Nachweis durch Kepler und Galileo[344] kam erst am Ende unserer Zeit, und die allgemeine Anerkennung noch später. Und zweitens tendierte der in der Mitte des 16. Jahrhunderts in England dominierende Humanismus im Großen und Ganzen dazu, der Naturwissenschaft gegenüber indifferent, wenn nicht sogar feindlich gesinnt zu sein. Es ist ein englischer Humanist, ein klassischer Pedant, der in Brunos *Cena delle Cenere* (1584)[345] immer noch glaubt, Kopernikus könne mit einer leicht spöttischen Bemerkung aus den *Adagia* des Erasmus[346] abgetan werden.

Selbst dort, wo die neue Theorie anerkannt wurde, war der dadurch hervorgerufene Wandel nicht von einer solchen emotionalen oder imaginativen Bedeutung, wie man das manchmal meint. Schon lange hatten die Menschen geglaubt, die Erde sei eine Kugel. Schon lange, das können wir bei Vinzenz von Beauvais, Dante oder «Johannes von Mandeville»[347] sehen, hatten die Menschen erkannt, dass eine Bewegung zur Erde hin aus jeder Richtung eine Abwärtsbewegung war. Schon lange hatten die Menschen gewusst und die Dichter betont, dass die Erde im Verhältnis zum Universum verschwindend klein ist: dass sie, wie Ptolemäus erklärt, als ein mathematischer Punkt behandelt werden muss (*Almagest*, I. v).

Auch hatte man im Allgemeinen nicht das Gefühl, die Erde oder der Mensch würden an Würde verlieren, wenn sie aus dem Mittelpunkt des Kosmos vertrieben werden. Die zentrale Position der Erde war keine Vorrangstellung gewesen. Im Gegenteil, sie markierte laut Montaigne (*Essais*, n. xii) «den schlechtesten und abgestorbensten Teil des Universums», «das unterste Stockwerk des Hauses», den Ort, an dem all das Licht, die Hitze und die Bewegung, die aus den erhabeneren Sphären herabstiegen, schließlich in Dunkelheit, Kälte und Passivität erloschen. Ihre räumlich zentrale Position war dynamisch marginal: der Rand des Seins, am weitesten vom Zentrum entfernt. Wenn diese Theorie also irgendwelche Aufregung hervorrief, dann wohl am ehesten freudige Erregung. Der Theologe Cusanus (1401–61), der (aufgrund seiner eigenen metaphysischen Gründe) ein früher Befürworter der Bewegung der Erde war, frohlockte, als er 1440 feststellte, dass auch sie ein «edler Stern» ist, mit eigenem Licht, eigener Hitze und eigenem Einfluss (*De Docta Ignorantia*, II. xii).

Was sich bei der neuen Astronomie als bedeutsam herausstellte (und das erst langsam), war nicht eine bloße Veränderung auf unserer Karte des Weltraums, sondern die methodische Revolution, die sie verifizierte. Das lässt sich nicht hinlänglich als ein Übergang vom Dogmatismus zum Empirismus beschreiben. Bloße Empiristen wie Telesius oder Bacon[348] erreichten nichts. Was sich als fruchtbar im Denken der neuen Naturwissenschaftler erwies, war der entschiedene Gebrauch der Mathematik beim Aufstellen von Hypothesen, die nicht lediglich durch Beobachtung überprüft wurden, sondern durch die kontrollierte Beobachtung von Phänomenen, die präzise gemessen werden konnten.

Auf der praktischen Seite war es dies, was die Natur in unsere Hände spielte. Und diese Revolution war dazu bestimmt (was den Literaturhistoriker mehr betrifft), enorme Auswirkungen auf unser Denken und Empfinden zu haben. Indem sie die Natur auf ihre mathematischen Aspekte reduzierte, ersetzte sie eine beseelte oder animistische Konzeption des Universums durch eine mechanische. Die Welt wurde entleert, zuerst der ihr innewohnenden Geister, dann ihrer okkulten Sympathien und Antipathien[349], schließlich ihrer Farben, Gerüche und Geschmäcker. (Kepler erklärte zu Beginn seiner Karriere die Bewegung der Planeten durch ihre *animae motrices*[350]; bevor er starb, erklärte er sie mechanisch.) Das Ergebnis war eher Dualismus als Materialismus. Das Bewusstsein, von dessen idealen Konstrukten die ganze Methode abhing, stand seinem Objekt in umso größerer Verschiedenheit gegenüber. Der Mensch mit seinen neuen Kräften wurde reich wie Midas, aber alles, was er berührte, wurde tot und kalt.

Dieser sich langsam vollziehende Prozess bewirkte während des nächsten Jahrhunderts den Verlust der alten mythischen Imagination; der Dünkel, und später die personifizierte Abstraktion, tritt an seine Stelle. Und noch später, als ein verzweifelter Versuch, einen Abgrund zu überbrücken, den man als unerträglich zu empfinden beginnt, erhalten wir die Naturpoesie der Romantiker.

Es muss aber sehr klar gesehen werden, dass diese Konsequenzen im 16. Jahrhundert weder empfunden noch vorhergesehen wurden. Basis für die gesamte in diesem Band untersuchte Literatur ist die ältere Konzeption der Natur. Davies' *Orchestra*[351] gibt uns das richtige Bild vom Universum eines Heinrich VIII. oder einer Elisabeth I.; kribbelnd vor anthropomorphem Leben, tanzend, zeremoniell, ein Fest und keine Maschine. Es ist äußerst wichtig, sich dies von Anfang an klar zu machen. Tun wir das nicht, so werden wir unsere Dichter ständig missverstehen, indem wir Ausdrücke für hochgeschraubte Metaphern halten, die noch immer so gut wie keine Spur von Metaphorik enthalten.

Die «prophetische Seele der weiten Welt» ist keine bloße Personifikation: es ist die echte *anima mundi*[352]. Die wimmelnde Erde kann wie in Teil 1 von *Heinrich IV.* fast buchstäblich von einer Art Kolik «bedrückt werden»: denn ist sie nicht ein großes Tier, das *durch die Krater der Berge gleichsam wie durch Mund und Nasenlöcher* ausatmet? (Fromondus, *Meteor*, IV, iv).[353] Selbst wenn Hügel dafür gepriesen werden, dass sie auf tiefer liegende Ebenen nicht von oben herabschauen, haben wir kaum den Bereich schlichter und einfacher Metaphorik erreicht; man empfand es so, dass die natürlichen und die staatsbürgerlichen Hierarchien irgendwie zusammenhängen. Es gibt natürlich in der Dichtung des 16. Jahrhunderts wie in fast aller Dichtung Formen der Vermenschlichung, doch sie kommt weit seltener vor, als ein moderner Leser zunächst vermuten würde.[354]

Wissenschafts- oder Philosophiehistoriker bemühen sich, vor allem, wenn sie eine Theorie des Fortschritts vertreten, jene Elemente im Denken des 16. Jahrhunderts herauszugreifen, die später das gesamte Wirklichkeitsbild des Menschen verändern sollten. Sie neigen dazu, jene anderen Elemente, die dazu bestimmt waren zu verschwinden, als bloße «Überbleibsel» einer früheren, dunkleren Zeit zu behandeln. Dem Literaturhistoriker hingegen geht es nicht um jene Ideen seiner Zeit, die sich als fruchtbar herausstellten, sondern um jene, die zu dieser Zeit als bedeutsam erschienen. Er muss sogar versuchen, sein Wissen darüber zu vergessen, was später kam; er muss das Ei betrachten, als wüsste er nicht, dass es ein Vogel werden würde.

Aus dieser Perspektive betrachtet ist es irreführend, die beseelte oder animistische Kosmologie des 16. Jahrhunderts ein «Überbleibsel» zu nennen. Zum einen wird dieses Wort der Tatsache kaum gerecht, dass sie zu dieser Zeit offenbar eher lebhafter und stärker empfunden wurde, als dies früher der Fall gewesen war. Zum anderen erweckt es den gefährlichen Eindruck, diese Kosmologie sei nun etwas Fremdes und Störendes und nicht mehr charakteristisch für diese Zeit. Es bringt uns dazu, die Menschen dieser Zeit in zwei Lager einzuteilen, in die konservativ Abergläubischen und die Progressiven oder Aufgeklärten, ja nach Möglichkeit sogar zu unterstellen, dass sie unserer Dichotomie zugestimmt hätten. In Wahrheit würde sie nahezu jeden von ihnen zu einem Grenzfall machen. Die Gruppierungen, deren sie sich bewusst waren, waren sehr verschieden von denen, die unsere modernen Vorstellungen von Aberglauben und Aufklärung ihnen überstülpen würden.

Pico della Mirandola (1463–94) attackierte die Astrologie. Das sieht nach einem guten Grund aus, ihn zu den Aufgeklärten zu zählen. Doch Pico tritt auch sowohl für die Realität als auch für die Rechtmäßigkeit der Magie ein. Es stimmt: wenn er angegriffen wird, unterscheidet er *magia*[355] von *goetia*[356] und beschreibt erstere in Worten, die sie so unschuldig erscheinen lassen wie die Chemie; das heißt, als eine Kunst, die «nicht so sehr Wunder tut, als der Natur in ihrem Tun des Gleichen gehorcht» (*Apologie*). Doch er ist nicht aufrichtig. Schauen wir zurück auf seine *Conclusiones Magicae* (besonders 15, 19, 22 und 24), so finden wir dort das magische Ideal in seinem schärfsten Kontrast zum wissenschaftlichen formuliert.

Pomponatius (1462–1524) ist ein Determinist, der alle Religionen auf das Wirken kosmischer Gesetze zurückführt; das Christentum mit eingeschlossen, das nach seiner Ansicht nahezu ausgedient hat (*De Naturalium Effectuum Causu*, 251–286). Doch der Grund, weshalb Pomponatius so denkt, ist, dass er ein Astrologe ist: der Determinismus, an den er glaubt, ist der von Sternkonstellationen.

Dieser Konflikt zwischen dem Magier und dem Astrologen kommt für jene höchst überraschend, die den Menschen einer vergangenen Zeit unsere moderne Einteilung überstülpen wollen, denn nach unserer Einteilung zählen Magie und Astrologie beide als «Aberglaube». Doch in dem Augenblick, in dem wir unsere Einteilung fallenlassen (die vom historischen Standpunkt aus belanglos und zufällig ist) und diese beiden Künste sehen, wie sie ihren Vertretern erschienen, wird die Sache ganz einfach.

Magie und Astrologie sind, auch wenn sie natürlich in der Praxis oft vermischt werden, von der Tendenz her gegenläufig. Das gewöhnliche Empfinden (sei es der Ablehnung oder der verwunderten Neugier), das sie in unserem Bewusstsein vereint, ist modern: es ist etwas auf der Linse, durch die wir schauen, aber nichts im historischen Objekt. Der konsequente Astrologe ist ein Determinist. Er vertritt (in den Worten von William James) den Glauben des «illusionslosen Realisten». Er zerstört die Illusionen und verachtet die aufregenden Hoffnungen des Magiers. Die Temperamente, die sich heute zu modernen Formen des Determinismus hingezogen fühlen, hätte es im 16. Jahrhundert zum astrologischen Determinismus hingezogen.

Telesius beginnt sein *De Rerum Natura* mit einer Attacke auf jene, die «zu sehr ihrem eigenen Verstand vertrauten und vergaßen, auf die Dinge selbst zu schauen» (*Prooemium*). Er meint vor allem Aristoteles, dessen Physik und Kosmologie er scharf kritisiert. Er besteht darauf, dass alles Wissen in den Sinnen gründen muss. Selbst die menschliche Seele, was immer wir über sie auf Basis des christlichen Glaubens anerkennen, ist, soweit uns bekannt, *corporea quadantenus*[357] (c. xl). Es ist eine Stelle, die jeden Historiker des Fortschritts erfreuen wird: hier beginnt doch gewiss der Weg in die Aufklärung.

Doch bei Campanella (1568–1639), der den Sensualismus des Telesius weiterentwickelt, nimmt der Weg eine höchst unerwartete Wendung. In seinem *De Rerum Sensu et Magia* behauptet er, die Sinneserfahrung sei sicherer als jedes verstandesmäßige Wissen (II. xxx). Doch weil er zum Monismus[358] hinstrebt, erklärt er dann, die Sinneserfahrung, welche wir mit den Tieren teilen, könne nicht *ex nihilo* entstanden sein. Sie muss uns mit dem gesamten Universum verbinden. Wir müssen schließen, dass «die Elemente und alle Dinge» empfindsam sind. Wenn das aber so ist, dann muss es möglich sein, ihre schlafenden Sinne (*sopitus sensus*) durch *magia divina* zu erwecken. Sind wir und die Natur alle eins, so muss es einen kürzeren Weg geben, sie zu kontrollieren, als durch Mechanik; einen direkten Weg, «so, wie wenn ein Mensch einem anderen befiehlt, der in seiner Macht steht» (iv. ii).

Dieses letzte Beispiel, bei dem wir sehen, wie ein neuer Empirismus zu einer neuen Konzeption von Magie führt, sollte deutlich machen, wie wenig der Ausdruck «Überbleibsel des Mittelalters» auf all das passt, was wir im 16. Jahrhundert als Aberglauben ansehen. Sollte es so etwas wie die Magie des 18. Jahrhunderts geben, so könnten wir sie vernünftigerweise ein «Überbleibsel» des 17. Jahrhunderts nennen; in dieser Weise über die Magie des 16. Jahrhunderts zu sprechen heißt, den wahren Wandel zu früh anzusetzen und die von uns betrachtete Zeit misszuverstehen.

Ein starkes Aufblühen verbotener oder imaginärer Künste ist keine Anomalie in dieser Zeit, sondern einer ihrer charakteristischen Züge: nicht weniger charakteristisch als Forschergeist, Ciceronianismus[359] oder die Geburt des säkularen Dramas. Auch erschien es nicht einfach als die Verlängerung einer Bewegung, deren Impuls aus dem Mittelalter stammte. Im Gegenteil, es erschien ihnen selbst so, als würden diese Künste neue Wurzeln schlagen, als hätten sie so wie das Lateinische ihre eigene *renascentia*[360]. Sie sind in der Tat die äußerste Verdeutlichung einer allgemeinen Tendenz oder Empfindungslage, die sich auch in vielen anderen Bereichen des Lebens im 16. Jahrhundert ausmachen lässt.

Unter Magie verstehe ich hier keine bloße Hexerei – traditionelle, möglicherweise satanistische Riten, die von den Armen, Unwissenden oder Perversen praktiziert werden. Als ich mich zum ersten Mal mit diesem Aspekt meines Themas befasst habe, war ich versucht, den (wie ich dachte) ungefähr 1497 mit der Veröffentlichung des *Malleus Maleficarum*[361] beginnenden Hexenwahn als eine nützliche Bestätigung jener Sicht zu betrachten, die sich mir durch die anderen Belege aufgedrängt hatte. Zwei Überlegungen halten mich jetzt davon ab, das zu tun.

Zum Ersten hat M. Brouette (in *Satan*) Zweifel aufgeworfen, ob die Hexenprozesse nicht lediglich deshalb in bestimmten Zeiten häufiger erscheinen, weil sie da besser dokumentiert sind. Und zum Zweiten erscheint es mir unmöglich, zu wissen, ob allzu viel – ich hätte beinahe gesagt, irgendwelche – Hexerei tatsächlich stattfand. Die meisten Beweise waren bloßes Gerede; nahezu alle Geständnisse erfolgten in Reaktion auf Suggestivfragen und unter Folter. Richter, die ihre Untersuchung in dieser Weise vornehmen, werden unfehlbar bestätigt finden, was immer die Theorie der Anklage vor Beginn des Prozesses war. Der Hexenwahn betrifft uns daher im Moment, wenn überhaupt, dann nicht als Beleg für Dinge, die das gemeine Volk tat, sondern als Beleg für jene Auffassungen und (implizit) das gesamte Weltbild, welche(s) gelehrte und achtbare Leute in verantwortlichen Stellungen anerkannten.

Und hiermit lasse ich das Thema Hexerei ganz beiseite, und ich muss meine Leser auch bitten, Gilles de Rais, Schwarze Messen, Hieronymus Bosch und Mr. Crowley[362] aus ihrem Bewusstsein zu verbannen. Mein Thema ist die hohe Magie: nicht verschleiert, sondern offen eingestanden und gerechtfertigt durch wortgewandte

Wissenschaftler, die viel von ihrer Kraft aus der neuen Gelehrsamkeit beziehen. In dieser hohen Magie findet sich natürlich kein Satanismus und kein Faust'scher Vertrag mit dem Teufel. Und natürlich behaupteten Kritiker der hohen Magie (wie König Jakob I. in seiner *Dämonologie* von 1597) gleichwie, dass sie nichts als eine Falle sei und schließlich in der dämonischen Form enden würde. Ob sie für die Seele so gefährlich war, wie König Jakob (und vermutlich die meisten Zeitgenossen) meinten, kann ich nicht beurteilen; es scheint mir aber hinreichend Gründe für die Annahme zu geben, dass sie stärker auf die allgemeine Vorstellung wirkte, als dies bei der Magie des Mittelalters der Fall gewesen war.

Nur ein hartnäckiges Vorurteil gegenüber dieser Zeit (dessen Ursprung ich gleich zu erklären versuche) könnte uns für einen bestimmten Wandel blind machen, der sich beim Übergang vom Mittelalter zum 16. Jahrhundert in den rein literarischen Texten ereignet. In mittelalterlichen Geschichten finden wir in einem bestimmten Sinn jede Menge «Magie». Merlin tut dies oder jenes «durch seine Raffinesse»; Bercilak erlangt seinen abgetrennten Kopf zurück. Doch all diese Passagen sind unverkennbar mit einer Aura des «Märchenhaften» umgeben. Im Geist keines Lesers konnten sie ein praktisches oder quasi naturwissenschaftliches Interesse hervorrufen. Zu fragen, wie das gemacht wurde, würde ein Missverständnis literarischer Gattungen offenbaren. Und wenn Magie in der realistischeren Umgebung der «Franklin's Tale»[363] vorkommt, dann ist sie ganz offensichtlich eine Kunst der bloßen Täuschung, die nicht die Natur verändert, sondern sie nur «für die Sicht des Menschen» (F. 1158) als verändert erscheinen lässt; in einer «Erscheinung» (1265), die die Leute «wähnen und sehen» (1267) lässt, was nicht wahr ist.

Doch bei Spenser, Marlowe, Chapman und Shakespeare wird das Thema völlig anders behandelt. «Er geht zu seinen Studien»; Bücher werden geöffnet, furchtbare Wörter ausgesprochen, Seelen in Gefahr gebracht. Der mittelalterliche Autor scheint für eine Leserschaft zu schreiben, für die Magie ebenso zur Ausstattung des Romans gehört wie das Umherziehen der Ritter; die Elisabethaner hingegen schreiben für eine Leserschaft, die das Empfinden hat, sie könne in der Nachbarstraße geschehen.

Eine Missachtung dieser Tatsache hat zu einigen merkwürdigen Interpretationen des *Sturms* geführt, der in Wahrheit keine Fantasy ist (wie der *Mittsommernachtstraum*) und auch keine Allegorie, sondern Shakespeares Stück über *Magie*, wie *Macbeth* sein Stück über *Dämonenbeschwörung* ist, oder der *Kaufmann* über Zinswucher. Shakespeares Publikum glaubte (und die Beweislast liegt bei jenen, die sagen, dass Shakespeare das nicht tat), dass es Magier wie Prospero tatsächlich geben könne. Seine Rede der Abschwörung, die manchmal als eine autobiografische Vertraulichkeit des Dichters verstanden wird, war aus ihrer Sicht erforderlich, um dem Stück ein unzweifelhaftes Happy End zu geben. Der Epilog, der listigerweise so geschrieben ist, dass er zugleich für den bußfertigen Magier und für den Schauspieler passt, dessen Part zu Ende ist, unterstrich diesen Punkt. Auch konnte zu dieser Zeit niemand das sanfte und rechtzeitige «Ich werde mein Buch ertränken»[364] hören, ohne sich an jenen früheren Magier zu erinnern, der zu spät rief: «Ich werde meine Bücher verbrennen.»[365] Hier haben wir den ganzen Unterschied zwischen Feuer und Wasser.[366]

Diese hohe Magie kann bei Pico, Ficino (1433–99), Paracelsus (1493–1541), Agrippa (1486–1535) und unserem eigenen Dr. Dee[367] studiert werden. Sie lässt sich sogar in den *Philosophischen Werken* von Henry More studieren, die erst 1662 erschienen, ein Buch, das Dr. Johnson Boswell empfahl. Dieses angebliche «Überbleibsel aus dem Mittelalter» überlebte tatsächlich die elisabethanische Form der Lyrik, die elisabethanische Form des Theaterstücks, die elisabethanische Form der Monarchie und die ältere englische Musik.

Ihre Vertreter verstehen sich selbst ganz eindeutig nicht als Fortführer einer bestehenden Bewegung, sondern als Wiederbeleber von etwas, das im unwissenden Mittelalter verloren gegangen war. «Einst», so sagt Agrippa, «hatte Magie nach dem Urteil aller alten Philosophen den höchsten Ehrenplatz inne», doch von den ersten Tagen der Kirche an (*a principio nascentis ecclesiae catholicae*) wurde sie denunziert und verboten: völlig zu Unrecht, denn sie ist «eine hohe, heilige Kunst», *sublimis sacraque disciplina* (*De Occulta Philosophia, Ep. Ded.*). Mittelalterliche Beiträger zu diesem Thema wischt er als frivol beiseite: Autoren wie Roger Bacon und Arnaldus de Villanova schrieben *deliramenta* und *superstitiones*[368] (ebd.).

Was seine eigene Magie als «hoch» qualifiziert (ich habe den Ausdruck «weiße Magie» erst später gefunden), ist der Glaube, dass es viele mächtige Geister neben den Engeln und Teufeln des Christentums gibt. So, wie niemand bezweifelt (Psellos[369] hatte uns das ohnehin gesagt), dass böse Geister durch gottlose Künste gerufen werden können, können durch rechte Mittel die *mundane numina* gerufen werden, oder zumindest die übernatürlichen Wesen (nicht Dämonen)[370], die ihre Diener sind. Doch natürlich nicht die Engel (*supercelestes*), noch nicht einmal die unteren Arten, sondern nur die Luftgeister (*aëreos daemones*). Zur Unterstützung zitiert er Trismegistos[371] (ebd., I. xxxix). Es scheint jedoch einen anderen Weg zur Macht zu geben, der uns weiter bringt. Die Araber sagen, Menschen könnten über ihre körperlichen und sinnlichen Kräfte hinauswachsen und in diesem Zustand «die Vollkommenheit des Himmels und der göttlichen Intelligenzen» erlangen, denn «alle Geister gehorchen vervollkommneten Seelen». Auf diese Weise mag sogar die Wiederbelebung der Toten möglich sein (ebd., I. liii).

Die in diesem Zusammenhang bedeutsamen Punkte sind erstens die Verbindung mit dem Griechischen und der neuen Gelehrsamkeit (Agrippa zählt in der Tat Plinius, die Hermetica, die orphischen Bücher und «die Platonisten» zu seinen Autoritäten); zweitens der Glaube, dass die unsichtbare Bevölkerung des Universums eine ganze Schar von Wesen umfasst, die man beinahe theologisch neutral nennen könnte. [...]

Diese Masse mysteriöser, aber nicht notwendig böser Geister schafft die Möglichkeit eines unschuldigen Austauschs mit dem Unsichtbaren und somit der hohen Magie oder *magia*. Das ist zumindest die äußere und möglicherweise zufällige Voraussetzung. Doch um die wahre Psychologie der Magier zu verstehen, das heißt die Megalomanie oder (um ein Wort wiederzubeleben) die Anthropolatrie[372], die dieser gesamten Bewegung zugrunde liegt, müssen wir etwas tiefer blicken.

Cassirer hat herausgearbeitet, dass die altehrwürdige Wahrheit, dass der Mensch ein Mikrokosmos ist, der ein Stück von allem in sich trägt, nun einen merkwürdigen Wandel durchlief. Christen hatten immer geglaubt, dass der Mensch ein zusammengesetztes Wesen, ein *animal rationale* ist, und dass es in seiner eigenen Entscheidung liegt, ob er sich durch seine Vernunft oder seine Animalität bestimmen lässt. Doch diese Wahl konnte Ordnung oder Unordnung nur innerhalb der ihm durch die Hierarchie des Seins zugewiesenen Grenzen hervorrufen. Er konnte ein Heiliger werden, aber kein Engel: ein schweinischer Mensch, aber kein Schwein. Die Florentiner auf der anderen Seite scheinen manchmal zu glauben, der Mensch könne jede Art von Geschöpf werden, die ihm beliebt. In einer Passage, die seltsam Sartre antizipiert, legt Pico nahe, der Mensch besitze gar keine spezifische Natur und bringe seine eigene Natur durch seine Taten hervor.[373] «Dir, O Adam», dies sind die Worte, die er Gott in den Mund legt, «haben Wir keine bestimmte Wohnstätte, kein festes Antlitz und keine bestimmte Aufgabe gegeben, sodass welch Wohnstätte, Antlitz oder Aufgabe auch immer du selbst für dein Leben wählst, du sie deinem eigenen Willen und deiner eigenen Wahl gemäß sollst genießen und besitzen können. – Wir haben dich weder zu einem himmlischen noch zu einem irdischen Ding gemacht, weder sterblich noch unsterblich, sodass du als Gestalter und Architekt deiner selbst dich nach dem Vorbild dessen machen kannst, was dir selbst am meisten zusagt» (*De Dignitate*, Par. 3). Keine unüberwindbare Barriere trennt uns selbst von den höchsten Geistern.

Ich habe bereits bemerkt, dass Agrippa, auch wenn er an einer Stelle die Macht unserer Zeremonien darauf beschränkt, die *mundana numina* oder sogar nur die ihnen untergebenen Geister zu rufen, an einer anderen Stelle einen direkteren Zugang zur «Vollkommenheit des Himmels» andeutet. Ficino scheint dasselbe zu glauben.

Wir sind nicht nur den Luftgeistern verwandt, sondern auch den höchsten Rängen der geschaffenen Wesen. Niemand, der uns so sieht, wie wir jetzt erscheinen, würde unsere nahezu grenzenlosen Kräfte vermuten. Doch das liegt daran, dass die Seelen in ihren irdischen Leibern «merkwürdig in der ihnen gebührenden Würde gemindert sind», *longissime a sua dignitate discedunt*. Wir sind nicht durch Schicksal oder Strafe in diese Körper gekommen, sondern durch unseren eigenen freien Willen; von ihnen angezogen, weil wir sie liebten. Die Macht, die wir nun über sie haben, hatten wir einst über die gesamte Natur. Doch wenn die nun inkarnierte Seele ihre Parteinahme für diesen individuellen Organismus wieder überwinden sollte, warum sollte sie nicht ihre ursprüngliche Herrschaft über das gesamte geschaffene Universum zurückerlangen? Und solche Formen der Wiedergewinnung hat es bereits gegeben. Pythagoras und Apollonius von Tyana[374] werden als Beispiele herangezogen (*Theologia Platonica*, xiii, iv).

Ich hoffe, dieser Blick auf eine vergessene, aber einflussreiche Philosophie kann helfen, jene falschen Einteilungen loszuwerden, die wir aufgrund unserer *ex post facto*[375] -Urteile über «Aufklärung» und «Aberglauben» der Vergangenheit überzustülpen geneigt sind. Haben wir uns von ihnen befreit, so können wir sehen, dass die neue *magia*, weit davon entfernt, in dieser Zeit eine Anomalie zu sein, ihren Platz neben jenen anderen Träumen der Macht findet, die den Geist Europas heimsuchten.

Am offensichtlichsten findet sie ihren Platz neben dem Denken Bacons. Sein Bestreben steht für uns ohne Zweifel in Kontrast zu dem der Magier, dies aber nur in Anbetracht dessen, was seitdem geschehen ist: weil wir wissen, dass die Naturwissenschaft Erfolg hatte, wo die Magie versagte. Dieser Ausgang war damals noch ungewiss. Lassen wir unser Wissen darüber beiseite, so sehen wir sofort, dass Bacon und die Magier die größtmögliche Verwandtschaft haben. Beide erstreben Wissen um der Macht willen (in den Worten Bacons, als «eine Gattin für die Nachkommenschaft», nicht als eine «Mätresse fürs Vergnügen»), beide bewegen sich in einem großartigen Traum von Tagen, in denen die Menschheit zum Vollzug des «alles ist möglich» emporgestiegen sein wird. Zweifellos meint das alles, was keinen Widerspruch beinhaltet; eine höhere Allmacht wurde auch für Gott Selbst nicht geltend gemacht. Auch würde Bacon die Verwandtschaft nicht leugnen: er sah das Ziel der Magier als «edel» an.

Die von Scaliger (1484–1558), Sidney und Bacon geteilte Theorie der Dichtung (die ich für ein späteres Kapitel zurückhalte) hängt von dem Glauben ab, dass die Seele «im Verhältnis zur Welt überlegen ist»; und wenn sie irrt, dann mit dem gleichen Größenwahn. Selbst bei Machiavellis Traum von absoluter politischer Macht, mysteriös, gestützt durch unermüdlichen Zwang und Betrug, kann man sagen, er trage denselben Stempel.

Gegen die Grenzenlosigkeit dieser Aspirationen à la Wells oder Shaw[376] stellte der konsequente Astrologe (die meisten waren natürlich inkonsequent) seine kalte Versicherung, das Schicksal des Menschen hänge nicht von seinen eigenen Bemühungen ab, sondern von Sternkonstellationen, denen er nicht widerstehen und die er nicht günstig stimmen kann: dass die kleinen Wesen, die davon träumen, die Winde zu kontrollieren oder die Toten aufzuerwecken, in Wahrheit nur Spielbälle der Sterne sind.

Würde man mich fragen, was beiden Haltungen gemeinsam war, so würde ich die Vermutung wagen, dass es etwas Negatives ist. Beide haben eine ältere Lehre vom Menschen aufgegeben. Diese Lehre hatte ihm, auf der ihm zukommenden Stufe der hierarchischen Leiter, seine eigene begrenzte Freiheit und Wirksamkeit garantiert: Nun werden beide ungewiss, die Begrenzung und die Garantie – vielleicht kann der Mensch alles, vielleicht kann er nichts.

Doch noch einmal, das ist keine Frage strikt definierter Lager. Beide Sichtweisen kann man beim gleichen Autor finden. Paracelsus sagt uns in seinem *De Imaginibus* (Kap. xii), dass «der Mensch in sich selbst die Sterne und den Himmel trägt; sie liegen verborgen in seinem Geist ... würden wir unseren eigenen Geist recht kennen, so wäre uns kein Ding auf Erden unmöglich». In seinem *Liber Para-*

granum (Tract. i) sagt er, das Verhältnis des Menschen zu den Elementen sei wie das Verhältnis des Bildes in einem Spiegel zum realen Objekt: es ist, wie wir heute sagen würden, de facto ein bloßes Epiphänomen und kann über sich selbst und seine Quellen nicht mehr wissen, als ein Spiegelbild darüber weiß.

7. Das leere Universum

Dieses Buch ist, so scheint es mir, der erste Versuch, eine Denkbewegung umzukehren, die seit den Anfängen der Philosophie vor sich geht.[377]

Der Prozess, durch den der Mensch das Universum kennenlernte, ist aus einer bestimmten Perspektive äußerst kompliziert, aus einer anderen jedoch erschreckend einfach. Wir beobachten einen einfachen Fortschritt in einer einzigen Richtung. Zu Beginn erscheint das Universum vollgestopft mit Willen, Intelligenz, Leben und positiven Qualitäten; jeder Baum ist eine Nymphe und jeder Planet ein Gott. Der Mensch selbst ist den Göttern verwandt. Der Fortschritt des Wissens entleert nach und nach dieses reichhaltige und beseelte Universum, erst der Götter, dann seiner Farben, Gerüche, Töne und seiner Geschmäcker, zuletzt seiner Festigkeit, wie man sich Festigkeit ursprünglich vorstellte. In dem Maße, in dem diese Größen aus der Welt weggenommen werden, überträgt man sie auf die subjektive Seite des Kontos, eingestuft als unsere Sinneseindrücke, Gedanken, Vorstellungsbilder oder Gefühle. Das Subjekt wird vollgestopft, aufgebläht, auf Kosten des Objekts.

Aber die Sache endet hier nicht. Dieselbe Methode, die die Welt entleerte, schreitet nun fort, uns selbst zu entleeren. Die Herren der Methode geben in Kürze bekannt, dass wir uns ebenso im Irrtum befanden (und uns in derselben Weise geirrt haben), als wir menschlichen Organismen «Seelen», ein «Selbst» oder «Geist» zuschrieben, wie als wir den Bäumen Dryaden zuschrieben. Der Animismus fängt offensichtlich zu Hause an. Wir, die wir alle anderen Dinge personifiziert haben, stellen uns selbst als bloße Personifikationen heraus. Der Mensch ist tatsächlich den Göttern verwandt, das heißt, er ist nicht weniger illusorisch als sie. So, wie die Dryade ein «Geist» ist, das heißt ein abgekürztes Symbol für all die Fakten, die wir vom Baum kennen, törichterweise missverstanden als ein mysteriöses Wesen jenseits der Fakten, so ist der «Geist» oder das «Bewusstsein» des Menschen ein abgekürztes Symbol für bestimmte verifizierbare Fakten in Bezug auf sein Verhalten: ein Symbol, missverstanden als ein Ding.

Und so, wie wir unsere schlechte Angewohnheit aufgegeben haben, Bäume zu personifizieren, müssen wir nun unsere schlechte Angewohnheit aufgeben, Menschen zu personifizieren; eine Reform, die im politischen Bereich bereits erfolgt ist. Da war niemals eine subjektive Seite, auf die wir jene Dinge hätten übertragen können, die dem Objekt verloren gingen. Es gibt kein «Bewusstsein», das als Bilder oder private Erfahrungen all die verlorenen Götter, Farben und Begriffe beinhalten könnte. *Bewusstsein* ist «kein Substantiv, das man in dieser Weise gebrauchen kann».

Denn man gibt uns zu verstehen, dass unser Irrtum ein sprachlicher war. All unsere früheren Theologien, Metaphysiken und Psychologien waren ein Nebenprodukt unserer schlechten Grammatik. Max Müllers Formel (Mythologie ist eine Krankheit der Sprache)[378] kehrt daher in einem weit größeren Umfang zurück, als er sich das jemals träumen ließ. Wir haben uns diese Dinge nicht einmal vorgestellt, wir haben nur verwirrt gesprochen.

All die Fragen, deren Antworten die Menschheit bisher mit dem größten Interesse gesucht hat, stellen sich als unbeantwortbar heraus, nicht, weil ihre Antworten vor uns verborgen wären wie die «Privatsphäre Gottes»[379], sondern weil es unsinnige Fragen sind, von der Art: «Wie weit ist es von der London Bridge bis zum ersten Weihnachtstag?» Dass wir zu lieben glaubten, wenn wir eine Frau oder einen Freund liebten, war nicht einmal ein Phantom wie das Phantomsegel, das verhungernde Seeleute am Horizont zu sehen glauben. Es war mehr wie ein Wortspiel oder ein *sophisma per figuram dictionis*.[380]

Es ist, als suche jemand, getäuscht durch die sprachliche Ähnlichkeit zwischen «mein Selbst» und «meine Brille», morgens, bevor er das Schlafzimmer verlässt, nach seinem Selbst, um es in die Tasche zu stecken, weil er es vielleicht im Laufe des Tages noch brauchen wird. Beklagen wir die Entdeckung, dass unsere Freunde kein «Selbst» haben im alten Sinn, so verhalten wir uns wie jemand, der bittere Tränen weint, weil er sein «Selbst» nicht finden kann, weder auf dem Nachttisch noch unter ihm.

Und somit kommen wir zu einem Ergebnis, das außerordentlich stark der Null ähnelt. Während wir die Welt auf nahezu nichts reduzierten, betrogen wir uns mit der Fantasie, dass all die verloren gegangenen Qualitäten (wenn auch in einer etwas bescheideneren Form) aufgehoben blieben als «Elemente unseres Bewusstseins». Offensichtlich hatten wir kein Bewusstsein, das dazu in der Lage gewesen wäre. Das Subjekt ist ebenso leer wie das Objekt. Fast niemand hat sich in sprachlichen Irrtümern über fast nichts ergangen. Im Großen und Ganzen ist dies das Einzige, was jemals passiert ist.

Der Nachteil dieser Schlussfolgerung ist nicht einfach, dass sie unseren Gefühlen zuwider ist. Sie ist ihnen nicht zu allen Zeiten oder bei allen Menschen zuwider. Diese Philosophie besitzt, wie jede andere Philosophie auch, ihre eigenen Freuden. Und sie wird, so nehme ich an, der Regierung sehr zusagen. Das alte «Freiheitsgerede» war stark mit dem Gedanken vermischt, dass der Regierte, nicht weniger als der Regierende, eine ganze Welt in sich trug; für ihn der Mittelpunkt aller Welten, fähig zu grenzenlosem Leid und grenzenloser Freude. Doch jetzt hat er natürlich gar keine «Innenseite», außer jener, die man finden kann, wenn man ihn aufschneidet. Hätte ich einen Menschen bei lebendigem Leib zu verbrennen, so nehme ich an, ich würde eine solche Auffassung angenehm finden.

Die wahre Schwierigkeit ist für die meisten von uns eher so etwas wie eine physische Unmöglichkeit: Wir empfinden es als unmöglich, mit unserem Bewusstsein in der verdrehten Form zu verharren, die diese Philosophie von uns verlangt, und sei es auch nur für zehn Sekunden. Und um Hume, ihrem großen Vorfahren, gegenüber gerecht zu sein: dieser warnte uns auch, es gar nicht erst zu versuchen. Er empfahl stattdessen Backgammon, und er gab freimütig zu, dass wir, wenn wir nach einer angemessenen Dosis zu ihr zurückkehren, unsere Theorie «kalt und überspannt und lächerlich»[381] finden würden. Und natürlich sollten wir, wenn wir den Nihilismus tatsächlich akzeptieren müssen, genau so leben: so, wie wir, sollten wir Diabetes haben, Insulin nehmen müssen. Doch lieber hätten wir keinen Diabetes und kämen ohne das Insulin aus. Sollte es also irgendwo eine Alternative zu einer Philosophie geben, die nur durch wiederholte (und vermutlich steigende) Dosen Backgammon ertragen werden kann, so wären die meisten Menschen wohl froh, von ihr zu hören.

Es gibt (so habe ich mir sagen lassen) in der Tat einen Weg, ohne Backgammon mit dieser Philosophie zu leben, es ist aber einer, den man nicht gerne selber ausprobieren würde. Ich habe gehört, es gebe Formen des Wahnsinns, in denen eine solche nihilistische Lehre tatsächlich glaubwürdig erscheint, dass ihr also, wie Dr. Richards sagen würde, «Glaubensgefühle» entgegengebracht werden.[382] Der Patient macht die Erfahrung, ein Niemand zu sein in einer Welt von Niemanden und Nichtsen. Jene, die aus diesem Zustand zurückkehren, beschreiben ihn als höchst unangenehm.

Es ist natürlich nicht das erste Mal, dass ein Versuch unternommen wird, diesem Prozess Einhalt zu gebieten, der uns vom lebenden Universum, in dem der Mensch den Göttern begegnet, in die endgültige Leere führt, in der nahezu-niemand seine Irrtümer über nahezu-nichts entdeckt. Jeder Schritt in diesem Prozess wurde bekämpft. Viele Rückzugsgefechte wurden ausgetragen, einige davon finden auch heute statt. Doch es war stets nur eine Frage des Einhaltens, nicht des Umkehrens dieser Bewegung. Dies ist es, was Mr. Hardings Buch so wichtig macht. Sollte es «funktionieren», so hätten wir den Beginn einer Umkehr gesehen: Nicht ein Einhalten hier oder dort, sondern eine Denkweise, die diese ganze Frage neu zu eröffnen versucht. Und wir spüren im Voraus, dass nur eine solche Denkweise helfen kann. Der fatale Fehler, der uns in den Nihilismus geführt hat, muss ganz am Anfang passiert sein.

Es kann natürlich keine Rede davon sein, zum Animismus zurückzukehren, wie der Animismus war, bevor der Prozess der Verflüchtigung begann. Niemand glaubt, die Überzeugungen der vorphilosophischen Menschheit könnten oder sollten genau so wiederhergestellt werden, wie sie waren, bevor sie kritisiert wurden.

Die Frage ist, ob die ersten Denker, die sie aufgrund dieser Kritik (zu Recht) modifizierten, nicht einige vorschnelle und unnötige Zugeständnisse gemacht haben. Es war sicherlich nicht ihre Absicht, uns den absurden Folgen auszusetzen, die tatsächlich die Folge waren. Diese Form des Fehlers kommt in der Debatte oder auch in unserem privaten Denken häufig vor. Wir beginnen mit einer Sicht, die ein gutes Teil Wahrheit beinhaltet, wenn auch in verworrener oder übertriebener Form. Dann werden Einwände gegen sie vorgebracht und wir ziehen sie zurück. Stunden später stellen wir jedoch fest, dass wir das Kind mit dem Bad ausgeschüttet haben, und dass die ursprüngliche Sichtweise bestimmte Wahrheiten beinhaltet haben muss, deren Verlust nun dazu führt, dass wir uns in Absurditäten verstricken.

So ist es auch hier. Als wir die Dryaden und Götter hinauswarfen (die es natürlich so, wie man sie verstand, «nicht bringen würden»), warfen wir offensichtlich das gesamte Universum mit hinaus, uns selbst mit eingeschlossen. Wir müssen zurückgehen und von vorne anfangen: diesmal mit einer besseren Aussicht auf Erfolg, weil wir nun natürlich all die einzelnen Wahrheiten und Verbesserungen der Methode nutzen können, die unser Argumentationsgang als Nebenprodukte abgeworfen hat auf seinem ansonsten zerstörerischen Weg.

Es wäre anmaßend, behaupten zu wollen, zu wissen, ob Mr. Hardings Versuch in seiner gegenwärtigen Form erfolgreich sein wird. Sehr wahrscheinlich nicht. Wir sollten wohl kaum erwarten, dass bereits der erste – oder der einundzwanzigste – Versuch, den Mond zu erreichen, Erfolg haben wird. Aber er ist ein Anfang. Sollte er sich auch nur als ein entfernter Vorfahre eines Systems herausstellen, das uns wieder ein glaubwürdiges Universum gibt, bewohnt von glaubwürdigen Akteuren und Beobachtern, so wäre dies in der Tat ein sehr wichtiges Buch.

Es hat mir auch jene anregende und befriedigende Erfahrung gegeben, die bei gewissen theoretischen Werken zum Teil auch unabhängig von unserer abschließenden Zustimmung oder Nicht-Zustimmung vorkommen kann.[383] Es ist eine Erfahrung, die am einfachsten aufgeklärt werden kann, indem wir uns daran erinnern, was passiert ist, als wir uns von den minderen Vertretern eines Systems, auch eines Systems, das wir ablehnen, zu seinen großen Lehrern wandten. Ich hatte sie, als ich mich von gewöhnlichen «Existenzialisten» zu M. Sartre[384] selbst gewandt habe, von Calvinisten zur *Institutio*[385], von den «Transzendentalisten» zu Emerson[386], von Büchern über «Renaissance-Platonismus» zu Ficino[387].

Man mag immer noch anderer Meinung sein (ich kann keinem der gerade genannten Autoren zustimmen), aber nun sieht man zum ersten Mal, warum ihnen überhaupt einmal jemand zugestimmt hat. Man hat eine neue Luft geatmet, wurde der Bürger eines neuen Landes. Es mag ein Land sein, in dem man selbst nicht leben kann, aber nun weiß man, warum es die Eingeborenen lieben. Man wird in Zukunft alle Systeme ein wenig anders sehen, weil man dieses eine von innen gesehen hat.

In dieser Hinsicht haben Philosophien einige der gleichen Qualitäten wie Werke der Kunst. Ich meine nicht im Geringsten die literarische Kunstfertigkeit, mit der sie formuliert wurden. Es ist die *ipseitas*[388], die spezifische Einheit der Wirkung, die durch eine bestimmte Balance und Strukturierung von Gedanken und Klassen von Gedanken hervorgerufen wird: ein Entzücken, das einem durch Hesses Glasperlenspiel gegeben würde (im Buch mit diesem Namen), wenn es wirklich existieren würde.[389] Ich verdanke Mr. Harding eine neue Erfahrung dieser Art.

8. Eine Weihnachtspredigt für Heiden

Als man mich bat, eine Weihnachtspredigt für Heiden zu schreiben, habe ich nur zu gerne zugesagt. Doch jetzt, wo ich mich hinsetze, um die Aufgabe anzugehen, stoße ich auf eine Schwierigkeit. Gibt es in England überhaupt irgendwelche Heiden, für die ich schreiben kann?

Ich weiß: die Leute sagen uns immer wieder, dieses Land falle ins Heidentum zurück. Aber sie meinen damit nur, dass es aufhört, christlich zu sein. Und ist das wirklich dasselbe? Erinnern wir uns daran, was ein Heide (engl. *Pagan* oder *Heathen*, ich verwende die Wörter synonym) wirklich war.

«Heathen» meint jemanden, der draußen auf der Heide lebt, in der Wildnis. «Pagan» ist jemand, der in einem *Pagus*[390] oder einem kleinen Ort lebt. Beide Wörter meinten tatsächlich ein «Landei» oder einen «Hinterwäldler». Sie stammen aus einer Zeit, in der die größeren Städte des Römischen Reiches bereits christianisiert waren, wo die alten Naturreligionen aber auf dem Land weiter fortbestanden. Heiden waren die rückständigen Leute in den abgelegenen Gebieten, die noch nicht bekehrt waren, die immer noch vor-christlich waren.

Wer sagt, moderne, vom Christentum weggedriftete Leute seien Heiden, suggeriert, ein post-christlicher Mensch sei dasselbe wie ein vor-christlicher Mensch. Und das ist so, als wäre man der Ansicht, eine Frau, der ihr Mann abhandengekommen ist, sei die gleiche Art von Person wie ein unverheiratetes Mädchen; oder eine Straße, in der die Häuser niedergerissen wurden, sei dasselbe wie ein Feld, auf dem noch keine Häuser gebaut wurden. Die zerstörte Straße und das unbebaute Feld gleichen sich in einer Hinsicht, nämlich darin, dass weder die eine noch das andere einen trocken hält, wenn es regnet. Doch sie unterscheiden sich in jeder anderen Hinsicht. Schutt, Staub, zerbrochene Flaschen, alte Bettgestelle und streunende Katzen unterscheiden sich sehr von Gras, Thymian, Klee, Butterblumen und einer hoch droben singenden Lerche.

Der echte Heide unterschied sich vom Post-Christen durch die folgenden Dinge: Erstens war er religiös. Aus christlicher Sicht war er um die Hälfte zu religiös. Er war voll von Ehrfurcht. Die Erde war für ihn heilig; die Wälder und Gewässer waren für ihn lebendig. Seine Landwirtschaft war ein Ritual wie auch eine Technik. Und zweitens glaubte er an etwas, das wir jetzt «objektives» Recht und Unrecht nennen. Das heißt, er glaubte, der Unterschied zwischen frommen und pietätlosen Handlungen sei etwas, das unabhängig von menschlicher Meinung existiert: etwas wie das Einmaleins, das der Mensch nicht erfunden hat, sondern dessen Geltung er wahrnimmt und dem er (wie dem Einmaleins) besser Beachtung schenken sollte. Die Götter würden ihn strafen, wenn er das nicht tut.

Gemessen an christlichen Standards war seine Liste «richtiger» oder «falscher» Handlungen allerdings eine eher verworrene Angelegenheit. Er glaubte (und die Christen stimmten dem zu), die Götter würden ihn strafen, wenn er die Hunde auf einen Bettler hetzt, der an seine Türe kommt, oder wenn er seinen Vater schlägt. Aber er glaubte auch, sie würden ihn dafür strafen, dass er sein Gesicht in die falsche Himmelsrichtung wendet, wenn er mit dem Pflügen beginnt. Doch obwohl sein Moralkodex einige fantastische Sünden und Pflichten beinhaltete, umfasste er die meisten echten.

Und das bringt uns zum dritten großen Unterschied zwischen einem Heiden und einem Post-Christen. An ein echtes Recht und Unrecht zu glauben heißt, festzustellen, dass man selbst nicht allzu gut ist. Der heidnische Standard mag an einigen Stellen ein niedriger gewesen sein, doch er war für den Heiden zu hoch, um ihn ganz zu erfüllen. Auch wenn er in mancherlei Hinsicht fröhlicher war als ein Moderner, trug der Heide daher eine tiefe Traurigkeit in sich. Fragte er sich, was verkehrt ist in der Welt, so antwortete er nicht sofort: «das Sozialsystem», «unsere Bündnispartner» oder «das Bildungssystem». Es kam ihm in den Sinn, dass er selbst möglicherweise eines der Dinge sein könnte, die verkehrt sind in der Welt. Er wusste, dass er gesündigt hatte. Und das Schreckliche daran war, dass er annahm, die Götter würden keinen Unterschied machen zwischen absichtlichen und unabsichtlichen Sünden. Man konnte durch bloßen Zufall bei ihnen in Ungnade fallen, und wenn das einmal geschehen war, dann war es äußerst schwer, da wieder herauszukommen. Und der Heide ging mit dieser Situation auf eine sehr törichte Weise um. Seine Religion war eine Anhäufung von Zeremonien (Opfer, rituelle Reinigungen usw.), von denen man meinte, sie würden die Schuld wegnehmen. Doch das gelang nie wirklich; sein Gewissen war nie ganz rein.

Die post-christliche Sicht, die sich nach und nach verbreitet – bei einigen Leuten ist sie bereits vollendet und bei anderen noch nicht –, ist eine ganz andere. Nach ihr ist die Natur nichts Lebendiges, das man verehren muss; sie ist eine Art Maschine, die wir zu unseren Zwecken nutzen können. Es gibt kein objektives Recht und Unrecht: Jede Rasse oder Klasse kann ihren eigenen Moralkodex oder ihre eigene «Ideologie» erfinden, ganz, wie es ihr beliebt. Und was immer in der Welt verkehrt sein mag, es sind gewiss nicht wir, die gewöhnlichen Leute; es ist die Aufgabe Gottes (wenn er denn doch existieren sollte) oder der Regierung oder des Bildungssystems, uns das zu geben, was wir wollen. Sie sind das Geschäft, wir die Kunden, und «der Kunde hat immer recht».

Sollte die post-christliche Sicht die richtige sein, dann sind wir tatsächlich aus einem Alptraum erwacht. Die alte Angst, die alte Verehrung, die alten Verbote – wie herrlich ist es, zur Freiheit zu erwachen, niemandem verantwortlich zu sein, ganz und gar unsere eigenen Herren zu sein! Wir haben natürlich etwas an *Spaß* eingebüßt. Ein Universum aus farblosen Atomen (das zurzeit seinem Ende entgegengeht und alles organische Leben überall und für immer auslöschen wird) ist vielleicht ein wenig trist im Vergleich mit der Erdmutter und dem Himmelsvater, den Baum- und Wassernymphen, der keuschen Diana, die über den Nachthimmel reitet, und der traulichen Vesta, die im Herd flackert.[391] Doch man kann nicht alles haben, und es gibt ja immer noch das Kino und das Radio; sollte die neue Sicht richtig sein, so hätte sie einige robuste Vorteile.

Doch ist sie das? Und wenn ja, warum laufen die Dinge dann nicht besser? Was machen wir aus der gegenwärtigen Drohung einer weltweiten Hungersnot? Wir wissen, dass sie nicht nur auf den Krieg zurückzuführen ist. Ein Land nach dem anderen erzählt uns dieselbe Geschichte von Missernten; selbst die Wale haben weniger Öl.[392] Kann es sein, dass die Natur (oder etwas, das hinter der Natur steht) nicht nur eine Maschine ist, mit der wir machen können, was wir wollen? – dass sie zurückschlägt?

Stellen wir diesen Punkt zurück. Nehmen wir an, sie sei nur eine Maschine und wir seien frei, sie nach unserem Belieben zu beherrschen. Sehen Sie immer noch nicht, dass die Unterwerfung der Natur durch den Menschen in Wahrheit die Unterwerfung des Menschen durch den Menschen ist? Dass jede Macht, die wir der Natur entreißen, von einigen Menschen gegen andere Menschen eingesetzt wird? Menschen sind die Opfer, nicht die Sieger in diesem Kampf: Jeder neue Sieg «über die Natur» bringt neue Methoden der Propaganda hervor, um sie zu versklaven, neue Waffen, um sie zu töten, neue Macht für den Staat und neue Schwäche der Bürger, neue Verhütungsmittel, um Menschen daran zu hindern, überhaupt geboren zu werden.

Und was die Ideologien angeht, die neu erfundenen Formen des Rechts und Unrechts: sieht niemand den Haken? Gibt es kein *echtes* Recht und Unrecht, nichts, das in sich selbst gut oder schlecht ist, dann kann keine dieser Ideologien besser oder schlechter sein als eine andere. Denn ein besserer Moralkodex kann nur ein solcher sein, der einem wahren oder absoluten Kodex näherkommt. Eine Karte von New York kann nur dann besser sein als eine andere, wenn es ein echtes New York gibt, dem sie mehr *entspricht*. Gibt es keinen objektiven Standard, dann wird unsere Wahl zwischen einer Ideologie und einer anderen zu einer Frage des willkürlichen Geschmacks. Unser Kampf für demokratische Ideale und gegen Nazi-Ideale war Zeitverschwendung, denn die einen sind nicht besser als die anderen. Auch kann es niemals wirklichen Fortschritt oder Werteverlust geben: Wenn es kein wirkliches Ziel gibt, dann kann man ihm weder näherkommen, noch sich von ihm entfernen. Dann gibt es in der Tat keinen echten Grund, überhaupt irgend etwas zu tun.

Es kommt mir so vor, verehrte Nachbarn, als müssten wir uns anschicken, erst wieder wahre Heiden zu werden, und wenn auch nur als Vorlauf dazu, Christen zu werden. Ich meine nicht, dass wir damit beginnen sollten, kleine Brotstücke als Opfergabe für die Dryade unter dem Baum am Ende des Gartens zu hinterlegen. Ich meine nicht, dass wir zu Ehren des Dionysos über die Heide von Hampstead tanzen sollten (auch wenn ein wenig mehr ernsthafte oder ekstatische Fröhlichkeit und etwas weniger kommerzialisiertes «Vergnügen» unsere Feiertage vermutlich schöner machen würden, als sie es jetzt sind). Ich meine noch nicht einmal (auch wenn ich es mir sehr wünsche), dass wir die Sympathie mit der Natur zurückgewinnen sollten, die religiöse Haltung der Familie gegenüber und den Sinn für Schönheit, die die besseren Heiden hatten. Was ich meine, lässt sich vielleicht am besten so ausdrücken.

Ist die post-christliche Sicht falsch – und es fällt mir jeden Tag schwerer, zu glauben, sie sei richtig –, dann gibt es drei Arten von Menschen in der Welt. (1) Jene, die krank sind und es nicht wissen (die Post-Christen). (2) Jene, die krank sind und es wissen (Heiden). (3) Jene, die das Heilmittel gefunden haben. Und startet man in der ersten Klasse, so muss man die zweite Klasse durchlaufen, um die dritte zu erreichen. Denn (in einem bestimmten Sinn) ist das Einzige, was das Christentum dem Heidentum hinzufügt, das Heilmittel. Es bestätigt den alten Glauben, dass wir es in diesem Universum mit einer lebendigen Macht zu tun haben; dass es ein echtes Recht gibt und dass wir versäumt haben, es zu befolgen; dass das Dasein herrlich und erschreckend ist. Es fügt ein Wunder hinzu, von dem das Heidentum noch nicht ausdrücklich gehört hatte – dass der Mächtige selbst herabgekommen ist, um uns zu helfen: um unsere Schuld zu entfernen und uns zu versöhnen.

In der ganzen Welt (selbst in Japan, selbst in Russland) werden sich am 25. Dezember Männer und Frauen versammeln, um eine sehr altmodische und (wenn man so will) sehr heidnische Sache zu tun – um zu singen und zu feiern, weil ein Gott geboren wurde. Sie, verehrte Leser, sind sich nicht sicher, ob das mehr ist als ein Mythos. Nun, ist es das nicht, dann ist unsere letzte Hoffnung dahin. Aber ist die entgegengesetzte Erklärung es nicht auch wert, einmal probiert zu werden?

Kann es nicht sein, dass hier, und nur hier, Ihr Weg zurück liegt – nicht nur zum Himmel, sondern auch zur Erde, und zur großen menschlichen Familie, deren älteste Hoffnungen durch diese Geschichte erfüllt werden, die niemals stirbt?

9. Xmas und Christmas: Ein verschollenes Kapitel aus Herodot

Und jenseits dessen liegt im Ozean, nach Westen und Norden gewendet, die Insel Neinnatirb, von der Hecataeus behauptet, sie besitze dieselbe Form und Größe wie Sizilien. Sie ist jedoch in der Tat größer, obwohl man den Punkt nicht verfehlte, wenn man sie als dreieckig bezeichnen würde. Sie ist dicht besiedelt durch Menschen, die eine Kleidung tragen, welche sich nicht allzu sehr von der jener anderen Barbaren unterscheidet, die die nordwestlichen Teile Europas bewohnen, auch wenn sie nicht mit ihnen in der Sprache übereinstimmen. Diese Insulaner, die alle anderen uns bekannten Menschen an Geduld und Ausdauer übertreffen, pflegen die folgenden Bräuche.

In der Mitte des Winters, wenn Nebel und Regen am stärksten sind, halten sie ein großes Fest, welches sie Exmas nennen, und sie bereiten sich fünfzig Tage lang auf dieses Fest vor, in einer Weise, die ich nun beschreiben werde. Zuallererst ist jeder Bürger verpflichtet, jedem seiner Freunde und Verwandten ein rechteckiges, mit einem Bild bedrucktes Stück aus hartem Papier zu schicken, das in ihrer Sprache eine Exmas-Karte genannt wird. Doch die Bilder stellen auf Zweigen sitzende Vögel dar oder Bäume mit dunklem, stacheligem Laub, oder auch Männer in solchen Gewändern, wie die Neinnatirber glauben, dass ihre Vorfahren sie vor zweihundert Jahren getragen haben – in Kutschen fahrend, wie ihre Vorfahren sie benutzten, oder Häuser mit Schnee auf den Dächern. Und die Neinnatirber geben nicht gerne Auskunft darüber, was diese Bilder mit dem Fest zu tun haben, anscheinend um ein heiliges Mysterium zu wahren (wie ich vermute). Und da alle Menschen diese Karten verschicken müssen, ist der Marktplatz gefüllt mit der Menge derer, die sie kaufen, sodass große Anstrengung und Müdigkeit herrschen.

Doch wenn sie so viele Karten gekauft haben, wie sie für ausreichend halten, dann kehren sie in ihre Häuser zurück und finden dort ähnliche Karten vor, die andere ihnen geschickt haben. Und wenn sie Karten finden von all jenen, denen sie ebenfalls Karten geschickt haben, werfen sie sie weg und danken den Göttern, dass diese Arbeit zumindest für ein weiteres Jahr vorüber ist. Doch wenn sie Karten von irgendjemandem finden, dem sie keine geschickt haben, so schlagen sie sich an die Brust, klagen und stoßen Flüche gegen den Absender aus. Und sie ziehen, nachdem sie ihr Missgeschick genügend beklagt haben, ihre Schuhe wieder an, gehen hinaus in Nebel und Regen und kaufen ihm ebenfalls eine Karte. Und mit dieser Beschreibung der Exmas-Karten soll es genügen.

Sie schicken einander auch Geschenke, wobei sie bei den Geschenken unter denselben Dingen leiden wie bei den Karten, oder sogar unter Schlimmerem. Denn jeder Bürger hat den Wert des Geschenkes zu schätzen, das ein jeder Freund ihm schicken wird, sodass er ihm ein Geschenk von gleichem Wert schicken kann – ob er sich das leisten kann oder nicht. Und sie kaufen füreinander als Geschenke solche Dinge, die kein Mensch jemals für sich selbst kaufen würde. Denn die Verkäufer, die ihr Geschäft verstehen, holen alle Sorten von Plunder hervor, und was immer sie während des Jahres nicht haben verkaufen können, weil es nutzlos und lächerlich ist, verkaufen sie nun als Exmas-Geschenk. Und obwohl die Neinnatirber selbst beteuern, genügend notwendiger Dinge zu ermangeln, wie etwa Metall, Leder, Holz und Papier, wird jedes Jahr eine unvorstellbare Menge dieser Dinge verschwendet, indem sie zu diesen Geschenken verarbeitet werden.

Doch während dieser fünfzig Tage ziehen die ältesten, ärmsten und unglücklichsten Bürger falsche Bärte und rote Gewänder an und gehen, als *Cronos* verkleidet (wie ich annehme), auf dem Marktplatz umher. Und die Verkäufer der Geschenke werden, nicht weniger als die Käufer, durch den Nebel und die Massen blass und müde, so dass jeder, der zu dieser Jahreszeit in eine Neinnatirbische Stadt käme, meinen würde, dass ein großes Unheil über Neinnatirb gekommen sein müsse. Diese fünfzig Tage der Vorbereitung werden in ihrer barbarischen Sprache Exmas-*Rummel* genannt.

Doch wenn der Tag des Festes kommt, liegen die meisten Bürger, vom *Rummel* erschöpft, bis zum Mittag in den Betten. Dafür essen sie am Abend fünfmal so viel Abendessen wie an anderen Tagen, krönen sich selbst mit Kronen aus Papier und betrinken sich. Und am Tag nach Exmas sind sie sehr ernst, weil ihnen das Abendessen und der Alkohol noch innerlich zusetzen, und berechnen, wie viel sie für die Geschenke und den Wein ausgegeben haben. Denn Wein ist so teuer bei den Neinnatirbern, dass ein Mann den Wert eines Talentes (der Arbeit eines Tages) hinunterschlucken muss, bevor er richtig betrunken ist.

So also sind ihre Bräuche zu Exmas. Doch die Wenigen unter den Neinnatirbern haben ebenfalls ein Fest, getrennt und für sich allein, das man Crissmas nennt und welches am selben Tag gefeiert wird wie Exmas. Und diejenigen, welche Crissmas begehen, tun das Gegenteil von dem, was die Mehrheit der Neinnatirber tut: Sie stehen früh auf an diesem Tag, mit leuchtenden Gesichtern, und gehen vor Sonnenaufgang zu bestimmten Tempeln, in denen sie an einem heiligen Fest teilnehmen. Und in den meisten dieser Tempel arrangieren sie Bilder einer makellosen Frau mit einem neugeborenen Kind auf den Knien, und bestimmte Tiere und Hirten, die das Kind anbeten. (Der Grund für diese Bilder wird in einer bestimmten heiligen Geschichte genannt, die ich kenne, hier aber nicht wiederhole.)

Doch ich sprach selbst mit einem Priester in einem dieser Tempel und fragte ihn, warum sie Crissmas an demselben Tag halten wie Exmas, denn dies schien mir ungeschickt zu sein. Doch der Priester antwortete: Es steht uns nicht zu, o Fremder, das Datum von Crissmas zu ändern. Würde doch Zeus nur den Herzen der Neinnatirber eingeben, Exmas an einem anderen Tag abzuhalten oder es gar nicht zu begehen. Denn Exmas und der *Rummel* lenken die Herzen auch der Wenigen von den heiligen Dingen ab. Und wir freuen uns in der Tat, wenn die Menschen zu Crissmas fröhlich sind, doch in Exmas ist keine Fröhlichkeit mehr übrig. Und als ich ihn fragte, warum sie den *Rummel* ertragen, antwortete er: Es ist ein *Racket*, ein *Spektakel*, o Fremder; wobei er (wie ich vermute) die Worte eines Orakels verwendete und unverständlich zu mir sprach (denn *racket* ist ein Instrument, welches die Barbaren in einem Spiel namens *Tennis* benutzen).

Doch was Hecataeus sagt, dass Exmas und Crissmas dasselbe sind, ist nicht glaubhaft. Zum einen haben die Bilder, die auf die Exmas-Karten gedruckt sind, nichts mit der heiligen Geschichte zu tun, welche die Priester über Crissmas erzählen. Und zum anderen schickt der größte Teil der Neinnatirber, welcher an die Religion der Wenigen nicht glaubt, dennoch die Geschenke und die Karten, nimmt am *Rummel* teil und trinkt, während er Papierhüte trägt. Es ist jedoch nicht wahrscheinlich, dass Menschen, selbst wenn sie Barbaren sind, so viele und so große Dinge erleiden sollten zur Ehre eines Gottes, an den sie nicht glauben. Und nun genug von Neinnatirb.

III. LITERATURWISSENSCHAFTLICHE DURCHBLICKE

1. Bluspels und Flalansferes: Ein semantischer Alptraum

Wir sind oft gezwungen, Standards zu formulieren, die wir selbst nicht einhalten, und Regeln aufzustellen, denen wir selbst nicht genügen.

Lord John Coleridge[393]

Die Philologen sagen uns oft, unsere Sprache sei voll von toten Metaphern. In diesem Satz werden sich die Wörter «tot» und «Metaphern» möglicherweise als mehrdeutig herausstellen, über die betreffende Tatsache oder Gruppe von Tatsachen gibt es jedoch keine großen Differenzen. Wir alle kennen mehr oder weniger, und wir alle anerkennen, jene Gebilde, die man «tote Metaphern» nennt, und ich habe jetzt nicht vor, die Angemessenheit dieses Namens zu diskutieren. Doch auch wenn ihre Existenz nicht zur Debatte steht, so gibt ihr Wesen und ihr Verhältnis zum Denken Anlass zu erheblicher Kontroverse.

Als Hilfe für jene, denen diese Kontroverse bisher entgangen ist, sollte ich besser durch ein konkretes Beispiel klarmachen, worum es geht. Bréal sprach in seiner *Semantik*[394] oft in metaphorischer, das heißt in bewusst rhetorischer, bildhafter Sprache über die Sprache selbst. Die Herren Ogden und Richards tadelten ihn hierfür in *The Meaning of Meaning*, weil «es unmöglich ist, auf diese Weise eine wissenschaftliche Sache in metaphorischen Begriffen abzuhandeln».[395]

Barfield erwiderte in seinem Buch *Poetic Diction*, Ogden und Richards seien in der Tat genauso metaphorisch wie Bréal. Er bemängelte, sie hätten vergessen, dass alle Sprache einen figurativen[396] Ursprung hat, und hiervon seien die «wissenschaftlichen» Ausdrücke, auf die sie sich so viel einbilden – Wörter wie *Organismus*, *Stimulus*, *Referenz* –, nicht auf mirakulöse Weise ausgenommen. Im Gegenteil, so betonte er, «jene, die behaupten, figurative Ausdrücke zu meiden, beschränken sich selbst auf eine sehr alte Art von Figur» – «sie sind völlig unter dem Bann jener sprachlichen Geister der physikalischen Wissenschaften, die heute nahezu das gesamte Bedeutungssystem so vieler europäischer Köpfe ausmachen».[397]

Ob Ogden und Richards sich in der Lage sehen werden, oder sich in der Lage gesehen haben, hierauf eine Antwort zu geben, weiß ich nicht; doch die Linien, denen entlang jede Antwort verlaufen würde, sind bereits althergebracht. Die ganze Debatte kann in der Tat in einem kurzen Dialog zusammengefasst werden.

A. Du bist metaphorisch.

B. Du bist genauso metaphorisch wie ich, weißt es aber nicht.

A. Nein, das bin ich nicht. Ich weiß natürlich sehr wohl, dass *intendieren* einst *straff spannen* bedeutet hat, und all das. Doch das ist es nicht, was es heute bedeutet. Es mag für Adam eine Metapher gewesen sein – aber ich gebrauche es nicht metaphorisch. Was ich *meine*, ist ein reiner Begriff ohne jede Metaphorik darin. Die Tatsache, dass es einst eine Metapher war, hat nicht mehr Relevanz als die Tatsache, dass mein Stift aus Holz ist. Du verwechselst einfach Herkunft mit Bedeutung.

Man kann sicherlich einiges zugunsten beider Seiten sagen. Einerseits erscheint es merkwürdig anzunehmen, das, was wir *meinen*, hänge von einer toten Metapher ab, von der wir möglicherweise gar nichts wissen. Andererseits sehen wir fast täglich, dass jemand, der eine gängige und als Metapher anerkannte Metapher benutzt, ohne sich dessen bewusst zu sein, für gewöhnlich Unsinn redet; und wann, so sind wir zu fragen versucht, ist eine Metapher alt genug, um sie ungestraft zu ignorieren?

Es erscheint hart, zu fordern, man müsse die gesamte semantische Geschichte eines jeden Wortes kennen, das man benutzt – eine Geschichte, die für gewöhnlich unauffindbar ist –, oder sonst reden, ohne zu denken. Und doch schleicht sich auf der anderen Seite der hartnäckige Verdacht ein, dass wir unseren eigenen Schatten nicht ganz hinter uns lassen können und uns selbst betrügen, wenn wir meinen, eine neue und rein begriffliche Vorstellung von *intendieren* habe die alte Metapher des *Spannens* abgelöst und ersetzt. Das also ist das Problem, das ich erörtern will. Inwieweit ist, wenn überhaupt, alles Denken von diesen toten Metaphern abhängig? Hat Anatole France in irgendeiner Weise recht, wenn er «Die Seele besitzt Gott» auf «Der Atem sitzt auf dem klaren Himmel» reduziert? Oder hat die andere Seite recht, wenn sie behauptet: «Abkünfte sind eine Sache, Bedeutungen eine andere»? Oder liegt die Wahrheit irgendwo dazwischen?

Der erste und am einfachsten zu untersuchende Fall ist jener, in dem wir selbst eine neue Metapher erfinden. Dies kann auf zweierlei Weise geschehen. Wenn wir versuchen, uns selbst oder anderen einen Gedanken zu verdeutlichen, den wir nie ganz durchdrungen haben, so kann es sein, dass durch einen Impuls der Umstände oder des Argumentes eine neue Metapher hervortritt. Passiert dies, so ist das Ergebnis für uns selbst oft ebenso überraschend und erhellend wie für unsere Zuhörer, und ich bin geneigt zu glauben, dass es das ist, was mit den großen neuen Metaphern der Dichter geschieht.

Und wenn dies geschieht, so ist klar, dass unser neues Verständnis ganz von der neuen Metapher abhängt. Die Situation ist im Hinblick auf unsere Fragestellung in der Tat ununterscheidbar von jener, welche eintritt, wenn wir von anderen eine neue Metapher hören, und muss deshalb nicht eigens diskutiert werden. Eine Weise, eine neue Metapher zu erfinden, besteht also darin, sie zu *finden*, genauso unerwartet, wie wenn wir sie auf den Seiten eines Buches finden würden; und was immer an jenen neuen Metaphern wahr sein wird, die wir in Büchern finden, wird ebenso an jenen wahr sein, zu denen wir durch eine Art von glücklichem Zufall oder Inspiration gelangen.

Doch es gibt natürlich noch eine andere Weise, auf die wir neue Metaphern erfinden. Versuchen wir jemandem, der jünger oder weniger gut unterrichtet ist als wir, einen Sachverhalt zu erklären, den wir selbst voll und ganz durchdrungen haben, so können wir uns bewusst und sogar schmerzlich um die Metapher bemühen, die ihm wahrscheinlich helfen wird. Geschieht dies, so ist klar, dass unser Denken, unsere Kraft zur Verdeutlichung, nicht allzu sehr durch die von uns verwendete Metapher gestützt oder behindert wird. Im Gegenteil, wir sind uns der Diskrepanz zwischen dem von uns Gemeinten und unserem Bild oft sehr bewusst. Wir wissen, dass unsere Metapher in mancherlei Hinsicht irreführend ist; und wenn wir die Position des Tutors erlangt haben, warnen wir vielleicht sogar unsere Zuhörer, dass sie «nicht zu sehr strapaziert werden» sollte.

Es ist zumindest in diesem Fall anscheinend möglich, eine Metapher zu verwenden und unser Denken dennoch unabhängig von ihr zu halten. Wir müssen aber beachten, dass dies nur deshalb möglich ist, weil wir andere Mittel haben, denselben Gedanken auszudrücken. Wir haben bereits unsere eigene Weise, die Sache zu formulieren: wir könnten sie, oder zumindest nehmen wir an, wir könnten dies, auch buchstäblich ausdrücken. Diese klare Vorstellung beziehen wir aus anderen Quellen – aus unseren vorherigen Studien. Wir können die neue Metapher nur deshalb als ein vorübergehendes Werkzeug benutzen, das wir beherrschen, von dem wir aber nicht beherrscht werden, weil wir anderes Werkzeug in unserer Werkzeugkiste haben.

Lasst uns nun die entgegengesetzte Situation nehmen – jene, in der wir selbst es sind, die belehrt werden. Ich bin kein Mathematiker, jemand versucht aber, mir die Theorie von der Endlichkeit des Raumes zu erklären. So formuliert, ergibt die neue Lehre für mich keinen Sinn. Nehmen Sie aber an, er würde in der folgenden Weise vorgehen.

«Du kannst nur drei Dimensionen wahrnehmen», so könnte er sagen, «und dir daher nicht vorstellen, wie der Raum endlich sein könnte. Doch ich glaube, ich kann dir zeigen, wie das, was in drei Dimensionen unendlich erscheinen muss, in vier Dimensionen trotzdem endlich sein kann. Betrachte es so. Stell dir eine Spezies von Wesen vor, die nur zwei Dimensionen kennen – wie die Flatlander.[398] Und stell dir vor, sie würden auf der Oberfläche einer Kugel leben. Sie hätten natürlich keinen Begriff davon, dass ihre Kugel gewölbt ist – denn sie ist in jener dritten Dimension gewölbt, von deren Existenz sie nichts ahnen. Sie werden deshalb der Meinung sein, in einer Ebene zu leben; doch bald werden sie herausfinden, dass es eine Ebene ist, bei der man nie an ein Ende kommt; sie hat keine Ränder. Ein Rand wäre noch nicht einmal etwas, das sie sich vorstellen könnten. Denn ein Rand würde bedeuten, dass hinter einem bestimmten Punkt nichts mehr käme, worauf man gehen könnte, nichts unter ihren Füßen. Aber dieses *unter* und *über* ist gerade das, was in ihrem Bewusstsein nicht existiert; sie haben nur vor und zurück und links und rechts. Sie wären also zu der Annahme genötigt, ihre Kugeloberfläche, die sie nicht als die Oberfläche einer Kugel wahrnehmen können, sei unendlich. Du aber kannst sehr wohl sehen, dass sie endlich ist. Kannst du dir jetzt nicht auch vorstellen, dass du so, wie diese Flatlander zu dir stehen, zu einem Wesen stehen könntest, welches vier Dimensionen wahrnehmen kann? Kannst du dir nicht vorstellen, dass das, was für dein dreidimensionales Bewusstsein notwendigerweise unbegrenzt erscheint, trotzdem in Wahrheit endlich sein kann?»

Das Ergebnis einer solchen Metapher wäre – und ist es tatsächlich gewesen –, dass etwas, das vorher ohne jeden Sinn war, nun zumindest einen leisen Hauch von Sinn erhält. Und auch wenn dieses konkrete Beispiel nicht jeden ansprechen sollte, so hat doch jeder von uns Erfahrungen von gleicher Art gemacht. Denn für jeden von uns gibt es Dinge, die wir nicht völlig verstehen können, von denen wir aber mit der Hilfe von Metaphern eine leise Ahnung bekommen können.

Und in diesen Fällen ist das Verhältnis zwischen dem Gedanken und der Metapher das exakte Gegenteil jenes Verhältnisses, das entsteht, wenn wir selbst es sind, die einen Sachverhalt verstehen und dann Metaphern erfinden, um anderen zu helfen. In diesem Fall sind wir der Metapher vollkommen ausgeliefert. Hat unser Lehrer sie schlecht gewählt, so werden wir Unsinn denken. Haben wir das Bild nicht klar vor uns, so werden wir Unsinn denken. Haben wir das Bild vor uns, ohne zu wissen, dass es eine Metapher ist – vergessen wir, dass unsere Flatlander auf ihrer Kugeloberfläche ein Abbild der Sache sind, und halten wir sie für die Sache selbst –, so werden wir wiederum Unsinn denken.

Die Wahrheit, die wir in einer solchen Situation erlangen können, hängt ganz entschieden von drei Dingen ab. Erstens, dass das Bild ursprünglich gut gewählt war; zweitens, dass wir das genaue Bild wahrnehmen; und drittens, dass wir wissen, dass die Metapher eine Metapher ist. (Dass ein Missverstehen von Metaphern als Aussagen über Tatsachen die Quelle enormer Irrtümer ist, muss wohl kaum gesagt werden.)

Ich habe jetzt versucht, zwei verschiedene Arten von metaphorischen Situationen zu zeigen, wie sie sich bei ihrer Geburt darstellen. Dies sind die beiden Extreme: sie spannen den Rahmen auf, in dem sich unsere Untersuchung bewegen muss. Auf der einen Seite steht die Metapher, die wir erfinden, um durch sie zu lehren, auf der anderen die Metapher, durch die wir etwas lernen. Wir können sie die Metapher des Lehrers und die des Schülers nennen. Die erste ist frei gewählt; sie ist eine unter vielen möglichen Ausdrucksformen; sie beeinträchtigt in keiner Weise das Denken ihres Schöpfers und hilft ihm nur sehr wenig. Die zweite ist nicht frei gewählt; sie ist der einzige Ausdruck einer Bedeutung, die uns auf keinerlei anderem Weg zugänglich ist; sie bestimmt das Denken des Empfängers voll und ganz; die von ihm erkannte Wahrheit kann die Wahrheit der ursprünglichen Metapher nicht übersteigen.

Zwischen der Metapher des Lehrers und der des Schülers liegt natürlich eine unendliche Menge an Formen, die über alle möglichen mittleren Positionen verstreut sind. In der Tat sind die Schüler-Lehrer-Metaphern das normale Material unserer Gespräche. Es wäre sehr aufwändig und nach meiner Ansicht unnötig, sie in Folgen von Gruppen und Untergruppen einzuteilen und diese separat zu diskutieren. Können wir eine Konzeption finden, die für diese beiden Extreme zutrifft, so werden wir bei der Erklärung dessen, was dazwischen fällt, in keine Verlegenheit kommen. Die Wahrheit über irgendeine bestimmte metaphorische Situation herauszufinden wird lediglich darin bestehen, ihre Position zu bestimmen. Insoweit sie dem Extrem des «Lehrers» zuneigt, wird unser Denken unabhängig von ihr sein; insoweit sie ein «schülerhaftes» Element in sich trägt, wird sie der einzige Ausdruck und somit die eiserne Grenze unseres Denkens sein. Diesen Rahmen auszufüllen wäre «irgend jemandes Sache», wie Aristoteles zu sagen pflegte.

Wir erinnern uns: Unser Problem war das der «toten» oder «vergessenen» Metaphern. Wir haben nun ein wenig Klarheit darüber gewonnen, wie das Verhältnis zwischen Denken und Metapher zu Beginn ist, wenn die Metapher überhaupt erst geschaffen wird, und wir haben gesehen, dass dieses Verhältnis sehr stark von dem abhängt, was ich die «metaphorische Situation» genannt habe. Es gibt in der Tat ein Verhältnis im Fall der Metapher des Lehrers und ein nahezu umgekehrtes Verhältnis im Fall der Metapher des Schülers. Unser nächster Schritt muss gewiss darin bestehen zu schauen, was mit diesen beiden Verhältnissen passiert, wenn sich die betreffenden Metaphern auf ihren Tod oder ihre Versteinerung zubewegen.

Die Frage der Metapher des Lehrers braucht uns nicht lange aufzuhalten. Ich kann versuchen, einem Schüler die Philosophie Kants durch die folgende Metapher zu erklären. «Kant beantwortete die Frage: ‹Woher weiß ich, dass, was immer um die nächste Ecke kommen wird, blau sein wird?›, durch die Annahme: ‹Ich trage blaue Brillengläser› – ‹I am wearing blue spectacles›.»[399] Mit der Zeit werde ich dazu übergehen, «the blue spectacles» als eine Art Kurzformel für den gesamten Mechanismus der Kategorien und Anschauungsformen zu verwenden. Und lasst uns um der Analogie mit der tatsächlichen Sprachgeschichte willen annehmen, dass ich diesen Ausdruck weiter verwende, nachdem ich die Metapher, die sein ursprünglicher Anlass war, schon lange vergessen habe. Und vielleicht hat sich zu diesem Zeitpunkt auch die Form des Wortes verändert. Anstelle der «blauen Brillengläser» spreche ich jetzt vielleicht von den *bloospels* oder sogar den *bluspels*.

Sollte ich lange genug leben, um mein Pensionsalter zu erreichen, so trete ich vielleicht sogar in eine philologische Phase ein, in der ich versuche, die Herkunft dieses mysteriösen Wortes herauszufinden. Ich könnte vermuten, dass das zweite Element von dem Wort *spell* (= *Zauber*) herrührt, und mit Interesse auf die angebliche Zeit zurückblicken, zu der Kant mir magisch erschien; oder aber, indem ich behaupte, die ganze Welt sei offensichtlich in Analogie zu *gospel* (= *Evangelium*) gebildet, mich in unhistorischen Erinnerungen an die Tage ergehen, in denen mir die *Kritik der reinen Vernunft* unwiderlegbar wahr zu sein schien. Doch inwieweit, wenn überhaupt, wird mein Wissen über Kant von diesem sprachlichen Prozess beeinflusst?

Zweifellos wird es in der Praxis einen unterschwelligen Einfluss geben; die bloße Fortführung des Gebrauchs des Wortes *bluspel* mag mich dazu gebracht haben, ihm eine Einheit und Substanzialität zuzuschreiben, bei der ich gezögert hätte, sie dem «gesamten Mechanismus der Kategorien und Anschauungsformen» zuzuschreiben. Doch das ist eher ein Ergebnis der Substantivierung als des Todes der Metapher. Es ist eine interessante Tatsache, aber für unsere gegenwärtige Fragestellung kaum von Belang.

Ansonsten scheint das bloße Vergessen der Metapher mein Denken über Kant in keinerlei Weise zu verändern: so, wie die ursprüngliche Metapher mein Denken über Kant nicht eingeschränkt hatte, immer vorausgesetzt – und dies ist von äußerster Bedeutung –, dass es von Anfang an eine echte Metapher eines Lehrers war. Ich hatte meine Vorstellung von Kants Philosophie, bevor ich jemals an die blauen Brillengläser gedacht habe. Und sollte ich mich weiter mit Philosophie beschäftigt haben, dann habe ich sie auch immer noch. Die Phrase mit den «blauen Brillengläsern» war von Anfang an ein vorübergehendes Kleid, das mein Denken zu einem bestimmten Zweck angenommen hatte und das es jederzeit nach Belieben ablegen konnte; sie drang nicht in das Denken selbst ein und ihre nachfolgende Geschichte ist ohne Belang.

Jedem, der versucht, meine späteren Ansichten über Kant mit dem Hinweis darauf zu widerlegen, dass ich die Bedeutung von *blu-*

spel nicht kenne, kann ich selbstbewusst antworten: «Abkünfte sind keine Bedeutungen.» Sollte allerdings in seinem ursprünglichen Gebrauch irgendein *schülerhaftes* Element gewesen sein, sollte ich bei seinem Gebrauch sowohl ein neues Verständnis erhalten als auch gegeben haben, so wäre die gesamte Situation eine andere. Und es ist nur gerecht zuzugeben, dass in der Praxis nur sehr wenige Metaphern durch und durch lehrerhaft sein werden; nur das, was uns in gewissem Maß selbst Erleuchtung bringt, wird vermutlich in der Lage sein, auch andere zu erleuchten. Es ist kaum möglich, dass ich durch meinen ersten Gebrauch der Metapher der blauen Brillengläser nicht ein neues Verständnis der Kant'schen Philosophie gewonnen habe, und insoweit war sie nicht rein lehrerhaft.

Doch ich idealisiere hier bewusst um der Klarheit willen. Rein lehrerhafte Metaphern mag es nie geben. Wichtig ist zu begreifen, dass nur, *insofern* eine Metapher als die eines Lehrers begann, ich diese lange nach jedem Vergessen ihres Ursprungs weiterverwenden kann und mein Denken weder dadurch, dass sie ursprünglich eine Metapher war, noch auch durch mein Vergessen dieser Tatsache unterstützt oder behindert wird. Das ist ein bloßer Zufall. Hier ist die Abkunft für die Bedeutung ohne Belang.

Schauen wir uns nun die umgekehrte Situation an, die der Metapher eines Schülers. Und nehmen wir weiter unser altes Beispiel von dem unmathematischen Mann, dem die Metapher der Flatlander auf ihrer Kugeloberfläche die Endlichkeit des Raumes nahegebracht hat (denn «erklärt» können wir wohl kaum sagen). In diesem Fall ist die Sache komplizierter. Im Fall der Metapher eines Lehrenden kannte der Lehrer gemäß unserer Hypothese das Gemeinte unabhängig von der Metapher, und er kannte es auch weiterhin. Im jetzigen Fall hingegen kann die Versteinerung der Metapher auf zweierlei Weise vonstattengehen. Der Schüler kann selbst ein Mathematiker werden oder er kann im Hinblick auf die Mathematik genauso unwissend bleiben wie zuvor; und in beiden Fällen mag er die Metapher der Flatlander weiterhin verwenden, obwohl er ihren wahren Inhalt und ihre metaphorische Natur vergessen hat.

Ich wende mich zuerst der zweiten Möglichkeit zu. Das Bild der Kugeloberfläche der Flatlander hat mir meine erste Ahnung der neuen Bedeutung vermittelt. Mein Denken ist voll und ganz von diesem Bild abhängig. Ich begreife die Sache in keinerlei Weise außer dadurch, dass ich sehe, «dass es so ähnlich sein könnte». Nehmen wir nun an, ich würde in meinem Bemühen, die neue Erfahrung zu klassifizieren, diese Ahnung oder vage Vorstellung als «die Kugeloberfläche der Flatlander» – «the Flatlanders' sphere» bezeichnen. Höre ich das nächste Mal jemanden über die vierte Dimension sprechen, so werde ich daher sagen: «Ach ja, die Kugeloberfläche der Flatlander, und so weiter.» Nach ein paar Jahren (um unsere künstliche Parallele weiterzuführen) werde ich unbedacht von der *Flalansfere* sprechen und habe möglicherweise auch das gesamte Bild vergessen, für das dieses Wort einst stand. Und gemäß unserer Hypothese werde ich nach wie vor keine Ahnung von Mathematik haben.

Meine Situation ist somit gewiss höchst lächerlich. Die Bedeutung von *Flalansfere* kannte ich nur durch das Bild. Ich hätte nur dadurch hinter das Bild gelangen können, dass ich Mathematik gelernt hätte, doch eben dies zu tun habe ich versäumt. Das Bild habe ich aber verloren. Es bleibt daher nur der Schluss, dass das Wort *Flalansfere* jetzt jede Bedeutung eingebüßt hat. Mein Denken, das nie hinter das Bild zurückreichen konnte, welches zugleich seine Grenze und seine Basis war, hat nun diese Basis verloren. Ich meine im wahrsten Sinne des Wortes gar nichts, wenn ich das Wort *Flalansfere* ausspreche. Ich spreche nur, denke aber nicht, wenn ich das Wort verwende.

Doch das wird mir lange verborgen bleiben, weil *Flalansfere* als ein Substantiv endlos in verschiedene Kontexte eingepasst werden kann, die den Regeln der Syntax gehorchen und so einen Anschein von Bedeutung vermitteln. Seine Verwendung wird sogar den Regeln der Logik entsprechen und ich kann vielerlei Urteile über die Flalansfere fällen, zum Beispiel, dass sie *ist, was sie ist*, dass sie *Attribute* hat (denn sonst könnte sie kein Ding sein, und wenn sie kein Ding wäre, wie könnte ich dann darüber sprechen?) und dass sie eine *Substanz* ist (denn sie kann das Subjekt eines Satzes sein). Auch ist es riskant, Vorhersagen zu treffen, welche *emotionalen* Obertöne das Wort in der Zwischenzeit angenommen haben wird. Ein Hauch des Mystischen umgab es von Anfang an; bevor das Ende erreicht ist, werde ich der *Flalansfere* möglicherweise Tempel errichten und meine Landsleute anhalten, für sie zu kämpfen und zu sterben. Doch wenn wir die Metapher vergessen haben, ist *Flalansfere* nicht mehr als ein Geräusch.

Aber was, wenn ich, nachdem ich einmal die Metapher der Flatlander erfasst habe, mich daran begebe, selbst ein Mathematiker zu werden? Auch in diesem Fall mag ich fortfahren, die Metapher weiter zu verwenden, und ich mag ihre Form verballhornen, bis sie zu einem einzigen Wort *Flalansfere* wird. Doch ich werde auf einem anderem Weg Fortschritte gegenüber der ursprünglichen Symbolik gemacht haben, und ich werde in der Lage sein, die symbolisierte Sache zu betrachten, ohne auf die Metapher zurückgreifen zu müssen, die mich ursprünglich mit ihr bekannt gemacht hatte. Dann wird es keinen Schaden anrichten, wenn ich vergessen sollte, dass *Flalansfere* irgendwann einmal metaphorisch war. Da die Metapher, selbst wenn sie überlebte, nicht länger meine Gedanken beschränkt, kann ihre Versteinerung sie auch nicht durcheinanderbringen.

Die Folgen, die sich daraus ergeben, lassen sich wie folgt zusammenfassen. Unser Denken ist nicht von den verwendeten Metaphern abhängig, sofern diese Metaphern optional sind: das heißt, insofern wir in der Lage sind, denselben Gedanken auch ohne sie zu haben. Denn das ist das wahre Charakteristikum der lehrerhaften Metaphern wie auch der Metaphern, die optional werden, wie es die Metapher der Flatlander wird, wenn der Schüler Mathematik lernt. Auf der anderen Seite ist unser Denken in den Fällen, in denen die Metapher unser einziger Zugang zu einem bestimmten Gedanken ist, so lange von dieser Metapher abhängig, wie wir sie beibehalten; und wenn die Metapher versteinert, hat unser «Denken» nichts mehr mit wirklichem Denken zu tun, sondern ist ein bloßes Geräusch oder das bloße Einsetzen von Bewegungen in der Kehle.

Wir sind nun in einer Position, eine Antwort formulieren zu können auf die Behauptung «Abkünfte sind keine Bedeutungen», und wir würden «wissen, was wir mit Wörtern meinen, ohne die versteinerten Metaphern zu kennen, die sie beinhalten». Wir sehen nun, dass eine solche Aussage so, wie sie dasteht, weder völlig wahr noch völlig falsch ist. Die Wahrheit wird von Wort zu Wort und von Sprecher zu Sprecher eine andere sein. Eine Faustregel gibt es nicht; wir müssen jeden Fall für sich prüfen.

Ein Wort kann eine Bedeutung haben im Mund eines Sprechers, der seine versteckte Metaphorik vergessen hat, und eine Bedeutung unabhängig von dieser Metapher, doch nur unter bestimmten Bedingungen. Entweder war die Wahl der Metapher von Anfang an und durch alle Generationen ihres Gebrauchs fakultativ, sodass die Vorstellung das Bild durchgehend als ein reines Werkzeug verwendet hat und es auch weiterhin so verwendet. Oder aber wir müssen uns in einer Phase nach ihrer Schöpfung an der Metapher vorbei ein neues Wissen über den durch sie bezeichneten Gegenstand angeeignet haben, welches es uns zumindest jetzt ermöglicht, auf sie zu verzichten. Um dasselbe noch einmal auf andere Weise zu sagen: Bedeutung ist nur dann unabhängig von Abkunft, wenn die Metapher ursprünglich «lehrerhaft» war oder wenn im Fall einer ursprünglich schülerhaften Metapher eine neue Form des Verständnisses erlangt wurde, die nun an die Stelle des verlorengegangenen metaphorischen Verständnisses tritt.

Diese beiden Bedingungen lassen sich am besten durch ein konkretes Beispiel illustrieren. Nehmen wir das Wort für *Seele*, wie es in der Sprache der Romantik Verwendung findet. Inwieweit sind wir berechtigt zu sagen, das, was wir mit dem Wort *âme* oder *anima* meinen, sei in Wahrheit unabhängig vom Bild des *Atmens*, und es bedeute das Gleiche (und genauso viel), ob wir nun von dieser «Abkunft» wissen oder nicht? Wir können nur erwidern, dass dies von einer ganzen Reihe von Faktoren abhängt. Um der Klarheit willen werde ich alle formalen Möglichkeiten aufzählen; eine davon ist freilich zu grotesk, um irgendeinem anderen Zweck zu dienen.

1. Die Metapher kann ursprünglich lehrerhaft gewesen sein. Wir müssen annehmen, dass sich primitive Männer sowohl eines Seienden namens *Seele* als auch eines Prozesses oder Objektes namens *Atem* klar bewusst waren. Und sie gebrauchten Letzteres figurativ, um auf Ersteres hinzudeuten – vermutlich, um ihre Weisheit primitiven Frauen und Kindern zu offenbaren.

Und wir können weiterhin annehmen, dieses lehrerhafte Verhältnis zur Metapher sei nie verlorengegangen: Alle Generationen, vermutlich vom Leben auf den Bäumen bis zu dem Mann, der heute Abend in einer Kneipe «bei meiner Seele» sagt, waren sich dieser beiden verschiedenen Dinge klar bewusst, und sie benutzten das eine, um das andere zu symbolisieren, während sie zur gleichen Zeit in der Lage waren, sich die Seele ohne Metapher vorzustellen, und diese lediglich als eine Färbung oder bildliche Ausdrucksweise gebrauchten, welche ihr Denken zwar zierte, es aber nicht beeinflusste.

Sollte all dies stimmen, so würde daraus unzweifelhaft folgen, dass bei jemandem, der *anima* sagt, das von ihm Gemeinte nicht von dem alten Bild des Atems abhängt, und dass es nicht im Geringsten von Belang ist, ob er weiß, dass dieses Wort einst dieses Bild hervorrief oder nicht. Aber all dies ist natürlich nicht der Fall.

2. Die Metapher kann ursprünglich schülerhaft gewesen sein. Weit davon entfernt, ein selbst gewähltes Ornament oder ein pädagogisches Mittel zu sein, mag die Idee von *Atem* oder *etwas wie Atem* für unsere Vorfahren die einzig mögliche Vorstellung gewesen sein, die sie von der Seele haben konnten.

Wenn das aber so war, wie sieht es dann beim modernen Verwender dieses Wortes aus? Ist er sich des metaphorischen Elementes in *anima* nicht mehr bewusst, ohne das metaphorische Verständnis durch ein aus anderen Quellen entlehntes neues Wissen über die Seele zu ersetzen, so wird er offenbar gar nichts darunter verstehen. Wir müssen in diesem Fall freilich nicht glauben, dass er aufhören wird, es zu verwenden oder es auch nur (wie wir sagen) verständlich zu gebrauchen – d.h. es in den Regeln der Grammatik gemäß gebildeten Sätzen zu verwenden und diese Sätze in jene Gesprächskontexte und literarischen Zusammenhänge einzubetten, in denen die Gewohnheit ihre Einbettung verlangt. Sollte er hingegen ein unabhängiges Wissen über jenes Ding erlangt haben, auf das unsere Vorfahren mit der Metapher des Atems verwiesen, so mag er tatsächlich etwas Sinnvolles meinen.

Ich gehe davon aus, dass es diese letztere Situation ist, in der wir glauben, uns selbst normalerweise zu befinden. Es spielt keine Rolle, so würden wir sagen, wofür die majestätische Wurzel GNA[400] tatsächlich einmal stand: Wir haben seit diesen Tagen eine Menge über *Erkenntnis* gelernt, und es sind diese jüngeren Errungenschaften, auf die wir in unserem Denken zurückgreifen. Der Vorname einer Sache mag leicht durch einen unbedeutenden Zufall bestimmt sein. Erfahren wir mehr, so meinen wir mehr; die Wurzelbedeutung der alten Silben bindet uns nicht; was wir seitdem gelernt haben, hat uns von ihr befreit. Gewiss, der Zufall, der die Römer dazu brachte, alle Hellenen *Graeci* zu nennen, begrenzte nicht auf Dauer ihre Fähigkeit, Griechenland zu verstehen. Und solange wir es mit Objekten der sinnlichen Wahrnehmung zu tun haben, lässt sich dieser Sicht kaum etwas entgegensetzen. Die Schwierigkeit beginnt bei Objekten des Denkens. Sie kann folgendermaßen formuliert werden.

Unser Anspruch auf Unabhängigkeit von der Metapher ist, wie wir sahen, ein Anspruch, das Objekt anders als durch diese Metapher zu kennen. Könnten wir die Flatlander über Bord werfen und immer noch die vierte Dimension denken, dann und nur dann könnten wir vergessen, was *Flalansfere* einst bedeutete, aber immer noch kohärent denken. Wir erinnern uns: eben dies geschah bei dem Mann, der hinging und Mathematik lernte. Es gelang ihm, das, wovon die Kugeloberfläche der Flatlander nur das Bild war, zu verstehen, sodass er in der Folge frei war, über die Metapher hinaus zu denken und diese sogar ganz zu vergessen.

In unserer bisherigen Darstellung haben wir jedoch sorgfältig vermieden, auf eine äußerst bemerkenswerte Tatsache hinzuweisen: dass der Mathematiker nämlich, als er die Metapher zugunsten der Mathematik hinter sich ließ, nicht wirklich vom Symbol zum Symbolisierten gelangte, sondern lediglich von einem Satz von Symbolen zu einem anderen. Die Gleichungen und all das andere sind ebenso unwirklich, ebenso metaphorisch, wenn wir wollen, wie die Kugeloberfläche des Flatlanders.

Ich brauche das mathematische Problem nicht weiter zu erörtern; wir sehen sofort, dass es ein beunruhigendes Licht auf unser sprachliches Problem wirft. Wir haben bisher so getan, als wenn uns zwei Methoden des Denkens offenstehen würden: die metaphorische und die buchstäbliche. Wir haben so gesprochen, als stünde es immer in der Macht des Lehrers, denselben Vorstellungsgehalt *buchstäblich* zu denken, wenn er will. Wir haben so gesprochen, als könnte der heutige Verwender des Wortes *anima* sein Recht beweisen, die in dem Wort vergrabene Metapher zu ignorieren und uns eine Darstellung der Seele zu geben, die in keiner Weise metaphorisch ist. Dass er die Macht hat, die spezielle Metapher des *Atmens* zu umgehen, steht außer Zweifel. Doch wir haben noch nicht untersucht, was er an ihre Stelle setzen kann.

Wenden wir uns jenen zu, die am stärksten darauf erpicht sind, uns etwas über die Seele zu sagen – ich meine die Psychologen –, so stellen wir fest, dass das Wort *anima* einfach durch Komplexe, Repressionen, Zensoren, Engramme und so weiter ersetzt wurde. Mit anderen Worten, der *Atem* wurde durch *Verknüpfungen*, *Zurückdrängungen*, *römische Magistraten* und *Einkratzungen* ersetzt.

Wenn wir fragen, was den metaphorischen *strahlenden Himmel* der primitiven Theologie ersetzt hat, so werden wir lediglich eine *perfekte Substanz* finden, das heißt, ein *vollständig gemachtes Unterliegendes* oder – was sehr viel besser, aber ebenfalls metaphorisch ist – einen universalen Vater, oder möglicherweise (in Englisch) einen *Kopf-Schnitzer*, in Latein einen *Hauseigentümer*, in den mittelalterlichen Romanen *eine Person, die älter ist, als*.[401] Wir müssen auf dem Thema nicht herumreiten. Es ist mehr als klar, dass die Freiheit gegenüber einer bestimmten Metapher, die wir zugegebenermaßen in einigen Fällen haben, oft nur eine Freiheit ist, zwischen dieser und anderen Metaphern zu wählen.

Gewisse Beruhigungen können dem freilich entgegengehalten werden. Zum einen kann unsere Unterscheidung zwischen den verschiedenen Arten der metaphorischen Situation bestehen bleiben, auch wenn sie sicher nicht die Bedeutung hat, die wir erhofft hatten. Die Wahl zwischen verschiedenen Metaphern zu haben (wie es manchmal der Fall ist), heißt mehr zu wissen, als wenn wir der Sklave einer einzigen Metapher sind. Und zum anderen ist jede Beschreibung oder Identifikation, jedes Lenken unserer eigenen Gedanken oder der Gedanken anderer, nicht so metaphorisch wie eine Definition. Wenn wir uns, gefragt nach dem Wort *anima*, an einer Definition versuchen, so werden wir lediglich die vergrabenen Metaphern in einer neuen Mischung präsentieren; sagen (oder denken) wir aber einfach «Was ich bin» oder «Was hier drinnen vor sich geht», so werden wir zumindest etwas vor uns haben, das wir nicht bloß durch Metaphern kennen. Wir werden zumindest nicht schlechter dastehen als die ersten Psychologen auf ihren Bäumen.

Zugleich wird uns diese Methode aber nicht allzu weit bringen. «Was hier drinnen vor sich geht» ist in Wahrheit der Bedeutungsgehalt von *haec anima*[402]: denn mit *anima* meinen wir «*die Art von Ding*, das hier vonstatten geht», und sobald wir uns mit *Sorten* und *Arten* befassen, bewegen wir uns im Bereich des Metaphorischen.

Wir hatten bereits gesagt, dass, wenn jemand den Anspruch erhebt, unabhängig von der in einem seiner Wörter vergrabenen Metapher zu denken, dieser Anspruch manchmal gerechtfertigt ist. Doch er ist nur insofern gerechtfertigt, als er den Platz dieser vergrabenen Metapher wirklich mit einem neuen und unabhängigen eigenen Verstehen füllen kann. Wir sehen nun, dass sich dieses Verstehen normalerweise selbst als metaphorisch herausstellen wird, falls wir nicht, was noch schlimmer wäre, anstelle eines neuen Verstehens lediglich Wörter erhalten – von denen jedes Wort eine weitere übersehene Metapher in sich versteckt. Denn wenn er die Geschichte von *anima* nicht kennt, wie sollte er dann die Geschichte jener gleichfalls metaphorischen Wörter kennen, durch die er es auf unsere Anfrage hin definiert? Und kennt er ihre Geschichte und somit ihre Metaphorik nicht, und kann er *sie* wiederum nicht ohne andere Metaphern definieren, was kann seine Rede dann anderes sein als ein endloses Glockengeläut[403] mit solchen *Bluspels* und *Flalansferes*, die etwas zu bedeuten scheinen, es aber in Wahrheit nicht tun?

Der Betreffende hat uns tatsächlich einen ziemlich simplen Streich gespielt. Er erhob den Anspruch, ohne Metapher und in Unwissenheit der versteinerten Metaphern in seinen eigenen Worten denken zu können. Er belegte diesen Anspruch, indem er auf jenes Wissen über ihr Objekt hinwies, das er unabhängig von der Metapher besaß, und der Beweis für dieses Wissen war die Definition oder Beschreibung, die er vorbringen konnte. Wir bemerkten nicht sofort, dass uns dort, wo uns eine Freiheit gegenüber der Metapher versprochen wurde, nur die Macht gegeben wurde, die Metaphern in schneller Folge zu wechseln. Die Dinge, über die er spricht, hat er niemals *buchstäblich* wahrgenommen.

Doch nur eine solche wahrhaft buchstäbliche Wahrnehmung würde es ihm ermöglichen, die von ihm tatsächlich verwendeten Metaphern zu vergessen und dennoch etwas zu meinen. Entweder Buchstäblichkeit oder verstandene Metapher: eins von beidem müssen wir haben; die dritte Möglichkeit ist der Unsinn. Doch Buchstäblichkeit können wir nicht haben. Wer nicht bewusst Metaphern verwendet, der spricht ohne Bedeutung. Wir können dies sogar als eine Regel formulieren: Die Bedeutung in einem gegebenen Text steht im umgekehrten Verhältnis zum Glauben seines Autors an seine eigene Buchstäblichkeit.

Hat jemand Schiffe und die See gesehen, so mag er die Metapher eines *See-Hengstes* beiseitelegen und ein Schiff ein Schiff nennen. Doch stellen wir uns jemanden vor, der nie die See oder Schiffe gesehen hat, aber so viel über sie weiß, wie er sich durch die folgende Liste von *Kenningar*[404] – See-Hengste, geflügelte Hölzer, Wellen-Reiter, Ozean-Züge – zusammenreimen kann. Hält er all diese gemeinsam in seinem Bewusstsein und weiß er sie als die Metaphern, die sie sind, so wird er in der Lage sein, an Schiffe zu denken; natürlich höchst unvollkommen und innerhalb strikter Grenzen, aber nicht völlig vergeblich. Sollte er aber stattdessen sein Vertrauen allein in die eine Kenning *Ozean-Züge* (*ocean-trains*) setzen, weil sie ihm mit ihrer beruhigenden Aura des Mechanischen prosaischer und nicht so flüchtig und gefährlich vorkommt wie ihre Gefährtinnen, und würde er, nachdem er sie zu *oshtrans* zusammengezogen hat, schließlich vergessen, dass sie eine Metapher war, so würde er, selbst wenn er grammatisch korrekt spricht, aufgehört haben, an irgendetwas zu denken. Es würde ihm nichts nützen, mit den Füßen zu stampfen und zu schwören, er spreche buchstäblich, und zu erklären: «Ein *oshtran* ist ein *oshtran* und das ist alles. Ich meine, was ich meine. Was ich meine, ist das, was ich sage.»

Das Heilmittel liegt in der Tat in der umgekehrten Richtung. Wenn wir über das Zeigen auf individuelle, sinnlich wahrnehmbare Objekte hinausgehen, wenn wir anfangen, an Ursachen, Relationen, Zustände oder Aktivitäten des Bewusstseins zu denken, werden wir unheilbar metaphorisch. Wir erfassen keines dieser Dinge anders als durch Metaphern: wir wissen von den Schiffen nur das, was die Kenningar uns sagen können. Wir haben nur die Wahl, die Metaphern zu benutzen und somit etwas zu denken (wenn auch weniger, als wir uns wünschen würden) oder andererseits von nicht bemerkten Metaphern bestimmt zu werden und gar nichts zu denken. Ich selbst würde bevorzugen, die erste Alternative zu wählen, soweit es mir meine Unwissenheit und Bequemlichkeit erlauben.

Um es deutlicher zu sagen: Wer in seinem eigenen Reden und Schreiben die Bedeutung steigern und das bedeutungslose Wortgeklimper verringern will, der muss zwei Dinge tun. Er muss sich der versteinerten Metaphern in seinen Worten bewusstwerden, und er muss großzügig neue, von ihm selbst geschaffene Metaphern verwenden. Das erste hängt von Wissen ab, und daher von Muße, das zweite von einem gewissen Maß an imaginativer Kraft. Letzteres ist möglicherweise das Wichtigere der beiden: Wir sind nie weniger die Sklaven einer Metapher als dann, wenn wir sie selber hervorbringen oder frisch gemacht vernehmen. Denken wir intensiv an die Flatlander und sind wir uns zugleich voll bewusst, dass sie eine Metapher *sind*, so sind wir in einer nahezu unermesslich besseren

Situation als jene, die von der *Flalansfere* sprechen und glauben, buchstäblich und eindeutig zu sein.

Sollte unser Gedankengang korrekt gewesen sein, so bringt er uns zu einigen recht bemerkenswerten Schlussfolgerungen. Zuallererst scheint es, dass wir damit zufrieden sein müssen, dass der Kern all unseres Redens nur in einem recht bescheidenen Maß aus Denken besteht. Ich will unsere Armut nicht übertreiben. Nicht all unsere Wörter sind gleichermaßen metaphorisch, und nicht all unsere Metaphern sind gleichermaßen vergessen. Und selbst dort, wo die alte Metapher verlorengegangen ist, besteht oft die Hoffnung, dass wir die Bedeutung durch das Zeigen auf ein Objekt der Sinne, eine Empfindung oder eine konkrete Erinnerung wiederherstellen können.

Doch niemand kann oder will seine geistigen Bemühungen auf dieses enge Feld beschränken. Zumindest müssen wir von Dingen im Plural sprechen, wir müssen zeigen nicht auf isolierte Sinneseindrücke, sondern auf Gruppen und Klassen von Sinneseindrücken, und das verborgene Universale in jeder Gruppe und in jeder Pluralendung kann nicht ohne Metapher gedacht werden. So werden wir natürlich schon durch unsere täglichen Bedürfnisse weit über die Sicherheit buchstäblicher Bedeutung hinausgetrieben. In der Tat, nicht so weit zu gehen, würde bedeuten, das Denken selbst aufzugeben.

In der Praxis beabsichtigen wir freilich, wesentlich weiter zu gehen. Und warum sollten wir das auch nicht tun? Wir haben den Schlüssel der Metapher in unseren Händen, und es wäre kleinmütig, ihren bedeutungsvollen Gebrauch aufzugeben, weil wir festgestellt haben, dass ihr bedeutungsloser Gebrauch zwangsläufig vorherrschen wird. Wir müssen in der Tat lernen, Metaphern vorsichtiger zu gebrauchen, und einer der wichtigsten Nutzen, den wir aus unserer Untersuchung ziehen, ist der neue Maßstab der Kritik, den wir in Zukunft sowohl auf unser eigenes vermeintliches Denken als auch auf das Denken anderer anwenden müssen.

Wir werden zudem feststellen, dass wirkliche Bedeutung, gemessen an diesem Standard, nicht immer dort zu finden ist, wo wir sie erwarten würden. *Flalansfere* und *bluspels* werden bei bestimmten Typen von Autoren offenbar besonders weit verbreitet sein. Der Prozentsatz an bloßer Syntax, die sich als Bedeutung verkleidet, dürfte sich von nahezu 100 % bei politischen Autoren, Journalisten, Psychologen und Ökonomen bis hinab zu etwa 40 % bei den Autoren von Kinderbüchern erstrecken. Einige Wissenschaftler werden besser abschneiden als andere: Historiker, Geografen und mitunter Biologen werden öfter bedeutungsvoll sprechen als ihre Kollegen; der Mathematiker, der selten vergisst, dass seine Symbole bloße Symbole sind, wird oft in kurzen Abschnitten 90 % Bedeutung bei lediglich 10 % Geschwätz erreichen.

Die Philosophen werden sich ebenso voneinander unterscheiden, wie sich jede andere Gruppe in sich unterscheidet; eine gute metaphysische Bibliothek enthält einiges von der geschwätzigsten und einiges von der signifikantesten Literatur der Welt. Jene, die stolz auf ihre eigene Buchstäblichkeit waren und sich bemühten, klar und ohne mystischen Blödsinn über die höchsten Abstraktionen zu sprechen, werden unter den am wenigsten signifikanten Autoren zu finden sein: Ich bezweifle, dass man in einigen gefeierten «kompromisslosen» Autoren mehr als magere 5 % Bedeutung finden wird, und wie es um das Konto Kants und Spinozas[405] steht, das weiß allein der Himmel. Aber öffne deinen Platon und du wirst dich unter den großen Schöpfern der Metapher wiederfinden, und deshalb unter den Lehrmeistern der Bedeutung.

Wenden wir uns der Theologie zu – oder dem religiösen Schrifttum –, so wird das Ergebnis umso überraschender sein, denn sofern nicht unser gesamtes Argument falsch ist, werden wir zugeben müssen, dass jemand, der Himmel sagt und an den sichtbaren *Himmel* denkt, höchstwahrscheinlich mehr meint als jemand, der uns sagt, der Himmel sei ein Zustand unseres Bewusstseins. Es mag tatsächlich anders sein; Letzterer mag ein Mystiker sein, der sich an etwas erinnert und auf etwas verweist, das tatsächlich eine eigene konkrete Erfahrung ist. Doch das ist sehr, sehr unwahrscheinlich. Bunyan und Dante[406] stehen, wo sie immer standen; bei Bischof Butler[407] (und besseren Leuten als ihm) schnellt die Waagschale nach oben und geht durch die Decke.

Es wird niemandem entgangen sein, dass die Dichter auf einer solchen Skala den höchsten Rang einnehmen, und unter den Dichtern noch einmal jene, die zugleich den größten Respekt für alte Wörter haben und den sichersten Instinkt für die Schöpfung neuer Metaphern. Doch glauben Sie nicht, ich wolle die Imagination in irgendeiner Weise als ein Organ der Wahrheit einführen. Wir sprechen nicht von Wahrheit, sondern von Bedeutung: Bedeutung, die die Voraussetzung für Wahrheit und Falschheit ist, und deren Gegenteil nicht Irrtum ist, sondern Unsinn. Ich bin ein Rationalist. Für mich ist die Vernunft das natürliche Organ der Wahrheit, doch die Imagination ist das Organ der Bedeutung. Die Imagination, die neue Metaphern hervorbringt oder alte wiederbelebt, ist nicht die Ursache der Wahrheit, sondern ihre Bedingung.

Ich gebe zu: Es ist unbestreitbar, dass eine solche Sicht indirekt eine gewisse Art von Wahrheit oder Richtigkeit in der Imagination selbst voraussetzt. Ich sagte bereits zu Beginn, dass die Wahrheit, die wir durch Metaphern erlangen, nicht größer sein kann als die Wahrheit der Metapher selbst, und wir haben seitdem gesehen, dass unsere gesamte Wahrheit, oder zumindest alles außer ein paar wenigen Fragmenten, durch Metaphern gewonnen wird. Daraus folgt, dass, wenn jene ursprünglichen Gleichsetzungen zwischen Gut und Licht oder Böse und Dunkel, zwischen Atem und Seele und all die anderen von Anfang an willkürlich und eingebildet waren – wenn es nicht in der Tat eine Art von psychophysischem Parallelismus (oder mehr) im Universum gibt –, unser gesamtes Denken unsinnig ist. Und somit hat die Position, die ich eingenommen habe, zugegebenermaßen metaphysische Folgen. Doch das hat jede Position.

2. Was ist Dichtung?

Ich wende mich nun jener geringen Zahl von Ansichten zu, die meine eigene Theorie der Dichtung bestimmen, und unter Dichtung verstehe ich hier wie die Renaissance-Dichter imaginative Literatur, ob nun in Vers oder Prosa. Zuallererst glaube ich, dass Dichtung eine Kunst oder Fertigkeit ist. Eine Fertigkeit wird normalerweise anhand ihrer Werkzeuge definiert. Ich nehme an, wir sind uns alle einig, dass das Instrument der Dichtung die Sprache ist. Doch da Sprache auch für andere Zwecke genutzt wird wie etwa Philosophie oder Handel, müssen wir uns über die *differentia*[408] des dichterischen Gebrauchs der Sprache klarwerden.

Indem ich die Umgangssprache als gemeinsame Grundlage nehme, würde ich sagen, dass wissenschaftliche oder philosophische Sprache auf der einen und dichterische Sprache auf der anderen Seite einander entgegengesetzte Verbesserungen sind, die zwei verschiedene Arten der Effizienz zum Ziel haben.[409] Nehmen wir also den Satz «Das ist kalt», so können wir ihn entweder dadurch präzisieren, dass wir sagen: «Dies ist doppelt so kalt wie jenes», oder indem wir sagen «Uff! Das ist wie ein Schlag ins Gesicht.» Der erste Satz schreitet fort, indem er eine qualitative Empfindung in eine Quantität überführt, der zweite, indem er mithilfe eines emotiven Geräuschs und eines Gleichnisses eben jene Qualität übermittelt, die ersterer vernachlässigt.

Verfolgt man den ersten Prozess weiter, so landet man bei der Wissenschaft, die aus dem Sinnenhaften ganz in jene Welt reiner Quantitäten entflieht, die so viel zweckmäßiger ist für das, was Bacon «Anwendung» nannte. Folgt man dem anderen Prozess weit genug, so landet man bei der Dichtung, das heißt, bei einer Fähigkeit oder geschulten Gewohnheit, all die außerlogischen Elemente der Sprache – Rhythmus, Sprachmelodie, Lautmalerei, Assoziationen und so weiter – zu nutzen, um die konkrete Gegebenheit von Erfahrungen zu übermitteln.

Die ideale Grenze des einen Prozesses wird in der reinen Mathematik tatsächlich erreicht; ob das Ideal des anderen erreicht wurde – ob es reine Dichtung gibt oder nicht –, brauchen wir hier nicht zu erörtern. Der größte Teil menschlicher Äußerungen fällt zwischen diese beiden Extreme. Es ist daher normalerweise nicht möglich, und es ist nie notwendig, von einem Schriftwerk in einem absoluten Sinn zu sagen: «Das ist Dichtung»; was wir sagen können, ist: «Dies geht weiter in die Richtung von Dichtung als jenes.» Doch so, wie wir in gewöhnlicher Terminologie unter einem großen oder reichen Menschen jemanden verstehen, der größer oder reicher ist als die meisten anderen, verstehen wir unter einem Gedicht ein Schriftwerk, das mehr vom Konkreten oder Qualitativen vermittelt, als es unsere gewöhnlichen Äußerungen tun. Ein Dichter ist jemand, der solche Schriftwerke öfter und erfolgreicher produziert, als es der Rest von uns tut.

In einer strikteren Terminologie hingegen sind alle Menschen in dem Sinn Dichter, dass sie die außerlogischen Eigenschaften der Sprache nutzen können, und dies auch tun, um Aussagen über das Konkrete zu treffen, deren Wert größer ist als Null. Wir nennen sie für gewöhnlich nicht Dichter, so, wie ich auch nicht Schreiner genannt werde, obwohl ich notfalls eine Art Regal zusammenbekäme, und auch nicht Arzt, obwohl ich über die Verwendung einiger weitverbreiteter Arzneimittel Bescheid weiß. Selbst wenn solche Schriftwerke Verse verwenden, dem Schreiben verpflichtet sind und einen Wert haben, der höher ist als Null, nennen wir ihre Urheber für gewöhnlich nicht Dichter, sondern reservieren diesen Namen für jene, die in dieser Tätigkeit besonders gut sind. Daher mag jemand nach den Standards einer Gesellschaft ein «Dichter» sein, nach denen einer anderen aber nicht – so, wie jemand unter Japanern «groß» und unter Norwegern «klein» sein kann.

Der Unterschied zwischen wissenschaftlicher oder philosophischer Sprache und dichterischer Sprache ist entschieden nicht der, dass Erstere Wahrheiten und Letztere bloße Fantasien äußern würde. Im Gegenteil, alles, was konkret ist, ist wirklich,[410] und manche vermuten, dass alles Wirkliche konkret ist. Die von Wissenschaft und Philosophie verwendeten Abstraktionen mögen oder mögen nicht die Namen von Universalien sein (die nach der Meinung Platons zeitlose Gegebenheiten sind[411]), doch sie sind nicht die Namen «wirklicher Dinge» im gängigen Sinn – Dinge, die in Raum und Zeit vorkommen.

In Raum und Zeit gibt es nirgendwo so etwas wie einen Organismus, dort gibt es nur Tiere und Pflanzen. Dort gibt es keine bloßen Pflanzen, nur Bäume, Blumen, Rüben usw. Dort gibt es keine «Bäume», bis auf Buchen, Ulmen, Eichen, und den Rest. Dort gibt es nicht einmal so etwas wie «eine Ulme». Dort gibt es nur *diese* Ulme, in diesem Jahr ihres Alters zu dieser Stunde des Tages, auf diese Weise beleuchtet, sich auf diese Weise bewegend, auf diese Weise beeinflusst durch die gesamte Vergangenheit und Gegenwart, diese und jene Erfahrung hervorrufend: bei mir und meinem Hund und dem Insekt auf ihrem Stamm und dem Mann, tausend Meilen entfernt, der sich an sie erinnert. Eine wirkliche Ulme kann in der Tat nur durch ein Gedicht beschrieben werden.

Die Art von Dingen, denen wir in der Dichtung begegnen, ist die Art von Dingen, denen wir im wirklichen Leben begegnen – einmalige, individuelle, liebenswerte oder hassenswerte Dinge. Leider sagt uns die Dichtung als Dichtung nicht, ob die besonderen Dinge, die sie beschreibt, tatsächlich existieren.

Hier kommt die Wissenschaft ins Spiel. Um Tatsachen festzustellen, das heißt, Erfahrungen vorhersagen zu können, muss sie schlussfolgern; um zu schlussfolgern, muss sie abstrahieren. Nur die Wissenschaft kann uns sagen, wo und wann wir wahrscheinlich eine Ulme antreffen werden, nur die Dichtung kann uns sagen, wie es ist, eine Ulme anzutreffen. Die eine beantwortet die Frage *Ob*, die andere die Frage *Was*. Wir abstrahieren, um zu untersuchen, ob Gott existiert; Dante[412] zeigt uns, wie es wäre, wenn Er es tut, oder, mit anderen Worten: er gibt der bloßen Abstraktion «Existenz Gottes» eine Bedeutung. Und obwohl er als Dichter nicht das Ergebnis unserer Debatte vorhersagen kann, sagt er uns, worüber wir in Wahrheit diskutieren.

Abstraktion ist dem Geld sehr ähnlich. Weder Gold noch Papier sind wirklicher Reichtum, doch sie sind besser geeignet für die Zwecke des Austauschs. Die Dichtung hat den wirklichen Reichtum, den die Abstraktionen repräsentieren, doch sie ist zu unhandlich für den Handel des Denkens.

Jede dieser beiden Arten von Sprache sollte man für das bewundern, was sie leistet, nicht für das, was sie nicht leistet. Es ist kein Vorteil philosophischer Sprache, dass es ihr nicht gelingt, das Konkrete zu erreichen, und kein Vorteil dichterischer Sprache, dass sie nicht die Existenz von irgend etwas beweisen kann – so, wie es kein Vorteil eines Mannes ist, keine Kinder säugen zu können, oder einer Frau, Bälle beim Cricket nicht überarm werfen zu können.

Die Tatsache, dass wir nicht zur gleichen Zeit in hohem Maße philosophisch und dichterisch sein können, ist nach meiner Ansicht ein großes Übel. Sollte es irgendwo im Universum Wesen geben, die so weit über uns stehen wie wir über den Hunden, so kombiniert ihre Sprache vermutlich in jedem Augenblick die Klarheit und Stringenz Euklids mit der Wärme und Festigkeit Shakespeares. Sie können stets im gleichen Atemzug demonstrieren, *dass* etwas ist, und einem zeigen, *was* es ist.

Ferner, auch wenn es üblich ist, Dinge *per differentiam*[413] zu definieren, so ist es ein logischer Fehler zu meinen, der Punkt größter Differenzierung zwischen beiden Formen der Sprache falle stets mit dem größten Wert zusammen. In einer vorliegenden Abhandlung mag ein dichterisches Element der falschen Sorte natürlich das Argument ruinieren, und ein Argument mag ein gegebenes Gedicht ruinieren. Doch es trifft nicht grundsätzlich zu, dass die beiden Arten von Schriftwerk dann am besten sind, wenn sie sich am meisten unterscheiden. Die schlechtesten Philosophen sind oft die trockensten, und die schlimmsten Dichter die vernunftlosesten. Locke und Poe[414] sind weiter voneinander entfernt als Platon und Dante.

Bisher ist es uns nur gelungen, die Sprache des Dichters zu definieren, doch Sprache muss sich auch auf etwas beziehen. Man kann nicht nur «sagen», man muss dieses oder jenes sagen. Es ist daher an der Zeit, das bisschen niederzuschreiben, was ich über den Inhalt von Dichtung sagen kann. Es mag von Nutzen sein, sich daran zu erinnern, dass wir die Umgangssprache als die gemeinsame Basis genommen haben, von der aus alle Optimierungen der Sprache entwickelt werden. Indem wir dorthin zurückkehren, können wir nun durch Eliminierung voranschreiten.

Was immer im alltäglichen Gespräch das Ziel hat, etwas zu beweisen, ist gewiss embryonale Wissenschaft oder Philosophie und wird nicht Teil des Gegenstands der Dichtung sein. Ferner wird alles, was in einem Gespräch ein praktisches Ziel hat, das sich aus der Nähe der Sprechenden in Zeit und Raum ergibt («Reich mir das Salz», «Sei mir nicht böse»), keinen Platz in jener geschriebenen und bleibenden Dichtung finden, der wir normalerweise diesen Namen geben, auch wenn dramatische oder fiktionale Nachahmungen solcher Sprache sehr wohl in ihr vorkommen können.

Doch ich fürchte, wenn wir diese offensichtlichen Ausscheidungen vorgenommen haben, können wir keine weiteren vornehmen. Sehen wir von diesen beiden Arten des Sprechens einmal ab, so scheint es mir einfach der Fall zu sein, dass die Zahl der Dinge, über die wir Dichtung verfassen können, die Zahl der Dinge ist, über die wir sprechen können. Indem sie eine Fähigkeit des Sich-Äußerns ist, kann sie verwendet werden, um nahezu alles auszudrücken; um die Aufmerksamkeit auf eine Tatsache zu lenken (freilich, ohne sie beweisen zu können), um Lügen zu äußern, um eingestandene Fiktionen vorzutragen, um die eigenen echten oder vorgegebenen Empfindungen zu beschreiben, um Witze zu erzählen.

Aus diesem Grund sind viele Diskussionen über «Literatur» – als wäre Literatur eine einzige homogene Sache wie Wasser – Diskussionen über gar nichts. Dichtung ist nicht eine erhabene oder niedere, eine nützliche oder schädliche, eine ernste oder belanglose, eine «wahre» oder «falsche» Tätigkeit, genauso wenig, wie das «Sagen» es ist. In diesem Sinn gibt es so etwas wie Literatur in der Tat gar nicht – nur eine Schar von Leuten, die konkrete Sprache verwenden, so gut sie es können, um über all das zu sprechen, wofür sie sich zufällig interessieren.

Sie unterscheidet sich in dieser Hinsicht scharf von einer Kunst wie der Musik. Man kann, wenn man will, eine Sonate sowohl schreiben als auch hören, ohne an irgend etwas anderes als an Klänge zu denken. Doch man kann nicht ein einziges Wort eines Gedichtes schreiben oder lesen und dabei nur an Dichtung denken. Die erste Note der Sonate bezieht sich nicht notwendigerweise auf irgend etwas jenseits der Musik; das erste Wort von *Paradise Lost*[415] («Of») ist von Anfang an das Zeichen einer Beziehung, die außerhalb des Gedichts besteht, und insgesamt außerhalb der Dichtung. Das ist die notwendige Bedingung einer Kunst des «Sagens»: man muss etwas sagen.

Daraus folgt, dass Dichtung in einem bestimmten Sinn gar keine Kunst ist. Es ist durch Kunst oder Fertigkeit, dass die Dichter es bewerkstelligen, konkret auszudrücken, was sie sagen wollen; das Gesagte ist jedoch nicht «Kunst» – es ist mehr wie eine Bemerkung. Die Fertigkeit, die in diese Äußerung einfloss, hat alle Privilegien der Kunst; sie ist (wie Klempnerei oder das Schwärzen von Stiefeln) ethischer oder logischer Kritik enthoben, und sie wird am besten von anderen Künstlern beurteilt. Die gleiche Immunität im Hinblick auf das Gesagte einzufordern ist eine Konfusion. Ich lasse mir vom Klempner sagen, welche Schuld sein Vorgänger an der Überflutung meiner Spülküche trägt; ich werde ihn nicht entscheiden lassen, *ob* sie überflutet wird, und noch weniger, ob sie überflutet werden soll.

Obwohl es einerseits also hilfreich ist, sich daran zu erinnern, dass Dichtung eine Art des «Sagens» ist, müssen wir uns andererseits vor einem Missverständnis hüten. Was der Dichter «sagt», darf nicht mit den offensichtlichen (d.h. den grammatischen) Aussagen seines Gedichtes identifiziert werden. Das ist ein Irrtum, den Dr. I.A. Richards so lange und zweckdienlich bekämpft hat – der Irrtum, unter dem der verstorbene Professor Babbit[416] trotz seiner Weisheit viel von seinem Buch *Rousseau and Romanticism* geschrieben hat. Der Dichter «sagt» nicht, seine Seele sei ein «verzaubertes Boot».[417] Dichtung ist eine Indienstnahme der Sprache, um das Konkrete auszudrücken; eines der Mittel, mit dem sie das tut, ist der freie Gebrauch von Sätzen, die logisch nur eine ganz entfernte Verbindung mit der eigentlichen Aussage haben. Was sie «sagt», ist die gesamte konkrete Erfahrung, die sie dem richtigen Leser vermittelt – dem πεπαιδευμένος.[418] Die Mittel sind Kunst; die vermittelte oder gesagte Sache nicht. Sie ist jedermanns Sache.

Daraus folgt, dass der Ausdruck «ein großer Dichter» mehrdeutig ist. Wie wir gesehen haben, kann die Fertigkeit des konkreten Äußerns für nahezu jeden Zweck verwendet werden. Narren nutzen sie, um Narrheiten zu äußern, Weise, um Weisheiten zu äußern, humorvolle Menschen, um Witze zu erzählen, und Leute von niederer Gesinnung, um Gift zu versprühen. Sie kann (wie das Telefon) von großen und kleinen Leuten verwendet werden – von jedem, der die Fertigkeit erwerben kann. Die Fertigkeit ist natürlich eine anspruchsvolle, doch sie kann von Menschen erworben werden, deren generelles Auffassungsvermögen gering ist. Dasselbe trifft auch auf andere hoch anspruchsvolle Fähigkeiten zu: ein großer Chirurg, ein großer Schauspieler, ein großer Mathematiker, ein großer Finanzmann muss nicht unbedingt ein großer Mann sein.

Mit einem «großen Dichter» können wir daher eines von zwei Dingen meinen. Wir können einen großen Mann meinen – jemanden, der andere in Wissen, Weisheit und Tugend übertrifft –, der aber außerdem ein Dichter ist und seine dichterischen Fertigkeiten nutzt, um große Dinge zu äußern. Andererseits können wir lediglich jemanden meinen, der groß ist im Dichten, der diese Fertigkeit in einem hohen oder «großen» Maß besitzt – so, wie wir von einem großen Cricketspieler, einem großen Läufer oder sogar einem großen Langweiler sprechen. Ein großer Langweiler muss kein großer Mann sein, er muss nur groß darin sein, andere zu langweilen. Jemand mag sich als höchst dichterisch präsentieren, indem er sämtliche Mittel der Kunst der Äußerung nutzt, um etwas zu transportieren, das ohne jegliches allgemeine Interesse ist. Ich sage «allgemeines» Interesse, weil es bei vielen belanglosen Erfahrungen ebenso *schwierig* sein kann, sie in ihrer konkreten Ganzheit zu vermitteln, wie bei wertvollen, sodass ihre Übermittlung für andere Künstler von technischem Interesse sein kann.

Die Verehrung für «große Dichter» – *pii vates et Phoebo digna locuti*[419] – ist in Zeiten, in denen die Kunst der Dichtung große Leute anzieht, etwas ganz Natürliches. Doch jede Kunst hat ihre Höhen und Tiefen. Der Schulmeister war in Rom ein Sklave und im viktorianischen England ein Herrscher; die Prostituierte war im 18. Jahrhundert Abschaum und wurde im antiken Griechenland zuweilen verehrt; der Beruf des Schauspielers erreichte in den letzten Jahren des Heidentums Tiefen, bei denen es Jahrhunderte dauerte, bis er sich davon erholt hatte. Ebenso gibt es Zeiten, in denen die Dichtung in minderwertige Hände fällt. Diejenigen, die sie praktizieren und ihre Fertigkeiten für triviale, verdorbene oder bloß für idiotische Zwecke gebrauchen, können diese Fertigkeiten dennoch in hohem Maße besitzen – sie können sehr «poetisch» sein. Dann besteht die Gefahr, dass sie nach einer Verehrung und Autorität verlangen und sie auch erhalten, die eigentlich nur großen Leuten zukommt, die sich der Dichtung bedienen.

Sie werden natürlich wissen wollen, was nach meiner Ansicht der wahre Wert von Dichtung ist, und wer die richtigen Leute sind, um sie zu beurteilen. Mein Eingeständnis, dass «große Dichtung» in einer ihrer Bedeutungen die Dichtung großer Leute ist, scheint uns tatsächlich in die «Persönlichkeitshäresie» zurückzuführen.[420] Doch wir haben bereits erklärt, dass Dichtung aus dem alltäglichen Gespräch nicht jene Äußerungen übernimmt, die auf der räumlichen und zeitlichen Nähe der Sprechenden zueinander beruhen. Sie teilt mit dem Gespräch jene, und nur jene Äußerungen, deren Wert ihre Ablösung von ihrem ursprünglichen sozialen Kontext überleben kann: nicht das Lieben und Zanken, nicht die «Beziehungen», die Freundschaften und Zuneigungen, wohl aber die Geschichten, die Witze, die Reflexionen. Sie bewahrt in erster Linie nicht das, was Liebe erregt, sondern das, was zum Vergnügen, zur Unterhaltung, zur Weisheit oder Unterweisung beiträgt; in der Tat jene Teile des Gesprächs, die es wert sind, *wiederholt* zu werden.

Daraus folgt, dass derjenige Dichtung am besten beurteilen kann, der menschliche Äußerungen am besten beurteilen kann – der am besten sagen kann, was langweilig oder interessant ist, was schal oder frisch ist, was einen moralisch stärkt oder verdirbt, was Freude oder Abneigung hervorruft. Er ist einfach der aristotelische πεπαιδευμένος (Gebildete). Diese dürftige Auskunft wird, so fürchte ich, einen Sturm des Hohns hervorrufen, doch davon dürfen wir uns nicht beeinflussen lassen. Denn hinter diesem Hohn verbirgt sich eine höchst fatale Forderung – die Forderung, es müsse professionelle Experten geben, um Dichtung zu beurteilen, so, wie es professionelle Chemiker gibt, um Chemikalien zu beurteilen.[421] Es ist ein Versuch, das Geschöpf Mensch eines weiteren Privilegs zu berauben und wieder eine Sache an seine ständigen Beamten zu übergeben.

Ob wir das nun als Glück oder Unglück betrachten, es gibt in der Tat keine *essenzielle* Qualifikation für Literaturkritik, als grundsätzlich weise und geistig gesund zu sein. Um eine solche Weisheit wirksam werden zu lassen, mögen viele weitere Bedingungen vonnöten sein, wie etwa eine sehr gute Kenntnis der Sprache und eine breite Erfahrung im Lesen von Dichtung.

Es ist aufgrund von Letzterem, dass Dichter – die für gewöhnlich Leser von Dichtung sind – zuweilen *ceteris paribus*[422] eine bessere Chance haben als andere, gute Kritiker zu sein. Doch sie sind auch ihren eigenen Gefahren ausgesetzt. Der Profi wird «Stallgeruch haben», er wird die einseitige Sensibilität des Experten haben und die Neigung des Experten, den Wert des Getanen zu niedrig und die Schwere des Tuns zu hoch einzuschätzen. Zudem wäre es ein falsches Zartgefühl, die gemeinsamen Interessen und die selbstlose *Kameradschaft* zu übersehen, die ihn unweigerlich mit seiner eigenen Profession verbinden. Das muss besonders in einer Zeit in Betracht gezogen werden, in der das alte Machtgleichgewicht zwischen Dichtern, Buchhändlern, Kritikern und Lesern zerstört wurde – wo 90 % der Leser selbst Dichter sind und damit begierige Kandidaten für die Aufnahme in die führende Gruppe, wo Dichter zudem anonyme Rezensenten sind, und möglicherweise auch Redakteure und Herausgeber.

Ich möchte niemandem zu nahe treten; ich unterstelle nicht, Dichter seien weniger skrupulös als irgendein anderer Berufsstand, sondern lediglich (aufgrund von reichlich historischen Belegen), dass sie nicht skrupulöser sind. Von außen ermutigt durch den Dichterkult, und von innen durch die allgemeine moderne Tendenz zu Konzernen und Kombinaten, steigender Effizienz, Solidarität und Geheimhaltung der Organisation, müssten sie Leute von heroischer Tugend sein, um völlig unvoreingenommene Kritiker zu bleiben. Es ist hier, dass der viel geschmähte akademische Kritiker ein Korrektiv bereitstellen kann. Er mag seine eigenen Vorurteile haben, doch er ist von einigen Versuchungen frei.

Wo sich der πεπαιδευμένος finden lässt, können vielleicht die kontrastierenden Geschichten von Mr. A und Mr. B andeuten. Mr. A hatte nie eine Zeile Dichtung gelesen, bevor er nach Oxford kam. Dort fand er sich plötzlich aufgrund von einigen Empfehlungen in einem literarischen Zirkel wieder. Eine Welt von Erstausgaben, «Bewegungen», Zeitschriften und Klatsch über große Zeitgenossen brach mit der Plötzlichkeit einer tropischen Morgendämmerung über ihn herein. In drei Wochen war er ein Leser von Dichtung und in sechs Wochen ein Dichter. Er traf einen der Großen. Er sah sich selbst im Druck. Er ist jetzt ein freischaffender Journalist, lebt im Herzen der Bewegung, hält sich auf der Höhe der Zeit, liest jeden, trifft jeden, bespricht jeden, wird von jedem besprochen, und er weiß, soweit möglich, sogar mehr über die Zukunft der Literatur als über ihre Gegenwart.

Mr. B hingegen hat, so fürchte ich, nie von irgend etwas mehr als die erste Seite gelesen, es sei denn, es gefiel ihm. Er hat diese Angewohnheit ungefähr im Alter von 10 Jahren entwickelt, und er hatte die meisten englischen Dichter an regnerischen Tagen entdeckt, bevor er 15 war. Er kommt aus einer unliterarischen Familie und hat sich nie träumen lassen, dass sein Geschmack an Dichtung ein Grund für Beifall sein könnte. Er hat gelernt, einige der Modernen zu mögen, doch er liest nur jene, die ihm gefallen. Ich konnte die Idee der «Bedeutung» in der Dichtung nie in seinen Kopf bekommen. Er will immer wissen, ob ein Werk gut ist und ob ich glaube, dass es ihm gefallen wird. Er kann nicht viele Besprechungen lesen; er fand in der Tat – falls das nicht unglaubhaft sein sollte – einst eine vorteilhafte Besprechung eines seiner eigenen Bücher zu geistlos, um sie zu Ende zu lesen. Er ist sehr schlecht informiert. Wollte ich herausfinden, was vor sich geht, so würde ich sicherlich Mr. A fragen. Doch was die reine Kritik betrifft, so würde ich mich an Mr. B halten.

Soviel zu den Beurteilern; was ist mit dem Wert? Die Wahrheit ist, dass der Wert von Literatur wie auch von anderen Äußerungen von der breiten Masse der Leser immer ziemlich gut verstanden wurde. Bei jeder Äußerung, ob nun im Gespräch oder in der Dichtung, ist unsere erste Forderung, sie solle interessant sein. Ich fürchte, präziser können wir das nicht sagen. Sie mag aus ganz verschiedenen Gründen interessant sein: weil sie so witzig ist, weil sie so wahr ist, weil sie so unerwartet ist oder weil sie das, was wir erwartet haben, so gut macht, weil sie uns aus unserem alltäglichen Leben in solch feine fantastische Gegenden bringt, oder weil sie uns mit solch einem vertrauten Sinn für das Wirkliche in unsere unmittelbare Umgebung zurückbringt.

Ich weiß, dass verschiedene Leute sich für verschiedene Dinge interessieren. Das lässt sich nicht vermeiden. Interessant *simpliciter*[423] ist das, was den Weisen interessiert. Und zweitens verlangen wir, dass eine Äußerung, abgesehen davon, dass sie unterhaltsam, reizvoll oder aufregend ist, nach Möglichkeit eine wünschenswerte bleibende Wirkung auf uns haben sollte – sie sollte uns entweder glücklicher oder weiser oder besser machen. Das hat im engeren Sinn nichts mit «Moral» zu tun, auch wenn die Moral mit hineinkommt. Es ist ganz aus einem Stück mit dem, was wir in anderen Bereichen des Lebens wollen: wir möchten, dass unser Essen uns nährt wie auch schmeckt, dass unsere sportlichen Aktivitäten gesund sind wie auch Spaß machen, dass unsere Frau eine gute Gefährtin und Hausfrau ist wie auch eine ansprechende Sexualpartnerin.

Ich schließe somit, dass die alten Kritiker vollkommen recht hatten, als sie von Literatur das *utile* und das *dulce*[424], *solas* und *doctry-*

ne[425], Nutzen und Vergnügen verlangt haben. Alle Versuche, ein genaueres oder eindrucksvolleres Schema hervorzubringen, sind nach meiner Ansicht gescheitert. Die einzigen beiden Fragen, die wir letztlich einem Gedicht stellen sollten, sind, erstens, ob es interessant, unterhaltsam oder attraktiv ist, und zweitens, ob es uns dabei hilft oder uns daran hindert, all jene anderen Dinge zu tun, an denen wir uns erfreuen möchten oder die wir tun oder sein wollen.

Indem der Wert eines dichterischen Werkes in dem besteht, was es mit seinen Lesern macht, sind alle Fragen zur Haltung des Dichters gegenüber seiner eigenen Äußerung irrelevant. Die Frage nach seiner «Aufrichtigkeit» oder «Neutralität» sollte ein für alle Mal aus der Literaturkritik verbannt werden. Die missbilligenden Ausdrücke «unaufrichtig», «unecht», «fingiert», «vorgetäuscht» usw. sind bloße gefühlsgeladene Geräusche, die anzeigen, dass der Sprecher nicht bereit ist, den Mund zu halten, obwohl er noch nicht herausgefunden hat, was an dem Werk eigentlich verkehrt ist. Unfähig, die eigentliche Frage «Was in dieser Folge von Worten erregt ein Gefühl der Abneigung, das dem Genuss im Wege steht?» zu beantworten, erfindet er Antworten auf die unerhebliche Frage «Was war der Geisteszustand des Dichters, als er dies schrieb?»

Die charakteristischsten Inhalte literarischer Äußerungen sind Geschichten – Beschreibungen von Dingen, die nicht stattgefunden haben. Der vorrangige Wert dieser Geschichten ist, dass sie interessant sind. Doch warum sie interessieren, und in welch unterschiedlicher Weise, und welche permanenten Folgen sie im Leser hervorrufen, das behaupte ich nicht, zu wissen. Erstaunlicherweise hat die Literaturkritik dies sehr wenig diskutiert. Zwischen Aristoteles und der modernen mythografischen Schule von Miss Maud Bodkin, Professor Wilson Knight und Professor D.G. James finden wir fast nichts.[426] Es ist in dieser Richtung, so meine ich, dass die kritischen Bemühungen mit dem größten Gewinn ausgeweitet werden könnten.

Sie werden bemerkt haben, dass die Tendenz meiner Theorie dahin geht, den Status des Dichters als Dichter in gewissem Maß zu reduzieren. Doch das liegt daran, dass nach meiner Ansicht heute die einzige Hoffnung für die Dichtung darin besteht, seinen Status zu reduzieren. Sofern er nicht schnellstmöglich zur handwerklichen Demut seiner großen Vorfahren zurückkehrt und sich der Notwendigkeit unterwirft, vor allem anderen zu interessieren und zu erfreuen, wird die Kunst der Dichtung bei uns ganz verschwinden.

Es mag sein, dass wir uns in der Vergangenheit zu wenig bemüht haben, die schwierige Melodie zu hören, die einige neue Dichter gespielt haben, doch wir haben unsere Lektion zu gut gelernt. Das *hässliche Entlein* hat sich tief in unser Bewusstsein eingegraben, und wir scheuen uns, irgendeinen Fehlschlag zu verwerfen, aus der Angst heraus, er könnte sich am Ende doch als ein Schwan herausstellen. Es ist höchste Zeit, dass wir uns an eine andere Geschichte von Hans Christian Andersen erinnern, die uns eine nicht weniger wichtige Lektion erteilt. Sie heißt *Des Kaisers neue Kleider*.

3. Psychoanalyse und Literaturkritik

Dieser Vortrag soll keineswegs ein Angriff auf die Psychoanalyse sein, sondern möchte lediglich zur Klärung einiger Grenzprobleme zwischen Psychoanalyse und Literaturkritik beitragen. Eines dieser Grenzprobleme ist nach meiner Ansicht ein Scheinproblem. Ich meine die Weise, in der einige Literaturkritiker die Psychoanalyse verwenden, um die Psychopathologie eines Dichters aus seinem Werk zu erheben. Ist das alles, was geschieht, und wird dabei hinreichend klar, dass das Ergebnis ein Beitrag zu Pathologie oder pathologischer Biografie sein soll und nicht zur Literaturkritik, so habe ich natürlich nichts dafür oder dagegen zu sagen.

Leider kommt es hier manchmal zu einer echten Konfusion, bei der die Aussage «Dieses Gedicht ist ein zwangsläufiges Produkt der Verdrängungen des Dichters und ein erhellendes Symptom für sie» irgendwie als Erklärung für die Aussage «Dieses Gedicht ist Mist» behandelt wird. Der Kritiker hat sich von der eigentlichen kritischen Frage «Warum und wie sollten wir dies lesen?» ablenken lassen hin zu der rein historischen Frage «Warum hat er das geschrieben?» – und dies zudem in einem Sinn, in dem das Wort «warum» nicht «mit welcher Intention» meint, sondern «getrieben durch welche Ursachen?». Er fragt nicht nach der Finalursache, die immer noch literarisch von gewissem Belang wäre, sondern nach der Wirkursache, die das nicht ist. Mit solchen Missverständnissen müssen wir uns nicht weiter aufhalten.

Ich werde mich mit zwei Ansichten Freuds befassen, deren eine in Nr. 23 seiner *Vorlesungen zur Einführung in die Psychoanalyse* zu finden ist.[427] Gegen Ende dieser Vorlesung wird alle Kunst auf die Fantasien – das heißt auf die Tagträume oder Wunscherfüllungen im Wachzustand – des Künstlers zurückgeführt. Der Künstler möchte «Ehre, Macht, Reichtum, Ruhm und die Liebe der Frauen» erwerben; weil er sie in der realen Welt aber nicht bekommen kann, muss er sein Bestes tun, um sich vorzustellen oder vorzugeben, er habe sie bekommen.

Laut Freud unterscheidet er sich in dieser Hinsicht nicht vom Rest von uns. Was ihn zu einem Künstler macht, ist seine seltsame Fähigkeit, «seine Tagträume so zu bearbeiten, daß sie das allzu Persönliche, welches Fremde abstößt, verlieren und für die anderen mitgenießbar werden». Da wir übrigen ebenfalls einen guten Wunschtraum schätzen, sind wir bereit, für das Privileg zu bezahlen, ihn teilen zu dürfen. Für den Künstler gibt es also durch die Fantasie einen Weg zurück in die Realität: indem er seine bloßen Träume von «Ehre, Macht, Reichtum, Ruhm und die Liebe der Frauen» veröffentlicht, erlangt er im wirklichen Leben «Ehre, Macht, Reichtum, Ruhm und die Liebe der Frauen».

Sie werden bemerkt haben, dass dies eine Theorie sowohl über Leser als auch über Autoren ist. Hätte Freud sich auf die Aussage beschränkt, dass sich alle Kunstwerke auf Fantasien des Künstlers zurückführen lassen, so würde er lediglich eine Wirkursache benennen, bei der es uns schwerfallen würde, sie zu widerlegen. Doch er sagt eindeutig, wir würden das Ergebnis als eine Fantasie genießen – Lesen wie auch Schreiben ist für ihn Wunscherfüllung. Es ist in der Tat unübersehbar, dass für ihn alles Vorstellen oder Tagträumen von ein und derselben Art ist – von jener Art, in der der Träumende vorgibt, berühmt zu sein oder ein Millionär oder ein unwiderstehlicher Frauenheld, auch wenn er das in Wahrheit gar nicht ist. Das halte ich für falsch. Ich möchte daher eine Ergänzung oder Erweiterung einführen, und zwar eine, für die mir Freud das Beispiel gegeben hat.

Nachdem er uns in einer früheren Vorlesung (Nr. 6)[428] gesagt hat, es sei für gewöhnlich möglich, für jene Melodien, die wir pfeifen, wenn wir an nichts Besonderes zu denken scheinen, eine psychoanalytische Erklärung zu finden, fügt er hinzu: «ich muß aber so vorsichtig sein, diese Behauptung nicht auf wirklich musikalische Menschen auszudehnen, über die ich zufällig keine Erfahrung habe.» Das ist sowohl ehrlich als auch in die Tiefe dringend, was mich hoffen lässt, dass der Professor sich dem Vorschlag nicht widersetzt hätte, eine vergleichbare Einschränkung auch bei seiner Theorie der Imagination anzubringen. Auf jeden Fall ist es das, was diese

Theorie nach meiner Ansicht benötigt. Sie ist nur zu wahr, solange wir sie nicht auf imaginative Leute anwenden.

Ich gebe gerne zu, dass es Leute gibt, deren Tagträume sich immer in den von Freud beschriebenen Bahnen bewegen, doch die meisten von uns haben, soweit unsere Erinnerung zurückreicht, seit jeher ziemlich klar zwischen zwei Arten von Tagträumen unterschieden. Mit der von ihm anerkannten Art – den Träumen von Erfolg, Ruhm, Liebe und so weiter – bin ich leider nur zu vertraut. Ich hatte Dutzende von ihnen. Doch ich kann mich an keine Zeit erinnern, zu der ich nicht auch eine andere Art kannte.

Die früheste, an die ich mich jetzt erinnere, könnte man vielleicht die behagliche Stadt nennen. Ich kann diese kleine Stadt immer noch sehen, mit ihrem Fluss, der Brücke und den Schiffen, den am Kai aufgetürmten Käselaiben und Fässern, den hohen Dächern und den leuchtend grünen Fensterläden. Bei den Einwohnern bin ich mir nicht so sicher, doch ich glaube, es waren vermenschlichte Mäuse – «eingekleidete Mäuse», wie ich sie damals genannt hätte; wie die Holländer mit Wollschals und weiten Hosen, und mit Pfeifen im Mund.[429]

Die meisten Bilder kamen offensichtlich aus Büchern, und das Ganze war sehr gewöhnlich. Doch der Punkt ist, dass ich selbst kein Teil all dessen war. Ich gebe zu: Nachdem der Traum einmal ganz von mir Besitz ergriffen hatte, habe ich mir (sogar sehr intensiv) gewünscht, eine solche Stadt in echt finden und sie besuchen zu können. Doch das geschah deshalb, weil ich mir die Stadt zuerst vorgestellt hatte und dann zu dem Urteil gekommen war, dass sie nun einmal in sich selbst entzückend, ja geradezu liebenswert war. Mein einziger Grund für meinen Wunsch, sie zu besuchen, war ihre Liebenswürdigkeit: es gab kein Denken daran, dass ich dort ein großer Mann werden oder eine Mausprinzessin heiraten oder ein Vermögen durch den örtlichen Handel mit Käse machen würde. Und natürlich hatte ich zugleich die Art von Träumen, die Freud zugesteht – Träume, in denen ich kluge Dinge sagte, meiner Kinderfrau entwischte, in Schlachten kämpfte und generell die Welt dazu brachte, anzuerkennen, was für eine bemerkenswerte Person ich war.

Sie werden bemerkt haben, dass es großen Spaß gemacht hat, diesen Teil meines Vortrags zu schreiben. Wer könnte nicht für Stunden in dieser Weise fortfahren? Ich wünschte, ich hätte die Zeit, Ihnen von all den anderen Komponenten zu berichten – dem unbekannten Raum im Haus, den man immer zu finden wünschte, den Schachfiguren, die wie in *Alice im Wunderland* zum Leben erwachten, dem Garten, der zum Teil im Westen und zum Teil in der Vergangenheit lag –, aber ich denke mir, dass diese Dinge Sie wohl kaum so sehr interessieren werden wie mich selbst. Sie würden lieber Ihre eigenen Geschichten schreiben.

In der Tat nehme ich an, dass die meisten von Ihnen ganz ähnliche Erfahrungen gemacht haben, und sollte das so sein, dann werden Sie verstehen, wenn ich sage, dass sich diese beiden Formen des Vorstellens durch ihren bloßen Geschmack unterscheiden. Werden wir dazu aufgefordert, so können wir die Unterschiede im Inhalt benennen, indem wir darauf hinweisen, dass das eigene Selbst in der einen nicht vorkommt und in der anderen der Held ist, doch für unsere eigene Orientierung ist das kaum erforderlich. Der besondere «Geschmack» des bloß eigenen Wunschtraums lässt sich gewiss sofort wahrnehmen – sein extremer Oberflächenrealismus, seine bewusst prosaische Atmosphäre und vor allem sein *nagender* Charakter: die stetige Beharrlichkeit, mit der er wie eine Angst immer und immer wieder auftaucht. Das ist doch gewiss völlig verschieden von der unvorhersehbaren Verzückung, von der offensichtlichen «Andersheit» und Externalität der nicht selbstbezogenen Imagination?

Ich denke, es lohnt sich, auf den «Realismus» des Wunschtraums hinzuweisen und daraus die literarische Konsequenz zu ziehen, dass ein freier Gebrauch des Wunderbaren, Mythischen und Fantastischen in einer Geschichte insofern ein Argument *gegen* den Vorwurf der Wunscherfüllung ist. Die freudianische Fantasie existiert zu dem Zweck, uns den bestmöglichen Ersatz für die Erfüllung unserer Wünsche zu geben, sie macht sich daher natürlich so lebensnah wie möglich. Sie muss im zentralen Punkt unrealistisch sein – denn wir sind nicht wirklich berühmte Leute, Millionäre oder Don Juans –, und zum Ausgleich dafür wird sie überall sonst überaus «real» sein.

Sagt uns das nicht unsere gesamte Erfahrung? Jemand, der wirklich hungrig ist, träumt nicht von Honigtau und Elfenbrot, sondern von Steak- und Nierenpastete; ein wirklich lüsterner Mann träumt nicht von Titania oder Helena[430], sondern von wirklichem prosaischem Fleisch und Blut. Unter der Voraussetzung, dass alles andere gleichbleibt, ist eine Geschichte, in der der Held Titania trifft und mit Elfenspeise gesättigt wird, weniger dazu gemacht, eine Fantasie zu sein als «eine nette Liebesgeschichte», die in London spielt, mit Dialogen, die den sprachlichen Gepflogenheiten entsprechen, und glaubhaften Episoden. Aber das nur nebenbei.

Ich will nicht bestreiten, dass beide Arten von Tagtraum Quellen von Literatur werden können. Ich halte es zum Beispiel für nicht unwahrscheinlich, dass die Romane von Charlotte Brontë als Wunschträume begannen, während gewisse (vermutlich nicht selbstbezogene) Vorstellungen im Hinblick auf König Julius und das, was sie sonst noch mit ihren Schwestern teilte, danach strebten, sich in Versen auszudrücken, dabei aber an mangelnder technischer Kompetenz scheiterten.[431]

Trollope hat uns in seiner *Autobiography*[432] berichtet, dass seine Romane aus dem entstanden, was er den «Bau von Luftschlössern» nennt, und er verdeutlicht den Charakter seiner frühen Träumereien, indem er hinzufügt: «Ich war natürlich selbst mein eigener Held.» Die Rolle der Wunscherfüllung erklärt, so sagt er, warum «niemals etwas Unmögliches eingeführt wurde – ich wurde nie ein König oder Herzog – ich war nie ein gebildeter Mann oder Philosoph. Doch ich war ein cleverer Typ, für den sich schöne junge Frauen zu interessieren pflegten – und insgesamt war ich ein wesentlich besserer Kerl, als ich es seitdem je zu sein vermocht habe.» Das ist offensichtlich ein Paradefall für einen selbstbezogenen Tagtraum. Doch Trollope fügt bezeichnenderweise hinzu: «In späteren Jahren habe ich den *Helden* meiner frühen Träume *verworfen* und es geschafft, mein eigenes Selbst beiseite zu legen.»[433]

Das «Verwerfen des Helden» ist Trollopes Beschreibung dessen, was Freud das «Bearbeiten» nennt, welches das «allzu Persönliche» entfernt, und ich glaube nicht, der Psychoanalyse zu widersprechen, wenn ich sage, dass selbst dann, wenn ein Kunstwerk aus einem selbstbezogenen Traum hervorging, es zu Kunst wird, indem es aufhört, das zu sein, was es einmal war. Es ist schwer, sich einen radikaleren Wandel vorzustellen als das Verschwinden des Selbst, welches gemäß unserer Hypothese der *raison d'etre*[434] des ursprünglichen Traums war. Die Wurzel selbst, aus der der Traum hervorging, wird gekappt und der Traum wird in eine neue Erde verpflanzt; er wird als eine Fantasie getötet, bevor er als Kunst wieder aufersteht.

Zwei weitere Dinge sollten wir beachten. Trollopes Werk, das zugegebenermaßen aus der Wunscherfüllung hervorgeht, ist ein Werk von ungewöhnlich solider, realistischer und alltäglicher Art, was nach meiner Ansicht genau das ist, was wir erwarten sollten. Zweitens wird dieses Werk nun von den meisten Lesern gerade für jene Charaktere geschätzt, deren Schicksal und Temperament niemand zu teilen wünscht (wie Bischof Proudie und seine Frau oder Mr. Crawley und der Archidiakon),[435] während man von den Schicksalen des jungen Helden und der jungen Heldin, in denen man (wenn überhaupt) ein Überleben der letzten Spuren des ursprünglichen selbstschmeichlerischen Motivs erwarten könnte, mit Gleichmut liest.

Aus diesen Gründen möchte ich die Literaturtheorie Freuds in der folgenden Weise weiterentwickeln. Es gibt zwei Aktivitäten der Imagination; eine von ihnen ist frei und die andere versklavt an die Wünsche ihres Besitzers, dem sie imaginäre Befriedigungen verschaffen soll. Beide können der Ausgangspunkt für ein Kunstwerk sein.

Die erste oder «freie» Aktivität bleibt in dem von ihr hervorgebrachten Werk weiter tätig und schreitet durch einen Prozess, den man legitimerweise «Bearbeitung» nennen kann, fort vom Status des Traumes zum Status der Kunst: Unstimmigkeiten werden beseitigt, Banalitäten entfernt, private Vorlieben und Assoziationen ersetzt, Proportion, Entlastung und Mäßigung eingeführt. Doch die andere, versklavte Form erlaubt keine «Bearbeitung» zu einem Werk der Kunst: sie ist eine Triebkraft, die die Aktivität in Gang setzt, welche aber zurückgezogen wird, sobald der Motor einmal läuft; oder ein Gerüst, das umgestoßen wird, wenn der Bau fertig ist. Und schließlich gehören die charakteristischen Produkte der freien Imagination zum Bereich dessen, was man in etwa die fantastische, mythische oder unwahrscheinliche Form der Literatur nennen kann; jene der Fantasie oder der wunscherfüllenden Imagination hingegen zu dem, was man in einem sehr weiten Sinn den realistischen Typ nennen kann. Ich sage «*charakteristische* Produkte», weil es zweifellos unzählige Ausnahmen von diesem Prinzip gibt.

Ich kann mir vorstellen, dass einige von Ihnen jetzt kaum ihr Gelächter zurückhalten können angesichts dessen, was Ihnen wie ein Mann vorkommt, der die Pest gegen die Cholera eintauscht. Es hat Sie schon eine ganze Weile gereizt, mich zu fragen, ob ich wirklich glaube, die Dinge dadurch wesentlich besser gemacht zu haben, dass ich von Träumen über Macht, Ruhm und sinnliche Liebe zu Träumen von verborgenen Räumen und Gärten in der Vergangenheit übergegangen bin: Kann ich wirklich so naiv sein, nicht zu bemerken, dass alles, was ich getan habe, darin bestand, Träume, die die verhältnismäßig rationalen und ehrlichen Wünsche des Ich erfüllen, durch jene Träume zu ersetzen, die die weitaus dunkleren Wünsche des Es erfüllen?

Denn der Psychoanalytiker wird wissen, was er mit diesem verborgenen Raum anzufangen hat. Der Garten im Westen ist eine leichte Übung für ihn, und auch wenn ich nicht weiß, wie er meine Stadt der Mäuse erklären wird, so habe ich keine Zweifel, dass es etwas mit frühkindlicher Sexualität zu tun haben wird. Das bringt mich zur zweiten Theorie Freuds, von der ich gesagt habe, dass ich sie diskutieren will: der Lehre vom Symbolismus.

Die Lehre, wie sie in der 10. Vorlesung formuliert wird,[436] lautet wie folgt: Wenn wir einen Traum analysieren, das heißt, wenn wir versuchen, die unbewussten Gedanken zu finden, von denen die

Traumbilder ein verdeckter Ausdruck sind, so entdecken wir einige Elemente, die mit nichts im Bewusstsein des Träumenden assoziiert sind. Doch zum Glück, so sagt Freud, können wir herausfinden, was diese Bilder verdecken, indem wir «aus eigenen Mitteln eine Übersetzung vornehmen». «Aus eigenen Mitteln» meint offensichtlich die psychoanalytische Untersuchung von Folklore und Sprache.

Das Ergebnis dieser «Übersetzung» ist die Theorie, es gebe gewisse Dinge in der realen Welt, deren Bilder eine feste Bedeutung haben, wenn sie in Träumen oder Geschichten vorkommen. Das heißt, ob Sie oder ich von einem Haus träumen oder von ihm in einer Geschichte lesen, der verdeckte Gedanke hinter dem Bild des Hauses ist immer derselbe. Diese Bilder mit fester Bedeutung nennt Freud Symbole – sozusagen die Wörter einer universalen Bildersprache. Er gibt uns einige Beispiele. Ein *Haus* steht für den menschlichen Körper, *Könige und Königinnen* für Väter und Mütter, *Reisen* für den Tod, *kleine Tiere* (Sie sehen, hier kommen schließlich doch meine Mäuse ins Spiel) für die eigenen Geschwister, *Früchte*, *Landschaften*, *Gärten* und *Blüten* für den weiblichen Körper oder verschiedene seiner Teile.

Ich habe wie gesagt nicht die Absicht, mit Freud über die Frage der Tatsachen zu diskutieren. Das ist sein Fachgebiet, und mir als Laien stehen keine Mittel zur Verfügung, um herauszufinden, ob er recht hat oder nicht; im Rahmen der gegenwärtigen Erörterung nehme ich an, dass er im Hinblick auf die Tatsachen recht hat. Doch wir müssen uns sehr klar darüber sein, was ich zugestehe. Ich gestehe diese drei Dinge zu: (1) Dass frühkindliche sexuelle Erfahrung der von Freud beschriebenen Art bei allen Menschen vorkommt, (2) dass verborgene Gedanken über diese Themen die genannten Bilder benutzen, und (3), was in der Tat sehr weit geht, dass, wann immer solche Bilder in Traum, Vorstellung oder Literatur vorkommen, die von Freud genannten verborgenen Gedanken wirklich unbewusst im Geist des Träumenden, Vorstellenden, Autors oder Lesers präsent sind.

Ich gestehe all dies zu, weil es, wenn es wahr wäre, keinerlei literarische Relevanz hätte. Alle Arten von unbewussten Gedanken mögen präsent sein, während wir ein Buch lesen – zum Beispiel Gedanken, die durch die Form der Buchstaben oder die Berührung des Papiers mit unseren Fingern hervorgerufen werden –, ohne unseren Genuss einen anderen sein zu lassen, als er es tatsächlich zu sein scheint. Sollten in derselben irrelevanten Weise latente Gedanken erotischen Charakters immer dann vorhanden sein, wenn ich über einen Garten lese, dann habe ich als Literaturwissenschaftler nichts dagegen einzuwenden.

Doch wir kommen zu etwas weitaus Problematischerem, wenn Freud sagt: «Dämmert uns nicht die Einsicht, daß die vielen Märchen, die anheben: Es war einmal *ein König und eine Königin*, nichts anderes sagen wollen als: Es waren einmal ein Vater und eine Mutter?»[437] «*Nichts anderes sagen*» ist der entscheidende Ausdruck. Sie sagen das nicht *inter alia*[438]: sie sagen «nichts anderes als» dies; das ist alles, was sie meinen, sie meinen weder mehr, noch weniger, noch etwas anderes als eben dies.

Doch wie ist das Wort *meinen* zu verstehen? Wir werden doch sicher nicht aufgefordert zu glauben, der Erzähler des Märchens *beabsichtige*, dass das Wort «König» als «Vater» verstanden wird, oder dass der Zuhörer es bewusst so versteht. Mir scheint – und ich bitte alle Psychoanalytiker vorab um Entschuldigung, wenn ich mich irren sollte –, dass Freud implizit mindestens die folgenden Behauptungen aufstellt: (1) Dass das gesamte Vergnügen oder Interesse oder die durch das Bild hervorgerufene Erregung, wann immer sie eintreten, vom verdeckten erotischen Gedanken herrühren. (2) Dass das Bild im Gegensatz zum verdeckten Gedanken nichts als eine Verkleidung bewirkt, oder, in anderen Worten, dass, wenn unsere Hemmungen es uns gestatten würden, sich seiner ohne Schock bewusst zu werden, der verdeckte Gedanke uns dieselbe Art und dasselbe Maß an Befriedigung geben würde, wie sie uns nun das Bild gibt.

Sie werden natürlich sehen, dass die beiden Behauptungen in Wahrheit identisch sind. Denn wenn das Bild in irgendeiner Hinsicht mehr sein sollte als eine Verkleidung, wenn es der Attraktivität, die dem verdeckten Gedanken selbst innewohnt, irgend etwas hinzufügt, dann folgt daraus, dass der verdeckte Gedanke nicht die alleinige Quelle für das Vergnügen des Lesers sein kann.

Ist es nicht das, was Freud meint, dann habe ich kein Problem mit ihm. Ich bin mir aber sicher, dass es das ist, was viele seiner selbsternannten Anhänger meinen, und es ist ganz sicher dies, und dies allein, was den Symbolismus der Psychoanalyse mit literarischen Werten in Berührung bringt. Das ist es, worin der Stachel steckt. Es stört uns nicht, gesagt zu bekommen, wenn wir uns an Miltons Beschreibung von Eden erfreuen, sei ein verdecktes sexuelles Interesse de facto und gemeinsam mit tausend anderen Dingen in unserem Unbewussten präsent. Unser Problem ist der Mann, der sagt: «Du weißt, warum dir das *wirklich* gefällt?», oder: «Dir ist natürlich bewusst, was dahintersteckt?», oder: «Das kommt *alles* von dem und dem.»

Was uns tatsächlich stört, ist nicht so sehr die Unterstellung, wir seien am weiblichen Körper interessiert, als vielmehr die Unterstellung, wir hätten kein Interesse an Gärten: nicht das, was der Besserwisser uns aufdrängt, sondern das, was er uns wegzunehmen droht. Sollte es stimmen, dass unsere gesamte Freude an den Bildern restlos als frühkindliche Sexualität erklärt werden kann, dann, so gebe ich zu, liegen unsere literarischen Urteile in Schutt und Asche. Ich glaube aber nicht, dass das stimmt.

Mein erstes Argument basiert auf der gerade von mir beschriebenen Reaktion – der Weise, in der wir unser Vergnügen durch die Unterstellung des Psychoanalytikers beeinträchtigt sehen. Er kann erwidern, eine solche Reaktion des Widerstands sei gerade das, was er erwartet hat und seinen Verdacht bestätigt. Doch ist das wirklich so? Ist das Bild eines Gartens nur eine Verkleidung für den weiblichen Körper, und ist all die Erregung, mit der ich Buch IV von *Paradise Lost* lese, in Wahrheit erotisch, dann sollte ich, nachdem der Psychoanalytiker freundlicherweise den Schleier entfernt und mich zu dem Gedanken geführt hat, den ich (nach seiner Ansicht) die ganze Zeit über denken wollte, keine Enttäuschung verspüren, sondern eine Steigerung – die emotionale Temperatur sollte steigen und nicht fallen. Jemand mag zu einem Dinner gehen in der

Illusion, er suche das Gespräch, während er in Wahrheit Alkohol sucht, doch das heißt nicht, dass er plötzlich das Interesse verliert, wenn der Champagner eintrifft. Während er das Glas hebt, wird er wohl eher erkennen, dass es das *ist*, was er wirklich wollte – oder zumindest die Gespräche so wesentlich erträglicher finden.

Es ist eine Sache, unbewusste Wünsche zuzugestehen, und eine andere Sache, Wünsche zuzugestehen, die so unbewusst sind, dass ihre Befriedigung als eine Enttäuschung und Belanglosigkeit empfunden wird. Was für einen Sinn hat es, einer Person selbst unbewussten Durst zuzuschreiben, wenn sie sich schlechter fühlt, nachdem man ihr zu trinken gegeben hat? Der Psychoanalytiker wird vermutlich erwidern, unser bewusster Geschmack lehne seine Interpretation aufgrund unserer Hemmungen ab. Er würde sagen, die wahre Parallele sei nicht eine normale Person, die nach Alkohol verlangt, ohne es zu wissen, sondern ein fanatischer Abstinenzler, der nach Alkohol verlangt, ohne es zu wissen, und eine solche Person werde mit geradezu physischem Abscheu den Champagner zurückweisen, wenn er eintrifft. Mit anderen Worten, die Behauptung ist, dass, auch wenn wir auf einer bestimmten Ebene «wirklich» an den weiblichen Körper denken wollen, unser bewusstes Selbst durch diese Enthüllung unseres wahren Interesses so schockiert ist, dass unsere Freude dahinschwindet.

Manchmal bin ich versucht zu fragen, ob der Freudianismus nicht eine große Schule der Prüderie und Heuchelei ist. Die Annahme, solche Interpretationen würden uns «schockieren», oder ein angewidertes Zurückschrecken sei die Ursache unseres Widerstands, kommt mir wie Unsinn vor. Ich kann natürlich nur für mein eigenes Geschlecht und meine eigene Klasse sprechen, und ich gebe gerne zu, dass die Wiener Damen, die kamen, um Freud zu konsultieren, entweder einen keuscheren oder einen einfältigeren Geist hatten als wir. Doch ich kann mit Überzeugung sagen, dass weder ich noch irgendjemand, von dem ich bisher gehört habe, in der Gegenwart sexueller Phänomene von einer derart ablehnenden Übelkeit erfasst wird, wie die Theorie das zu erfordern scheint.

Ich spreche nicht von Ethik. Es kann natürlich jemand gute Gründe haben, seine eigenen Gedanken in bestimmten Richtungen zu kontrollieren oder viele seiner eigenen Taten zu missbilligen, doch das ist etwas völlig anderes als Entsetzen. Solch eine Person wird vermutlich tatsächlich mit bebender Hoffnung den Tag herbeisehnen, an dem sie in der Lage sein wird, wirklich schockiert zu sein; wenn ein Licht, das ihr jetzt noch nicht zugänglich ist, etwas als wesenhafte Dunkelheit offenbart, das dem natürlichen Menschen in ihr völlig normal und vertraut erscheint.

Gewiss gehören frühkindliche Perversionen in eine andere Kategorie als normale und erwachsene Instinkte, doch ich bin mir nicht sicher, dass selbst frühkindliche Perversionen wirklich so schockierend sind, wie das hier behauptet wird. Ist Freuds Haltung ihnen gegenüber nicht so etwas wie eine öffentliche Attitüde? Unterschätzt Freud nicht das Maß, in dem uns privat nichts wirklich schockiert, solange es nur unser eigen ist? *Suum cuique bene olet* ...[439] Ich habe mit Gleichmut das Lösen und Abfallen eines meiner eigenen Fingernägel verfolgt, das mich bei jemand anderem hätte schaudern lassen.

Noch einmal, das Empfinden, mit dem wir die psychoanalytische Theorie der Dichtung zurückweisen, ist kein Gefühl des Schocks. Es ist noch nicht einmal ein vages Unwohlsein oder ein unspezifischer Widerwille. Es ist ein klares und eindeutiges Gefühl des Verlusts oder der Enttäuschung. Es ist nicht, als hätten wir einen bestickten Vorhang zurückgezogen und Ohrkneifer dahinter gefunden, es ist, als hätten wir ihn in der Erwartung weggezogen, dahinter einen völlig neuen Flügel des Hauses zu finden, dann aber lediglich eine Tür entdeckt, die zurück ins Esszimmer führt. Unsere Gefühle wären durch den Ausruf «Nicht das!» höchst unangemessen beschrieben. Sie verlangen vielmehr nach dem enttäuschten Ausruf «Ach, das ist also alles!».[440]

Im Allgemeinen taugt die Tatsache, dass eine vermeintliche Entdeckung enttäuschend ist, nicht als Beweis, dass diese Entdeckung falsch ist; doch in diesem Fall glaube ich, dass dem so ist, weil es Wünsche und Erfüllungen sind, worüber wir diskutieren. Sind wir enttäuscht, bloß Sex zu finden, wo wir nach mehr Ausschau hielten, dann hatte dieses Mehr doch offensichtlich einen Wert für uns? Sind wir uns beim Ersetzen des Gartens durch den weiblichen Körper eines Verlustes bewusst, so steuerte der Garten doch sicherlich keine bloße Verhüllung, sondern etwas Positives zu unserem Vergnügen bei.

Geben wir ruhig zu, dass der Körper tatsächlich hinter dem Garten verborgen war; da die Entfernung des Gartens den Wert der Erfahrung mindert, folgt daraus jedoch, dass der Körper einen Teil seiner Macht seiner Verbindung mit dem Garten verdankte. Wir haben nicht bloß einen Schleier weggezogen, wir haben einen Teil der Verzierung entfernt. Konfrontiert mit dem, was angeblich das Original sein soll (der weibliche Körper), ziehen wir immer noch die Übersetzung vor – woraus ein jeder Literaturkritiker schließen muss, dass die Übersetzung ihren eigenen Wert hatte. Oder vielleicht ist «vorziehen» das falsche Wort. Wir wollen in Wahrheit beides. Dichtung ist kein Ersatz für sexuelle Befriedigung und sexuelle Befriedigung kein Ersatz für Dichtung. Doch wenn dem so ist, dann ist poetisches Vergnügen nicht *lediglich* sexuelles Vergnügen in Verkleidung. Es ist im schlimmsten Fall sexuelles Vergnügen *plus* etwas anderes, und wir verlangen nach diesem Anderen um seiner selbst willen.

Ich möchte Sie nun auf einen Aspekt der Beweislage aufmerksam machen, der manchmal übersehen wird. Der *Rosenroman*[441] scheint auf den ersten Blick eine ideale Illustration für den Symbolismus Freuds zu sein, denn in ihm haben wir nicht nur den Garten, sondern auch die Rosenknospe, die in der zweiten Hälfte des Gedichtes genau das «bedeutet», was Freud meint, dass es das tut. Doch das Problem ist, dass der ganze Prozess hier verkehrtherum zu laufen scheint. Der Autor und seine Leser beginnen mit einem voll bewussten Augenmerk auf das erotische Material und drücken es dann mit Bedacht in Symbolen aus. Die Symbole verdecken nicht und beabsichtigen nicht zu verdecken: sie weisen auf etwas hin. Der *Rosenroman* mag als Nachweis taugen, dass Gärten und Rosenknospen exzellente Symbole für die von Freud genannten Dinge sind, doch warum kommen überhaupt irgendwelche Symbole zum Einsatz?

Damit wird deutlich, dass die Menschheit, wenn sie erotische Erfahrung mit Gärten und Blumen vergleicht, noch andere Motive hat als Verdeckung: dass die erotische Erfahrung, wenn sie so verglichen wird, irgendwie interessanter wird – dass sie von den Blumen einen Teil ihrer Attraktivität erhält und nicht umgekehrt. Und diese Situation ist eine ganz alltägliche. In Elegien, die sehr offen unbändige und keineswegs idealisierte Lust zum Ausdruck bringen, stellt Donne fest, dass sein Gedicht dennoch dazugewinnt, wenn er seine Dame mit der Erde oder einer Landschaft vergleicht. Burns sagt uns, seine Geliebte sei wie eine rote, rote Rose.

Diese Phänomene, die bei verworrenem Blick die Theorie Freuds zu unterstützen scheinen, sind in Wahrheit ihre Widerlegung. Verdankt die erotische Idee im *Rosenroman* viel von ihrem poetischen Charme dem Garten, warum sollte der Garten in *Paradise Lost* seinen gesamten poetischen Charme der erotischen Idee verdanken? Auf bewusster Ebene verlangt Erotik nicht danach, sich zu verhüllen, sondern danach, sich mit Bildern von Gärten zu schmücken. Doch das, was zur Dekoration verwendet wird, muss in sich selbst und um seiner selbst willen anziehend sein. Wir legen einer Frau ein Perlenhalsband an, weil wir Perlen schön finden. Würden wir nur Frauen schön finden, so könnten wir Frauen nicht schmücken – wir hätten kein Material, mit dem wir das tun könnten.

Ich meine, die Freudianer sind gezwungen, so weit zu gehen, und das ist genug, um die Literatur zu retten. Um die Symbole zu erklären, auf denen sie selbst bestehen, müssen sie zugeben, dass die Menschheit an wesentlich mehr als an Sex interessiert ist, und dieses Eingeständnis ist erst der Anfang. Gestehen wir einmal zu, dass unser Vergnügen an Buch IV von *Paradise Los*t eine Mischung aus einem verdeckten erotischen Interesse und einem wirklichen, aber bewussten Interesse an Gärten ist, dann wird es unmöglich, *a priori* zu sagen, in welchem Maß diese beiden gemischt sind.

Und selbst, wenn sich zeigen ließe, dass 90 % verborgenes erotisches Interesse nur 10 % Interesse an Gärten gegenübersteht, so wären die 10 % immer noch Gegenstand literarischer Kritik. Denn die 10 %

sind es, worin sich ein Gedicht von einem anderen unterscheidet, während die 90 % ein monotones Kontinuum sind, das sich durch all unsere Lektüre zieht und uns keine Basis für jene Unterscheidungen gibt, die wir zwischen Banalität und Frische, Stumpfsinn und Anmut, Hässlichkeit und Schönheit vornehmen. Denn erinnern wir uns: eine Geschichte über einen goldenen Drachen, der den Apfel der Unsterblichkeit in einem Garten am Ende der Welt pflückt, und ein Traum über einen Stift, der durch das Papier stößt, während wir eine Notiz verfassen, sind aus der Sicht eines Freudianers ein und dieselbe Geschichte. Aber sie sind nicht dasselbe als Literatur.

Das ist meine Verteidigung gegenüber der psychoanalytischen Theorie der Literatur, wenn man sie in ihrer kompromisslosesten Form nimmt. Eine wesentlich zivilere und humanere Interpretation von Mythos und Bildhaftigkeit wird freilich von Jung vorgetragen, und sie hat durch Miss Bodkin und Dr. Tillyard auch Eingang in die Literaturkritik gefunden.[442] Ich selbst habe mich tatsächlich bisweilen auch in ihr versucht. Sie kann die Lehre von den Urbildern oder Archetypen genannt werden.

Gemäß Jung[443] gibt es zusätzlich zum individuellen Unbewussten ein kollektives Unbewusstes, das der gesamten menschlichen Rasse gemeinsam ist, und in einem gewissen Maß sogar der gesamten Tierwelt. Indem es so weit verbreitet ist, enthält es die Reaktionen des Bewusstseins oder der Psyche auf die allgemeinsten Situationen. Aufgrund seiner großen Ursprünglichkeit ist es prälogisch, und seine Reaktionen drücken sich nicht in Gedanken, sondern in Bildern aus. Mythen, oder zumindest die älteren und größeren Mythen, sind solche Bilder, die aus dem kollektiven Unbewussten zurückgewonnen werden. Ihre Kraft, uns zu bewegen – die Jung offenbar selbst in hohem Maß verspürt –, erklärt er wie folgt:

> «Sollte es diese überindividuelle Seele geben, so wäre wohl alles, was in ihre Bildersprache übersetzt ist, dem Persönlichen entrückt, und wenn dies bewußt wird, so erschiene es uns wohl *sub specie ae-*

ternitatis[444] nicht mehrals *mein* Leid, sondern als *das* Leid der Welt, nicht mehr als ein persönlich isolierter Schmerz, sondern als ein Schmerz ohne Bitterkeit, der uns allen Menschen verbindet. Daß dies heilen kann, dafür brauchen wir wohl keine Beweise [zu] suchen.»[445]

Sie werden bemerken, dass Jung, als er diesen Satz schrieb, hauptsächlich an kollektive Reaktionen auf schmerzvolle Situationen dachte, die sich in tragischen Mythen ausdrücken. Um sein Argument zu vervollständigen, sollten wir daher eine ähnliche Erklärung für die freudigen Mythen hinzufügen: «Nicht als meine Freude, sondern als die Freude der Welt usw.»

Das Interessanteste an dieser Theorie ist die Stärke der emotionalen Reaktion, die sie bei fast jedem hervorruft, der von ihr hört. Noch bevor wir ihren wissenschaftlichen Stellenwert erörtert haben, sind einige sofort abgestoßen: Sie haben das Empfinden, Sirenen würden sie locken oder Mystagogen[446] ihnen auf den Pelz rücken; sie haben ein Gefühl zwischen Angst und Verachtung; sie beschließen, um jeden Preis außerhalb des magischen Zirkels zu bleiben und sich an moderne, reflektierte und selbsterklärende Ästhetik zu halten. Andere sind mit der gleichen Plötzlichkeit verzaubert: Jede halb-bewusste Erwartung, die sich bei ihnen in der Gegenwart großer Kunst geformt hat, scheint sich zu erfüllen, und ihre Herzen haben sich der Theorie verschrieben, bevor ihre Köpfe die Zeit hatten, sie zu begutachten.

Ich bekenne sogleich, dass ich vom Temperament her zur zweiten Gruppe gehöre, durch meine Ausbildung aber eine gewisse Sympathie für die erste entwickelt habe. Aufgrund meiner Schulung kann ich mein Urteil über den wissenschaftlichen Wert von Jungs Essay *Die Erdbedingtheit der Psyche* zurückhalten, ich sehe aber sofort, dass er, selbst wenn er sich als schlechte Wissenschaft herausstellen sollte, exzellente Dichtung ist.

Das bringt uns zu einem höchst interessanten Punkt – zu nichts anderem (wenn ich qualifiziert wäre, sie durchzuführen) als der Psychoanalyse der Psychoanalyse selbst. Eine solche Hyperanalyse sollte natürlich in der gleichen Weise begrenzt sein, in der Freud seine Analyse des Pfeifens begrenzt hat: Sie würde nicht für «wirklich wissenschaftliche Leute» gelten, wohl aber für die große Masse gewöhnlicher Leute, die psychoanalytische Bücher begierig lesen und unter ihren Einfluss geraten. Ich glaube, es kann keinen Zweifel geben, dass die Psychoanalyse für solche Leute sehr starke emotionale Bedürfnisse befriedigt. Ich habe Jungs Theorie in den nüchternsten und am wenigsten aufrüttelnden Worten beschrieben, die ich finden konnte; lasst uns nun sehen, wie sie uns tatsächlich in *Die Erdbedingtheit der Psyche* begegnet.[447]

> «Es handelt sich hier um die Anfänge und Fundamente der Seele, um Dinge, die seit uralters verschüttet im Dunkeln liegen ... die unerwartete Frage, ob das Unbewusste auch Träume hat ... sind das Ergebnis von noch tieferen und – wenn möglich, noch unbewußteren Vorgängen ... insgesamt zu abenteuerlich ... dieser Geist ehrwürdigen Alters ... der Rationalist mag darüber lachen, doch etwas Tiefes in uns ist berührt ... jene fernen Hintergründe, jene ältesten Formen ... die uns seit nebelhaften Urzeiten vererbt sind ... Ich habe gefunden, daß ein verstandesmäßiges Begreifen dieser Dinge nichts von deren Wert abstreift, sondern im Gegenteil dazu hilft, ihre ungeheure Bedeutung nicht nur zu fühlen, sondern auch einzusehen ... nicht umsonst sagte Faust: ‹Die Mütter! Mütter! – ’s klingt so wunderlich!›»[448]

Bitte glauben Sie nicht einen Augenblick, ich würde über Jung lachen. Doch wenn ich ehrlich bin, dann lässt sich meine unreflektierte Reaktion auf all dies nur in den Worten «Ist das nicht großartig?» ausdrücken. *Agnosco veteris vestigia flammae!*[449] Etwas Dunkles und weit Entferntes – vergraben in den Tiefen seit unvordenklicher Zeit – sich unter der Oberfläche rührend – zum Leben kommend – endlich aufsteigend – nun ja, ich weiß jetzt, wo ich mich befinde.

Ich bin bei Schliemann, während er das ausgräbt, was er für die Knochen Agamemnons, des Königs der Menschen hält;[450] ich bin bei Collingwood, der hinter den Steinen der Artus-Legende ein entferntes Echo wirklicher Ereignisse in der Dunkelheit der britischen Geschichte entdeckt;[451] bei Asia, wenn sie im vierten Akt des *Prometheus* ihrem Traum hinab folgt, hinab in die Höhle Demogorgons;[452] bei Wordsworth, der hinabsinkt und aufsteigt in Regionen, «für die der Himmel aller Himmel nur ein Schleier ist»;[453] bei Alice, die hinter dem Vorhang die kleine Tür findet, welche in den köstlichen Garten führt, die sie aber nicht passieren kann;[454] bei meiner eigenen Vergangenheit, wenn ich als Kind den vergessenen und unentdeckten Raum zu finden hoffte. Ich bin bei den britischen Israeliten und Baconianern und Atlantisforschern, bei den Magiern der Renaissance und den Suchern der Nilquellen.

Mit einem Wort, ich amüsiere mich prächtig. Doch worauf es mir ankommt, ist, dass Jungs Diskussion der «Urbilder» ihrerseits ein Urbild allerersten Ranges erweckt, dass Miss Bodkins *Archetypal Patterns* selbst ein archetypisches Muster von äußerster Stärke präsentiert.[455]

Ich denke, Sie sehen, welches es ist; man könnte es das Muster der Rückgewinnung nennen, die verschleierte Isis, die verschlossene Tür oder das Verlorene und Wiedergefundene. Die Freudianer werden es auf frühkindliche sexuelle Neugier zurückführen – ich habe in der Tat gehört, wie Alice und die Tür hinter dem Vorhang so erklärt wurden –, doch das braucht uns nicht zu stören. Eine solche Neugier kann, soweit ich das sehe, im Leben eines jeden von uns die erste Verkörperung dieses Musters gewesen sein, doch seitdem haben wir gelernt, es in einigen aufregenderen und weniger offensichtlichen Formen höher zu schätzen – der Durst, den es in uns erweckt, hat schon lange «diese eisigen Wasser»[456] hinter sich gelassen. Es ist in der Tat ein Bild, das unweigerlich bestimmte, schlechthin universelle Elemente sowohl unserer religiösen als auch unserer intellektuellen, ästhetischen und sexuellen Erfahrung verkörpert.

Die Gegenwart eines solchen Urbildes im psychoanalytischen Geschehen selbst ist nach meiner Ansicht eine Erklärung für seine Popularität – denn dasselbe Bild wird auch von der Analyse Freuds wachgerufen. In dieser Hinsicht heilt die Psychoanalyse eine vom Materialismus geschlagene Wunde. Denn die generelle Wirkung des Materialismus besteht darin, uns dort, wo wir eine unbegrenzte Tiefe der Wirklichkeit erwarteten, eine flache Mauer in nur ein paar Zentimetern Entfernung zu geben. Die Psychoanalyse gibt uns eine gewisse Form der Tiefe zurück – jede Menge Dinge hinter der Mauer. Daher haben jene, die einmal auf den Geschmack gekommen sind, das Gefühl, man würde ihnen etwas wegnehmen, wenn man sie von ihr abzubringen versucht.

Die emotionale Macht von Jungs Essay ist, so weit sie reicht, ein Beweis für die Richtigkeit seiner Behauptung, dass bestimmte Bilder, in welchem Material auch immer sie verkörpert sind, eine seltsame Macht haben, den Geist des Menschen zu erregen. Jeder Satz, den er schreibt, trägt dazu bei, das zu beweisen. Gleichzeitig sollten wir vorsichtig sein, seine Erklärung zu akzeptieren, denn der Verdacht ist nicht aus der Luft gegriffen, dass ihre scheinbare Plausibilität nicht von ihrer tatsächlichen Stichhaltigkeit herrührt, sondern von den machtvollen Emotionen, die sie hervorruft. Hat Jung uns tatsächlich in einen Zustand versetzt, in dem nahezu alles (zunächst einmal) wie eine angemessene Erklärung für das «Ansteigen des Pulses» erscheint, mit dem wir auf einen großen Mythos reagieren – vorausgesetzt, es ist dunkel, weit entfernt, lang vergraben und mysteriös?

Betrachten wir die Sache ganz nüchtern. Wir wollen wissen, warum uns bestimmte Bilder erregen. Jung antwortet «Weil sie alt sind; weil wir beim Nachdenken über sie das tun, was unsere prähistorischen Vorfahren taten». Der *Gedanke*, dass wir das tun, ist sicherlich aufregend, so, wie es jedes Denken an großes Alter ist. Doch der Person, die gerade auf einen Mythos reagiert, muss dieser Gedanke nicht notwendig kommen. Sie mag Jungs Theorie gar nicht kennen; sie mag denken, das, worüber sie nachdenkt, sei völlig neu; sie mag die Frage des Alters dieses Bildes gar nicht stellen. Sie wird aber trotzdem darauf ansprechen.

Sollte Jung recht haben, dann ist es nicht der *Gedanke*, unseren entfernten Vorfahren zu folgen, der diese Reaktion hervorruft, sondern die bloße Tatsache, dass wir es tun, ob wir uns dessen bewusst sind oder nicht. Doch abgesehen von der Überlegung, wir würden das prähistorische Verhalten unserer Vorfahren reproduzieren, gibt es keinen Beleg dafür, dass die tatsächliche Reproduktion ihres Verhaltens überhaupt erregend oder beeindruckend ist. In all unseren bescheidensten animalischen Vollzügen reproduzieren wir sehr alte Verhaltensweisen. Kratzen wir uns, so sind wir darin eins mit unseren prä-adamitischen Erzeugern, doch auch wenn ich die Freuden eines guten Kratzens nicht unterschätzen will, so halte ich sie doch für sehr verschieden von den Freuden eines guten Gedichts. Zweifellos kann selbst das Kratzen zur Poesie werden, wenn wir das Alter der Praxis bedenken, doch die Freude, die wir dann daraus ziehen, ist nicht die Freude des Kratzens (die οἰκεία ἡδονη[457]), sondern das spezifische Vergnügen historisch-poetischer Besinnung.

In gleicher Weise meine ich, Jung habe nicht die Freude an der Betrachtung von Urbildern erklärt, sondern er habe die Freude aufgezeigt, sie zu meditieren und dabei ein besonderes Urbild zu betrachten, das seinerseits genauso nach einer Erklärung verlangt wie alle anderen. Der *Gedanke*, unsere Sorge sei ein Teil der Sorge der Welt, ist in bestimmten Stimmungslagen bewegend genug; die bloße Tatsache, dass viele andere Leute ebenfalls Zahnschmerzen hatten, macht die Zahnschmerzen nicht weniger schmerzvoll.

Ich habe keine Antwort auf die Frage, die Jung aufgeworfen hat. Ich kann nur sagen – um mich einmal mehr demselben Urbild hinzugeben –, dass das Mysterium der Urbilder tiefer, ihr Ursprung weiter entfernt, ihre Höhle besser geschützt, ihr Brunnen weniger zugänglich ist, als jene vermuten, die bisher am tiefsten gegraben oder es mit dem längsten Maßband ausgelotet haben, oder die am weitesten in die Wildnis vorgedrungen sind – denn warum sollte es mir nicht gestattet sein, in derselben Weise zu schreiben wie alle anderen?

4. «Der Hobbit»

Der Herausgeber erklärt, auch wenn *Der Hobbit* sich von *Alice im Wunderland* sehr unterscheidet, sei er diesem Buch darin ähnlich, dass er das Werk eines Professors beim Spiel ist. Noch wichtiger ist jedoch, dass beide Werke zu einer sehr kleinen Klasse von Büchern gehören, die nichts miteinander gemein haben, außer, dass jedes von ihnen uns in eine ganz eigene Welt hineinführt – eine Welt, die bereits bestanden zu haben schien, bevor wir in sie hineingestolpert sind, die aber, wenn der richtige Leser sie entdeckt, für ihn unentbehrlich wird. Der Platz dieses Buches ist bei *Alice*, bei *Flatland*, *Phantasus* und *Der Wind in den Weiden*.[458]

Da die Welt des *Hobbit* neu ist, ist es natürlich unmöglich, sie zu definieren. Man kann sie nicht vorhersagen, bevor man dorthin gelangt, so, wie man sie auch nicht vergessen kann, nachdem man dort gewesen ist. Die bewundernswerten Illustrationen des Autors und die Karten von Düsterwald, dem Ork-Tor und Esgaroth geben einem eine Ahnung von ihr – und ebenso auch die Namen des Zwergs und des Drachens, die unsere Aufmerksamkeit auf sich ziehen, wenn wir erstmals durch die Seiten blättern.

Doch es gibt Zwerge und Zwerge, und kein allgemeines Rezept für Kinderbücher wird uns Geschöpfe geben, die so sehr in ihrer eigenen Erde und Geschichte verwurzelt sind wie jene von Professor Tolkien – der offensichtlich wesentlich mehr über sie weiß, als er für diese Geschichte benötigt. Noch weniger wird das allgemeine Rezept uns vorbereiten auf jenen erstaunlichen Wandel vom sachlichen Beginn seiner Geschichte («Hobbits sind kleine Leute, kleiner als Zwerge – und sie haben keine Bärte – doch sie sind wesentlich größer als Liliputaner»[459]) hin zum sagenähnlichen Ton der späteren Kapitel («Ich frage mich übrigens, welches Erbteil ihr wohl unserer Sippe überlassen hättet, wenn ihr den Schatz unbewacht vorgefunden hättet»). Man muss es selbst lesen, um festzustellen, wie unausweichlich dieser Wandel ist und wie sehr er mit der Reise des Helden Schritt hält.

Obwohl alles fantastisch ist, ist nichts willkürlich: Alle Einwohner von Wilderland scheinen dasselbe unbestreitbare Recht auf ihre Existenz zu haben wie jene unserer eigenen Welt, auch wenn das glückliche Kind, das ihnen begegnet, keine Ahnung haben wird – und seine schlichten Eltern nicht viel mehr –, welch tiefen Quellen in unserem Blut und unserer Tradition sie entspringen.

Denn man muss verstehen, dass dies nur in dem Sinn ein Kinderbuch ist, dass das erste von vielen Malen des Lesens im Kinderzimmer erfolgen kann. *Alice* wird von Kindern mit Ernst gelesen und von Erwachsenen mit Gelächter, *Der Hobbit* hingegen wird für seine jüngsten Leser am lustigsten sein. Und erst Jahre später werden sie bei einem zehnten oder zwanzigsten Lesen zu verstehen beginnen, welch gewandte Gelehrsamkeit und tiefgründige Reflexion dazu beigetragen haben, alles so reif, so freundlich und in seiner eigenen Weise so wahr zu machen. Es ist gewagt, eine Prognose zu geben, doch *Der Hobbit* mag sich sehr wohl als ein Klassiker erweisen.

Alle, die jene Art von Kinderbuch lieben, das von Erwachsenen gelesen und wieder gelesen werden kann, sollten zur Kenntnis nehmen, dass ein neuer Stern in diesem Sternbild erschienen ist. Wenn Sie die Abenteuer von Ratte und Maulwurf[460] lieben, werden Sie *Der Hobbit* von J.R.R. Tolkien lieben. Wenn Sie in diesen Abenteuern die Stabilität des sozialen und geografischen Umfelds schätzen, in dem sich Ihre kleinen Freunde bewegen, so werden Sie den *Hobbit* sogar noch mehr lieben. Der Hobbit selbst, Herr Bilbo Beutlin, ist ebenso prosaisch wie Herr Maulwurf, doch das Schicksal bringt ihn dazu, unter Zwergen und Elben zu wandern, auf der Suche nach drachenbewachtem Gold. An jedem, dem er begegnet, kann man sich im Kinderzimmer erfreuen, doch dem geschulten Auge werden einige Charaktere als geradezu mythisch erscheinen – vor allem der düstere Gollum, der Fisch-Mann, und der heftig gutwillige Beorn, halb Mann, halb Bär, in seinem vor Bienen summenden Garten.

Die Wahrheit ist, dass in diesem Buch eine Reihe von Dingen zusammenkommen, die noch nie zuvor vereinigt waren: ein Maß an

Humor, ein Verständnis von Kindern, und bei der Auffassung des Mythischen eine glückliche Verbindung von Wissenschaftler und Dichter. Am Rande eines Tales kann eine von Professor Tolkiens Figuren innehalten und sagen: «Es riecht nach Elben.» Es könnte Jahre dauern, bevor wir einen anderen Autor hervorbringen, der eine solch gute Nase für Elben hat. Der Professor erweckt nicht den Anschein, irgend etwas zu erfinden. Er hat Trolle und Drachen persönlich studiert und beschreibt sie mit jener Wiedergabetreue, die ganze Ozeane an oberflächlicher «Originalität» wert sind. Die Landkarten (mit Runen) sind exzellent und werden von jungen Reisenden in derselben Region für durch und durch verlässlich befunden werden.

5. Tolkiens «Der Herr der Ringe»

Dieses Buch ist wie ein Blitz aus heiterem Himmel; so eindeutig anders, so unvorhersehbar in unserer Zeit, wie die *Songs of Innocence*[461] es in ihrer waren. Es reicht nicht hin zu sagen, mit ihm sei in einer fast pathologisch anti-romantischen Zeit plötzlich heroische Romantik hinreißend, eloquent und ungeniert zurückgekehrt. Für uns, die in dieser merkwürdigen Zeit leben, ist diese Rückkehr – und die damit verbundene pure Erleichterung – zweifellos das Wichtige. Doch in der Geschichte der heroischen Romantik selbst – eine Geschichte, die bis zur *Odyssee* und hinter sie zurückreicht – ist es keine Rückkehr, sondern ein Fortschritt oder eine Revolution: die Eroberung neuen Terrains.

Bis heute hat noch niemand etwas Vergleichbares vollbracht. «Man nimmt es so ernst wie Malory», sagt Naomi Mitchison.[462] Doch der unabweisbare Sinn für Wirklichkeit, den wir im *Morte d'Arth*ur[463] verspüren, verdankt sich größtenteils dem enormen Gewicht jahrhundertelanger Arbeiten anderer Leute, die in dieses Werk mit eingeflossen sind. Professor Tolkiens völlig neuartige Leistung besteht darin, einen vergleichbaren Sinn für Wirklichkeit ohne fremde Hilfe zu vermitteln.

Kein auf dieser Welt geschriebenes Buch ist vermutlich ein solch radikaler Fall dessen, was sein Autor an anderer Stelle «sub-creation» («Zweitschöpfung») genannt hat.[464] Der direkte Einfluss (es gibt natürlich subtilere Formen des Einflusses), den das tatsächliche Universum auf jeden Autor hat, ist hier bewusst auf ein absolutes Minimum reduziert. Nicht zufrieden damit, seine eigene Geschichte zu erschaffen, erschafft er mit einer nahezu unverschämten Üppigkeit die gesamte Welt, in der sie sich bewegt, mit eigener Theologie, eigenen Mythen, Geografie, Geschichte, Paläografie[465], Sprachen, Rängen von Wesen – eine Welt, die «von unzähligen seltsamen Geschöpfen wimmelt» (I, Prolog 1, 10).[466] Die Namen allein sind ein Fest, ob mit dem Geruch ruhiger ländlicher Gegenden (Michelbinge, Südviertel), hoch und königlich (Boromir, Faramir, Elendil), abscheulich wie Smeagol, der auch Gollum ist, oder finster angesichts der bösen Macht von Barad-dûr und Gorgoroth; doch am besten von allen (Lothlórien, Gilthoniel, Galadriel), wenn sie jene durchdringende, hohe elbische Schönheit verkörpern, von der bisher kein anderer Prosa-Autor so viel eingefangen hat.

Ein solches Buch hat natürlich seine vorherbestimmten Leser, die selbst heute zahlreicher und kritischer sind, als das für gewöhnlich wahrgenommen wird. Ihnen braucht ein Rezensent wenig zu sagen, außer dass es hier Schönheiten gibt, die einen wie Schwerter durchbohren oder wie kaltes Eisen brennen; dies ist ein Buch, das einem das Herz brechen wird. Sie werden wissen, dass dies gute Neuigkeiten sind, gut über alles hinaus, was zu hoffen war. Um ihr Glück zu vervollkommnen, muss man nur hinzufügen, dass es herrlich lang zu werden verspricht: dieser Band ist nur der erste von dreien. Doch das Buch ist zu großartig, um nur über seine natürlichen Untergebenen zu herrschen. Auch «jenen von außerhalb», den Unbekehrten, muss man etwas sagen. Zum allermindesten können wir versuchen, mögliche Missverständnisse aus dem Weg zu räumen.

Als Erstes müssen wir klar sehen, dass, obwohl *The Fellowship* in einem bestimmten Sinn das Märchenbuch (engl. *fairy tale*) *Der Hobbit* desselben Autors fortführt, es in keiner Weise ein übermäßig gewachsenes Jugendbuch ist. Die Wahrheit ist das genaue Gegenteil. *Der Hobbit* war lediglich ein aus dem riesigen Mythos des Autors herausgebrochenes und für Kinder adaptiertes Fragment, das bei dieser Adaption unvermeidbar etwas verlor. *The Fellowship* gibt uns endlich die Charakterzüge dieses Mythos «in den wahren, ihnen selbst entsprechenden Dimensionen». Ein Missverständnis in dieser Sache könnte leicht durch das erste Kapitel verstärkt werden, in dem der Autor (nicht ohne Risiko) in nahezu derselben Weise schreibt wie in dem früheren und deutlich leichteren Buch. Für einige, die den Hauptteil des Buches tief bewegend finden, wird dieses Kapitel möglicherweise nicht zu den Favoriten gehören.

Und doch gab es gute Gründe für eine solche Eröffnung, und noch mehr für den (absolut bewundernswerten) Prolog, der ihr vorausgeht. Es ist von grundlegender Bedeutung, dass wir zunächst tief von der «Heimeligkeit», der Leichtfertigkeit, ja geradezu der Gewöhnlichkeit (im besten Sinn) der Geschöpfe namens Hobbits durchdrungen sind; jenem anspruchslosen Volk, das friedlich, aber fast anarchisch ist, mit Gesichtern eher «gutmütig als schön» und Mündern, «die immer zum Lachen und Essen bereit sind» (I, Prolog 1, 16), die Rauchen als eine Kunst betrachten und Bücher mögen, die ihnen erzählen, was sie bereits wissen. Sie sind keine Allegorie der Engländer, aber vermutlich ein Mythos, den nur ein Engländer (oder sollen wir hinzufügen, ein Holländer?) geschaffen haben könnte.

Nahezu das zentrale Thema des Buches ist der Kontrast zwischen den Hobbits (oder dem «Auenland») und dem entsetzlichen Geschick, zu dem einige von ihnen bestimmt sind; die erschreckende Entdeckung, dass das alltägliche Glück des Auenlandes, das sie für etwas Selbstverständliches gehalten hatten, in Wahrheit eine Art räumlicher und zeitlicher Zufall ist, dass seine Existenz davon abhängt, von Mächten beschützt zu werden, an die Hobbits nicht zu denken wagen, dass jeder beliebige Hobbit aus dem Auenland herausgerissen und in diesen hohen Konflikt hineingezogen werden kann. Und noch seltsamer: es könnte sogar passieren, dass das Geschehen in diesem Konflikt zwischen den Stärksten abhängt von ihm selbst, der beinahe der Schwächste ist.

Was uns zeigt, dass wir einen Mythos und keine Allegorie lesen, ist die Tatsache, dass es keine Hinweise auf eine ausdrücklich theologische, politische oder psychologische Anwendung gibt. Ein Mythos weist für jeden Leser in den Bereich, in dem er am intensivsten lebt. Er ist ein Generalschlüssel: nutze ihn für jede Tür, die du öffnen willst. Und da sind andere Themen in *The Fellowship*, die nicht weniger ernsthaft sind.

Deshalb haben hier auch keine Phrasen über «Eskapismus» oder «Nostalgie» ihren Platz, und auch kein Misstrauen gegenüber «privaten Welten». Dies ist kein Angria[467] und kein Traum; es ist eine gesunde und wache Erfindung, die Punkt für Punkt die Bezüge im Geist ihres Autors offenbart. Warum sollte man eine Welt «privat» nennen, die wir alle betreten und überprüfen können und in der wir eine solche Balance finden? Und was den Eskapismus angeht: wovor wir hauptsächlich entfliehen, sind die Illusionen unseres alltäglichen Lebens. Wir entkommen ganz sicher nicht Angst und Pein. Manchem gemütlichen Lagerfeuer und manch vergnügter Stunde zum Trotz, die den Hobbit in jedem von uns erfreuen, ist für mich die Angst fast der vorherrschende Ton. Aber nicht wie in der für unsere Zeit charakteristischen Literatur die Angst oder Pein gestörter oder deformierter Seelen, sondern eher die Angst jener, die glücklich waren, bevor eine bestimmte Dunkelheit aufzog, und die wieder glücklich sein werden, wenn sie deren Ende noch erleben.

Nostalgie gibt es in der Tat; aber weder unsere noch die des Autors, sondern die der Charaktere. Sie ist eng verbunden mit einer von Professor Tolkiens größten Leistungen. Man könnte wohl meinen, dass Dauerhaftigkeit jene Qualität ist, die man am wenigsten in einer erfundenen Welt finden kann. Man hat tatsächlich das unbehagliche Gefühl, die Welten von *Furioso* oder *The Water of the Wondrous Isles*[468] seien gar nicht dagewesen, bevor sich der Vorhang hob. Doch in der Tolkien'schen Welt kann man kaum irgendwo zwischen Esgaroth und Forlindon oder zwischen Ered Mithrin und Khand den Fuß auf die Erde setzen, ohne den Staub der Geschichte aufzuwirbeln. Unsere eigene Welt erscheint, außer in bestimmten seltenen Augenblicken, kaum so gesättigt mit ihrer Vergangenheit.

Das ist ein Aspekt jener Angst, der die Charaktere ausgesetzt sind. Doch mit dieser Angst überkommt sie auch ein seltsames Hochgefühl. Sie sind zugleich überwältigt und gehalten durch die Erinnerung an vergangene Zivilisationen und verlorene Pracht. Sie haben das zweite und das dritte Zeitalter überlebt; der Wein des Lebens wurde vor langer Zeit ausgeschenkt.[469] Beim Lesen stellen wir fest, dass wir ihre Last teilen; nachdem wir geendet haben, kehren wir nicht entspannt, sondern gestärkt in unser eigenes Leben zurück.

Doch in diesem Buch steckt noch weit mehr. Aufgestiegen aus Quellen, über die wir nur spekulieren können, und (so würde man meinen) der gewohnten Imagination des Autors nahezu fremd, stoßen wir von Zeit zu Zeit auf Figuren, die so vor Leben übersprudeln (welches kein menschliches Leben ist), dass sie unsere Form der Angst und unsere Form des Hochgefühls unbedeutend erscheinen lassen. So ist Tom Bombadil, so sind die unvergesslichen Ents. Dies ist sicherlich die äußerste Errungenschaft der Erfindungsgabe: wenn ein Autor etwas hervorbringt, das nicht einmal ihm selbst und noch viel weniger irgendjemand anderem zu gehören scheint. Ist Mythenschöpfung letztlich vielleicht doch nicht die subjektivste, sondern die am wenigsten subjektive aller Aktivitäten?

Selbst jetzt habe ich fast alles ausgelassen – die Belaubung der Wälder, die Leidenschaften, die hohen Tugenden, die entfernten Horizonte. Auch wenn ich Platz dafür hätte, könnte ich sie kaum vermitteln. Und zuletzt ist die offensichtlichste Wirkung des Buches vermutlich auch seine tiefste: «auch damals gab es Leid und drohendes Unheil, aber zugleich große Tapferkeit und große Taten, die nicht völlig vergebens waren» (I,II, 71). Nicht völlig vergebens – das ist der kühle mittlere Punkt zwischen Illusion und Desillusioniertheit.

* * *

Als ich den ersten Band dieses Werkes besprach, hatte ich kaum zu hoffen gewagt, dass es den ihm gebührenden Erfolg haben würde. Zum Glück hat sich das als Irrtum herausgestellt. Es gibt jedoch eine Form der falschen Kritik, die eine Antwort erfordert: die Klage, die Figuren seien alle entweder schwarz oder weiß. Da der Höhepunkt von Band I hauptsächlich mit dem Kampf zwischen Gut und Böse im Geist Boromirs zu tun hat, ist es schwer nachzuvollziehen, wie irgend jemand auf diese Idee kommen konnte. Ich werde eine Vermutung wagen. «Wie soll ein Mensch beurteilen, was er in solchen Zeiten tun soll?», fragt jemand in Buch III. «Wie er immer geurteilt hat», kommt die Antwort. «Gut und Böse haben sich nicht geändert ... und sie sind auch nicht zweierlei bei Elben und Zwergen auf der einen und Menschen auf der anderen Seite» (III,II, 39).

Das ist die Basis der gesamten Tolkien'schen Welt. Ich glaube, einige Leute, die diese strikte Trennung von Schwarz und Weiß gesehen haben (und sie ablehnen), meinen, sie hätten eine strikte Trennung zwischen schwarzen und weißen Personen gesehen. Sie sehen auf das Schachbrettmuster und nehmen (den Tatsachen zum Trotz) an, alle Figuren müssten sich wie Läufer verhalten, die auf eine Farbe festgelegt sind. Doch selbst solche Leser werden das wohl kaum bei den letzten beiden Bänden durchhalten. Die Motive sind auch auf der Seite der Guten gemischt. Jene, die nun Verräter sind, begannen für gewöhnlich mit vergleichsweise harmlosen Absichten. Das heroische Rohan und das imperiale Gondor sind teilweise befallen. Selbst der elende Smeagol hat bis ziemlich spät in der Geschichte gute Impulse, und was ihn (durch ein tragisches Paradox) schließlich ganz auf die falsche Seite bringt, ist eine unüberlegte Rede der selbstlosesten aller Figuren.

Jeder der drei Bände besteht aus zwei Büchern, sodass sich nun, da alle sechs Bücher vor uns liegen, die hohe architektonische Qualität des Werkes offenbart. Buch I konstituiert das Hauptthema. In Buch II wird dieses Thema fortgeführt, bereichert durch viel Material aus der Retrospektive. In III und V gerät das Schicksal der nun zerteilten Gemeinschaft in Kontakt mit einer riesigen komplexen Masse von Kräften, die sich in ihrem Verhältnis zu Mordor gruppieren und neu gruppieren. Davon losgelöst bestimmt das Hauptthema Buch IV und den ersten Teil von VI (dessen letzter Teil natürlich alle Auflösungen bringt). Doch nie wird uns gestattet, die innere Verbindung zwischen diesem Thema und dem Rest zu vergessen. Auf der einen Seite zieht die ganze Welt in den Krieg; die Geschichte tönt von galoppierenden Hufen, Trompeten und Stahl auf Stahl. Auf der anderen Seite kriechen ganz weit weg elende Figuren (wie Mäuse auf einer Abraumhalde) durch das Zwielicht von Mordor. Und die ganze Zeit über wissen wir, dass das Schicksal der Welt weit mehr von der kleinen als von der großen Bewegung abhängt. Dies ist eine strukturelle Erfindung ersten Ranges: sie trägt enorm zum Pathos, zur Ironie und zur Größe der Geschichte bei.

Das Hauptthema lässt sich nicht in jenem scherzhaften, lächelnden Tonfall abhandeln, der nun für gewöhnlich bei Rezensenten von «Jugendliteratur» vorherrscht. Es ist durch und durch ernst: die steigende Angst, der Zug des Rings am Hals, die unvermeidliche Verwandlung vom Hobbit zum Helden unter Bedingungen, die jede Hoffnung auf Ruhm oder Furcht vor Schande ausschließen. Ohne die Entlastung, die durch die stärker gefüllten und belebteren Bücher bereitgestellt wird, wäre es kaum erträglich.

Doch diese Bücher sind keineswegs von geringerer Qualität. Mit dem Herausgreifen großer Momente (wie etwa dem Hahnenschrei bei der Belagerung Gondors) käme man nie an ein Ende; ich werde daher nur zwei allgemeine (und völlig verschiedene) Qualitäten nennen. Eine davon ist überraschenderweise Realitätsnähe. Dieser Krieg hat die tatsächliche Qualität des Krieges, den meine Generation erlebt hat. Es ist alles da: die endlosen unverständlichen Bewegungen, die unheilvolle Stille an der Front, wenn «alles bereit ist», die fliehenden Zivilisten, die lebhaften und lebendigen Freundschaften, der Hintergrund von so etwas wie Verzweiflung und der heitere Vordergrund, und vom Himmel geschickte Glücksfälle wie eine ganze *Ladung* erlesenen Tabaks, der aus einer Ruine «gerettet» wird. Der Autor hat uns an anderer Stelle gesagt, sein Geschmack an *fairy tales* sei durch den aktiven Dienst zur Erwachsenenreife erweckt worden; dies ist zweifellos der Grund, weshalb wir über seine Kriegsszenen sagen können (um den Zwerg Gimli zu zitieren): «Das ist guter Felsen hier. Dieses Land hat ein zähes Gebein» (III,VII, 149).

Die andere besondere Qualität besteht darin, dass kein Einzelner und keine Spezies nur um der Handlung willen da ist. Jeder existiert um seiner selbst willen und wäre es wert gewesen, um seines besonderen Charakters willen geschaffen zu werden, selbst wenn er ohne Belang für die Handlung gewesen wäre. Baumbart hätte jedem anderen Autor (sollte ihn irgendjemand anderes erdacht haben können) für ein ganzes Buch gereicht. Seine Augen sind «angefüllt mit den Erinnerungen einer unendlich langen Zeit und langem, bedächtigem, beharrlichem Denken» (III,IV, 69). In dieser Zeit ist sein

Name mit ihm gewachsen, so dass er ihn nun nicht nennen kann; es würde zu lange dauern, ihn auszusprechen. Als er lernt, dass das, worauf sie stehen, ein Berg ist, beklagt er, dies sei ein «hastiges Wort» für etwas, das so viel Geschichte in sich trägt (III,IV, 72).

Inwiefern Baumbart als ein «Portrait des Künstlers» angesehen werden kann, muss offenbleiben, doch wenn er hören würde, dass einige Leute den Ring mit der Wasserstoffbombe und Mordor mit Russland identifizieren wollen, so würde er das wohl ein «hastiges Wort» nennen. Was denken die Leute, wie lange eine solche Geschichte zum Wachsen braucht? Glauben sie, dies könne so schnell geschehen, wie eine moderne Nation ihren Staatsfeind Nr. 1 wechselt oder moderne Wissenschaftler neue Waffen erfinden? Als Professor Tolkien begann, da gab es vermutlich noch keine Kernspaltung, und die gegenwärtige Inkarnation von Mordor befand sich ein gutes Stück näher vor unserer Küste.

Doch der Text selbst sagt uns, dass Sauron unsterblich ist; der Ringkrieg ist nur einer von tausend Kriegen gegen ihn. Jedes Mal werden wir gut beraten sein, seinen endgültigen Sieg zu fürchten, nach dem es «keine Lieder mehr geben» wird (IV,X, 167). Wieder und wieder werden wir starke Belege dafür finden, dass «der Wind von Osten weht, und es mag sein, daß das Verdorren aller Wälder näherrückt» (III,IV, 80). Jedes Mal, wenn wir gewinnen, werden wir wissen, dass unser Sieg nicht von Dauer sein wird. Wenn wir darauf bestehen, nach der Moral der Geschichte zu fragen, so ist dies die Moral: ein Zurückweisen sowohl von oberflächlichem Optimismus als auch von jammerndem Pessimismus zugunsten jener harten, aber nicht verzweifelten Einsicht in das unwandelbare Dilemma des Menschen, das heroische Zeitalter als die Grundsituation ihres Lebens anerkannt haben. Es ist hier, dass die Affinität zum Nordischen am stärksten ist: Hammerschläge, doch nicht ohne Mitgefühl.

«Aber» (so werden einige fragen), «wenn du einen ernsten Kommentar über das wahre Leben der Menschen abgeben willst, warum musst du das tun, indem du über ein von dir selbst erträumtes Niemandsland sprichst?» Weil, so nehme ich an, eines der hauptsächlichen Dinge, die der Autor sagen will, darin besteht, dass das wahre Leben der Menschen diese mythische und heroische Qualität besitzt. Man kann dieses Prinzip in seinen Charakterisierungen am Werk sehen. Vieles, das in einem realistischen Werk durch Charakterzeichnung geschehen würde, geschieht hier einfach dadurch, dass er den Charakter zu einem Elben, einem Zwerg oder einem Hobbit macht. Die erdachten Figuren tragen ihr Inneres auf der Außenseite; sie sind sichtbare Seelen. Und der Mensch als Ganzer, betrachtet vor dem Hintergrund des Universums: haben wir ihn jemals richtig gesehen, bevor wir sehen, dass er einem Helden in einer *fairy tale* gleicht? Im Buch stellt Eomer etwas voreilig «die grüne Erde» den «Legenden» gegenüber. Aragorn antwortet, die grüne Erde selbst sei «ein gewaltiger Sagenstoff» (III,II, 34).

Der Wert des Mythos besteht darin, dass er all die Dinge nimmt, die uns vertraut sind, und ihnen jene reiche Bedeutung zurückgibt, die «durch den Schleier des Vertrauten» verdeckt wurde. Das Kind erfreut sich an kaltem Fleisch (welches ansonsten fade wäre), indem es vorgibt, es sei ein Büffel, den es gerade mit seinem eigenen Pfeil und Bogen erlegt hat. Und das Kind ist weise. Das wirkliche Fleisch kehrt zu ihm schmackhafter zurück, nachdem es in eine Geschichte getaucht wurde; man könnte sagen, es sei erst jetzt wirkliches Fleisch. Sind wir einer wirklichen Landschaft müde geworden: betrachten wir sie in einem Spiegel.

Indem wir Brot, Gold, Pferde, Äpfel oder die Straßen selbst in einen Mythos stecken, ziehen wir uns nicht aus der Wirklichkeit zurück, wir wiederentdecken sie. Solange die Geschichte in unserem Bewusstsein verweilt, sind die wirklichen Dinge mehr sie selbst. Dieses Buch wendet diese Behandlung nicht nur auf Brot oder Äpfel an, sondern auf Gut und Böse, auf unsere endlosen Gefahren, auf unsere Ängste und unsere Freuden. Indem wir sie in den Mythos tauchen, sehen wir sie klarer. Ich glaube nicht, dass dies auf irgendeine andere Weise hätte getan werden können.

Das Buch ist zu originell und zu opulent, um nach einem ersten Lesen abschließend beurteilt werden zu können. Doch wir wissen sofort, dass es etwas mit uns gemacht hat. Wir sind nicht mehr ganz dieselben Menschen wie zuvor. Und auch wenn wir uns in unserem Wiederlesen beschränken müssen, habe ich wenig Zweifel, dass dieses Buch bald seinen Platz unter den Klassikern einnehmen wird.

6. Manchmal sagen Märchen am besten, was man sagen will

Im 16. Jahrhundert, als jedermann der Meinung war, Dichter (womit man die Autoren imaginativer Literatur meinte) sollten erfreuen und belehren, nahm Tasso[470] eine wichtige Unterscheidung vor. Er sagte, dem Dichter als Dichter gehe es allein um das Erfreuen. Doch jeder Dichter sei auch ein Mensch und Bürger, und in dieser Eigenschaft solle und wolle er sein Werk nicht nur erfreulich, sondern auch lehrreich machen.

Ich habe nicht vor, mich allzu eng an die Renaissance-Vorstellungen von «erfreuen» und «belehren» zu halten. Bevor ich eine von ihnen akzeptieren könnte, müsste ich sie so weit umdefinieren, dass das, was schließlich von ihr übrigbliebe, nicht wert wäre, beibehalten zu werden. Alles, was ich zu verwenden beabsichtige, ist die Unterscheidung zwischen dem Autor als Autor und dem Autor als Mensch, Bürger und Christ. Sie läuft für mich darauf hinaus, dass es normalerweise zwei Gründe gibt, ein imaginatives Werk zu schreiben, die man den Grund des Autors und den Grund des Menschen nennen kann. Solange nur einer dieser beiden Gründe vorliegt, wird das Buch, soweit es mich betrifft, nicht geschrieben werden. Fehlt der erste Grund, so *kann* es das nicht, fehlt der zweite, so *sollte* es das nicht.

Im Geist des Autors sprudelt ab und an das Material für eine Geschichte hoch. Bei mir fängt es stets mit mentalen Bildern an. Dieser Gärstoff führt zu nichts, wenn er nicht vom Verlangen nach einer Form begleitet wird: Dichtung oder Prosa, Kurzgeschichte, Roman, Theaterstück oder was auch immer. Kommen diese beiden Dinge zusammen, so ist der Impuls des Autors komplett. Dieser Impuls ist nun etwas in ihm, das mit den Hufen scharrt, um herauszukommen. Der Autor verlangt danach, das sprudelnde Material in diese Form zu bringen, wie eine Hausfrau danach verlangt, die neue Marmelade in das saubere Marmeladenglas fließen zu sehen. Dies nagt den ganzen Tag an ihm und kommt seiner Arbeit und seinem Schlaf und seinen Mahlzeiten in die Quere. Es ist wie Verliebtsein.

Während der Autor in diesem Zustand ist, wird der Mensch das Buch natürlich von einem ganz anderen Standpunkt aus kritisch zu betrachten haben. Er wird sich fragen, ob er die Befriedigung dieses Impulses mit all den anderen Dingen vereinbaren kann, die er will und die er tun oder sein sollte. Vielleicht ist die ganze Sache zu frivol oder zu trivial (vom Standpunkt des Menschen, nicht dem des Autors aus betrachtet), um die erforderliche Zeit und Anstrengung zu rechtfertigen. Vielleicht wäre das Werk wenig erbaulich, wenn es fertig ist. Aber vielleicht (und in diesem Augenblick hebt sich die Stimmung des Autors) erscheint es auch als eine gute Sache, und zwar «gut» nicht nur in einem rein literarischen Sinn, sondern schlechthin «gut».

Das mag zwar kompliziert klingen, ist aber nicht wesentlich verschieden von dem, was bei anderen Dingen auch passiert. Man fühlt sich von einem Mädchen angezogen, aber ist es auch der Typ Mädchen, bei dem es weise oder richtig wäre, es zu heiraten? Man hätte gerne Hummer zum Mittagessen, aber bekommt er einem? Und ist es nicht verwerflich, so viel Geld für eine Mahlzeit auszugeben? Der Impuls des Autors ist ein Verlangen (nicht wesentlich anders als ein Juckreiz) und muss natürlich wie jedes andere Verlangen der Beurteilung durch den ganzen Menschen unterworfen werden.

Dies will ich nun auf meine eigenen Märchen (fairy tales) anwenden. Einige Leute scheinen der Meinung zu sein, ich hätte mit der Frage begonnen, wie ich Kindern etwas über das Christentum erzählen kann, dann das Märchen als Mittel festgelegt, Informationen über Kinderpsychologie gesammelt und mich für eine Altersgruppe entschieden, eine Liste grundlegender christlicher Wahrheiten erstellt und schließlich «Allegorien» ausgearbeitet, die sie verkörpern. All das ist blanker Unsinn. Ich könnte so gar nicht schreiben. Alles begann mit Bildern: ein Faun, der einen Regenschirm trägt, eine Königin auf einem Schlitten, ein prachtvoller Löwe. Zu Beginn hatten diese Bilder auch überhaupt nichts Christliches an sich; dieses Element drängte sich später von selbst hinein. Es war ein Teil des Sprudelns.

Dann kam die Form. Als sich diese Bilder zu Ereignissen formierten (d.h. eine Geschichte wurden), schienen sie nach keiner Liebesbeziehung und keiner exakten Psychologie zu verlangen. Doch die literarische Form, die ohne diese Dinge auskommt, ist das Märchen. Und in dem Augenblick, in dem mir das klar wurde, verliebte ich mich in die Form selbst: in ihre Kürze, ihre enge Beschränkung auf Beschreibung, ihren flexiblen Traditionalismus, ihre unflexible Abneigung gegen jede Analyse, Abweichung, Reflexion und «bloßes Geschwätz». Ich war nun verzückt von dieser Form. Selbst die Beschränkungen ihres Vokabulars wurden zu einem Reiz, so, wie die Härte des Steins den Bildhauer erfreut oder die Schwierigkeit des Sonetts seinen Autor.

Auf dieser Seite (als Autor) schrieb ich Märchen, weil das Märchen die ideale Form für das zu sein schien, was ich sagen wollte.

Dann kam natürlich der Mensch in mir an die Reihe. Ich meinte zu sehen, wie es Geschichten dieser Art gelingen könnte, sich hinter eine bestimmte Blockade zu schleichen, die bei mir als Kind einen Großteil meiner eigenen Religion gelähmt hatte. Warum fiel es einem so schwer, Gott oder den Leiden Christi gegenüber so zu empfinden, wie einem gesagt wurde, dass man es tun müsse? Ich glaubte, der Hauptgrund hierfür sei, dass man aufgefordert wurde, es zu tun. Die Verpflichtung, etwas Bestimmtes zu fühlen, kann Gefühle einfrieren. Und die Andacht selbst richtete Schaden an. Das ganze Thema war mit gedämpften Stimmen assoziiert, fast so, als wäre es etwas Medizinisches. Doch angenommen, man könnte, indem man all diese Dinge in eine erfundene Welt verlegt und sie von ihrer Assoziation mit Glasfenstern und Sonntagsschule befreit, sie zum ersten Mal in ihrer wahren Kraft erscheinen lassen? Könnte man sich dann nicht hinter diese wachsamen Drachen schleichen? Ich glaubte, man könnte.

Das war das Motiv des Menschen. Doch natürlich hätte er nichts erreichen können, wenn der Autor nicht bereits zuvor für das Thema entflammt gewesen wäre.

Sie werden bemerken, dass ich durchgehend von Märchen und nicht von «Kinderbüchern» gesprochen habe. Professor J.J.R. Tolkien hat in *On Fariy Stories*[471] gezeigt, dass die Verbindung zwischen Märchen und Kindern nicht annähernd so eng ist, wie Verleger und

Pädagogen das glauben. Viele Kinder mögen sie nicht, viele Erwachsene hingegen schon. Die Wahrheit ist so, wie er sagt: Sie werden jetzt mit Kindern assoziiert, weil sie bei Erwachsenen außer Mode gekommen sind; sie wurden ins Kinderzimmer abgeschoben, wie das mit alten Möbeln geschah, nicht, weil die Kinder angefangen hätten, sie besonders zu mögen, sondern weil ihre Eltern aufgehört haben, sie zu mögen.

Ich habe daher nur in dem Sinn «für Kinder» geschrieben, dass ich ausgeklammert habe, was sie nicht mögen oder verstehen würden, nicht in dem Sinn, dass ich die Absicht gehabt hätte, etwas zu schreiben, das keiner Beachtung durch Erwachsene wert ist. Ich mag mich natürlich getäuscht haben, doch dieses Prinzip bewahrt einen zumindest davor, herablassend zu sein. Ich habe nie auf jemanden herabgesehen, und unabhängig davon, ob dies nun für oder gegen mein Werk spricht, bin ich auf jeden Fall der Meinung, dass ein Buch, das nur in der Kindheit wert ist, gelesen zu werden, es auch dann nicht wert ist, gelesen zu werden. Die Hemmnisse, von denen ich gehofft habe, meine Geschichten könnten sie im Geist eines Kindes überwinden, existieren unter Umständen genauso im Geist eines Erwachsenen und können dort vermutlich durch dieselben Mittel überwunden werden.

Das Fantastische oder Mythische ist ein Modus, der einigen Lesern in jedem Alter zur Verfügung steht und anderen in keinem. In jedem Alter hat es, wenn es vom Autor gut genutzt wird und auf den richtigen Leser trifft, die gleiche Kraft: zu generalisieren, während es konkret bleibt, in greifbarer Form nicht Begriffe oder gar Erfahrungen zu präsentieren, sondern ganze Klassen von Erfahrungen, und dabei Belanglosigkeiten abzuschütteln. Doch im besten Fall kann es noch mehr, es kann uns Erfahrungen geben, die wir noch nie hatten, und somit, anstatt «das Leben zu kommentieren», ihm etwas hinzufügen. Ich spreche natürlich über die Sache selbst, nicht über meine eigenen Versuche in diesem Bereich. «Jugendliteratur» – ja, gewiss! Soll ich auf den Schlaf herabsehen, weil Kinder gut schlafen? Oder auf Honig, weil Kinder ihn mögen?

7. Über drei Weisen, für Kinder zu schreiben

Ich glaube, es gibt drei Herangehensweisen an die Aufgabe, für Kinder zu schreiben, von denen zwei gut sind und eine für gewöhnlich schlecht.

Die schlechte Weise habe ich erst neulich durch zwei unbewusste Zeugnisse kennen gelernt. Einmal durch eine Dame, die mir das Manuskript einer von ihr geschriebenen Geschichte geschickt hat, in der eine Fee einem Kind einen wundertätigen Apparat zur Verfügung stellt. Ich sage «Apparat», weil es kein magischer Ring oder Hut oder Mantel oder solch ein traditioneller Gegenstand war. Es war eine Maschine, ein Ding mit Hebeln, Handgriffen und Knöpfen, die man drücken konnte. Man konnte einen Knopf drücken und ein Eis bekommen, einen anderen, um eine lebendige Puppe zu bekommen, und so weiter. Ich musste der Autorin ehrlich sagen, dass ich mir nichts aus solchen Dingen mache. Sie antwortete: «Ich auch nicht, es langweilt mich ganz furchtbar. Aber das ist es, was moderne Kinder wollen.»

Mein anderer Beleg war der folgende: In meiner ersten Narnia-Geschichte habe ich ausführlich beschrieben, was ich für ein sehr nettes Abendessen hielt, zu dem ein gastfreundlicher Faun ein kleines Mädchen (meine Heldin) eingeladen hatte. Ein Mann, der selber Kinder hat, sagte zu mir: «Ah, ich weiß, wie du darauf gekommen bist. Will man erwachsene Leser zufriedenstellen, dann gibt man ihnen Sex, und da hast du dir gedacht: ‹Das wird bei Kindern nicht gehen, was soll ich ihnen stattdessen geben? Ich weiß es! Die kleinen Kerle mögen jede Menge gutes Essen.›» Tatsächlich mag ich aber selber gern essen und trinken. Ich habe in die Geschichte gepackt, woran ich als Kind selbst Spaß gehabt hätte und wovon ich jetzt in meinen Fünfzigern immer noch gerne lese.

Sowohl für die Dame in meinem ersten Beispiel als auch für den verheirateten Mann in meinem zweiten Beispiel war das Schreiben für Kinder eine spezielle Weise, seinem «Publikum zu geben, was das Publikum will». Kinder sind natürlich ein bestimmtes Publikum, und man findet heraus, was sie sich wünschen, und gibt es ihnen, wie wenig man auch selber damit anfangen kann.

Die zweite Weise zu schreiben mag auf den ersten Blick ganz ähnlich aussehen, doch ich glaube, die Ähnlichkeit besteht nur an der Oberfläche. Das ist die Weise von Lewis Carroll, Kenneth Grahame und Tolkien.[472] Die gedruckte Geschichte erwächst aus einer Geschichte, die man einem bestimmten Kind mit lebendiger Stimme und möglicherweise *ex tempore* vorträgt.[473] Sie ähnelt der ersten Art, weil man sicherlich versuchen wird, dem Kind zu geben, was es hören möchte. Doch jetzt hat man es mit einer konkreten Person zu tun: mit diesem Kind, das sich natürlich von jedem anderen Kind unterscheidet. Es ist kein Fall von «Kindern», die man als eine merkwürdige Spezies betrachtet, deren Gewohnheiten man sich wie ein Anthropologe oder ein Handlungsreisender zurechtgelegt hat.

Auch vermute ich, dass es wohl unmöglich wäre, das Kind von Angesicht zu Angesicht mit Dingen zu erfreuen, bei denen man ein solches Vergnügen vorkalkuliert hat, die man aber selber mit Gleichgültigkeit oder Abneigung betrachtet. Ich bin mir sicher, das Kind würde das schnell durchschauen. Man würde sich leicht verändern, weil man zu einem Kind spricht, und das Kind würde sich leicht verändern, weil ein Erwachsener zu ihm spricht. Eine Gemeinschaft, eine kombinierte Persönlichkeit wird geschaffen und daraus erwächst die Geschichte.

Die dritte Weise, welche die einzige ist, die ich selbst je verwenden könnte, besteht darin, ein Kinderbuch zu schreiben, weil ein Kinderbuch die beste Kunstform für das ist, was man sagen will: so, wie ein Komponist einen Trauermarsch nicht schreibt, weil er ein öffentliches Begräbnis vor Augen hat, sondern weil bestimmte musikalische Ideen, die ihm gekommen sind, sich am besten in dieser Form ausdrücken lassen. Diese Methode ließe sich auch auf andere Formen der Literatur für Kinder anwenden, nicht nur auf Geschichten. Man hat mir gesagt, Arthur Mee[474] habe nie ein Kind getroffen und das auch nicht gewollt; es war aus dieser Perspektive ein reiner Zufall, dass Jungen Spaß hatten, das zu lesen, woran er

Spaß hatte, es zu schreiben. Diese Anekdote mag tatsächlich falsch sein, doch sie illustriert das von mir Gemeinte.

Innerhalb der Gattung «Kinderbuch» ist die Unterart, die mir am meisten zusagt, die Fantasy oder (in einem weiten Sinn des Wortes) das Märchen (fairy tale). Es gibt natürlich andere Unterarten. E. Nesbits Trilogie über die Bastable-Familie[475] ist ein gutes Beispiel für eine andere Art. Sie ist ein «Kinderbuch» in dem Sinn, dass Kinder sie lesen können und es auch tun, doch es ist auch die einzige Form, in der Nesbit uns so viel über die Empfindungen der Kindheit hätte sagen können.

Es stimmt, dass die Bastable-Kinder, erfolgreich aus der Perspektive eines Erwachsenen beschrieben, in einem ihrer Romane für Erwachsene vorkommen, doch sie kommen dort nur für einen Augenblick vor. Ich glaube nicht, dass sie das durchgehalten hätte. Schreiben wir ausführlich darüber, wie Eltern ihre Kinder sehen, so wird sich sehr wahrscheinlich Sentimentalität einschleichen. Und die Realität der Kindheit, wie wir alle sie erlebt haben, verflüchtigt sich. Denn wir können uns alle daran erinnern, dass die von uns erlebte Kindheit völlig anders war als das, was unsere Eltern gesehen haben. Daher antwortete mir Sir Michael Sadler[476], als ich ihn nach seiner Meinung über eine bestimmte neue experimentelle Schule gefragt habe: «Ich gebe nie eine Meinung zu einem dieser Experimente ab, bis die Kinder erwachsen sind und uns sagen können, *was wirklich geschehen ist.*»

Die Bastable-Trilogie gibt daher, so unwahrscheinlich viele ihrer Episoden auch sein mögen, in einem bestimmten Sinn sogar Erwachsenen ein realistischeres Bild von Kindern, als sie es in den meisten für Erwachsene geschriebenen Büchern finden könnten. Doch umgekehrt ermöglicht sie es auch Kindern, die sie lesen, etwas wesentlich Erwachseneres zu tun, als ihnen selbst bewusst wird. Denn das ganze Buch ist eine Charakterstudie Oswalds, ein unbewusst satirisches Selbstportrait, das jedes intelligente Kind voll und ganz verstehen kann.[477] Kein Kind würde sich aber in irgendeiner anderen Weise eine Charakterstudie zu Gemüte führen. Es gibt noch eine andere Weise, in der Kinderbücher dieses Interesse an Psychologie vermitteln können, ich werde sie aber für eine spätere Betrachtung zurückhalten.

Ich glaube, wir sind bei diesem kurzen Blick auf die Bastable-Trilogie auf ein Prinzip gestoßen. Ist das Kinderbuch einfach die richtige Form für das, was ein Autor zu sagen hat, so werden Leser, die eben dies hören wollen, die Geschichte in jedem Lebensalter lesen oder auch erneut lesen. Ich habe *Der Wind in den Weiden* und die Bastable-Bücher erst in meinen späten Zwanzigern kennengelernt und glaube nicht, dass ich deshalb weniger Spaß an ihnen hatte. Ich bin fast geneigt, als eine Regel zu formulieren, dass ein Kinderbuch, an dem nur Kinder Spaß haben, ein schlechtes Kinderbuch ist. Die Guten haben Bestand. Ein Walzer, an dem man nur Spaß haben kann, wenn man auf der Balz ist, ist ein schlechter Walzer.

Diese Regel trifft nach meiner Ansicht gewiss für jene besondere Form des Kinderbuchs zu, die meinem Geschmack am meisten zusagt, für die Fantasy oder das Märchen. Heute verwendet die moderne Literaturkritik das Wort «erwachsen» als einen Ausdruck der Wertschätzung. Sie lehnt ab, was sie als «Nostalgie» bezeichnet, und verachtet, was sie «Peter Pantheismus» nennt.[478] Deshalb wird man jemanden, der zugibt, dass ihm in seinem dreiundfünfzigsten Lebensjahr Zwerge, Riesen und sprechende Tiere immer noch viel bedeuten, wohl kaum für seine ewige Jugend preisen, sondern vielmehr wegen Entwicklungsstillstands verspotten und bedauern. Wenn ich eine gewisse Zeit darauf verwende, mich gegen diesen Vorwurf zu verteidigen, dann nicht so sehr deshalb, weil es von besonderem Belang wäre, ob ich verspottet oder bedauert werde, sondern weil diese Verteidigung für meine ganze Sicht des Märchens und sogar der Literatur insgesamt von Belang ist. Meine Verteidigung besteht aus drei Punkten.

1. Ich antworte mit einem *tu quoque*[479]. Kritiker, die den Ausdruck *erwachsen* nicht rein deskriptiv, sondern als einen Ausdruck der Wertschätzung verwenden, können nicht selber erwachsen sein. Sich

um sein Erwachsensein zu sorgen; das Erwachsene zu bewundern, weil es erwachsen ist; beim Verdacht, kindisch zu sein, zu erröten – diese Dinge sind Zeichen von Kindheit und Adoleszenz. Und in Kindheit und Adoleszenz sind sie, im richtigen Maß, Zeichen der Gesundheit. Junge Dinger sollten wachsen wollen. Doch in die Lebensmitte oder sogar das frühe Erwachsenenalter diese Sorge um das eigene Erwachsensein zu tragen, ist in Wahrheit ein Zeichen von Entwicklungsstillstand. Als ich zehn war, las ich Märchen im Geheimen und hätte mich geschämt, wenn man mich dabei ertappt hätte. Jetzt, da ich fünfzig bin, lese ich sie offen. Als ich ein Mann wurde, legte ich ab, was Kind an mir war – die Angst, kindisch zu sein, und das Verlangen, besonders erwachsen zu sein, mit eingeschlossen.[480]

2. Die moderne Sicht scheint mir eine falsche Vorstellung von Wachstum zu beinhalten. Man wirft uns Entwicklungsstillstand vor, weil wir einen Geschmack nicht verloren haben, den wir in der Kindheit hatten. Entwicklungsstillstand besteht aber doch wohl nicht darin, sich zu weigern, alte Dinge hinter sich zu lassen, sondern darin, es zu versäumen, neue Dinge hinzuzugewinnen? Ich mag jetzt Eisbein, wovon ich mir sicher bin, dass ich es als Kind nicht gemocht hätte. Ich mag aber immer noch Zitronenlimonade. Ich nenne das Wachstum oder Entwicklung, weil ich bereichert wurde; wo ich früher nur eine Freude hatte, habe ich jetzt zwei. Müsste ich aber erst den Geschmack an Zitronenlimonade verlieren, um den Geschmack an Eisbein zu entwickeln, so wäre das kein Wachstum, sondern ein bloßer Wandel. Ich kann mich nun genauso an Tolstoi, Jane Austen und Trollope wie an Märchen erfreuen und nenne das Wachstum; hätte ich die Märchen hinter mir lassen müssen, um mich an den Romanautoren zu erfreuen, so würde ich das nicht Wachstum nennen, sondern sagen, ich hätte mich nur verändert. Ein Baum wächst, weil er Ringe hinzugewinnt; ein Zug wächst nicht, wenn er eine Bahnstation hinter sich lässt und zur nächsten weiterdampft.

In Wahrheit ist das Argument noch um einiges stärker und komplexer. Ich denke, mein Wachstum ist bei meiner jetzigen Lektüre der Märchen nicht weniger offensichtlich als bei meiner Lektüre der Romanautoren. Denn meine Freude an den Märchen ist nun größer als in meiner Kindheit: da ich nun in der Lage bin, mehr in sie hineinzulegen, bekomme ich auch mehr aus ihnen heraus. Aber ich will diesen Punkt nicht zu sehr betonen. Selbst, wenn es bloß ein Geschmack an Literatur für Erwachsene wäre, der zu einem unveränderten Geschmack an Literatur für Kinder hinzugekommen wäre, könnte man diese Hinzufügung immer noch «Wachstum» nennen, den Prozess, das eine Paket fallen zu lassen, während man das andere aufnimmt, jedoch nicht.

Es stimmt natürlich, dass der Prozess des Wachsens bedauerlicherweise nebenbei einige Verluste mit sich bringt. Doch das ist nicht das Wesen des Wachstums, es ist gewiss nicht das, was Wachstum bewundernswert oder erstrebenswert macht. Wenn es das wäre – wenn das Fallenlassen von Paketen und das Zurücklassen von Bahnstationen das Wesen und die Tugend des Wachstums wäre –, warum sollten wir dann als Erwachsene damit aufhören? Warum sollte *senil* dann nicht ebenfalls ein Ausdruck der Wertschätzung sein? Warum gratuliert man uns nicht dazu, unsere Zähne oder Haare zu verlieren? Einige Kritiker scheinen Wachstum mit dem Preis für das Wachstum zu verwechseln und zudem den Preis dafür wesentlich höher treiben zu wollen, als er von der Sache her sein muss.

3. Die gesamte Verbindung von Märchen und Fantasy mit der Kindheit ist regional und zufällig. Ich hoffe, jeder von Ihnen[481] hat Tolkiens Essay *On Fairy Stories*[482] gelesen, der vermutlich der bisher wichtigste Beitrag überhaupt zu diesem Thema ist. Wenn ja, dann werden Sie bereits wissen, dass zu den meisten Zeiten und an den meisten Orten das Märchen nicht speziell für Kinder gemacht wurde und auch nicht nur sie sich an ihm erfreut haben. Es ist ins Kinderzimmer gewandert, weil es in literarischen Kreisen aus der Mode kam, so, wie aus der Mode gekommene Möbel in viktorianischen Häusern ins Kinderzimmer gewandert sind. Tatsächlich mögen viele Kinder diese Art von Büchern gar nicht (so, wie viele Kinder keine

Rosshaarsofas mögen), und viele Erwachsene mögen sie (so, wie viele Erwachsene Schaukelstühle mögen). Und jene, die sie mögen, ob jung oder alt, mögen sie vermutlich aus demselben Grund. Und keiner von uns kann mit Gewissheit sagen, worin dieser Grund besteht. Die beiden Theorien, die mir am häufigsten durch den Kopf gehen, sind die von Tolkien und Jung.

Laut Tolkien liegt die Anziehungskraft des Märchens darin, dass der Mensch in ihm am vollkommensten seine Fähigkeit als «Zweitschöpfer» ausübt; das heißt, er gibt nicht (wie man heute sagen würde) einen «Kommentar zum Leben» ab, sondern er bringt soweit wie möglich eine eigene, untergeordnete Welt hervor. Da dies nach Tolkiens Ansicht eine angemessene Tätigkeit für einen Menschen ist, stellt sich die Freude von selbst ein, wenn sie erfolgreich ausgeübt wird. Für Jung setzt das Märchen im kollektiven Unbewussten des Menschen angesiedelte Archetypen frei, und wenn wir ein gutes Märchen lesen, gehorchen wir der alten Maxime «Erkenne dich selbst».

Ich wage es, dem meine eigene Theorie hinzuzufügen, allerdings nicht über die Gattung als solche, sondern nur über eines ihrer Elemente. Ich meine die Anwesenheit nichtmenschlicher Wesen, die sich dennoch in bestimmtem Maß menschlich verhalten: Riesen, Zwerge und sprechende Tiere. Ich glaube, diese sind zumindest (denn sie mögen noch viele andere Quellen der Kraft und Schönheit haben) eine bewundernswerte Hieroglyphe, die Psychologie und bestimmte Charaktere kürzer vermitteln kann als jede romanhafte Darstellung, und das auch für Leser, die eine romanhafte Darstellung nicht erreichen würde. Denken Sie an Herrn Dachs (Mr. Badger) in *Der Wind in den Weiden* – diese außergewöhnliche Mischung aus hohem Rang, grobem Benehmen, Schroffheit, Schüchternheit und Güte. Das Kind, das Herrn Dachs einmal kennengelernt hat, hat seitdem eine instinktive Kenntnis der Menschheit und der englischen Sozialgeschichte, die es auf keine andere Weise je hätte erwerben können.

Natürlich ist nicht alle Literatur für Kinder Fantasy, und nicht alle Fantasybücher müssen Kinderbücher sein. Es ist sogar in unserer so anti-romantischen Zeit noch möglich, Fantasygeschichten für Erwachsene zu schreiben, auch wenn man sich für gewöhnlich erst in einer modischeren Literaturgattung einen Namen gemacht haben muss, bevor irgendjemand sie veröffentlichen wird. Doch es mag einen Autor geben, der zu einem bestimmten Zeitpunkt nicht nur Fantasy, sondern Fantasy für Kinder als genau die richtige Form für das betrachtet, was er sagen will.

Der Unterschied ist hier recht fein. Seine Fantasygeschichten für Kinder und seine Fantasygeschichten für Erwachsene werden wesentlich mehr gemeinsam haben als beide mit dem normalen Roman, oder mit dem, was man manchmal den «Kinderroman» nennt. In der Tat werden die gleichen Leser vermutlich sowohl seine fantastischen «Kinderbücher» als auch seine fantastischen Geschichten für Erwachsene lesen. Denn ich muss ein solches Publikum wie Sie nicht daran erinnern, dass das für die Verleger so wichtige saubere Sortieren von Büchern in Altersgruppen nur eine äußerst vage Verbindung mit dem tatsächlichen Verhalten echter Leser hat. Jene von uns, die man als Erwachsene dafür tadelt, kindliche Bücher zu lesen, hat man als Kinder dafür getadelt, Bücher zu lesen, die zu erwachsen für uns waren. Kein Leser, der etwas taugt, folgt hier einem strikten Zeitschema.

Der Unterschied ist somit ein feiner, und ich kann nicht mit Gewissheit sagen, was mir in einem bestimmten Jahr meines Lebens das Gefühl gegeben hat, nicht nur ein Märchen, sondern ein Märchen für Kinder sei genau das, was ich schreiben muss – wenn ich nicht zerplatzen will. Ich glaube, das liegt zum Teil daran, dass diese Form es einem erlaubt, oder einen sogar zwingt, Dinge auszulassen, die ich auslassen wollte. Sie zwingt einen, all seine Kraft in das hineinzulegen, was gesagt und getan wird. Sie hält das in Schach, was ein freundlicher, aber scharfsichtiger Kritiker «den Erklärungsdämon in mir» genannt hat. Sie erlegt einem auch bestimmte äußerst fruchtbare Beschränkungen bezüglich der Länge auf.

Wenn ich es dem fantastischen Typ des Kinderbuchs erlaubt habe, bisher die Diskussion zu bestimmen, dann deshalb, weil dies die

Form ist, die ich am besten kenne und mag, nicht, weil ich irgendeine andere Form verwerfen wollte. Doch die Fürsprecher jener anderen Formen neigen sehr oft dazu, diese Form zu verwerfen. Etwa alle hundert Jahre tritt ein Besserwisser auf und versucht, das Märchen zu verbannen. Vielleicht sollte ich daher doch ein paar Worte zur Verteidigung des Märchens als Lektüre für Kinder verlieren.

Man wirft ihm vor, Kindern eine falsche Vorstellung von der Welt zu geben, in der sie leben. Ich meine jedoch, keine Literatur, die Kinder lesen können, gibt ihnen eine weniger falsche Vorstellung von der Welt. Ich glaube, Geschichten, die beanspruchen, realistisch zu sein, sind in weitaus größerer Gefahr, sie zu täuschen. Ich habe nie erwartet, die reale Welt sei so wie die Märchen. Ich glaube, ich habe erwartet, die Schule sei so wie die Schulgeschichten. Die Fantasygeschichten haben mich nicht getäuscht, die Schulgeschichten sehr wohl. Bei allen Geschichten, in denen Kinder Abenteuer erleben und Erfolge haben, die in dem Sinn möglich sind, dass sie, obwohl nahezu unendlich unwahrscheinlich, keine Naturgesetze brechen, besteht eine größere Gefahr, dass sie falsche Erwartungen wecken, als dies bei Märchen je der Fall ist.

Fast dieselbe Antwort gilt auch für den populären Vorwurf der Realitätsflucht, auch wenn die Sache hier nicht ganz so einfach ist. Lehren Märchen Kinder, sich in eine Welt der Wunscherfüllung zurückzuziehen – «Fantasie» im psychologisch-technischen Sinn des Wortes –, anstatt sich den wahren Problemen der Welt zu stellen?[483] Hier wird das Problem tatsächlich haarfein. Vergleichen wir das Märchen wieder mit der Schulgeschichte oder mit jeder anderen Geschichte, die man ein «Jungenbuch» oder «Mädchenbuch» im Gegensatz zum «Kinderbuch» nennt. Ohne Zweifel erwecken und befriedigen beide auf imaginative Weise Wünsche. Wir wünschen uns, durch den Spiegel zu gehen, um in das Märchenland zu kommen. Wir wünschen uns auch, der ungemein beliebte Junge oder das ungemein beliebte Mädchen zu sein, oder der glückliche Junge, der die Verschwörung entdeckt oder das Pferd reitet, das keiner der Cowboys bezwingen kann.

Doch die beiden Verlangen sind sehr verschieden. Das zweite ist, besonders, wenn es sich auf etwas so Nahes wie das Schulleben bezieht, gefräßig und todernst. Seine Erfüllung auf der Ebene der Vorstellung hat in Wahrheit den Charakter eines Ersatzes; wir wenden uns ihm aufgrund der Enttäuschungen und Demütigungen der wahren Welt zu; es schickt uns missmutig in die Welt zurück, als wäre ein schöner Traum zerplatzt. Denn es besteht aus nichts als einer Schmeichelei des eigenen Ich. Die Freude besteht darin, sich selbst als Gegenstand der Verehrung vorzustellen.

Das andere Verlangen, das nach dem Märchenland, ist davon sehr verschieden. In einem bestimmten Sinn verlangt ein Kind nicht nach dem Märchenland, wie ein Junge danach verlangt, der Held der ersten Elf[484] zu sein. Glaubt irgend jemand, er verlange wirklich und prosaisch nach den Gefahren und Beschwerden eines Märchens? – er wolle wirklich Drachen im heutigen England haben? Das ist nicht der Fall. Es wäre wesentlich wahrer zu sagen, das Märchenland erwecke in ihm ein Verlangen nach etwas, das er gar nicht kennt. Es erregt und beunruhigt ihn (zu seiner lebenslangen Bereicherung) mit einer dunklen Ahnung von etwas, das sich jenseits seiner Reichweite befindet und das, weit davon entfernt, die wahre Welt trister oder ärmer zu machen, ihr eine neue Tiefendimension gibt. Er blickt nicht auf die wahren Wälder herab, weil er von verzauberten Wäldern gelesen hat; das Lesen lässt alle wirklichen Wälder ein wenig verzaubert sein. Dies ist eine besondere Form des Verlangens.

Der Junge, der den besagten Typ Schulgeschichte liest, sehnt sich nach Erfolg und ist unglücklich (wenn das Buch zu Ende ist), weil er ihn nicht bekommen kann; der Junge, der das Märchen liest, sehnt sich und ist glücklich allein aufgrund der Tatsache seines Sehnens. Denn sein Sinnen ist nicht auf ihn selbst gerichtet, wie das oft in der realistischeren Geschichte der Fall ist.

Ich will nicht sagen, dass Schulgeschichten für Jungen und Mädchen nie geschrieben werden sollten. Ich sage nur, dass sie viel eher dazu neigen werden, «Fantasien» im klinischen Sinn zu werden, als das bei fantastischen Geschichten der Fall ist. Und diese Unterscheidung gilt auch für die Lektüre im Erwachsenenalter. Die gefährliche Fantasie ist immer an der Oberfläche realistisch. Das wirkliche Opfer irrealer Tagträume ernährt sich nicht von der *Odyssee*, dem *Sturm* oder dem *Wurm Ouroboros*;[485] er oder sie zieht Geschichten über Millionäre, unwiderstehliche Schönheiten, noble Hotels, Palmenstrände und Bettszenen vor – Dinge, die wirklich passieren können, die passieren sollten, die passiert wären, wenn der Leser eine faire Chance gehabt hätte. Denn wie gesagt, es gibt zwei Arten von Verlangen. Das eine ist eine *Askese*, eine spirituelle Übung, das andere eine Krankheit.

Ein wesentlich ernsterer Angriff auf das Märchen kommt von jenen, die nicht wollen, dass Kinder sich ängstigen. Ich habe als Kind zu sehr unter nächtlichen Ängsten gelitten, um diesen Einwand geringzuachten. Ich wünsche mir nicht, diese privaten Feuer für irgendein Kind weiter anzufachen. Andererseits kam jedoch keine meiner Ängste aus einem Märchen. Riesige Insekten waren meine Spezialität, mit den Geistern knapp auf Platz Zwei. Ich glaube, die Geister kamen direkt oder indirekt aus Geschichten (wenn auch nicht aus Märchen), die Insekten aber nicht. Ich weiß nicht, was meine Eltern noch hätten tun können, um mich vor den Beißzangen, Kiefern und Augen dieser vielbeinigen Gräuel zu bewahren.

Und wie schon viele Leute festgestellt haben, ist eben dies das Problem. Wir wissen nicht, was ein Kind in dieser besonderen Weise ängstigen wird oder nicht. Ich sage «in dieser besonderen Weise», denn wir müssen hier unterscheiden. Jene, die sagen, man solle Kinder nicht ängstigen, mögen zwei Dinge meinen. Sie mögen (1) meinen, wir sollten alles unterlassen, was Kindern diese quälenden, einschränkenden, pathologischen Ängste geben könnte, gegen die normaler Mut nichts ausrichten kann: echte *Phobien*. Ihr Geist sollte nach Möglichkeit frei gehalten werden von Dingen, die er nicht ertragen kann. Oder sie mögen (2) meinen, wir sollten versuchen, von ihrem Geist das Wissen fernzuhalten, dass sie in eine Welt von Tod, Gewalt, Wunden, Abenteuer, Heldenmut und Feigheit, Gut und Böse hineingeboren sind.

Wenn sie das Erste meinen, dann stimme ich ihnen zu, wenn sie aber das Zweite meinen, dann nicht. Das Zweite würde tatsächlich bedeuten, Kindern eine falsche Vorstellung zu vermitteln und in ihnen eine Realitätsflucht im negativen Sinn zu nähren. Der Gedanke, eine Generation, die mit der GPU[486] und der Atombombe groß wird, so zu erziehen, hat etwas Groteskes an sich. Da es sehr wahrscheinlich ist, dass sie auf grausame Feinde treffen werden, lassen wir sie zumindest etwas von tapferen Rittern und Heldenmut gehört haben. Denn sonst machen wir ihr Schicksal nicht heller, sondern dunkler.

Auch empfinden es die meisten von uns nicht so, dass Gewalt und Blutvergießen in einer Geschichte irgendeine quälende Furcht im Geist von Kindern hervorrufen. Was das angeht, so stelle ich mich ohne Reue auf die Seite der Menschheit und gegen den modernen Reformer. Möge es böse Könige und Enthauptungen, Schlachten und Kerker, Riesen und Drachen geben, und mögen die Schurken am Ende des Buches gründlich ausgemerzt werden. Nichts wird mich überzeugen, dass dies bei einem normalen Kind eine Art oder einen Grad an Furcht erzeugt, der über das hinausgeht, was es verspüren möchte und sollte. Denn natürlich möchte es etwas Angst verspüren.

Die anderen Ängste – die Phobien – sind eine andere Sache. Ich glaube nicht, dass man sie mit literarischen Mitteln beherrschen kann. Wir scheinen sie bereits fertig mit in diese Welt zu bringen. Ohne Zweifel kann das konkrete Bild, auf das sich der Schrecken eines Kindes fixiert, manchmal auf ein Buch zurückgeführt werden. Doch ist das die Quelle oder nur der Auslöser der Angst? Wäre mir dieses Bild erspart geblieben, hätte dann nicht ein anderes, ebenso unvorhersehbares Bild dieselbe Wirkung gehabt?

Chesterton hat uns erklärt, er habe als Kind mehr Angst vor dem Albert-Denkmal gehabt als vor irgendetwas anderem in der Welt. Ich kenne jemanden, bei dem der große Schrecken seiner Kindheit die Dünndruckausgabe der *Encyclopædia Britannica* war – aus einem Grund, den Sie nie erraten werden. Und sollten Sie Ihr Kind auf einwandfreie Geschichten beschränken, in denen nie etwas Besorgniserregendes passiert, so glaube ich, dass es Ihnen dennoch kaum gelingen wird, die Schrecken zu verbannen, während Sie zugleich alles verbannen werden, was sie veredeln oder erträglicher machen könnte.

Denn im Märchen finden wir Seite an Seite mit den schrecklichen Figuren die uralten Tröster und Beschützer, die Leuchtgestalten, und die schrecklichen Figuren sind nicht nur schrecklich, sondern erhaben. Es wäre schön, wenn kein Junge, der im Bett ein Geräusch hört oder es zu hören glaubt, je Angst haben müsste. Doch wenn er Angst haben muss, dann halte ich es für besser, dass er an Riesen und Drachen denkt und nicht bloß an Einbrecher. Und ich glaube, der heilige Georg oder irgendein leuchtender Held in Rüstung ist ein besserer Trost als der Gedanke an die Polizei.

Ich gehe sogar noch weiter. Hätte ich all meinen eigenen nächtlichen Ängsten um den Preis entkommen können, niemals die Welt der Märchen zu kennen, hätte ich dann durch den Handel gewonnen oder verloren? Ich sage das nicht leichtfertig. Die Ängste waren sehr schlimm. Aber ich glaube, der Preis wäre zu hoch gewesen.

Doch ich bin von meinem eigentlichen Thema abgewichen. Das war unvermeidlich, weil ich von den drei Methoden nur die eine aus Erfahrung kenne. Ich hoffe, mein Titel hat niemanden verleitet zu glauben, ich könne Ihnen Ratschläge erteilen, wie man ein Kinderbuch schreibt. Es gab zwei sehr gute Gründe, das nicht zu tun. Einer besteht darin, dass andere Leute wesentlich bessere Kinderbücher geschrieben haben als ich, und ich würde eher über diese Kunst lernen wollen als mich aufschwingen, sie zu lehren. Der andere Grund besteht darin, dass ich, genau genommen, nie eine Geschichte «erfunden» habe.

Bei mir ist der Prozess eher wie das Beobachten von Vögeln als wie ein Sprechen oder Bauen. Ich sehe Bilder. Einige dieser Bilder haben ein gemeinsames Aroma, nahezu einen gemeinsamen Geruch, der sie zusammenbringt. Sei still und warte, und sie werden sich selbst zusammenfügen. Wenn du Glück hast (so viel Glück hatte ich eigentlich nie), dann wird sich ein ganzer Satz so stimmig zusammenfügen, dass du eine komplette Geschichte hast, ohne selbst irgendetwas tun zu müssen. Doch häufiger (nach meiner Erfahrung immer) gibt es Lücken. Dann zumindest wird man bewusst etwas erfinden müssen und Gründe ersinnen, warum diese Charaktere an diesen unterschiedlichen Orten diese unterschiedlichen Dinge tun. Ich habe keine Ahnung, ob das der normale Weg ist, Geschichten zu schreiben, und noch weniger, ob es der beste ist. Es ist der einzige, den ich kenne: die Bilder kommen immer zuerst.

Bevor ich schließe, möchte ich auf das zurückkommen, was ich zu Beginn gesagt habe. Ich habe jede Herangehensweise zurückgewiesen, die mit der Frage «Was mögen die Kinder von heute?» beginnt. Man könnte mich nun fragen: «Würden Sie ebenfalls jene Herangehensweise zurückweisen, die mit der Frage ‹Was *brauchen* moderne Kinder› beginnt? – mit anderen Worten, mit der moralischen oder didaktischen Herangehensweise?» Ich denke, die Antwort lautet Ja. Nicht, weil ich keine Geschichten mag, die eine Moral haben, und ganz sicher nicht, weil ich glaube, dass Kinder eine solche Moral nicht mögen. Sondern eher, weil ich mir sicher bin, dass die Frage «Was brauchen moderne Kinder?» keine gute Moral hervorbringen wird.

Stellen wir diese Frage, so nehmen wir eine zu überlegene Haltung ein. Es wäre besser, zu fragen: «Welche Moral brauche ich?», denn ich glaube, wir können sicher sein, dass etwas, das uns selbst nicht im Innersten betrifft, auch unsere Leser nicht stark interessieren wird, egal welchen Alters. Doch es ist besser, diese Frage gar nicht erst zu stellen. Lassen wir die Bilder ihre eigene Moral erzählen. Die ihnen innewohnende Moral wird dann dem entspringen, was immer wir durch unser ganzes Leben hindurch an spirituellen Wurzeln geschlagen haben.

Und wenn sie keine Moral zeigen, dann stülpe ihnen keine über. Denn die Moral, die du dann vermutlich hineinpflanzt, ist wahrscheinlich eine Plattitüde oder sogar eine von der Oberfläche deines Bewusstseins abgeschälte Falschheit. Es ist unverschämt, Kindern das anzubieten. Denn von höchster Stelle her haben wir gesagt bekommen, dass sie in der moralischen Sphäre mindestens ebenso weise sind wie wir. Jeder, der ein Kinderbuch ohne Moral schreiben kann, sollte das besser tun, wenn er denn überhaupt Kinderbücher schreibt. Die einzige Moral, die von irgendeinem Wert ist, ist jene, die unvermeidbar dem gesamten Netz des Bewusstseins des Autors entspringt.

Tatsächlich sollte alles in der Geschichte dem gesamten Netz des Bewusstseins des Autors entspringen. Wir müssen für Kinder auf der Basis jener Elemente in unserer Imagination schreiben, die wir mit Kindern teilen. Und wir sollten uns von unseren kindlichen Lesern nicht durch das geringere oder weniger ernsthafte Interesse unterscheiden, mit dem wir diese Dinge behandeln, sondern durch die Tatsache, dass wir andere Interessen haben, die Kinder nicht mit uns teilen.

Das Material unserer Geschichte sollte ein Teil der normalen Ausstattung unseres Bewusstseins sein. Das war nach meiner Vermutung bei allen großen Kinderbuchautoren so, was aber nicht immer gesehen wird. Ein Kritiker hat vor kurzem als Lob über ein sehr ernstes Märchen gesagt, der Autor sei «nicht für einen Moment in einen lockeren Zungenschlag abgedriftet». Aber warum hätte er das tun sollen – es sei denn, er sei gerade dabei gewesen, einen Kümmelkuchen zu verspeisen?[487] Nichts scheint mir für diese Kunst fataler zu sein als der Gedanke, was immer wir mit den Kindern teilen, sei in diesem einschränkenden Sinn «kindisch», und dieses Kindische sei immer irgendwie komisch.

Wir müssen Kindern in jenem Bereich unseres Wesens als Gleiche begegnen, in dem wir ihnen tatsächlich gleich sind. Unsere Überlegenheit besteht zum Teil darin, dass uns andere Bereiche zur Verfügung stehen, und zum Teil darin (was von größerer Bedeutung ist), dass wir besser Geschichten erzählen können als sie. Das Kind als Leser sollte weder bevormundet noch idealisiert werden; wir sprechen zu ihm von Mensch zu Mensch.

Doch die allerschlimmste Haltung wäre jene professionelle Haltung, die Kinder als eine Art Rohmaterial betrachtet, mit dem wir arbeiten müssen. Wir müssen natürlich versuchen, ihnen keinen

Schaden zuzufügen; wir können manchmal hoffen, ihnen (so Gott will) etwas Gutes zu tun. Doch nur ein Gutes, welches mit einschließt, dass wir sie mit Respekt behandeln. Wir dürfen nicht glauben, wir könnten Vorsehung oder Schicksal spielen. Ich sage nicht, ein gutes Kinderbuch könne nie von jemandem aus dem Bildungsministerium geschrieben werden, denn alles ist möglich. Doch ich würde dem nur sehr geringe Chancen einräumen.

Ich habe einmal im Speisesaal eines Hotels etwas zu laut gesagt: «Ich hasse Pflaumen.» «Ich auch», kam eine unerwartete sechsjährige Stimme von einem anderen Tisch. Die Sympathie war unmittelbar da. Keiner von uns fand das witzig. Wir beide wussten, dass Pflaumen viel zu scheußlich sind, um witzig zu sein. Das ist die richtige Begegnung zwischen Mann und Kind als unabhängige Persönlichkeiten. Über die höheren und schwierigeren Relationen von Kind und Eltern oder Kind und Lehrer sage ich nichts. Ein Autor bloß als Autor hat mit all dem nichts zu tun. Er ist noch nicht einmal ein Onkel. Er ist ein Freier und ein Gleicher, genauso wie der Postbote, der Metzger und der Hund des Nachbarn.

8. Über Science-Fiction

Manchmal wird eine kleine Ortschaft oder Stadt, die man sein ganzes Leben lang gekannt hat, zur Szenerie für einen Mord, einen Roman oder ein Jubiläum. Und dann kennt für ein paar Monate jeder ihren Namen, und die Massen kommen, um sie zu besuchen. Etwas Ähnliches geschieht auch mit unseren privaten Freizeitbeschäftigungen. Seit Jahren hatte ich Trollope[488] gelesen und mir erwandert, als ich plötzlich wie durch eine Welle von hinten von einem Trollope-Boom überrollt wurde und durch eine kurzlebige Begeisterung für etwas, das man (literarische) Wanderungen nannte.

Neulich habe ich wieder eine solche Erfahrung gemacht. Seit ich lesen kann, habe ich fantastische Fiktion jeglicher Art gelesen, jene besondere Art, die Wells[489] in *The Time Machine*, *First Men in the Moon* und anderen Werken praktiziert hat, natürlich mit eingeschlossen. Vor etwa fünfzehn Jahren bemerkte ich dann eine Zunahme in der Produktion solcher Geschichten. In Amerika fing man an, ganze Zeitschriften allein ihnen zu widmen. Die Ausführung war für gewöhnlich grauenhaft, die Ideen es manchmal wert, besser behandelt zu werden. Etwa zu dieser Zeit fand der Name *Scientifiction*, schnell geändert in *Science-Fiction*, allgemeine Verbreitung. Vor etwa fünf oder sechs Jahren, während der Boom weiter anhielt und sich sogar noch verstärkte, kam es zu einer Verbesserung: Nicht, dass die schlechten Geschichten aufgehört hätten, die Mehrheit darzustellen, doch die guten Geschichten wurden besser und zahlreicher. Erst, nachdem dies geschehen war, erlangte das Genre die Aufmerksamkeit (immer voller Verachtung, so meine ich) der literarischen Wochenzeitschriften.

In der Geschichte der *Science-Fiction* scheint es in der Tat ein doppeltes Paradox zu geben: sie wurde populär, als sie am wenigsten Popularität verdiente, und sie begann, die Verachtung der Kritiker auf sich zu ziehen, als sie aufhörte, völlig verachtenswert zu sein.

Mit den Artikeln, die ich zu diesem Thema gelesen habe (und ich gehe davon aus, dass ich viele verpasst habe), kann ich nicht viel anfangen. Zum einen waren die meisten von ihnen nicht allzu gut informiert. Zum anderen wurden viele von Leuten geschrieben, die die Literaturgattung hassten, über die sie schrieben.

Es ist höchst gefährlich, über eine Gattung zu schreiben, die man hasst. Hass vernebelt alle Unterscheidungen. Ich mag keine Krimis, weshalb für mich alle Krimis gleich sind; würde ich mich zu ihnen äußern, so würde ich unweigerlich Unsinn schreiben. Auf eine Kritik von Gattungen (die von der Kritik von Einzelwerken zu unterscheiden ist) kann natürlich nicht verzichtet werden; ich selbst werde mich genötigt sehen, eine Unterart der Science-Fiction zu kritisieren. Sie ist jedoch nach meiner Ansicht die subjektivste und am wenigsten belastbare Form der Kritik.

Vor allem sollte sie sich nicht als eine Kritik einzelner Werke verkleiden. Viele Rezensionen sind wertlos, weil sie vorgeben, ein Buch zu verurteilen, dabei aber lediglich die Abneigung des Rezensenten gegenüber der Gattung offenbaren, zu der es gehört. Mögen schlechte Tragödien von jenen kritisiert werden, die Tragödien lieben, und schlechte Krimis von jenen, die Krimis lieben. Dann werden wir ihre wahren Schwächen erfahren. Andernfalls werden wir erleben, wie Epen vorgeworfen wird, dass sie keine Romane sind, Schwänken, dass sie keine Gesellschaftskomödien sind, und den Romanen von James[490], dass sie nicht die zügige Handlung von Smollett[491] aufweisen. Wer möchte hören, wie ein fanatischer Abstinenzler einen Bordeaux beschimpft, oder ein eingefleischter Frauenhasser eine Frau?

Zudem waren die meisten dieser Artikel hauptsächlich damit beschäftigt, den Anstieg in Produktion und Konsum von Science-Fiction auf soziologischer oder psychologischer Ebene zu erklären. Das ist natürlich ein absolut legitimes Unterfangen. Doch hier wie auch anderswo ist es nicht unbedingt wahrscheinlich, dass gerade jene, die hassen, was sie zu erklären versuchen, in der Lage sein werden, es tatsächlich zu erklären. Hat man nie Freude an einer Sache gehabt – weiß man also nicht, wie es sich anfühlt, sich an ihr zu erfreuen –, so wird man wohl kaum wissen, welche Leute sich ihr in welcher Stimmung zuwenden und nach welcher Art von Befriedigung sie suchen. Und weiß man nicht, was für eine Art von Person sie sind, so ist man nicht gut gerüstet, herauszufinden, welche Bedingungen sie so haben werden lassen.

Dementsprechend kann man vielleicht von einer Literaturgattung nicht nur sagen (was Wordsworth über den Dichter sagt), dass «man sie lieben muss, ehe sie unserer Liebe würdig erscheint», sondern auch, dass man sie wenigstens einmal geliebt haben muss, um andere auch nur vor ihr warnen zu können. Selbst wenn es ein Laster sein sollte, Science-Fiction zu lesen, ist es nicht sehr wahrscheinlich, dass uns jene, die die Versuchung zu eben diesem Laster nicht nachvollziehen können, irgend etwas von Wert darüber sagen werden. So, wie ich, der ich beispielsweise keinen Sinn fürs Kartenspiel habe, wohl kaum besonders hilfreiche Warnungen vor Spielrausch[492] aussprechen könnte. Solche Kritiker sind wie Unfruchtbare, die uns Keuschheit predigen, Geizhälse, die uns vor Verschwendung warnen, Angsthasen, die Unbesonnenheit anprangern. Und da (wie ich gesagt habe) Hass alle verhassten Objekte einander angleicht, werden sie den Eindruck erwecken, dass all die Dinge, die man in den Topf namens Science-Fiction wirft, von gleicher Art sind, und dass bei allen, denen es Freude bereitet, irgendeines dieser Werke zu lesen, die Psychologie dieselbe ist. Dies führt dazu, dass es einfacher erscheint, das Problem des Booms zu erklären, als es tatsächlich der Fall ist.

Ich selbst werde gar nicht versuchen, den Boom zu erklären. Mich interessiert dieser Boom nicht. Es ist mir egal, ob ein bestimmtes Werk ein Teil von ihm ist oder lange vor seinem Aufkommen geschrieben wurde. Die Existenz des Booms kann die Gattung (oder Gattungen) nicht besser oder schlechter machen, auch wenn schlechte Exemplare in ihm am häufigsten vorkommen werden.

Ich werde nun versuchen, diese Literaturgattung in ihre Unterarten einzuteilen. Dabei beginne ich mit jener Art, die ich von ihrem Ansatz her für verkehrt halte, um sie aus dem Weg zu bekommen.

In dieser Unterart springt der Autor in eine erdachte Zukunft, in der planetarische, stellare oder sogar galaktische Reisen üblich geworden sind. Vor diesem gewaltigen Hintergrund macht er sich daran, eine gewöhnliche Liebesgeschichte, Spionagegeschichte, Schiffbruchgeschichte oder Kriminalgeschichte zu entwickeln. Das zeugt nach meiner Ansicht von mangelndem Geschmack. Was immer in einem Kunstwerk nicht genutzt wird, schadet ihm. Die vage vorgestellte und manchmal völlig unvorstellbare Szenerie und ihre Requisiten verwischen nur das eigentliche Thema und gehen auf Kosten eines jeden Interesses, das wir an ihm hätten haben können. Ich vermute, dass die Autoren solcher Geschichten sozusagen Heimatvertriebene sind – kommerzielle Autoren, die kein echtes Interesse an Science-Fiction haben, die ihre Popularität aber ausnutzen wollen, indem sie ihrer üblichen Art von Geschichte einen Anstrich von Science-Fiction geben.

Wir müssen aber unterscheiden. Ein Springen in die Zukunft, ein schnelles Unterstellen all der Veränderungen, von denen man vorgibt, dass sie geschehen sind, ist ein legitimes literarisches Mittel, wenn es dem Autor ermöglicht, eine Geschichte von echtem Wert zu schreiben, die auf keine andere Weise (oder zumindest nicht so ökonomisch) hätte erzählt werden können.

So will John Collier in *Tom's A-Cold* (1933) eine Geschichte über heroische Taten in halb barbarischen Völkern schreiben, die jedoch durch die Traditionsreste einer gebildeten Kultur getragen werden, welche kurz zuvor unterging. Er könnte natürlich eine historische Situation finden, die seinen Zielen entspricht, irgendwo im Frühmittelalter. Doch das würde jede Menge von archäologischen Details erfordern, die sein Buch ruinieren würden, wenn sie oberflächlich bleiben, und die vermutlich unser Interesse ablenken würden, wenn sie gut präsentiert werden. Es ist daher nach meiner Ansicht voll und ganz gerechtfertigt, eine solche Situation in England nach der Zerstörung unserer gegenwärtigen Zivilisation anzusiedeln. Dies macht es ihm (und uns) möglich, ein vertrautes Klima und eine vertraute Flora und Fauna zu unterstellen. Er ist nicht an dem Prozess interessiert, durch den der Wandel zustande kam. Das alles ist vorbei, bevor sich der Vorhang hebt. Die Annahme entspricht den Regeln seines Spiels; die Kritik betrifft daher nur die Qualität des Spiels.

Ein weitaus häufigerer Gebrauch des Sprungs in die Zukunft ist heute der satirische oder prophetische: Der Autor kritisiert Tendenzen in der Gegenwart, indem er sich vorstellt, sie würden bis zu ihrem logischen Endpunkt fortgeführt («ausgezogen», wie Euklid sagen würde). *Brave New World*[493] und *Nineteen Eighty-Four*[494] kommen uns in den Sinn. Ich weiß nicht, was man gegen ein solches literarisches Mittel haben sollte. Und ich sehe auch nicht viel Sinn darin zu diskutieren, ob man Bücher, die so vorgehen, «Romane» nennen sollte oder nicht. Das ist lediglich eine Frage der Definition. Man kann den Roman entweder so definieren, dass er sie ausschließt, oder so, dass er sie einschließt. Die beste Definition ist jene, die sich als am zweckmäßigsten herausstellt. Und es ist natürlich töricht, eine Definition speziell zu dem Zweck zu ersinnen, dass sie entweder *The Waves*[495] (in einer Richtung) oder *Brave New World* (in einer anderen Richtung) ausschließt.

Ich verurteile also nicht alle Bücher, die eine von der Gegenwart sehr verschiedene Zukunft unterstellen, sondern nur jene, die dies ohne guten Grund tun: die tausend Jahre springen, um Handlungen und Leidenschaften zu finden, die sie auch hätten zuhause finden können.

Nachdem ich diese Unterart missbilligt habe, bin ich froh, mich einer anderen Unterart zuwenden zu können, an der ich jedoch selber nicht den geringsten Gefallen finde. Ist Letztere die Fiktion der Heimatvertriebenen, so könnte man diese die Fiktion der Ingenieure nennen. Sie wird von Leuten geschrieben, die vorrangig an Raumfahrt oder anderen noch nicht entdeckten Techniken als echten Möglichkeiten im realen Universum interessiert sind. Sie geben uns in imaginativer Form ihre Vermutungen, wie diese Dinge gemacht werden könnten. Jules Vernes *Twenty Thousand Leagues Under the Sea*[496] und Wells' *Land Ironclads*[497] waren einst Exemplare dieser Art, auch wenn das Aufkommen des wirklichen U-Bootes und des wirklichen Panzers das ursprüngliche Interesse an ihnen inzwischen verändert hat. Arthur Clarkes *Prelude to Space*[498] ist ein anderes Beispiel.

Ich bin naturwissenschaftlich viel zu wenig gebildet, um diese Geschichten auf der technischen Seite zu beurteilen, und ich habe so wenig Sympathie für die Projekte, die sie antizipieren, dass ich mich außerstande sehe, sie als Geschichten zu kritisieren. Ich bin so blind für ihren Reiz wie ein Pazifist für «Maldon» oder «Lepanto»[499], oder ein Aristokratophober (um ein Wort zu kreieren) für die «Arcadia»[500]. Doch Gott bewahre mich davor, in den Grenzen meiner eigenen Sympathie mehr als ein Stoppschild zu sehen, das mich davon abhält, überhaupt zu kritisieren. Nach allem, was ich weiß, können das auf ihre eigene Weise sehr gute Geschichten sein.

Es scheint mir sinnvoll, von diesen Ingenieurs-Geschichten eine dritte Unterart zu unterscheiden, bei der das Interesse zwar in gewissem Sinn wissenschaftlich, aber eher spekulativ ist. Schildert uns die Wissenschaft die mutmaßliche Beschaffenheit von Orten und Gegebenheiten, die kein Mensch je erlebt hat, so haben normale Menschen den Impuls, sich diese vorzustellen. Gibt es irgendeinen Menschen, der so ein stumpfer Kloß wäre, dass er den Mond durch ein gutes Fernrohr betrachten kann, ohne sich zu fragen, wie es sein würde, durch diese Berge unter diesem schwarzen, sternübersäten Himmel zu wandern? Die Naturwissenschaftler selbst kommen, sobald sie über rein mathematische Aussagen hinausgehen, kaum darum herum, die Fakten mittels ihrer wahrscheinlichen Wirkung auf die Sinne eines menschlichen Beobachters zu beschreiben. Zieht man das weiter aus und ergänzt die Sinneswahrnehmungen dieses Beobachters durch seine mutmaßlichen Empfindungen und Gedanken, so hat man sogleich eine rudimentäre Form von Science-Fiction.[501]

Und natürlich haben Menschen dies seit Jahrhunderten gemacht. Wie sähe es im Hades aus, wenn man dort lebendig hingelangen könnte? Homer sendet Odysseus dorthin und gibt seine Antwort.[502] Oder wie mag es an den Antipoden aussehen? (Denn dies war eine Frage derselben Art, solange Menschen glaubten, die Tropenzone würde sie für immer unzugänglich machen.[503]) Dante bringt uns dorthin: Er beschreibt mit der ganzen Begeisterung des späteren Science-Fiction-Autors, wie überraschend es war, die Sonne in einer solchen Position zu sehen.[504] Und besser noch, wie wäre es, wenn man zum Mittelpunkt der Erde gelangen könnte? Dante sagt es uns am Ende des *Infernos*, wo Virgil und er feststellen, dass sie, nachdem sie von den Schultern Luzifers zu seiner Taille hinabgestiegen sind, von seiner Taille bis zu seinen Füßen aufwärts steigen müssen, da sie das Zentrum der Gravitation passiert haben. Das ist ein perfekter Science-Fiction-Effekt.

Athanasius Kircher wiederum bringt uns in seinem *Iter Extaticum Celeste* (1656) zu allen Planeten und den meisten Sternen, wobei er mit größtmöglicher Lebhaftigkeit darstellt, was man sehen und fühlen würde, wenn das möglich wäre. Er verwendet wie Dante übernatürliche Transportmittel. In Wells' *First Men in the Moon* haben wir Transportmittel, die vorgeben, natürlich zu sein. Was seine Geschichte innerhalb dieser Unterart hält und sie von der der Ingenieure unterscheidet, ist seine Wahl einer in Wahrheit nicht möglichen chemischen Zusammensetzung namens Cavorite.

Diese Unmöglichkeit ist natürlich ein Gewinn und kein Defekt. Ein Mann seiner Erfindungsgabe hätte sich natürlich leicht etwas Plausibleres ausdenken können. Doch je plausibler, umso schlimmer. Das würde lediglich das Interesse an Möglichkeiten wecken, wie man den Mond erreichen kann, ein Interesse, das nichts mit seiner Geschichte zu tun hat. Es spielt keine Rolle, wie sie dorthin gelangt sind; wir stellen uns vor, wie es wäre, dort zu sein. Der erste Blick in den unverhüllten luftlosen Himmel, die Landschaft des Mondes, die geringe Schwerkraft, die unvergleichliche Einsamkeit, dann das steigende Entsetzen und schließlich der überwältigende Einbruch der Mondnacht – es ist um dieser Dinge willen, dass diese Geschichte existiert (besonders in ihrer ursprünglichen, kürzeren Form).

Es übersteigt mein Verstehen, wie irgendjemand diese Form für illegitim oder verachtenswert halten kann. Es mag durchaus angemessen sein, solche Dinge nicht Romane zu nennen. Wenn man will, kann man sie aber auch eine sehr spezielle Form des Romans nennen. In beiden Fällen ist der Schluss so ziemlich derselbe: sie müssen sich gemäß ihren eigenen Regeln bewähren.

Es ist absurd, sie zu verurteilen, weil sie nur selten irgendwelche tiefen oder einfühlsamen Charakterzeichnungen aufweisen. Sie sollen das gar nicht. Es ist ein Fehler, wenn sie es tun. Wells' Cavor und Bedford haben eher zu viel als zu wenig Persönlichkeit. Jeder gute Autor weiß, dass seine Figuren umso knapper, gewöhnlicher und repräsentativer sein sollten, je ungewöhnlicher die Szenen und Ereignisse seiner Geschichte sind. Gulliver ist deshalb ein gewöhnlicher kleiner Mann, und Alice ein gewöhnliches kleines Mädchen. Wären sie außergewöhnlicher gewesen, so hätten sie ihre Bücher ruiniert. Der *Ancient Mariner*[505] selbst ist ein ganz gewöhnlicher Mann. Zu erzählen, wie ungewöhnliche Dinge ungewöhnlichen Leuten zustoßen, ist eine Ungewöhnlichkeit zu viel; wer seltsame Dinge sieht, braucht nicht selber seltsam zu sein. Er sollte nach Möglichkeit Jedermann oder Irgendwer sein.

Wir sollten natürlich nicht knappe oder repräsentative Charakterisierung mit unstimmiger oder nicht überzeugender Charakterisierung verwechseln. Verzerrung einer Figur wird immer eine Geschichte ruinieren. Doch Figuren können offensichtlich mit vollkommen zufriedenstellendem Ergebnis in nahezu jedem beliebigen Maß reduziert oder vereinfacht werden. Die großen Balladen sind dafür ein Beispiel.

Es mag natürlich Leser geben (bei einigen Lesern scheint das so zu sein), die an nichts in der Welt interessiert sind als an detaillierten Studien komplexer menschlicher Persönlichkeiten. Bei wem dies der Fall ist, der hat einen guten Grund, jene Art von Geschichten nicht zu lesen, die das weder erfordern noch gestatten. Er hat keinen Grund, sie zu verurteilen, und tatsächlich keine Qualifikation, um sich überhaupt zu ihnen zu äußern. Wir dürfen es dem Sittenroman nicht gestatten, der gesamten Literatur ihre Gesetze zu geben; es reicht, wenn er seinen eigenen Bereich bestimmt. Wir dürfen nicht auf Popes Maxime über das eigentliche Studienobjekt der Menschheit hören.[506] Das eigentliche Studienobjekt des Menschen ist alles; das eigentliche Studienobjekt des Menschen als Künstler ist alles, was der Imagination und den Leidenschaften einen Anhaltspunkt gibt.

Doch auch wenn ich diese Art von Science-Fiction für legitim und zu großen Leistungen fähig halte, so ist es doch keine Art, die eine ausgiebige Produktion gestatten würde. Es ist nur der erste Besuch auf dem Mond oder Mars, der sich zu diesem Zweck nutzen lässt. Nachdem die beiden in einer oder zwei Geschichten entdeckt wurden (und sich beide Male als unterschiedlich herausgestellt haben), wird es schwierig, unseren Unglauben zugunsten weiterer Geschichten zurückzuhalten. Wie gut sie auch wären, sie würden sich durch ihre große Zahl gegenseitig erschlagen.

Meine nächste Unterart würde ich die Eschatologische nennen. Es geht um die Zukunft, aber nicht in derselben Weise wie in *Brave New World* oder *The Sleeper Awakes*.[507] Jene waren politisch oder soziologisch. Diese Art bietet ein imaginatives Vehikel für Spekulationen über das letzte Schicksal der Menschheit. Beispiele sind Wells' *Time Machine*, Olaf Stapledons *Last and First Men* oder Arthur C. Clarkes *Childhood's End*. Hier wird eine Definition von Science-Fiction erforderlich, die sie ganz vom Roman trennt. Die Form von *Last and First Men* ist in keiner Weise romanhaft. Es ist in der Tat eine neue Form – die Pseudo-Geschichte. Das Tempo, das Augenmerk auf breite, allgemeine Bewegungen, der Ton: sie sind durchgehend die des Historiografen und nicht die des Romanciers. Es war die richtige Form für dieses Thema. Und da wir hier so weit vom Roman abweichen, würde ich selbst gerne ein Werk zu dieser Unterart zählen, das noch nicht einmal erzählend ist, Geoffrey Dennis' *The End of the World* (1930). Und ich würde gewiss aus J.B.S. Haldanes *Possible Worlds* (1927) den brillanten, nach meiner Ansicht aber unmoralischen Aufsatz «The Last Judgement» einbeziehen.

Werke dieser Art geben Gedanken und Gefühlen Ausdruck, von denen ich denke, dass es gut ist, wenn wir sie manchmal haben. Es ist ernüchternd und reinigend, sich ab und zu an unsere kollektive Geringfügigkeit, an unsere offensichtliche Isolation, an die Teilnahmslosigkeit der Natur und die langsamen biologischen, geologischen und astronomischen Prozesse zu erinnern, die unsere Hoffnungen (und möglicherweise einige unserer Ängste) letztendlich lächerlich erscheinen lassen. Wenn *memento mori* recht ist für das Individuum, so weiß ich nicht, warum es der Spezies erspart bleiben sollte, es zu verspüren.

Geschichten dieser Art können vielleicht den kaum verhohlenen politischen Groll erklären, den ich meinte, in einem Artikel über Science-Fiction wahrnehmen zu können. Die Unterstellung war, dass jene, die sie lesen oder schreiben, Faschisten sein müssen.

Was sich hinter einem solchen Hinweis verbirgt, ist vermutlich in etwa das Folgende: Wären wir alle auf einem Schiff und gäbe es Ärger unter den Schiffskellnern, so kann ich mir vorstellen, dass ihr Wortführer mit Missfallen auf jeden schauen würde, der sich aus den hitzigen Debatten im Salon oder der Speisekammer davonschleicht, um eine Atempause an Deck einzulegen. Denn dort würde er das Salz schmecken, er würde die Weite des Wassers sehen, er würde sich daran erinnern, dass das Schiff ein Wohin und ein Woher hat. Er würde sich an Dinge wie Nebel, Stürme und Eis erinnern. Was ihm in den heißen, erleuchteten Räumen unter Deck lediglich als Szene einer politischen Krise erschienen war, würde wieder wie eine kleine Eierschale erscheinen, die sich rasch durch eine gewaltige Dunkelheit über ein Element bewegt, in dem der Mensch nicht leben kann. Es würde nicht unbedingt seine Überzeugungen bezüglich des Für und Wider des Disputs dort unten ändern, doch es würde sie vermutlich in einem neuen Licht erscheinen lassen. Es würde ihn gewiss daran erinnern, dass die Kellner von Hoffnungen zehren, die bedeutsamer sind als jene auf eine Erhöhung ihres Gehalts, und dass die Passagiere Sorgen ausblenden, die ernster sind als jene, sich ihre Mahlzeiten selber kochen und servieren zu müssen.

Geschichten von der beschriebenen Art sind wie dieser Besuch an Deck. Sie kühlen uns ab. Sie sind erfrischend wie die Passage bei E.M. Forster, in der der Mann auf die Affen schaut und begreift, dass die meisten Einwohner Indiens sich nicht dafür interessieren, wie Indien regiert wird.[508] Daher das Unwohlsein, das sie bei jenen hervorrufen, die uns, aus welchem Grund auch immer, ganz im unmittelbaren Konflikt gefangen halten wollen.

Das ist vermutlich der Grund, weshalb die Leute so schnell mit dem Vorwurf der «Realitätsflucht» bei der Hand sind. Ich habe das nie ganz verstanden, bis mein Freund Professor Tolkien mir die höchst einfache Frage stellte: «Von welcher Gruppe von Menschen würdest du erwarten, dass sie am meisten an Flucht denken und sie ablehnen?» Und er gab die offensichtliche Antwort: Gefängniswärter. Der Vorwurf des Faschismus ist natürlich bloße Verleumdung. Faschisten sind, nicht weniger als Kommunisten, Gefängniswärter: beide wollen uns weismachen, dass das eigentliche Studienobjekt von Gefängnisinsassen das Gefängnis ist. Doch dahinter verbirgt sich vermutlich die folgende Wahrheit: dass jene, die viel über die entfernte Vergangenheit oder Zukunft brüten, weniger in der Gefahr stehen, leidenschaftliche oder orthodoxe Parteigänger zu sein.

Schließlich wende ich mich jener Unterart zu, an der allein ich ernsthaft interessiert bin. Wir nähern uns ihr am besten, indem wir uns eine Tatsache vergegenwärtigen, die von jedem Autor, der sich mit diesem Thema befasst, komplett ignoriert wird. Bei weitem das beste amerikanische Magazin trägt den bedeutsamen Titel *Fantasy and Science-Fiction*. In ihm (wie auch in vielen anderen Publikationen gleicher Art) finden wir nicht nur Geschichten über Raumfahrt, sondern auch Geschichten über Götter, Geister, Ghule, Dämonen, Feen, Monster usw. Das gibt uns den Schlüssel. Die letzte Unterart der Science-Fiction ist lediglich Ausdruck eines imaginativen Impulses, der so alt ist wie die Menschheit, unter den speziellen Bedingungen unserer eigenen Zeit.

Es fällt nicht schwer zu verstehen, warum jene, die danach streben, außergewöhnliche Regionen zu besuchen, um dort Schönheit, Ehrfurcht oder Schrecken zu finden, zunehmend zu anderen Planeten oder Sternen gedrängt wurden. Das ist eine Folge unseres zunehmenden geografischen Wissens. Je weniger die reale Welt bekannt ist, umso plausibler können unsere Wunder nahebei liegen. Wächst der Bereich des Bekannten, so müssen wir weiter weg gehen – so, wie ein Mann, der sein Haus weiter und weiter weg aufs Land verlegt, weil die Neubaugebiete ihn einholen.

In Grimms *Märchen*, das heißt Geschichten, die von Bauern in bewaldeten Gebieten erzählt werden, braucht man daher nur eine Reise von einer Stunde in den nächsten Wald, um eine Heimat für seine Hexe oder sein Ungeheuer zu finden. Der Autor des «Beowulf» kann Grendels Versteck an einen Ort legen, von dem er selber sagt, *Nis paet feor heonon Milgemearces.*[509] Homer, der für ein Volk von Seefahrern schreibt, muss Odysseus auf eine Seereise von mehreren Tagen schicken, bevor dieser Circe, Calypso, die Zyklopen oder die Sirenen trifft. Das Altirische hat eine Form, die man «Immram» nennt, eine Reise von Insel zu Insel.[510] Die Artus-Romane scheinen erstaunlicherweise auf den ersten Blick mit dem alten *Märchen*-Kunstmittel eines benachbarten Waldes zufrieden zu sein. Chrétien und seine Nachfolger hatten jedoch einige Kenntnisse in echter Geografie. Vielleicht liegt der Grund darin, dass diese Romane hauptsächlich von Franzosen über Britannien geschrieben wurden, und über ein Britannien vergangener Zeiten. Huon von Bordeaux verortet Oberon im Osten.[511] Spenser erfindet ein Land, das überhaupt nicht in unserem Universum liegt, Sidney geht zu einer erdachten Vergangenheit in Griechenland. Im 18. Jahrhundert müssen wir ein gutes Stück aufs Land hinaus gehen. Paltock und Swift bringen uns zu entfernten Meeren, Voltaire nach Amerika. Rider Haggard musste ins unerforschte Afrika oder Tibet gehen, Bulwer-Lytton in die Tiefen der Erde. Man hätte vermutlich vorhersagen können, dass diese Geschichten würden früher oder später die Erde hinter sich lassen müssen. Wir wissen jetzt, dass wir dort, wo Haggard She und Kôr platzierte, Erdnussplantagen oder Mau-Mau finden würden.[512]

Bei dieser Art Geschichte ist der pseudowissenschaftliche Apparat lediglich als ein literarisches Mittel im Sinn der neoklassischen Literaturkritik zu verstehen.[513] Der geringste Anschein von Plausibilität – die leichteste Beschwichtigung unseres kritischen Intellekts – genügt. Ich bin geneigt, unumwunden übernatürliche Methoden für die besten zu halten. Ich habe einen Helden in einem Raumschiff zum Mars befördert, doch als ich es besser wusste, ließ ich Engel ihn zur Venus bringen.

Auch müssen sich die seltsamen Welten, zu denen wir gelangen, nicht strikt an naturwissenschaftliche Wahrscheinlichkeiten halten. Es ist ihr Wunder oder ihre Schönheit oder ihre suggestive Wirkung, auf die es ankommt. Ich glaube, als ich dem Mars Kanäle verpasst habe, wusste ich bereits, dass bessere Teleskope diese alte optische Täuschung aufgelöst hatten. Der Punkt war, dass sie ein Teil der alten Mars-Mythologie waren, wie sie bereits im allgemeinen Bewusstsein existierte.

Verteidigung und Analyse dieser Art unterscheiden sich dementsprechend nicht von jenen der fantastischen oder mythenschöpferischen Art im Allgemeinen. Doch Unterarten und Unter-Unterarten sprießen in einer verwirrenden Menge hervor. Das Unmögliche – oder Dinge, die so ungemein unwahrscheinlich sind, dass sie imaginativ denselben Status wie das Unmögliche haben – kann in der Literatur für ganz verschiedene Zwecke eingesetzt werden. Ich kann nicht hoffen, hier mehr als einige wenige Haupttypen anzudeuten; das Thema wartet immer noch auf seinen Aristoteles.[514]

Das Unmögliche kann den Intellekt beim Spiel zeigen, nahezu frei von jeder Emotion. Das reinste Exemplar wäre Abbotts *Flatland*[515], auch wenn selbst hier das Empfinden unserer eigenen Begrenztheit (welches es vermittelt) gewisse Emotionen hervorruft – das Bewusstsein, dass unsere eigene menschliche Wahrnehmung der Welt zufällig und bedingt ist. Manchmal beschert uns ein solches Spiel Vergnügungen, die denen des Eigendünkels analog sind. Ich habe leider Namen und Autor meines besten Beispiels vergessen: die Geschichte eines Mannes, dem es gelingt, in die Zukunft zu reisen, weil er in jener Zukunft eine Methode der Zeitreise erfinden wird, mit der er dann in seine jetzige Gegenwart zurückkommt (von dort aus gesehen natürlich in die Vergangenheit) und sich selber holt.[516] Weniger komisch, aber ein emsigeres Spiel, ist die sehr schöne Herausarbeitung der logischen Konsequenzen des Zeitreisens in Charles Williams' *Many Dimensions*, wo dieses Element allerdings mit vielen anderen Elementen kombiniert wird.

Zweitens kann das Unmögliche einfach eine Voraussetzung sein, um groteske Dinge folgen zu lassen, wie in F. Ansteys *Brass Bottle*. Der Garuda-Stein in seinem *Vice Versa*[517] ist kein so reines Beispiel;

eine ernste Moral und in der Tat so etwas wie Pathos stellen sich ein – vermutlich gegen den Wunsch des Autors.

Manchmal ist es eine Voraussetzung, die Folgen freisetzt, welche weit davon entfernt sind, komisch zu sein. Und geschieht dies bei einer guten Geschichte, so wird sie für gewöhnlich eine Moral haben, aus sich selbst heraus und ohne jede didaktische Manipulation durch den Autor auf bewusster Ebene. Stevensons *Dr Jekyll and Mr Hyde* wäre ein Beispiel.[518] Eine andere ist Marc Brandels «Cast the First Shadow»[519], wo ein Mann, der aufgrund seines fehlenden Schattens lange einsam, verachtet und unterdrückt war, schließlich eine Frau trifft, die seinen unschuldigen Defekt teilt, sich aber später mit Ekel und Entrüstung von ihr abwendet, als er entdeckt, dass sie zudem die abscheuliche und unnatürliche Eigenschaft besitzt, kein Spiegelbild zu haben. Leser, die nicht selber schreiben, bezeichnen solche Geschichten oft als Allegorien, ich bezweifle aber, dass sie als Allegorien im Geist des Autors entstehen.

Bei all diesen ist, wie gesagt, das Unmögliche eine Voraussetzung, etwas, das man als gegeben nehmen muss, bevor die Geschichte beginnt. Innerhalb dieses Rahmens bewohnen wir die uns bekannte Welt und sind so realistisch wie jeder andere auch. Doch beim nächsten Typ (dem letzten, mit dem ich mich befassen werde) ist das Wunderbare das Salz des gesamten Werkes. Wir sind durchweg in einer anderen Welt. Was diese Welt wertvoll macht, ist natürlich nicht die Vermehrung des Wunderbaren um seiner komischen Wirkung willen (wie bei *Baron Münchhausen* und manchmal bei Ariosto oder Boiardo[520]) oder zum bloßen Erstaunen (wie, so nehme ich an, in den schlechtesten Geschichten aus *Tausendundeiner Nacht* oder in manchen Kinderbüchern), sondern ihre Qualität, ihr Aroma.

Sind gute Geschichten Kommentare zum Leben, so sind gute Geschichten dieser Art (die wesentlich seltener sind) echte Hinzufügungen zum Leben; wie bestimmte seltene Träume geben sie uns Empfindungen, die wir noch nie hatten, und erweitern unsere Vorstellung von der Reichweite dessen, was überhaupt erfahren werden kann. Deshalb die Schwierigkeit, sie mit jenen zu diskutieren, die sich weigern, hinausgetragen zu werden über das, was sie «das wahre Leben» nennen – was vielleicht das Durchstreifen eines weit größeren Bereichs möglicher Erfahrung bedeutet als das, worauf uns unsere Sinne und unsere biologischen, sozialen und ökonomischen Interessen normalerweise beschränken –, oder die, wenn sie über es hinausgetragen werden, außerhalb seiner nichts sehen können als gähnende Langeweile oder unerträgliche Missgestalt. Sie schaudern und bitten, nach Hause gehen zu dürfen.

Exemplare dieser Art werden nie besonders häufig sein. Ich würde Teile der *Odyssee* dazu zählen, die *Hymn to Aphrodite*, das meiste der *Kalevala* und *The Faerie Queene*, einiges von Malory (aber nichts von Malorys besten Werken) und mehr von *Huon*, Teile von Novalis' *Heinrich von Ofterdingen*, *The Ancient Mariner* und *Christabel*, Beckfords *Vathek*, Morris' *Jason* und den *Prolog* (und nicht viel mehr) des *Earthly Paradise*,[521] MacDonalds *Phantastes, Lilith* und *The Golden Key*, Eddisons *Worm Ouroboros*, Tolkiens *Lord of the Rings*, und das erschütternde, unerträgliche und unwiderstehliche Werk David Lindsays, *Voyage to Arcturus*. Dazu Mervyn Peakes *Titus Groan*. Einige von Ray Bradburys Geschichten schaffen es vielleicht ebenfalls in den Kanon. W.N. Hodgsons *The Night Land* könnte es vielleicht wegen des unvergesslichen dunklen Glanzes der präsentierten Bilder zu Ansehen gebracht haben, wenn es nicht durch ein sentimentales und unerhebliches erotisches Interesse verunstaltet würde, sowie durch einen dummen und flachen Archaismus des Stils. (Ich meine nicht, dass alle Archaismen dumm sind, und bin noch niemandem begegnet, der den modernen Hass auf sie überzeugend verteidigt hätte. Gelingt es einem Archaismus, uns das Gefühl zu geben, eine entfernte Welt betreten zu haben, so rechtfertigt er sich selbst. Ob er nach philologischen Standards korrekt ist, ist dann nicht im Geringsten von Belang.)

Ich glaube nicht, dass bisher irgendjemand die leidenschaftliche, bleibende und ernste Freude erklärt hat, die einem solche Geschichten bereiten können. Jung, der in dieser Hinsicht am weitesten ging, scheint mir nur einen weiteren Mythos zu produzieren, der uns in derselben Weise berührt wie der Rest. Doch die Analyse von Wasser sollte doch wohl nicht selber nass sein?

Ich werde nicht versuchen, zu tun, woran Jung gescheitert ist. Doch ich möchte die Aufmerksamkeit auf eine bisher übersehene Tatsache lenken: auf die erstaunliche Intensität der Abneigung, die manche Leser dem Mythenschöpferischen entgegenbringen. Ich habe sie per Zufall entdeckt. Eine Dame (sie war, was die Sache noch pikanter macht, selbst von Beruf eine jungianische Psychologin) hatte von einer Trostlosigkeit gesprochen, die sich über ihr Leben zu schleichen schien, vom Austrocknen ihrer Fähigkeit, Freude zu empfinden, von der Dürre ihrer geistigen Landkarte. Mit einem Schuss ins Blaue hinein fragte ich sie: «Können Sie etwas mit Fantasy oder Märchen (*fairy tales*) anfangen?» Ich werde nie vergessen, wie sich ihre Muskeln anspannten, sich ihre Hände verkrampften, ihre Augen wie vor Entsetzen zuckten und sich ihre Stimme veränderte, als sie herausfauchte: «Ich *hasse* sie!» Hier haben wir es offensichtlich nicht mit einer kritischen Meinung zu tun, sondern mit so etwas wie einer Phobie. Und ich habe Spuren davon auch anderswo wahrgenommen, wenn auch nicht ganz so heftig.

Auf der anderen Seite weiß ich aus eigener Erfahrung, dass jene, die das Mythenschöpferische mögen, das mit nahezu ebensolcher Intensität tun. Zusammengenommen sollten diese beiden Phänomene zumindest die Theorie ausschließen, dass es sich hierbei um eine bloße Trivialität handelt. Nach den Reaktionen, die es auslöst, scheint das Mythenschöpferische – zum Guten oder zum Schlechten – eine Sache zu sein, die auf einer tiefen Ebene etwas mit uns macht. Während sich einige ihm mit einem nahezu zwingenden Verlangen zuwenden, scheinen andere angesichts dessen zu erschrecken, was sie dort antreffen könnten.

Das ist natürlich eine bloße Vermutung. Wessen ich mir wesentlich sicherer bin, ist der kritische Vorbehalt, den ich vorhin formuliert habe: Kritisiere das, woran du keinen Geschmack hast, niemals ohne die größte Vorsicht. Und vor allem kritisiere nie, was du einfach nicht ausstehen kannst. Ich lege all meine Karten auf den Tisch. Ich habe schon vor langem meine eigene private *Phobie* entdeckt: Die eine Sache, die ich in der Literatur nicht ertragen kann, das eine, was mir äußerstes Unbehagen bereitet, ist die Darstellung von allem, was nach einer Liebesgeschichte zwischen zwei Kindern aussieht. Das macht mich verlegen und ekelt mich an.

Doch ich betrachte das natürlich nicht als einen Freibrief, um vernichtende Kritiken von Büchern zu schreiben, in denen dieses verhasste Thema vorkommt, sondern als eine Warnung, bei ihnen auf jedes Urteil zu verzichten. Denn meine Reaktion ist unvernünftig: Solche Liebesbeziehungen zwischen Kindern gibt es natürlich im richtigen Leben, und ich kann keine Gründe dafür vorbringen, weshalb sie nicht in der Kunst dargestellt werden sollten. Wenn sie ein frühkindliches *Trauma* in mir berühren, so ist das mein Missgeschick.

Und ich würde es wagen, allen, die Literaturkritiker werden wollen, zu empfehlen, dasselbe Prinzip anzuwenden. Eine heftige und sogar verärgerte Reaktion auf alle Bücher eines bestimmten Typs oder Situationen eines bestimmten Typs ist ein Warnsignal. Denn ich bin überzeugt, dass gute negative Kritik unsere schwierigste Aufgabe ist. Ich würde jedem empfehlen, mit ihr unter den günstigsten Bedingungen anzufangen, das heißt, wenn man das, was der Autor zu tun versucht, durch und durch kennt und von Herzen schätzt, und sich an vielen Büchern erfreut hat, in denen es gut umgesetzt wurde. Dann wird man eine gewisse Chance haben, wirklich zeigen zu können, dass er gescheitert ist, und vielleicht auch, warum.

Doch wenn unsere wirkliche Reaktion auf ein Buch lautet: «Bah! Ich kann so etwas nicht ertragen», dann glaube ich nicht, dass wir in der Lage sein werden herauszufinden, welche Fehler es wirklich hat. Wir mögen uns bemühen, unser Empfinden zu verstecken, aber wir werden letztlich bei einer Unzahl von emotionsgeladenen, unreflektierten Modewörtern landen – «ulkig», «drollig», «fingiert», «adoleszent», «unausgereift» und so weiter. Wenn wir wissen, was an einem Buch wirklich verkehrt ist, dann brauchen wir keines dieser Wörter.

9. Eine Replik auf Professor Haldane

Bevor ich versuche, eine Replik auf Professor Haldanes «Auld Hornie, F.R.S.» in *The Modern Quarterly* zu geben, sollte ich besser auf den einen Punkt der Übereinstimmung zwischen uns hinweisen. Der Vorwurf des Professors, meine Charaktere seien «wie Schnecken in einem Experimentierkäfig, die ein Kohlblatt bekommen, wenn sie nach rechts gehen, und einen Elektroschock, wenn sie nach links gehen», legt für mich nahe, dass er mich verdächtigt, Belohnung und Strafe als angemessene Sanktionen für menschliches Verhalten zu betrachten.

Sein Verdacht täuscht. Ich teile seine Abneigung gegen eine jede solche Sicht und seine Vorliebe für stoische oder konfuzianische Ethik. Obwohl ich an einen allmächtigen Gott glaube, meine ich nicht, dass Seine Allmacht in sich selbst die geringste Verpflichtung hervorbringen kann, Ihm zu gehorchen. In meinen Romanen werden die «guten» Charaktere tatsächlich belohnt. Der Grund ist, dass ich ein glückliches Ende passend fand für die leichte Art von Ferienlektüre, die ich zu schreiben versucht habe. Der Professor hat die «ausgleichende Gerechtigkeit» des Romans für einen ethischen Lehrsatz gehalten.

Ich würde noch weiter gehen. Meine Abneigung gegen jede Ethik, die den Erfolg anbetet, ist einer meiner Hauptgründe dafür, die meisten Kommunisten abzulehnen.[522] Wenn alles andere nicht funktioniert, tendieren sie nach meiner Erfahrung dazu, mir zu sagen, ich solle mich für die Revolution einsetzen, weil sie «so oder so kommen wird». Einer hat versucht, mich von meiner Position mit dem erschreckend irrelevanten Grund abzubringen, dass ich beizeiten «niedergemäht» würde, wenn ich an ihr festhalten würde. Er argumentierte, wie ein Krebsgeschwür möglicherweise argumentieren würde, wenn es sprechen könnte: dass er recht haben muss, weil er mich töten kann.

Mit Freude nehme ich den Unterschied zwischen Professor Haldane und solchen Kommunisten zur Kenntnis. Ich bitte ihn umgekehrt, den Unterschied zwischen meiner christlichen Ethik und der etwa von Paley[523] zur Kenntnis zu nehmen. Auf seiner wie auf meiner Seite gibt es Vichy-artiges Gesindel[524], das die richtige Seite als jene Seite definiert, die gewinnen wird. Schicken wir sie aus dem Raum, bevor wir anfangen, miteinander zu reden.

Meine Hauptkritik am Artikel des Professors ist, dass er meine Philosophie (wenn ich ihr einen so großen Namen geben darf) kritisieren will, dabei aber die Bücher, in denen ich versucht habe, sie darzulegen, nahezu völlig ignoriert und sich ganz auf meine Romane konzentriert. Im Vorwort zu *Die böse Macht* (engl. *That Hideous Strength*) hat er gesagt bekommen, die hinter diesem Roman stehenden Auffassungen seien in *Die Abschaffung des Menschen* (engl. *The Abolition of Man*) ohne ihre fiktionale Einkleidung zu finden. Warum hat er nicht versucht, sie dort zu finden? Das Resultat seiner Methode ist ein höchst unglückliches. Als ein philosophischer Kritiker wäre er beachtlich und daher nützlich gewesen. Als ein Literaturkritiker – obwohl er auch dort nicht geistlos sein kann – verfehlt er immer wieder den Punkt. Ein Großteil meiner Replik muss daher darin bestehen, bloße Missverständnisse auszuräumen.

Sein Angriff besteht im Wesentlichen aus drei Vorwürfen: (1) dass meine Naturwissenschaft normalerweise falsch ist; (2) dass ich Naturwissenschaftler verleumde; (3) dass nach meiner Ansicht wissenschaftliche Planung «nur in die Hölle führen kann» (und dass ich deshalb «eine äußerst nützliche Stütze für die bestehende soziale Ordnung bin», jenen lieb und teuer, die «Gefahr laufen, durch soziale Veränderungen etwas zu verlieren» und die aus niederen Beweggründen unwillig sind, sich gegen das Nehmen von Zinsen auszusprechen).

(1) Meine Naturwissenschaft ist normalerweise falsch. Ja, das ist sie. So ist es auch die Geschichte des Professors. Er sagt uns in *Possible Worlds* (1927), es sei «vor fünfhundert Jahren ... nicht klar gewesen, dass die himmlischen Entfernungen so viel größer sind als die irdischen». Doch das astronomische Lehrbuch des Mittelalters,

der *Almagest* des Ptolemäus, sagt eindeutig (I. v.), die gesamte Erde müsse im Verhältnis zu ihrer Entfernung von den Fixsternen als ein mathematischer Punkt betrachtet werden, und es erklärt auch, auf welchen Beobachtungen dieser Schluss beruht. Diese Lehre war nicht nur König Alfred wohlbekannt, sondern auch dem Autor eines «populären» Buches wie dem *South English Legendary*.[525]

Der Professor scheint in «Auld Hornie» zudem anzunehmen, Dante sei einzigartig gewesen in seinen Auffassungen über Gravitation und die Kugelform der Erde. Doch die populärste und orthodoxeste Autorität, die Dante hätte zu Rate ziehen können, und die etwa ein Jahr vor seiner Geburt starb, war Vinzenz von Beauvais. In seinem *Saeculum Naturale* (VII, VIII) lernen wir: Gäbe es ein Loch durch den gesamten irdischen Globus (*terre globus*) und würde man einen Stein in dieses Loch werfen, so würde er im Zentrum zur Ruhe kommen.

Mit anderen Worten, der Professor ist ein ebensoguter Historiker wie ich ein Naturwissenschaftler. Der Unterschied ist, dass er seine falsche Geschichte in Werken produziert, die wahr sein sollen, während ich meine falsche Naturwissenschaft in Romanen produziere. Ich wollte über imaginäre Welten schreiben. Jetzt, da unser gesamter Planet erforscht ist, sind andere Planeten der einzige Ort, wohin man sie verlegen kann. Ich brauchte für meinen Zweck nur genügend Populär-Astronomie, um im «normalen Leser» ein «willentliches Zurückhalten des Unglaubens» hervorzurufen. Niemand hofft, in solchen Fantasygeschichten einen wirklichen Naturwissenschaftler zufriedenzustellen, nicht mehr, als der Autor eines historischen Romans hofft, einen echten Archäologen zufriedenzustellen. (Wo Letzteres wie in *Romola*[526] versucht wird, ruiniert es für gewöhnlich das Buch.)

Es gibt daher eine Menge naturwissenschaftliche Fehler in meinen Büchern; einige davon waren mir sogar beim Schreiben selbst bekannt. Die Kanäle auf dem Mars kommen nicht deshalb in ihnen vor, weil ich an sie glauben würde, sondern weil sie ein Teil der populären Tradition sind, und der astrologische Charakter der Planeten findet sich dort aus demselben Grund. Sidney sagt, der

Dichter sei der einzige Autor, der nie lügt, weil er allein nie Wahrheit für seine Aussagen in Anspruch nimmt. Oder wenn «Dichter» in diesem Kontext ein zu gewichtiger Ausdruck sein sollte, so können wir es auch anders sagen. Der Professor hat mich dabei ertappt, einen Spielzeugelefanten zu schnitzen, und mich kritisiert, als sei es meine Absicht gewesen, Zoologie zu lehren. Doch worum es mir ging, war nicht der Elefant, wie die Naturwissenschaft ihn kennt, sondern unser alter Freund Jumbo.

(2) Ich vermute, Professor Haldane hat seine Kritik an meiner Naturwissenschaft selbst nur als eine Art Vorgeplänkel betrachtet; mit seinem zweiten Vorwurf (ich würde Naturwissenschaftler verunglimpfen) kommen wir zu etwas Ernsterem. Und hier konzentriert er sich unglücklicherweise auf das falsche Buch – *Die böse Macht* –, wodurch ihm der Punkt entgeht, an dem dieser Vorwurf seine Berechtigung gehabt hätte. Wenn man irgendeinem meiner Romane mit Recht den Vorwurf machen könnte, Naturwissenschaftler zu verleumden, so wäre es *Jenseits des schweigenden Sterns* (engl. *Out of the Silent Planet*).

Das Buch ist ganz gewiss ein Angriff, wenn auch nicht auf Naturwissenschaftler, dann doch zumindest auf etwas, das man «Szientismus» nennen könnte – eine gewisse Haltung der Welt gegenüber, die beiläufig mit der Popularisierung der Naturwissenschaften verbunden ist, auch wenn sie unter wirklichen Naturwissenschaftlern weit weniger verbreitet ist als unter ihren Lesern. Es ist kurz gesagt der Glaube, das oberste moralische Ziel sei der Fortbestand unserer eigenen (menschlichen) Rasse, und dieses Ziel hätten wir selbst dann weiter zu verfolgen, wenn man unsere Spezies bei dem Vorgang, sie eines solchen Überlebens fähig zu machen, all jener Eigenschaften berauben muss, für die wir sie jetzt schätzen – Mitleid, Glück und Freiheit.

Ich denke nicht, dass wir diesen Glauben bei irgendeinem Autor formal zum Ausdruck gebracht finden; solche Dinge schleichen sich als stillschweigend vorausgesetzte obere Prämissen hinein. Doch ich meinte, diesen Ansatz spüren zu können, in Shaws *Back to Methuselah*, in Stapledon und in Professor Haldanes «Last Judgement» (in *Possible Worlds*).[527] Ich hatte natürlich wahrgenommen, dass der Professor sein eigenes Ideal von dem seiner Venusianer unterscheidet. Er sagt, sein eigenes Ideal liege «irgendwo zwischen» ihnen und einer Rasse, «die ganz im Streben nach dem privaten Glück aufgeht».[528] Ich nehme an, das «Streben nach dem privaten Glück» soll «das Streben nach dem privaten Glück eines jeden Einzelnen auf Kosten seines Nachbarn» heißen. Doch man könnte es auch als Eintreten für die (nach meiner Ansicht unsinnige) Sicht verstehen, es gebe eine andere Art von Glück – dass etwas anderes als ein Individuum fähig sei zu Glück oder Unglück.[529] Ich habe zudem vermutet (lag ich damit falsch?), dass das «irgendwo dazwischen» des Professors sehr nahe am venusianischen Ende der Skala liegt.

Es war gegen diese Sicht auf das Leben, gegen diese Ethik, wenn man so will, dass ich meine satirische Fantasy schrieb und in meinen Weston ein Clowns- und Bösewichts-Bild dieser «metabiologischen» Häresie hineinprojizierte. Sollte jemand sagen, es sei unfair gewesen, ihn zu einem Naturwissenschaftler zu machen, da die von mir angegriffene Sichtweise nicht in erster Linie unter Naturwissenschaftlern grassiert, so würde ich ihm wohl zustimmen, auch wenn ich einen solchen Einwand für übersensibel halten würde.

Das Komische ist, dass Professor Haldane meint, Weston sei «erkennbar ein Naturwissenschaftler». Das beruhigt mich, denn ich hatte bei ihm meine Zweifel. Würde man mich auffordern, meine eigenen Bücher zu kritisieren, so würde ich darauf hinweisen, dass Weston wegen der Handlung ein Physiker sein muss, während seine Interessen ausschließlich der Biologie zu gehören scheinen. Ich würde auch fragen, wie glaubwürdig es ist, dass ein solcher Schwätzer auch nur eine Mausefalle erfunden haben könnte, geschweige denn ein Raumschiff. Doch ich wollte sowohl Farce als auch Fantasy haben.

Perelandra ist, soweit es nicht lediglich seinen Vorgänger fortführt, hauptsächlich für meine Mitchristen geschrieben. Ich denke, sein eigentliches Thema würde Professor Haldane so oder so nicht interessieren. Ich möchte lediglich darauf hinweisen, dass er durch das kunstvolle Ritual, in dem die Engel den Menschen die Herrschaft über den Planeten übergeben, möglicherweise wahrgenommen hat, dass die auf dem Mars präsentierte «Angelokratie» für mich eine Sache der Vergangenheit ist: die Inkarnation hat hier einen Unterschied gebracht. Ich glaube nicht, dass man von ihm erwarten kann, an dieser Sicht an sich interessiert zu sein, doch sie kann uns zumindest vor einem politischen Missverständnis bewahren.

Die böse Macht hat er nahezu vollkommen missverstanden. Der «gute» Naturwissenschaftler wurde genau zu dem Zweck hineingenommen, zu zeigen, dass «Naturwissenschaftler an sich» nicht das Ziel sind. Um den Punkt deutlicher zu machen, verlässt dieser Naturwissenschaftler mein N.I.C.E.[530], als er feststellt, dass er sich in seiner ursprünglichen Annahme geirrt hat, «es habe etwas mit Naturwissenschaft zu tun» (Kap. 3). Und um diesen Punkt noch deutlicher zu machen, wird mein Hauptcharakter, der Mann, der nahezu unwiderstehlich vom N.I.C.E. angezogen wird, als jemand beschrieben, der «weder eine naturwissenschaftliche noch eine humanistische Bildung genossen hatte, sondern einfach eine sogenannte ‹moderne›. Die Strenge sowohl des abstrakten Denkens als auch der menschlichen Hochtradition war an ihm vorübergegangen ... Er war ... ein wortgewandter Prüfling in Fächern, die kein gründliches Wissen erfordern» (Kap. 9). Und um ihn doppelt und dreifach deutlich zu machen, wird der «Lebenslauf eines Wüstlings»[531] in Withers Geist als ein philosophischer und in keiner Weise naturwissenschaftlicher beschrieben (Kap. 16). Und sollte dies immer noch nicht genügen, so erklärt der Held (der nebenbei gesagt in gewissem Maß ein Portrait eines mir bekannten Mannes, aber nicht meiner selbst ist), die Naturwissenschaften seien «in sich selbst gut und unschuldig», auch wenn sich ein verderblicher «Szientismus» in sie hineinschleiche (Kap. 9). Und zu guter Letzt richtet das Buch seinen Angriff ganz offensichtlich nicht gegen Naturwissenschaftler, sondern gegen *Funktionäre*. Sollte sich irgendjemand durch dieses Buch verleumdet fühlen, so wäre es nicht der Naturwissenschaftler, sondern der Beamte, und neben dem Beamten bestimmte Philosophen. Frost ist das Sprachrohr für Professor Waddingtons[532] ethische Theorien, womit ich natürlich nicht meine, Professor Waddington sei im wahren Leben ein Mann wie Frost.

Wogegen richtete sich also mein Angriff? Als Erstes gegen eine bestimmte Auffassung von Werten; der Angriff lässt sich unverhüllt in *Die Abschaffung des Menschen* finden. Zweitens ging es mir wie dem hl. Jakobus und Professor Haldane darum, dass ein Freund «der Welt» zu sein bedeutet, ein Feind Gottes zu sein. Der Unterschied zwischen uns ist der, dass der Professor das Wort «Welt» allein von jenen Bedrohungen und Verlockungen her sieht, die mit Geld zu tun haben. Das tue ich nicht.

Die «weltlichste» Gesellschaft, in der ich je gelebt habe, war eine von Schuljungen; am weltlichsten in der Grausamkeit und Arroganz der Starken, der Kriecherei und dem gegenseitigen Verrat der Schwachen und dem bedingungslosen Standesdünkel beider.[533] Nichts war so niederträchtig, dass die Angehörigen des Schulproletariats es nicht getan oder erduldet hätten, um die Gunst der Schularistokratie zu gewinnen; kaum eine Ungerechtigkeit war zu übel, um von der Aristokratie begangen zu werden. Doch das Klassensystem hing nicht im Geringsten vom Betrag ihres Taschengeldes ab. Wer muss sich um Geld kümmern, wenn fast alles, was er will, ihm mit unterwürfiger Kriecherei angeboten wird und er sich den Rest mit Gewalt nehmen kann?

Diese Lehre habe ich mein Leben lang nicht vergessen. Das ist einer der Gründe, weshalb ich Professor Haldanes Begeisterung darüber nicht teilen kann, dass der Mammon von «einem Sechstel unserer Erdoberfläche» verbannt wurde. Ich habe bereits in einer Welt gelebt, aus der der Mammon verbannt war; es war die gemeinste und elendeste Welt, die ich je kennengelernt habe. Wäre Mammon der einzige Teufel, so wäre das eine andere Sache. Doch räumt Mammon den Thron, was ist, wenn Moloch[534] seinen Platz einnimmt? Wie Aristoteles sagte: «Menschen werden nicht zu Tyrannen, weil sie sich warmhalten wollen.» Alle Menschen verlangen natürlich nach Glück und Sicherheit. Doch alle Menschen haben auch ein Verlangen nach Macht, und alle Menschen haben ein Verlangen nach dem bloßen Gefühl, «dazuzugehören», zum «inneren Ring zu gehören»[535], keine «Außenseiter» zu sein – eine Leidenschaft, die bislang zu wenig untersucht wurde und die das Hauptthema meiner Geschichte darstellt.

Ist eine Gesellschaft in einem solchen Zustand, dass Geld der Eintrittspass zu all diesen Preisen ist, dann wird Geld natürlich die hauptsächliche Versuchung sein. Doch ändert sich der Pass, so werden die Verlangen dennoch dieselben bleiben. Und es gibt eine Menge anderer möglicher Eintrittspässe, zum Beispiel eine Position in einer offiziellen Hierarchie. Selbst jetzt wird der ehrgeizige und weltliche Mann nicht zwangsläufig den Posten mit dem besten Gehalt wählen. Die Freude, «ganz oben und weit drinnen» zu sein, mag den Verzicht auf ein gewisses Einkommen sehr wohl wert sein.

(3) Habe ich drittens wissenschaftliche Planung angegriffen? Nach Professor Haldanes Ansicht «ist Mr. Lewis' Idee klar genug. Die Anwendung wissenschaftlicher Methoden auf menschliche Angelegenheiten kann nur in die Hölle führen.» Es gibt sicherlich keine Rechtfertigung für das «kann nur», aber es stimmt: Hätte ich nicht geglaubt, hier eine ernsthafte und weit verbreitete Gefahr zu sehen, so hätte ich nicht einmal in dem, was ich eine *fairy tale* und ein Lügenmärchen genannt habe, der Planung solch einen zentralen Platz eingeräumt. Sollte es erforderlich sein, den Roman in einer Aussage zusammenzufassen, so wäre die Aussage jedoch nahezu das Gegenteil von dem, was der Professor vermutet: nicht «Wissenschaftliche Planung wird mit Sicherheit in die Hölle führen», sondern «Unter modernen Bedingungen wird jede wirksame Einladung zur Hölle im Gewand wissenschaftlicher Planung daherkommen» – wie es bei Hitlers Regime tatsächlich der Fall war.

Jeder Tyrann muss mit der Behauptung beginnen, das zu haben, wovor seine Opfer Respekt haben, und ihnen zu geben, was sie wollen. In den meisten modernen Ländern respektiert die Mehrheit die

Wissenschaft und möchte, dass die Dinge nach Plan laufen. Daher wird quasi *per definitionem* jede Person oder Gruppe, die uns versklaven will, sich selbst als eine «wissenschaftlich geplante Demokratie» präsentieren. Es mag stimmen, dass jede echte Rettung sich, obwohl gemäß unserer Hypothese nun wahrheitsgemäß, ebenfalls als eine «wissenschaftlich geplante Demokratie» präsentieren muss. Doch das ist umso mehr ein Grund, sich alles, was dieses Etikett trägt, sehr genau anzusehen.

Meine Angst vor einer solchen Tyrannei wird dem Professor entweder unaufrichtig oder kleinmütig vorkommen. Für ihn liegt die Gefahr in exakt der entgegengesetzten Richtung, in der chaotischen Selbstsüchtigkeit des Individualismus. Ich muss zu erklären versuchen, warum ich die disziplinierte Grausamkeit einer ideologischen Oligarchie mehr fürchte. Der Professor hat seine eigene Erklärung hierfür; er glaubt, ich sei unbewusst durch die Tatsache motiviert, dass «ich durch soziale Veränderungen etwas verlieren könnte». Und in der Tat würde es mir schwerfallen, einen Wandel zu begrüßen, der für mich möglicherweise in einem Konzentrationslager endet. Ich könnte hinzufügen, dass es dem Professor ebenso leichtfallen würde, einen Wandel zu begrüßen, der ihm vermutlich einen Platz in den höchsten Reihen einer alles beherrschenden Oligarchie verschaffen würde. Deshalb ist das Spiel mit den Motiven so uninteressant.[536] Beide Seiten können es nach Belieben spielen, doch wenn der ganze Schmutz geflogen ist, müssen die Ansichten aller Beteiligten immer noch für sich selbst beurteilt werden. Ich lehne daher das Spiel mit den Motiven ab und kehre zur Debatte zurück. Ich habe keine Hoffnung, den Professor dazu zu bringen, mir zuzustimmen. Doch ich möchte zumindest versuchen, ihm zu erklären, warum ich Teufelsanbetung für eine reale Möglichkeit halte.

Ich bin ein Demokrat. Professor Haldane meint, ich wäre es nicht, doch er gründet seine Auffassung auf eine Passage in *Jenseits des schweigenden Sterns*, in der ich nicht die Beziehungen der Mitglieder einer Spezies untereinander diskutiere, sondern die Beziehungen einer Spezies zu einer anderen. Seine Interpretation würde mir, wenn man sie konsequent ausarbeiten würde, die Auffassung zuschreiben, Pferde seien für eine Pferde-Monarchie geeignet, aber nicht für eine Pferde-Demokratie. Was ich wirklich gesagt habe, war hier, wie so oft, etwas, das der Professor, wenn er mich verstanden hätte, schlicht und einfach uninteressant finden würde.[537]

Ich bin ein Demokrat, weil ich glaube, dass kein Mensch oder keine Gruppe von Menschen gut genug ist, um ihr unkontrollierte Macht über andere Menschen anzuvertrauen. Und je höher die Ambitionen einer solchen Macht sind, für umso gefährlicher halte ich sie sowohl für die Herrscher als auch für die Untergebenen.

Deshalb ist die Theokratie die schlimmste aller Regierungsformen. Wenn wir einen Tyrannen haben müssen, dann ist ein Räuberbaron weitaus besser als ein Inquisitor. Die Grausamkeit des Barons wird manchmal schlafen und seine Habgier irgendwann gesättigt sein, und weil er sich undeutlich bewusst ist, dass er Schlechtes tut, wird er es möglicherweise irgendwann bereuen. Doch der Inquisitor, der seine eigene Grausamkeit und seine Gier nach Macht und Furcht für die Stimme Gottes hält, wird uns grenzenlos foltern, weil er dies mit der Zustimmung seines eigenen Gewissens tut, während ihm seine besseren Impulse als Versuchungen erscheinen. Und da die Theokratie die schlimmste Regierungsform ist, wird eine Regierung umso schlimmer sein, je mehr sie sich der Theokratie nähert.

Eine Metaphysik, die von den Herrschenden mit der Kraft einer Religion vertreten wird, ist ein schlechtes Zeichen. Sie verbietet diesen nicht weniger als dem Inquisitor, irgendein Korn der Wahrheit oder Güte bei ihren Gegnern anzuerkennen; sie hebt die gewöhnlichen ethischen Prinzipien auf und stattet all jene gewöhnlichen menschlichen Leidenschaften, von denen die Herrschenden (wie jeder andere Mensch) häufig angetrieben werden, mit einer hohen, quasi übermenschlichen Rechtfertigung aus. Mit einem Wort, sie verbietet gesunden Zweifel. Ein politisches Programm kann nie mehr als wahrscheinlich richtig sein. Wir kennen nie alle Fakten über die Gegenwart und können über die Zukunft nur Vermutungen anstellen. Einem Parteiprogramm – dessen höchster Anspruch der vorausschauenden Klugheit gilt – jene Form der Zustimmung zu geben, die wir für beweisbare Lehrsätze reservieren sollten, ist eine Art von Berauschung.

Diese falsche Art der Gewissheit kommt in Professor Haldanes Artikel zum Vorschein. Er kann einfach nicht glauben, dass jemand über das Nehmen von Zinsen wirklich im Zweifel sein kann. Ich habe keinen Einwand dagegen, dass er glaubt, ich liege hier falsch. Was mich schockiert, ist seine unmittelbare Annahme, die Frage sei so simpel, dass es darüber nicht die geringsten Zweifel geben könne. Das verstößt gegen die Regel des Aristoteles – in jeder Frage jenen Grad an Gewissheit zu verlangen, den der betreffende Sachverhalt zulässt. Und *niemals im Leben* zu behaupten, man würde weiter sehen, als man es tatsächlich kann.

Als Demokrat lehne ich alle drastischen und plötzlichen Veränderungen der Gesellschaft (egal in welcher Richtung) ab, weil sie de facto nie anders als mit Hilfe einer bestimmten Technik zustande kommen. Diese Technik beinhaltet das Ergreifen der Macht durch eine kleine, hoch disziplinierte Gruppe von Leuten, worauf, wie es scheint, Terror und die Geheimpolizei von selber folgen. Ich halte keine solche Gruppe für gut genug, um eine solche Macht innezuhaben. Sie sind Leute mit den gleichen Leidenschaften wie wir. Die Heimlichkeit und Disziplin ihrer Organisation wird in ihnen bereits die Leidenschaft für jenen inneren Ring entflammt haben, die ich für mindestens so korrumpierend halte wie Habgier, und ihre hohen ideologischen Ambitionen werden all ihren Leidenschaften das gefährliche Prestige verleihen, der Sache zu dienen. In welcher Richtung der Wandel auch vorgenommen wird, er ist für mich somit bereits durch seinen *modus operandi* verflucht.

Die schlimmste aller öffentlichen Gefahren ist das Komitee für öffentliche Sicherheit. Der eine Charakter in *Die böse Macht*, den der Professor nie erwähnt, ist Miss Hardcastle, die Chefin der Geheimpolizei. Sie ist der gemeinsame Faktor aller Revolutionen, und wie sie es selber sagt: man wird niemanden dazu bekommen, ihren Job zu machen, wenn er nicht einen gewissen Kick daraus bezieht.

Ich muss natürlich zugeben, dass der tatsächliche Stand der Dinge manchmal so schlimm sein kann, dass man versucht ist, den Wandel mit revolutionären Methoden selber herbeizuführen: zu sagen, dass hoffnungslose Krankheiten verzweifelte Gegenmittel verlangen, und dass Notwendigkeit kein Gesetz kennt. Doch ich glaube, es ist fatal, dieser Versuchung nachzugeben. Es ist unter diesem Vorwand, dass alle Gräuel Einzug halten. Hitler, der machiavellische Prinz, die Inquisition, der Hexendoktor, sie alle behaupteten, notwendig zu sein.

Ist es unmöglich, dass der Professor aus dieser Perspektive verstehen kann, was ich mit dem Symbol der Teufelsanbetung meine? Sie ist für mich nicht bloß ein Symbol; ihr Verhältnis zur Wirklichkeit ist komplizierter, doch das würde Professor Haldane nicht interessieren. Sie ist aber immerhin teilweise symbolisch, und ich will versuchen, dem Professor das von mir Gemeinte zu erklären, ohne das Übernatürliche mit ins Spiel zu bringen.

Ich muss damit beginnen, ein eher merkwürdiges Missverständnis zu korrigieren. Wenn wir jemanden der Teufelsanbetung bezichtigen, dann meinen wir normalerweise nicht, er bete bewusst den Teufel an. Ich stimme zu, dass dies eine seltene Perversion ist. Wirft ein Rationalist bestimmten Christen, sagen wir den Calvinisten des 17. Jahrhunderts, Teufelsanbetung vor, so meint er nicht, sie hätten ein Wesen verehrt, das sie für den Teufel hielten; er meint, dass sie ein Wesen als Gott verehrten, dessen Charakter der Rationalist für diabolisch hält. Es ist offensichtlich in diesem Sinn, und in ihm allein, dass mein Frost Teufel anbetet. Er verehrt die «Makroben», weil sie stärkere und daher nach seiner Auffassung «höhere» Wesen sind als die Menschen; er verehrt sie in der Tat aus demselben Grund, aus dem mein kommunistischer Freund wollte, dass ich die Revolution befürworte. Niemand tut im Moment (vermutlich) das, was ich meinen Frost tun lasse, doch er ist der Fluchtpunkt, in dem sich die Linien bestimmter Tendenzen letztlich treffen, die man bereits jetzt beobachten kann.

Die erste dieser Tendenzen ist eine zunehmende Verherrlichung des Kollektivs und eine zunehmende Indifferenz gegenüber Personen. Die philosophischen Quellen sind vermutlich Rousseau und Hegel, doch der generelle Charakter des modernen Lebens mit seinen riesigen a-personalen Organisationen ist möglicherweise wirksamer als jede Philosophie. Professor Haldane selbst illustriert den gegenwärtigen Bewusstseinszustand sehr gut. Würden wir eine Sprache erfinden für «sündlose Wesen, die ihre Nachbarn lieben wie sich selbst», so wäre es nach seiner Ansicht angemessen, in ihr keine Wörter für «mein» und «ich» und «andere Personalpronomen und Flexionen» zu haben. Mit anderen Worten, er sieht keinen Unterschied zwischen zwei entgegengesetzten Lösungen des Problems der Selbstsucht: zwischen Liebe (die eine Relation zwischen Personen ist) und der Abschaffung von Personen. Nur ein *Du* kann geliebt werden, und ein *Du* kann es nur für ein *Ich* geben. Eine Gesellschaft, in der niemand sich seiner selbst als Person im Gegenüber zu anderen Personen bewusst wäre, in der niemand «Ich liebe dich» sagen könnte, wäre in der Tat frei von Selbstsucht, aber nicht durch Liebe. Sie wäre «selbstlos», wie ein Eimer Wasser selbstlos ist.

Ein anderes gutes Beispiel kommt aus *Back to Methuselah*. Dort sagt Eva, sobald sie gelernt hat, dass Fortpflanzung möglich ist, zu Adam: «Du kannst sterben, sobald ich einen neuen Adam hervorgebracht habe. Nicht früher. Dann aber, sobald du möchtest.» Der Einzelne zählt nichts. Und deshalb wird es, wenn wir einmal in Fahrt gekommen sind (Bruchstücke einer früheren Ethik haften noch in den meisten Köpfen), nicht darauf ankommen, was wir mit dem Einzelnen machen.

Zweitens haben wir die Entstehung der «Partei» im modernen Sinn – der Faschisten, Nazis oder Kommunisten. Was sie von den politischen Parteien des 19. Jahrhunderts unterscheidet, ist der Glaube ihrer Mitglieder; sie würden nicht lediglich versuchen, ein Programm umzusetzen, sondern einer a-personalen Macht gehorchen; es sei also die Natur, Evolution, Dialektik oder die Rasse, die sie vorantreibt. Dies hat die Tendenz, von zwei Überzeugungen begleitet zu sein, die, soweit ich das sehen kann, zwar logisch nicht miteinander kompatibel sind, aber auf emotionaler Ebene sehr leicht miteinander verschmelzen: dem Glauben, der von der Partei verkörperte Prozess sei unausweichlich und die Beförderung dieses Prozesses sei die höchste Pflicht, die alle gewöhnlichen moralischen Normen aufhebt.

In diesem Bewusstseinszustand können Menschen in dem Sinn Teufelsanbeter werden, dass sie nun ihre eigenen Untugenden sowohl *ehren* als auch ihnen folgen. Alle Menschen folgen bisweilen ihren Untugenden, wenn aber Grausamkeit, Neid und Machtstreben als Befehle einer großen überpersonalen Macht erscheinen, so können sie mit Billigung durch das eigene Selbst praktiziert werden. Das erste Symptom ist die Sprache. Wenn «Töten» zu «Liquidieren» wird, dann hat der Prozess begonnen. Das pseudowissenschaftliche Wort desinfiziert die Sache von Blut und Tränen, Mitleid und Scham, und das Erbarmen selbst kann als eine Art Nachlässigkeit betrachtet werden. Es ist gegenwärtig durch ihren Glauben, einer metaphysischen Macht zu gehorchen, dass die modernen «Parteien» am stärksten einer Religion ähneln. Der Odin-Kult in Deutschland oder der Lenin-Kult in Russland sind hier vermutlich weniger von Bedeutung, doch es gibt eine gewisse ...

[Hier bricht das Manuskript ab. Walter Hooper vermutet, dass nicht mehr als eine Seite fehlt; sie ging vermutlich kurz nach dem Schreiben und ohne Lewis' Wissen verloren, da dieser das Manuskript faltete und den Titel «Gegen Haldane» mit Bleistift darauf schrieb.]

Anmerkungen

1 Von C.S. Lewis selbst gesetzte Fußnoten werden mit dem Kürzel CSL eingeleitet.
2 Wer sich genauer mit dieser Frage wie auch mit der Systematik des Denkens von C.S. Lewis beschäftigen möchte, der sei auf mein Buch *Apostel der Skeptiker. C.S. Lewis als christlicher Denker der Moderne* (Dresden 2015) verwiesen.
3 Vgl. C.S. Lewis: *Überrascht von Freude* (Wuppertal 1968), Kapitel 14: «Schachmatt».
4 Es ist nicht sicher, ob Lewis Max Weber kannte, er kannte aber auf jeden Fall George Santayanas These, dass der Geist die Welt zunächst entzaubert, sie später aber auch wieder-verzaubern kann.
5 Vgl. z.B. J. Landy und M. Saler (Hg.): *The Re-Enchantment of the World. Secular Magic in a Rational Age* (Stanford 2009).
6 Die knappen Notizen im *Socratic Digest* über die abschließende Diskussion im *Socratic Club* sind heute nicht mehr von Belang und wurden daher bei der Übersetzung weggelassen.
7 Lewis zitiert in diesem Essay wie bereits in «Christliche Apologetik» aus dem Versuch einer zeitgemäßen Überarbeitung des *Book of Common Prayer* (die bis heute gültige Fassung ist von 1662), die 1928 zwar von der Church of England genehmigt, vom britischen Parlament aber zurückgewiesen worden war. 1958 wurde eine neue Intitative gestartet, zumindest den Psalter (d.h. die Sammlung von Psalmen) des Buches zu aktualisieren, an der Lewis auf Einladung des Erzbischofs von Canterbury mitwirkte. Er war also gerade in der Kommission tätig, als dieser Essay erschien. Die Kommission legte im Mai 1963 einen ersten Aktualisierungsentwurf vor, Lewis musste jedoch im Sommer 1963 aus gesundheitlichen Gründen seine Mitarbeit einstellen. Ob er die endgültige Fassung des revidierten Psalters noch zu Gesicht bekam, ist nicht bekannt.
8 Vgl. hierzu auch den Essay «Der alte Mythos vom sterbenden Gott» in C.S. Lewis: *Gott auf der Anklagebank* (Basel 1981), 47–53.
9 Eine erste Übersetzung dieses Essays erschien in geringer Auflage im *Inklings Jahrbuch für Literatur und Ästhetik* (Bd. 6, 1988), sie ist aber seit vielen Jahren vergriffen.
10 Vgl. C.S. Lewis: *Collected Letters Vol. III* (London 2006), 1398.
11 So z.B. Thomas Nagel in seinem Buch *Geist und Kosmos. Warum die materialistische neodarwinistische Konzeption der Natur so gut wie sicher falsch* ist (Berlin 2013).
12 Vgl. hierzu auch C.S. Lewis: «Über Ethik», in: ders.; *Gedankengänge* (Basel 1986).
13 Vgl. C.S. Lewis: *Die Abschaffung des Menschen* (Einsiedeln, ^{4}1993), 73–79.
14 Lewis und Ryle kannten sich bereits seit der Zeit ihres Studiums und hatten 1925 sogar (gemeinsam mit ein paar anderen Kollegen) einen Debattierclub für junge Philosophen gegründet. 1945–1954 waren sie Kollegen am Oxforder Magdalen College.
15 Vgl. C.S. Lewis: *Collected Letters* Vol. III, 1515.
16 Vgl. auch C.S. Lewis: «Die Sprache des Glaubens», in ders.: *Gedankengänge*, 169–185.
17 Tolkien wies später selbst darauf hin, dass *Der Herr der Ringe* ohne Lewis' beständige Ermutigung wohl nie vollendet oder gar publiziert worden wäre; vgl. J.R.R. Tolkien: *The Letters of J.R.R. Tolkien*, hg. von H. Carpenter (London 1981), 366.
18 Die erste vollständige Zusammenstellung der beiden Rezensionen erschien 2013 in C.S. Lewis: *Image and Imagination*; eine frühere Zusammenstellung hatte (offenbar unbemerkt) einen Abschnitt ausgelassen (vgl. C.S. Lewis: *Image and Imagination*, 106, und ders.: *On Stories*, 88).
19 In der englischen Kulturgeschichte Bezeichnung für die Zeit zwischen der Thronbesteigung König Edwards II. (1901) und dem Ausbruch des Ersten Weltkriegs (1914).
20 Gemeint ist die Familie Darling aus J.M. Barries Theaterstück «Peter Pan» (1904).
21 Lewis Carroll: *Alice im Spiegelland* (1871), Kapitel 1.
22 In der englischen Kulturgeschichte Bezeichnung für die Regierungszeit von Königin Elisabeth I. (1558–1603).
23 Vgl. hierzu auch den Essay Nr. III,3 «Psychoanalyse und Literaturkritik» in diesem Band.
24 Dante Alighieri (1265–1321) machte in seiner *Göttlichen Komödie* (1320) die florentinische Dame Beatrice zu seiner Führerin, die er als Kind kennen gelernt hatte und im Stil der höfischen Minne von ferne bewunderte. Guido ist einer der Hauptcharaktere in Robert Brownings epischem Gedicht «The Ring and the Book» (1868/69), Mr. Guppy ein Charakter in Charles Dickens' Roman *Bleak House* (1852/53).
25 Lewis zitiert hier eine kurze Parabel Arthur Schopenhauers vermutlich aus dem Gedächtnis. Sie lautet: «Zwei Chinesen in Europa waren zum ersten Mal im Theater. Der eine beschäftigte sich damit, den Mechanismus der Maschinerien zu begreifen; welches ihm auch gelang. Der andere suchte, trotz seiner Unkunde der Sprache, den Sinn des Stückes zu enträthseln. – Jenem gleicht der Astronom, diesem der Philosoph» (A. Schopenhauer: *Parerga und Paralipomen. Kleine philosophische Schriften. Zweiter Band* [Berlin 1851], § 383).
26 Lat. für: *unbekanntes Land bzw. Gebiet.*
27 Dies sind zwei Orte in Usbekistan, die in «Sohrab and Rustum» (1853), einem von Lewis sehr geschätz-

ten Erzählgedicht von Matthew Arnold (1822–1888), vorkommen.

28 Die Namen vieler Londoner Vororte enden auf «Vale», «Wood» oder «Park» (oder «Hill»).

29 Bei dieser Bewertung dürfte auch der spezifische Charakter der Londoner Vororte eine Rolle gespielt haben: sie bestanden oft aus alle nach dem gleichen Plan gebauten Einfamilienhäusern, die über ganze Straßenzüge scheinbar endlos aneinandergereiht waren.

30 «Wer verdammte die Vororte? / ‹Ich›, sagte der Hochmut.»

31 Das gilt auch für Lewis natürlich nur für normale, psychisch gesunde Leute. Menschen mit Depressionen (deren Zahl weiter zunimmt) würden dies sicher anders empfinden.

32 Marcel Proust (1871–1922) schildert in seinem Roman *Auf der Suche nach der verlorenen Zeit*, wie scheinbar alltägliche Erfahrungen äußerst lebendige, intensive Erinnerungen an die eigene Kindheit auslösen können. William Wordsworth (1770–1850) beschreibt in seinem autobiografischen Gedicht «The Prelude» zahlreiche Momente verklärter Erinnerung an die eigene Kindheit.

33 Lewis meint hier die literarische Moderne, die sich sehr an der Psychoanalyse interessiert zeigte (ab etwa 1910 in Deutschland und nach dem Ersten Weltkrieg in ganz Europa und den USA). In den 1920er Jahren hatte Lewis selbst für einige Zeit seine Erfahrungen von «Joy» als bloße Wunschträume betrachtet (vgl. C.S. Lewis: *Überrascht von Freude*, Kapitel 13: Der New Look).

34 Vgl. hierzu auch Lewis' Analyse seiner Erfahrung von «Joy» in: *Überrascht von Freude*, Kapitel 14: «Schachmatt».

35 Philip Sidney (1554–1586) und Rupert Brooke (1887–1915) waren Dichter, die in ihren Werken das Heroische und Patriotische des Krieges idealisieren.

36 Siegfried Sassoon (1886–1967) beschrieb in seiner Dichtung den Horror der Schützengräben des Ersten Weltkriegs, an dem er als Soldat teilnahm, und kritisierte den Patriotismus der Kriegstreiber mit beißendem Spott.

37 In Altenglisch verfasstes Gedicht über die Schlacht, die 991 in Ostengland (Essex) zwischen Angelsachsen und Wikingern stattfand. Es wurde vermutlich im 10. oder frühen 11. Jahrhundert geschrieben.

38 «Lays of Ancient Rome» (1842), Gedicht von Thomas Babington Macaulay (1800–1859) über die frühe römische Geschichte. «Lepanto» (1911), Gedicht von G.K. Chesterton (1874–1936) über die Seeschlacht bei Lepanto/Griechenland zwischen den christlichen Mittelmeermächten und dem Osmanischen Reich im Jahr 1571.

39 «... a whisper / Which Memory will warehouse as a shout.» Aus dem unveröffentlichten Gedicht «The Tower» von Owen Barfield.

40 Wo im Text von Schülern die Rede ist, schreibt Lewis von «boys». Dies ist dem englischen Schulsystem zuzuschreiben, in dem Mädchen und Jungen zu dieser Zeit (1944) noch nahezu ausschließlich getrennt unterrichtet wurden.

41 In Kapitel III von Lewis Carrolls *Alice im Wunderland* (1865) veranstaltet Alice einen Wettlauf unter den Tieren, unter anderem mit einer Maus, einer Ente, einem Papagei, einem Adler und einem Dodo.

42 Der 1348 von König Eduard III. gestiftete Hosenband-Orden (engl. Order of the Garter) gilt als der exklusivste und angesehenste Orden des Vereinigten Königreichs. Lewis dachte vermutlich an den Kommentar von Lord Melbourne (1779–1848): «Ich liebe den Hosenband-Orden; in ihm gibt es kein verdammtes Verdienst.»

43 Ital. für: *in gedämpftem Ton.*

44 Richard Porson (1759–1808) war der Sohn des Küsters von East Ruston (Norfolk) und fiel bereits als Kind durch sein außergewöhnliches Gedächtnis auf. Mit der Hilfe verschiedener Gönner in Eaton und Cambridge ausgebildet, wurde er 1792 Regius Professor für Griechisch in Cambridge.

45 Engl. *preparatory school*, d.h. eine Privatschule (meistens ein Internat), die ihre Schüler auf den Besuch einer privaten (elitären) weiterführenden Schule vorbereitet. Lewis wurde bis zum Alter von neun Jahren zu Hause unterrichtet, teilweise von seiner Mutter Flora und teilweise von einer Hauslehrerin. Nach dem frühen Krebstod von Flora Lewis im August 1908 schickte der verzweifelte Vater seinen Sohn auf ein englisches Internat, die Wynyard School in Watford, Hertfordshire. Lewis besuchte die Schule, die von einem äußerst grausamen Schulleiter geführt wurde, von September 1908 bis Juli 1910, als sie den Betrieb einstellen muste. Er beschreibt die Schule später ausführlich in Kapitel 2: «Konzentrationslager» seiner Autobiografie *Überrascht von Freude*.

46 *Vice Versa. A Lesson to Fathers* (1882) ist ein satirischer Roman des britischen Autors Thomas Anstey Guthrie (1856–1934), der unter dem Pseudonym F. Anstey schrieb. In diesem Buch tauscht ein Vater durch Magie den Körper mit seinem Sohn und muss am eigenen Leib die Grausamkeiten des Internats (und dessen Leiters) erfahren, in das er seinen Sohn geschickt hatte. In *Überrascht von Freude* schreibt Lewis, *Vice Versa* sei weit mehr als eine Farce, nämlich «die einzige wahre Schulgeschichte, die es gibt» (C.S. Lewis: *Überrascht von Freude*, 39).

47 Dies ist ein Zitat aus Ian Hay (1876–1952): *The Lighter Side of School Life* (1914).

48 Wackford Squeers ist ein ebenfalls äußerst brutaler Schulleiter in dem Roman *Nicholas Nickleby* (1838–39) von Charles Dickens (1812–1870).

49 John Bunyan: *The Pilgrim's Progress* (1678), hg. von James Blanton Wharey, 2. von Roger Scharrock bearbeitete Fassung (Oxford 1960), 155. Das Land

Beulah liegt in Bunyans Buch am Fuß des Berges Zion, auf dem sich die Himmlische Stadt befindet.
50 Engl. *heavily vanished.* Lewis borgt diese Formulierung aus Shakespeares Drama *The Tempest* (1611). Dort tritt in Akt 4, Szene 1 eine Reihe von Geistern auf, die dann auf eine Rede Prosperos hin mit Getöse wieder verschwinden.
51 «All things are taken from us, and become / Portions and parcels of the dreadful past» (Alfred Lord Tennyson. «The Lotos-eaters» [1832], Str. IV, Z. 9–10).
52 Ralph Waldo Emerson (1803–1882) war ein US-amerikanischer Philosoph und Schriftsteller. Lewis bezieht sich vermutlich auf die Aussage: «Es ist sehr unglücklich, aber zu spät, um daran etwas zu ändern; wir haben entdeckt, dass wir existieren. / It is very unhappy, but too late to be helped, the discovery we have made that we exist» (R.W. Emerson: *Essays. Second Series*, Boston 1844, 82).
53 Vgl. hierzu auch den Essay Nr. III,3 «Psychoanalyse und Literaturkritik» in diesem Band.
54 Vgl. hierzu auch den Essay Nr. III,9 «Eine Replik auf Professor Haldane» in diesem Band.
55 Der Rest dieses Vortrags, der ursprünglich vor dem «Oxford University Socratic Club» gehalten wurde (dessen Präsident C.S. Lewis war), ist nur in der Form von Notizen durch die Sekretärin des Socratic Club überliefert. Die Tatsache, dass Lewis der Veröffentlichung im «Socratic Digest» (Nr. 2, Juni 1944) zustimmte, belegt aber, dass er mit der Niederschrift seiner Ausführungen einverstanden war.
56 D.h. der Glaube, dass Gott menschliche Gestalt und menschliche Eigenschaften hat wie z.B. die Gottheiten der griechischen Mythologie.
57 Der Bahnhof Euston ist einer der Hauptbahnhöfe Londons. Lewis kam, wenn er von Oxford aus mit dem Zug nach London fuhr, normalerweise in diesem Bahnhof an.
58 Für die Begründung vgl. den Essay Nr. III,1 «Bluspels und Flalansferes» in diesem Band.
59 Das ist Immanuel Kants Begriff für die Welt des rein Geistigen, die sich hinter der Welt der Erscheinungen (d.h. der Erfahrung der Sinne) verbirgt.
60 «Man's reason is in such deep insolvency to sense» (Robert Bridges (1844–1930): *The Testament of Beauty* [1929], Buch I, Zeile 57).
61 Gott hat sich nach christlichem Glauben in Jesus Christus inkarniert: Er wurde Fleisch und damit ein Teil der Geschichte unserer Welt. Lewis schließt daher das irdische Handeln Jesu ausdrücklich von seiner Schlussfolgerung aus.
62 Dieser Vortrag wurde Ostern 1945 in Carmarthen/Wales bei der «Carmarthen Conference for Youth Leaders and Junior Clergy» vor einer Versammlung von anglikanischen Priestern und Jugendleitern der Kirche von Wales gehalten.
63 Lat. für: *auf den angezeigten Wegen.* Die Quelle ist möglicherweise die Vulgata-Fassung von Jer 6,16: «State super vias et videte, et interrogate de semitis antiquis quae sit via bona, et ambulate in ea. / Stellt euch an die Wege und haltet Ausschau, fragt nach den Pfaden der Vorzeit, fragt, wo der Weg zum Guten liegt; geht auf ihm.»
64 Vgl. Eph 4,14.
65 Mt 24,35; Mk 13,31; Lk 21,33.
66 «Ich fürchte die Danaer [= Griechen], auch wenn sie Geschenke bringen» (Virgil: *Aeneis*, Buch II, Zeile 49).
67 Penguin Books revolutionierte in den 1930er Jahren das englische Verlagswesen, indem es populärwissenschaftliche Bücher sowie preiswerte Taschenbuchausgaben von literarischen Klassikern herausbrachte und durch Kaufhäuser wie Woolworth vertrieb. Die Thinker's Library war eine von 1929 bis 1951 laufende Buchreihe der Rationalist Press Association, die der Verbreitung von materialistisch-rationalistischem Gedankengut diente.
68 Vgl. Hebr 13,8.
69 Dies war ein Plan zur Reformierung des britischen Sozialsystems; er wurde 1942 von Sir William Beveridge vorgestellt und bildete die Grundlage für den Aufbau der Sozialversicherungssysteme im Großbritannien der Nachkriegszeit, insbesondere des National Health Service.
70 In der von Walter Hooper herausgegebenen schriftlichen Fassung des Vortrags steht an dieser Stelle «missionary technique» (= «missionarische Methode»). Dies dürfte ein Fehler sein, weil dann der Gegensatz verschwinden würde, um den es Lewis hier geht. Gemeint ist vermutlich eine «edifying technique» (= «Methode der Erbauung»).
71 Royal Air Force (= die britische Luftwaffe).
72 Die Schlacht von Actium war eine Seeschlacht vor der Westküste Griechenlands: Octavian (der spätere Kaiser Augustus) besiegte am 2. September 31 v. Chr. seinen Konkurrenten Marcus Antonius und die ägyptische Königin Kleopatra und erlangte damit die Alleinherrschaft im Römischen Reich.
73 Griech. für: *Gottesfürchtige.* Dies war eine Gruppe von Heiden (also von Geburt keine Juden), die den einen jüdischen Gott anerkannten und nach seinen ethischen Geboten zu leben versuchten. Sie waren aber keine Proselyten, d.h. sie lehnten es ab, sich beschneiden zu lassen und offiziell dem jüdischen Glauben mit all seinen Gesetzesvorschriften beizutreten. Da das Urchristentum keine Beschneidung der Neugetauften und keine strikte Befolgung sämtlicher Vorschriften des jüdischen Gesetzes forderte, war es für die *metuentes* sehr attraktiv.
74 «Möge wahrhaft und gleichgültig Gerechtigkeit walten lassen» / «möge wahrhaft und unvoreingenommen». Lewis zitiert hier aus dem *Book of Common Prayer* in der Fassung von 1662, die in der anglikanischen Kirche bis heute in Gebrauch ist. 1927/28 hatte es einen Versuch einer zeitgemäßen

Überarbeitung gegeben, bei dem *indifferently* durch *impartially* ersetzt wurde.
75 Mt 27,26; Mk 15,15; Joh 19,1.
76 D.h. sie glauben nicht, dass der christliche Gott menschliche Gestalt und menschliche Eigenschaften bzw. Leidenschaften hat (wie z.B. die Götter in der griechischen Mythologie).
77 Griech. für: *pneuma*. Gemeint sind die Gaben des Hl. Geistes (vgl. 1Kor 14,12).
78 Lat. für: *Nicht allen ist alles möglich* (Virgil: *Eklogen*, Buch VIII, Zeile 63).
79 Vgl. hierzu auch den Vortrag Nr. II,3 «Vorstellung und Denken im Mittelalter» in diesem Band.
80 Mt 18,11–14; Lk 15,4–7.
81 Mt 1,19.
82 Lat. für: *Wunder*.
83 Lat. für: *entweder Gott oder ein schlechter/böser Mensch*.
84 Joh 8,3–8.
85 Lewis bezieht sich hier auf die 39 Artikel, mittels derer sich die Church of England 1571 in den Auseinandersetzungen der englischen Reformation selbst definierte; sie sind bis heute Teil des *Book of Common Prayer*. Eine deutsche Übersetzung von Artikel 18 lautet: «Auch diejenigen sind zu verdammen, welche zu behaupten wagen, ein jeder solle durch das Gesetz oder die Sekte, wozu er sich bekennt, selig werden, wenn er nur genau hiernach und nach dem natürlichen Licht gelebt habe, während doch die Heilige Schrift nur den Namen Jesu Christi verkündigt, in welchem die Menschen selig werden sollen.»
86 Lat. für: *bei allem Respekt*.
87 Engl. *thick* und *clear*. Der Unterschied zwischen den beiden Arten von Suppen ist, dass man bei der einen (z.B. klarer Gemüsebrühe) auf den Grund sehen kann und bei der anderen (z.B. bei dicker Bohnensuppe) nicht. Die Einteilung in «dick» und «dünn» erfolgt somit gemäß der rationalen Durchschaubarkeit eines Glaubens bzw. einer Glaubenspraxis.
88 Die «Ethical Church» ging zu Beginn des 20. Jahrhunderts in London aus der ethischen Bewegung hervor, die im 19. Jahrhundert in England als Reaktion auf den Rückgang der Religion entstanden war. Ihr Gründer Stanton Coit versuchte unter anderem, die anglikanische Kirche nach den Grundsätzen zeitgenössischer Wissenschaft und Psychologie zu reformieren und sie dabei von allem «Irrationalen» und allen «mythologischen» Ideen zu reinigen.
89 Lewis schreibt an dieser Stelle: «That is why we apologists take our lives in our hands.» Die Quelle ist vermutlich Psalm 119,109: «Though I constantly take my life in my hands, / I will not forget your law.» Die Einheitsübersetzung von 2016 gibt den Vers folgendermaßen wieder: «Mein Leben ist stets in Gefahr, doch deine Weisung habe ich nicht vergessen.»
90 Lat. für: *Lasst uns füreinander beten*.
91 «... wahrhaft und gleichgültig Gerechtigkeit walten lassen.» Lewis zitiert hier das *Book of Common Prayer* in der Fassung von 1662, die bis heute in der anglikanischen Kirche in Gebrauch ist.
92 Dt. *gleichgültig* bzw. *unvoreingenommen*. 1927/28 hatte es einen Versuch einer zeitgemäßen Überarbeitung des *Book of Common Prayer* gegeben, bei dem *indifferently* durch *impartially* ersetzt worden war: die von der Church of England genehmigte Neufassung wurde jedoch vom britischen Parlament abgelehnt.
93 Exakt dasselbe ist dem Übersetzer dieser Seiten erst vor kurzem in Deutschland passiert – mehr als fünfzig Jahre, nachdem Lewis diese Erfahrung notierte.
94 Lat. für: *vorgefasste*.
95 Lewis bezieht sich hier auf das, was zu Beginn der 1960er Jahre in England in Mode war.
96 Dieser Essay erschien ursprünglich als eine Einführung in: *J.B. Phillips' Letters to Young Churches. A Translation of the New Testament Epistles* (London 1947).
97 Die *King James Bible* oder *Authorized Version* wurde 1604–1611 im Auftrag von König Jakob I. von England (= King James I) für die anglikanische Kirche erstellt. Sie ist bis heute die weltweit einflussreichste englischsprachige Bibelausgabe.
98 «... *language such as men do use*» (Ben Jonson: *Every Man in his Humour* [1598], Prologue).
99 Dies wird auch als «Koine»-Griechisch bezeichnet; es war die Umgangssprache, in der man sich von etwa 300 v. Chr. bis ca. 600 n. Chr. im Mittelmeerraum international verständigte.
100 «Einfaches» Griechisch. Lewis spielt hier auf die vereinfachte Form der englischen Sprache namens *Basic English* an, die in den 1920er Jahren von dem Linguisten und Philosophen Charles Kay Ogden (1889–1957) entwickelt wurde. Sie sollte als Welthilfssprache dienen, d.h. als ein Mittel zur Kommunikation zwischen Menschen, die nicht dieselbe Muttersprache teilen.
101 Jesus predigte im aramäischen Dialekt seiner galiläischen Heimat, der von den Gebildeten im Jerusalem seiner Zeit als rau und primitiv empfunden wurde. Man geht davon aus, dass er das Koine-Griechisch seiner Zeit sprach, aber kein klassisches Griechisch.
102 1Kor 4,4. Im Englischen ergibt sich der Unterschied in der Bedeutung durch den Austausch eines einzigen Wortes: «*I know nothing against myself*» – «*I know nothing by myself*».
103 Joh 19,1.
104 Mt 27,29; Mk 15,20; Lk 22,63; 23,11 und 23,36.
105 Die Übersetzung des Neuen Testaments von James Moffatt (1870–1944) erschien 1913 und seine Übersetzung des Alten Testaments 1924; eine überarbeitete Fassung beider 1935.
106 Die Übersetzung des Neuen Testaments von Ronald A. Knox (1888–1957) erschien 1945 und seine Übersetzung des Alten Testaments 1949.

107 C.S. Lewis fügte diesen Text nachträglich als Brief XIIa in das Manuskrpit seines Buches *Letters to Malcolm* (dt. Titel: *Du fragst mich, wie ich bete*) ein, in dem er in der Form von (fiktiven) Briefen seine Gedanken zum Gebet zu Papier bringt. Als das Buch 1964 posthum erschien, war der Brief jedoch nicht mit enthalten; er wurde 2017 erstmals veröffentlicht. Im vorangehenden Brief XI erörtert Lewis ausgehend von den biblischen Grundlagen seine Haltung zum Bittgebet, woran sich dieser Exkurs zur Auslegung der biblischen Texte anschließt.

108 Alexander Roper «Alec» Vidler (1899–1991) war ein anglikanischer Theologe. Er gab u.a. die Zeitschrift «*Theology*» heraus (für die Lewis einige Essays schrieb) und war seit Mitte der 1950er Jahre Dekan des King's College in Cambridge (und somit quasi ein Kollege von Lewis). Bei seinem Versuch, den christlichen Glauben in einer modernen Zeit und Gesellschaft sprachfähig zu halten, war Vidler zunehmend bereit, traditionell christliche Aussagen als nicht mehr zeitgemäß aufzugeben – was Lewis seinerseits zunehmend mit Unbehagen erfüllte. Lewis erwähnt Vidler bereits in den Briefen VI und XI von *Du fragst mich, wie ich bete* und greift diesen Faden nun wieder auf.

109 Sophronius Eusebius Hieronymus (347–420) ist einer der großen Kirchenväter der Spätantike. Er ist der Verfasser der *Vulgata*, der lange Zeit in der katholischen Kirche maßgeblichen lateinischen Übersetzung der Bibel, und schrieb zudem viele Kommentare zu biblischen Schriften. Johannes Calvin (1509–1564) gilt als einer der großen frühen Reformatoren. Er lehnte die mittelalterliche Form der allegorischen Bibelauslegung ab und versuchte, die biblischen Texte aus ihrem historischen, grammatischen und gattungsgeschichtlichen Kontext heraus zu verstehen.

110 Griech. für: *Gotteserscheinung.*

111 *Piers Plowman* ist ein in der 2. Hälfte des 14. Jh. verfasstes Gedicht von William Langland (ca. 1330–1387); *The Faerie Queene* (1590–1596) ist ein Werk von Edmund Spenser (ca 1552–1599). Bei beiden Büchern ist die Entstehungsgeschichte in der Wissenschaft umstritten.

112 D.h. es gibt Stellen in alten Dokumenten, bei denen die existierenden Textzeugen es aufgrund von Abschreibefehlern oder anderen Vorgängen im Überlieferungsprozess unmöglich machen, einer Textpassage einen Sinn abzugewinnen.

113 Englische Satirezeitschrift, die von 1841–1992 herausgegeben wurde.

114 C.S. Lewis hatte am Abend des 19. September 1931 ein langes Gespräch mit seinen Freunden Hugo Dyson und J.R.R. Tolkien, das sich bis 4.00 Uhr (Tolkien war gegen 3.00 Uhr gegangen) hinzog. Dieses Gespräch brachte ihn zum Glauben an Christus. Dies geschah am Montag, dem 28. September 1931, als sein Bruder Warren ihn im Beiwagen seines Motorrades zum Whipsnade-Zoo in der Nähe von Oxford mitnahm. Später schrieb Lewis über diese Fahrt: «Als wir abfuhren, glaubte ich nicht, daß Jesus Christus Gottes Sohn ist, und als wir den Zoo erreichten, glaubte ich es. Aber ich hatte während der ganzen Fahrt nicht nachgedacht, noch war ich in starker Erregung gewesen. [...] Es war mehr, wie wenn ein Mensch, der nach langem Schlaf noch reglos im Bett liegt, merkt, daß er wach ist» (C.S. Lewis: *Überrascht von Freude*, 199). Diese Passagen aus seinen Briefen zeigen, wie Lewis den neu gewonnenen Glauben reflektiert und zu deuten versucht.

115 Lewis bezieht sich auf die ersten Wochen nach der Anerkennung eines personalen Gottes (Theismus) im Sommer 1930, die er offenbar besonders intensiv erlebt hat. Sein Jugendfreund Arthur Greeves, an den dieser Brief gerichtet ist, durchlief zur selben Zeit eine ähnliche Entwicklung.

116 Gemeint ist die Zeit seit Lewis' Anerkennung eines personalen Gottes im Jahr zuvor.

117 Lewis hatte hier möglicherweise seine eigenen (vergeblichen) Bemühungen vor Augen, seinen Bruder Warren davor zu bewahren, zum Alkoholiker zu werden.

118 «Neun Nächte hing ich am Baum, verwundet durch den Speer als eine Opfergabe an Odin, ich, geopfert an mich selbst» («Hávamal», Nr. 138; die Hávamal ist eine Sammlung von altnordischen Maximen oder Strophen aus dem 9. Jahrhundert, bekannt auch als *Ältere Edda*). Lewis hatte dieses Zitat seinem langen narrativen Gedicht «Dymer» vorangestellt, das er 1922–1926 schrieb – Jahre, bevor er zum Glauben an einen personalen Gott oder gar ans Christentum kam.

119 Lewis hatte 1924 seine akademische Karriere als Tutor für Philosophie begonnen. Er wechselte zwar 1925 in die englische Literaturwissenschaft, die Betreuung von Philosophiestudierenden gehörte aber für viele Jahre weiter zu seinen Aufgaben.

120 Cecil Harwood (1898–1975) war ein Studienfreund von C.S. Lewis.

121 Der französische Philosoph René Descartes (1596–1650) argumentiert in der fünften seiner berühmten *Meditationen* (1641), eine solche Vorstellung eines vollkommenen Wesens könne dem Menschen nur von Gott selbst eingegeben worden sein.

122 Engl. *Thistle-Bird* (dt. wörtlich: Distel-Vogel); dies war vermutlich der Spitzname der Brüder Lewis für Reverend Henry Edward Bird, der 1924–1946 Vikar in Lewis' Wohnort Headington war und manchmal in dessen Pfarrkirche Holy Trinity predigte.

123 «*Your mither's God's a graspin' deil, the shadow o' yoursel'*» (Rudyard Kipling [1865–1936]: «McAndrew's Hymn» [1894], Zeile 63).

124 «The Land East of the Sun and West of the Moon» ist ein Gedicht von William Morris (1834–1896) aus dessen Gedichtzyklus *The Earthly Paradise* (1868/70).

125 Lewis beschreibt hier das Ergebnis, zu dem er im Durchdenken seiner eigenen Erfahrung von «Joy» gekommen war: dass Gott der wahre Gegenstand seiner Sehnsucht sein musste (vgl. C.S. Lewis: *Überrascht von Freude*, Kapitel 14: «Schachmatt»).
126 Lewis spielt hier vermutlich auf das Gedicht «Endymion» (1818) des britischen Dichters John Keats (1795–1821) an, in dem dieser den griechischen Mythos von Endymion verarbeitete. In Keats' Gedicht wandert Endymion auf der Suche nach der Erfüllung seiner Liebe sowohl durch die Unterwelt als auch auf dem Meeresgrund, kann dort aber keine Sicherheit und Dauer erlangen.
127 Frederick Lucius O'Brien (1896–1974) war ein Cousin und Freund von Arthur Greeves. Er war ein Angehöriger der englischen Sekte der Quäker.
128 Diese Auffassung vertritt Lewis gut fünfzehn Jahre später auch in «Moderne Bibelübersetzungen», dem Essay Nr. I,11 in diesem Band.
129 George MacDonald (1824–1905) war ein schottischer Schriftsteller und Theologe, dessen fantastische Werke (*Phantastes* [1858], *The Princess and the Goblin* [1872], *Lilith* [1895] u.a.) Lewis halfen, zu einer sakramentalen Sicht der gesamten Wirklichkeit zu gelangen.
130 Franz. für: *im eigentlichen Sinn.*
131 John Stuart Mill (1806–1873) war ein britischer Philosoph, Politiker und Ökonom. Er war ein Vertreter des Utilitarismus (d.h. des Nutzenprinzips in der Ethik) und einer der einflussreichsten sozialen Reformer des 19. Jahrhunderts.
132 Lewis verwendet die Formulierung «*women of the town*», die er vermutlich dem Gedicht «The Women of the Town» des australischen Dichters Henry Lawson (1867–1922) entlehnt.
133 Lat. für: *auf Treu und Glauben.*
134 Der Text ist ein Auszug aus einem Brief von C.S. Lewis an seinen Studienfreund Owen Barfield von August 1939.
135 Vgl. Mt 4,1–11.
136 Lat. für *das Bewirken von Wundern.*
137 Homer: *Ilias*, Buch 22,105. «Scheu ich Trojas Männer und saumnachschleppende Weiber». Hektor klagt sich hier selbst an, dass es ihm nicht gelungen ist, Troja den Sieg zu bringen.
138 John Dryden (1631–1700): «A Song for St. Cecilia's Day» (1687), Strophe 3, Z. 8. «Greift an, greift an, es ist zu spät zum Rückzug!»
139 Lat. für: *Lebensüberdruss.*
140 «Dost thou not see my baby at my breast, / That sucks the nurse asleep?» (William Shakespeare: *Antony and Cleopatra* [1606], Akt V, Szene 2, Zeile 310f.). «Siehst du den Säugling nicht an meiner Brust / In Schlaf die Amme saugen?»
141 Aus Lewis' eigenem Gedicht «Dymer» von 1926, Canto IX,25. «Das Schiff gleitet unter dem grünen Bogen des Friedens.»
142 «... many a time / I have been half in love with easeful Death» (John Keats: «Ode to a Nightingale» [1820], VI,2).
143 William Shakespeare: *Der Sturm* (1611), I,ii, Zeile 274–277. Ariel wurde von Sycorax allerdings in einer Pinie eingesperrt; Lewis scheint dies mit Prosperos Drohung verwechselt zu haben, Ariel in einer Eiche einzusperren (vgl. ebd., II, Zeile 294–296).
144 Immanuel Kants Begriff für die Welt des rein Geistigen, die sich hinter der Welt der Erscheinungen (d.h. des unserer Sinneserfahrung zugänglichen Bereichs) verbirgt.
145 Gemäß der griechischen Mythologie war Apollon für neun Jahre aus dem Olymp verbannt und hatte während dieser Zeit Admetos (bzw. Admetos), dem König von Pherai in Thessalien im Norden Griechenlands, zu dienen.
146 Lat. für: *entweder Gott oder ein schlechter (böser) Engel.* Lewis' Kritik bezieht sich vermutlich auf die Angelologie der Anthroposophen, zu denen sein Freund und Briefpartner Owen Barfield gehörte. Nach anthroposophischer Lehre gibt es im Kosmos eine abgestufte Rangfolge von Hierarchien (= Engeln), die zwischen Gott und der Erde vermitteln.
147 Lat. für: *entweder Gott oder ein schlechter (böser) Mensch.* Die genaue Quelle dieser Formulierung ist nicht bekannt, das Argument existiert in der christlichen Apologetik aber schon sehr lange. Bereits der spätrömische Autor Gaius Marius Victorinus (290–364) argumentiert im 4. Jh. auf diese Weise.
148 Der Text ist ein Auszug aus einem Brief von C.S. Lewis an seinen Jugendfreund Arthur Greeves vom 12. September 1933.
149 Der Gedanke, dass Gott kein ihm gleichrangig gegenüberstehendes Gegenteil hat, ist seit der Spätantike Bestandteil der neoplatonischen Tradition. Lewis gibt hier keine Quelle an, seine Argumentation erinnert aber an Nikolaus von Kues' (1401–1464) Lehre von der *coincidentia oppositorum*, nach der alle irdischen Gegensätze im unendlichen Gott zusammenfallen (vgl. Nikolaus von Kues: *De docta ignorantia* [1440]).
150 Dies ist eine Kombination von Jak 1,17 und 1Joh 1,5.
151 «... the all-pardoning, all-punishing Father» (George MacDonald [1824–1905]: *What's Mine's Mine* [1886], Kapitel 20).
152 In J.M. Barries (1860–1937) Bühnenstück «Mary Rose» (1920) verschwindet ein Mädchen von einer schottischen Insel und kehrt nach drei Wochen zurück, ohne ein Bewusstsein dessen zu haben, dass zwischendurch irgendwelche Zeit vergangen ist. Dasselbe wiederholt sich noch einmal bei der erwachsenen Mary Rose (nun eine junge Mutter), diesmal aber für mehrere Jahrzehnte. Die Zeit erscheint in diesem Stück als ein Gegner von Unschuld und dauerhaftem Glück, und die Vorstellung, es könne ein uns für ge-

wöhnlich verschlossenes Land geben, das von ihrem Verstreichen unberührt bleibt, wirkt sehr verlockend.
153 «None but God hates evil and understands it» (George MacDonald: *Lilith* [1895], Kapitel 39).
154 Lewis' Bruder Warren war einige Tage zuvor (wieder einmal) zum Ausnüchtern in ein Pflegeheim gebracht worden; er war seit Jahren Alkoholiker.
155 «Diese Frau aber, die eine Tochter Abrahams ist und die der Satan schon seit achtzehn Jahren gefesselt hielt, sollte am Sabbat nicht davon befreit werden dürfen?»
156 Jesus sagt hier zu Saulus, der die ersten Christen verfolgt, es sei er selbst, den Saulus verfolgt.
157 «Jetzt freue ich mich in den Leiden, die ich für euch ertrage. Ich ergänze in meinem irdischen Leben, was an den Bedrängnissen Christi noch fehlt an seinem Leib, der die Kirche ist.»
158 Charles Williams (1886–1945), Mitglied der Inklings und Freund von Lewis, der die Theorie *und* Praxis der Stellvertretung in den Mittelpunkt seines christlichen Denkens gestellt hatte. Lewis verwendet diese Formel mehrfach, um die Stellvertretungslehre seines Freundes zu kennzeichnen.
159 Als Jesus von der Krankheit des Lazarus erfuhr, antwortete er: «Diese Krankheit führt nicht zum Tod, sondern dient der Verherrlichung Gottes. Durch sie soll der Sohn Gottes verherrlicht werden» (Joh 11,4).
160 Engl. «Christian Science». Von Mary Baker Eddy 1875 in den USA gegründete christliche Sekte (dt. «Christliche Wissenschaft»). Die Sekte vertritt unter anderem einen radikalen philosophischen Idealismus, wonach die Wirklichkeit durch und durch spirituell ist und die materielle Realität eine Illusion. Krankheiten werden daher nicht als Störungen des menschlichen Organismus gesehen, sondern als geistige Fehlhaltungen, die sich durch spezielle Gebete korrigieren lassen.
161 C.S. Lewis hatte Joy Gresham am 21. März 1957 kirchlich geheiratet. Die Trauung fand an ihrem Krankenbett im Hospital statt, da Joy unheilbar an Knochenkrebs erkrankt war; die Ärzte gaben ihr nur noch ein paar Wochen. Father Peter Bide (1912–2003), ein ehemaliger Schüler und Freund von Lewis, vollzog die Zeremonie, legte Joy die Hände auf und betete für sie um Besserung.
162 Lewis schrieb diese Zeilen, nachdem der Knochenkrebs bei seiner Frau Joy zurückgekehrt war und die Ärzte ihnen keine Hoffnung mehr machten, dass er noch einmal zum Stillstand zu bringen sei. Joy starb im Juli des darauffolgenden Jahres.
163 C.S. Lewis: *Über den Schmerz* (Gießen 2007). Joads Anfrage ist in dem Essayband *God in the Dock* zusammen mit Lewis' Antwort abgedruckt (vgl. C.S. Lewis: *God in the Dock*, 161–171).
164 Lat. für: *auf den ersten Blick.*
165 «... the easy speeches / That comfort cruel men» (G.K. Chesterton: «A Hymn» [1906], Zeile 11f.).
166 Lat. für: *um des Argumentes willen.*
167 C.S. Lewis: *Über den Schmerz*, 142.
168 Lady Julian of Norwich (um 1342–nach 1413): *Sixteen Revelations of Divine Love*, Kapitel xxvii.
169 Jacques Loeb (1859–1924), deutsch-amerikanischer Biologe und einer der Begründer der experimentellen Forschung in der Biologie (Physiologie).
170 Auch heute noch geht man in der Biologie davon aus, dass das Großhirn (bzw. die Großhirnrinde) bei Wirbeltieren die physiologische Grundlage für das Vorhandensein von Bewusstsein ist. Fehlt das Großhirn bzw. ist es irreversibel zerstört (wie bei Hirntoten), so sind die Betreffenden nach gängiger medizinischer Meinung zu keiner (Schmerz-)Empfindung in der Lage.
171 Lat. für: *Schönheit, so alt und so neu* (Augustinus: *Confessiones*, Buch X, Kapitel 27).
172 Die Unterscheidung zwischen einem Wissen aus eigener innerer Erfahrung (*connaître*) und einem Wissen durch Beobachtung von außen (*savoir*) ist eine Anwendung der Unterscheidung zwischen einem «Sehen *entlang*» von etwas und einem «Sehen *auf*» etwas; vgl. Text Nr. I,2 «Meditation in einem Geräteschuppen» in diesem Band.
173 Vgl. Kapitel II,1 der *Broadcast Talks* (1942; dt. in Kapitel II,1 von *Pardon, ich bin Christ*) sowie Kapitel V von *Miracles* (1947; dt. *Wunder*).
174 Percy Bysshe Shelley (1792–1822), englischer Dichter, dessen Atheismus nicht zuletzt eine Folge seiner Verzweiflung an der Theodizeefrage war. Prometheus ist eine Gestalt der griechischen Mythologie, die sich zum Wohl der Menschen gegen die Grausamkeit und Willkür der Götter auflehnt und von diesen dafür bestraft wird.
175 Lat. für: *von Rechts wegen.*
176 Alfred Lord Tennyson (1809–1892): «Despair», xix, 106.
177 Gemeint sind jene Länder, deren Sprachen ursprünglich auf das Lateinische zurückgehen, z.B. Spanisch, Portugiesisch, Französisch und Italienisch.
178 CSL: «Vivisection as a Sign of the Times», in: *The Works of Lewis Carroll*, hg. von Roger Lancelyn Green (London 1965), 1084–1092. Vgl. auch «Some Popular Fallacies about Vivisection», ebd., 1092–1100.
179 CSL: Shakespeare: *Cymbeline*, I,v, 19–20.
180 CSL: Ebd., I,v, 23.
181 CSL: *Johnson on Shakespeare. Essays and Notes. Selected and Set Forth with an Introduction by Sir Walter Raleigh* (London 1908), 181.
182 Der Utilitarismus (von lat. *utilitas*, dt. Nutzen) ist eine ethische Theorie, die davon ausgeht, dass eine Handlung dann moralisch richtig ist, wenn sie das größte Glück für die größte Zahl (Jeremy Bentham) ermöglicht, d.h. wenn sie die Summe des Wohlergehens aller Betroffenen maximiert. Absolut umoralische Handlungen (wie etwa für Kant die Behandlung eines Menschen als bloßes Mittel zu einem ihm frem-

den Zweck) gibt es im Utilitarismus nicht, weshalb es passieren kann, dass das Wohlergehen und Leben Einzelner dem Wohlergehen der Vielen geopfert wird.

183 Die epische Allegorie *The Faerie Queene* (1590) ist das (unvollendete) Hauptwerk von Edmund Spenser (1552–1599) und eines der bedeutendsten Werke der englischen Literaturgeschichte.

184 Lat. für: *Bedeutung*.

185 Spenser: *The Faerie Queene*, VI. v–vi.

186 John Bunyan (1628–1688), Autor des allegorischen Gedichtes *The Pilgrim's Progress* (1678).

187 Hiermit meint Lewis sich selbst und seine nach dem Vorbild von *The Pilgrim's Progress* gestaltete Allegorie *The Pilgrim's Regress* (dt. Titel *Das Schloss und die Insel*, Basel 2010).

188 Moliére: *Tartuffe* (1664), Akt IV, Szene 1.

189 Lat. für: *Lebensregel*.

190 «... laid in easy bed» by «meek Obedience» (Spenser: *The Faerie Queene*, I,x, 17).

191 Lat. für: *das Gleiche im Anderen*.

192 Guillaume de Digulleville (1295 – ca. 1358), französischer Zisterziensermönch und Autor des Gedichts «Le Pèlerinage de la Vie Humaine».

193 Dies sind zwei Figuren aus *The Faerie Queene*, die durch ihre Laster per Kontrast die wahre Religion aufscheinen lassen (vgl. Spenser: *The Faerie Queene*, III, x-xxv).

194 Nummer 28 der 39 Artikel der Church of England von 1571 stellt fest, dass die katholische Lehre von der Transsubstantiation «die Natur eines Sakramentes verkehrt (*overthroweth the nature of a Sacrament*)».

195 Die *High Church* ist eine Strömung in der anglikanischen Kirche, die mit ihrem sakramentalen Kirchen- und Liturgieverständnis der katholischen Kirche nahesteht. Ihr historisches Gegenstück ist die *Low Church*, die der reformierten Tradition nähersteht, einen sakramentalen Kirchenbegriff ablehnt und auch sonst den Sakramenten wenig Gewicht beimisst. Der *Kongregationalismus* entstand ursprünglich in der anglikanischen Kirche durch Einflüsse Calvins und Zwinglis. Hier lag das Hauptaugenmerk auf der Autonomie der einzelnen Gemeinden, was nicht selten in der Ablehnung der Staatskirche und somit der Lossagung von der anglikanischen Kirche mündete.

196 Lat. für: *kräftiges Sündigen*. Martin Luther schreibt in einem Brief an Philipp Melanchthon vom August 1521: «Esto peccator et pecca fortiter, sed fortius fide et gaude in Christo, qui victor est peccati, mortis et mundi! / Sei ein Sünder und sündige kräftig, aber glaube noch stärker und freue dich in Christus, welcher der Sieger ist über die Sünde, den Tod und die Welt!»

197 Lat. für: *das hinterlegte Glaubensgut* (= der Kernbestand des christlichen Glaubens).

198 Lat. für: *zu glaubende Lehren*.

199 Lewis gebraucht den Ausdruck *Mere Christianity*, der ihm als Titel für ein ganzes Buch diente (dt. erschienen als *Christentum schlechthin* bzw. *Pardon, ich bin Christ*).

200 Lat. für: *dem Klerus/dem Volk*.

201 Vgl. Mk 16,18.

202 Der Text ist Lewis' Antrittsvorlesung auf dem neu für ihn eingerichteten Lehrstuhl für Literatur des Mittelalters und der Renaissance am 29. November 1954 in Cambridge.

203 CSL: J. Seznec: *La Survivance des dieux antiques* (London 1940), trans. B.F. Sessions (Kingsport, Tennessee 1953), 3.

204 CSL: J.M. Berdan: *Early Tudor Poetry* (New York 1920).

205 Dies ist ein ironischer Seitenhieb auf die Oxforder Universität (d.h. die Stätte seiner bisherigen akademischen Tätigkeit), die von Cambridge aus gesehen im Westen liegt.

206 CSL: In Comparettis *Vergil in the Middle Ages* (London 1595, übers. E.F.M. Benecke, 241) kontrastiert eine köstliche Passage das Mittelalter mit «normaleren Perioden der Geschichte».

207 CSL: G.M. Trevelyan: *English Social History* (London 1944), 92.

208 «Come, blessèd barrier between day and day» (William Wordsworth: «To Sleep» [1806], Zeile 13).

209 Lewis meint vermutlich den britischen Romanautor Samuel Richardson (1689–1761).

210 *The Waves* (dt. *Die Wellen*) von 1931 gehört zu den sogenannten «experimentellen» Romanen von Virginia Woolf. In ihm werden die einer Gruppe von Personen gewidmeten Episoden (die jeweils als zeitlich nicht fixierte Momenteindrücke aus der Ich-Perspektive vorgetragen werden) durch kursiv gedruckte Zwischenspiele unterbrochen, die Impressionen von Tagen an der Küste im Wechsel der Jahreszeiten wiedergeben.

211 CSL: Isidor von Sevilla (ca. 560–636): *Etymologiarum*, hg. von. W.M. Lindsay; 2 Bände, (Oxford 1911), V, XXXIX.

212 Oswald Spengler (1880–1936) hatte in seinem Werk *Der Untergang des Abendlandes* (1918–1922) eine pessimistische (und streng deterministische) Kulturgeschichte des Abendlandes gezeichnet, die notwendig im Untergang endet. Arnold Toynbee (1889–1975) setzte dem in seinem ursprünglich zehnbändigen Werk *A Study of History* (1934/54) eine evolutionäre (und dadurch prinzipiell ergebnisoffene) Sicht der Geschichte entgegen.

213 Lewis kritisiert in seinem Essay «Historizismus» ausführlich die Ansicht, «der Mensch könne durch Anwendung seiner natürlichen Fähigkeiten einen innern Sinn im Ablauf der Geschichte entdecken» (C.S. Lewis: *Was der Laie blökt. Christliche Diagnosen*, Einsiedeln 1977, 51).

214 Der Niedergang des Römischen Reiches endete 476 mit der Absetzung des letzten weströmischen Kaisers Romulus Augustulus; die Hauptzeit der Völkerwanderung liegt zwischen dem Einfall der Hunnen in Europa um 375/376 und dem Einfall der Langobarden in Italien 568; in Rom war das Christentum 380 zur Staatsreligion geworden, ab 432 missioniert der hl. Patrick in Irland, mit der Taufe des Merowingerkönigs Chlodwig 498/499 wird das gesamte Frankenreich christlich.

215 Edward Gibbon (1737–1794), englischer Historiker; sein sechsbändiges Werk *The History of the Decline and Fall of the Roman Empire* (dt. Titel: *Verfall und Untergang des Römischen Reiches*) erschien 1776–1788 und gilt als ein grundlegendes Werk der modernen Geschichtsschreibung.

216 Der römische Dichter und Epiker Virgil (70–19 v. Chr.) ist einer der wichtigsten Autoren der klassischen lateinischen Antike; «Beowulf» (nach 700 entstanden und um 1000 schriftlich dokumentiert) ist ein frühmittelalterliches angelsächsisches Heldengedicht; das im 9. Jahrhundert entstandene «Hildebrandslied» ist das älteste erhaltene germanische Heldengedicht.

217 *The Waste Land* (dt. *Das wüste Land*) (1922) von T.S. Eliot (1888–1965) verwendet die Technik des Bewusstseinsstroms, d.h. es präsentiert eine scheinbar ungeordnete Folge von Gedanken, wie sie den betreffenden Figuren in den Sinn kommen. Das epische Gedicht «Anathémata» (1952) wurde von seinem Autor David Jones (1895–1974) als eine freie Assoziation dessen beschrieben, was ihm während einer katholischen Messfeier durch den Kopf ging.

218 CSL: Bei beiden Prozessen ist nicht sicher, dass sie, wenn wir sie *sub specie aeternitatis* (Lat. für: *unter dem Gesichtspunkt der Ewigkeit*) sehen könnten, mehr Bedeutung hätten als für den Kulturhistoriker. Wie viel christliches (d.h. bußfertiges und wiedergeborenes) Leben ein Zeitalter jenseits seiner «christlichen Kultur» aufweist, kann kein Sterblicher beurteilen.

219 Vgl. hierzu auch den Essay Nr. II,8 «Eine Weihnachtspredigt für Heiden» in diesem Band.

220 CSL: Pausanias (ca. 115–180): *De Descriptione Graeciae*. II 37.2.

221 Von griech. *epithalamion* (dt. *Schlafgemach*): Gelegenheitsgedicht für eine Hochzeit.

222 Lat. für den breiten Purpurstreifen an der Toga römischer Senatoren als Zeichen ihres Amtes.

223 Eine Krone aus Olivenzweigen war in der Antike der Preis für die Sieger der olympischen Spiele.

224 Gilbert Ryle (1900–1976) war ein einflussreicher Vertreter der analytischen Philosophie; er lehrte von 1945 an in Oxford an Lewis' eigenem Magdalen College. Thomas Browne (1605–1682) war ein englischer Philosoph und Dichter. Papst Gregor der Große (um 540–604) war einer der vier großen lateinischen Kirchenväter der Spätantike; Virgil (70–19 v. Chr.) gilt als einer der wichtigsten Autoren der klassischen lateinischen Antike.

225 Lucius Annaeus Seneca (ca. 1–65 n. Chr.) war ein römischer Philosoph, Dichter und Staatsmann; Samuel Johnson (1709–1784) ein englischer Universalgelehrter und Dichter; sein Leben ist vor allem durch die Aufzeichnungen seines Freundes James Boswell bekannt. Robert Burton (1577–1640) war ein englischer Schriftsteller und anglikanischer Geistlicher; der österreichische Arzt und Psychologe Sigmund Freud (1856–1939) ist der Begründer der modernen Psychoanalyse.

226 Lat. für: *Schriftrolle*.

227 Chrétien de Troyes (ca. 1140–1190) gilt als Begründer der Gattung des Höfischen Romans; das «Rolandslied» (fr. «Chanson de Roland») (geschrieben zwischen 1075 und 1110) ist ein altfranzösisches Versepos; «Lancelot» oder «Vulgata-Zyklus» ist der Titel von fünf höfischen Prosatexten, die im 12. oder frühen 13. Jahrhundert verfasst wurden; sie handeln von der Suche nach dem «Heiligen Gral» und der Liebesgeschichte zwischen Lancelot und Guinevere.

228 Das von Nikolaus Kopernikus in *De revolutionibus orbium coelestium* (1543) vorgestellte heliozentrische Weltbild fand seine physikalische Bestätigung in Isaac Newtons *Philosophiae Naturalis Principia Mathematica* (1687), die zum ersten Mal eine einheitliche Theorie der Gravitation formulierten. René Descartes (1596–1650) reduzierte in seinen philosophischen Werken das Wesen materieller Körper auf ihre räumliche Ausdehnung und schuf damit die Grundlage für eine rein mechanische Sicht der Natur. Die Royal Society ist eine 1660 gegründete (und heute noch bestehende) britische Vereinigung zur Pflege der Naturwissenschaften.

229 Samuel Johnson: *Life of Milton* (1779–1781), *with introduction and Notes by F. Ryland* (London 1894), 11.

230 Lewis benutzt hier ein unübersetzbares Wortspiel mit Darwins Theorie der gemeinsamen evolutionären Vorfahren von Mensch und Affe (engl. *monkey*): «To monkey around» bedeutet im Englischen auch so viel wie «an etwas herumfummeln» oder «sich an etwas zu schaffen machen».

231 Jane Austen (1775–1817) war eine britische Schriftstellerin, deren Romane wie *Stolz und Vorurteil* und *Emma* zu den Klassikern der englischen Literatur gehören. Sir Walter Scott (1771–1832) war ein schottischer Schriftsteller, dessen Buch *Waverley* (1814) als der erste historische Roman der abendländischen Literaturgeschichte gilt.

232 Scott ließ *Waverley* bis 1831 mehr als 20 weitere historische Romane folgen, die zur populärsten Literatur ihrer Zeit gehörten. *Persuasion* (dt. *Überredung*) von 1817 ist der letzte vollständige Roman Jane Austens.

233 Englische Satirezeitschrift, die von 1841–1992 herausgegeben wurde und nicht zuletzt durch ihre Karikaturen die englische Kultur des 20. Jh. mit prägte.

234 Engl. «Government by Advertisement».

235 «A Collect for Peace» aus dem anglikanischen *Book of Common Prayer*.

236 Vgl. C.S. Lewis: *English Literature in the Sixteenth Century excluding Drama* (Oxford 1954), 50.
237 Lat. *aequivocus* (gleichlautend), d.h. man verwendet dasselbe Wort, meint aber nicht dasselbe.
238 Die alexandrinische Dichtung des 3. bis 1. Jahrhunderts v. Chr. war der Versuch, in Alexandria (Ägypten) an die klassische griechische Dichtung früherer Jahrhunderte anzuknüpfen. Sie setzte eine reiche Kenntnis der Texte und literarischen Formen voraus, die man imitierte.
239 Skaldische oder altnordische Dichtung ist eine Form der Stabreimdichtung, die in der Wikingerzeit (ca. 800–1066) vorwiegend in Norwegen und Island in Gebrauch war. Als *kenna* (Pl. *Kenningar*) bezeichnet man dabei das Stilmittel einer poetischen Umschreibung von Begriffen (z.B. Abendsonne = Schwester des Mondes).
240 John Donne (1572–1631) war ein englischer Dichter, der in seiner erotischen Liebeslyrik sehr unkonventionelle Metaphern verwendete. Die *Lyrischen Balladen*, die William Wordsworth (1770–1850) im Jahr 1798 gemeinsam mit Samuel Taylor Coleridge (1772–1834) herausbrachte, gelten als Ursprung der englischen Romantik.
241 CSL: Die Dokumentation des Symposiums über T.S. Eliots Gedicht «A Cooking Egg» (1920) findet sich in der von F.W. Bateson herausgegebenen Zeitschrift «Essays in Criticism», Nr. III (Juli 1953), 345–357.
242 CSL: In der Musik gibt es Stücke, die mehr Talent vom Aufführenden als vom Komponisten verlangen. Warum sollte nicht auch eine Zeit kommen, in der die Kunst des Schreibens niedriger steht als die des Lesens? Natürlich würden konkurrierende Weisen des Lesens dann nicht mehr «richtig» oder «falsch» sein, sondern zu mehr oder weniger brillanten «Aufführungen» werden.
243 Das «Gilgamesch-Epos» ist eine Gruppe von Texten, die von Gilgamesch, dem König von Uruk (im Reich der Sumerer), handeln. Diese Texte gelten als die früheste erhaltene Dichtung der Welt; die ältesten Teile reichen bis ins 18. Jahrhundert v. Chr. zurück.
244 Der Ausdruck «Jeremiade» bezieht sich auf das biblische Buch der Klagelieder, das traditionell dem Propheten Jeremia zugeschrieben wird. Das Buch beklagt die Zerstörung Jerusalems durch die Babylonier (586 v. Chr.) und führt sie auf den moralischen Verfall Israels zurück.
245 Der römische Dichter Horaz (65–8 v. Chr.) beschreibt in seinem «Carmen Saeculare» (einem Loblied auf Kaiser Augustus) das Schlachten eines solchen milchweißen Stiers zum Wohl des Volkes. Westminster Hall ist die große Repräsentationshalle des britischen Parlaments.
246 Vgl. hierzu auch den Essay Nr. II,8 «Eine Weihnachtspredigt für Heiden» in diesem Band.
247 Vgl. Nr. II,4 «Vom Modellcharakter aller Weltbilder» in diesem Band. «Hyperion» (1818/19) ist ein Fragment gebliebenes Gedicht von John Keats (1795–1821). Richard Wagner (1813–1883) schrieb die ersten Entwürfe für seinen «Nibelungen-Zyklus» bereits 1848, also mehr als zehn Jahre vor Veröffentlichung von Darwins *Die Entstehung der Arten* (1859).
248 Die für gewöhnlich Homer zugeschriebene *Ilias* beschreibt den Trojanischen Krieg und gilt als eines der prägenden Werke der europäischen Kulturgeschichte; ihre Entstehung wird in das 8. oder 7. Jahrhundert v. Chr. datiert.
249 Dante Alighieri (1265–1321) war einer der bedeutendsten Dichter des Mittelalters. Seine *Göttliche Komödie* gilt als ein Meisterwerk der Literaturgeschichte.
250 CSL: Für ihre Identität siehe Comparetti: *Virgilio nel Medio Evo*, hg. von G. Pasquali (Florenz 1943), xxii. Ich verdanke diesen Hinweis Mr. C.G. Hardie.
251 CSL: Wie meine Beispiele zeigen, können solche Missdeutungen durchaus ihrerseits von imaginativem Wert sein. Hätte es keine romantischen Verzerrungen des Mittelalters gegeben, so hätten wir kein «Eve of St Agnes» [= ein Gedicht von John Keats aus dem Jahr 1819]. Es gibt Raum sowohl für eine Würdigung der eingebildeten Vergangenheit als auch für eine Wahrnehmung ihrer Verschiedenheit von der echten Vergangenheit; wenn wir aber nur Ersteres wollen, warum dann eine Universität besuchen? (Das Thema verdient eine weitaus umfassendere Behandlung, als ich sie ihm hier zukommen lasse.)
252 CSL: Henry More (1614–1687): *A Collection of several Philosophical Writings* (Cambridge 1662).
253 Lewis verwendet hier die Formulierung «dragged its slow length», die er bei Alexander Pope entlehnt: «A needless Alexandrine ends the song / That, like a wounded snake, drags its slow length along» (Alexander Pope: *An Essay On Criticism* [1711], II, 355–356).
254 CSL: Die Werke des Aristoteles beginnen im 12. Jahrhundert in lateinischen Übersetzungen bekannt zu werden (ihrerseits oft zurückgehend auf arabische Übersetzungen).
255 Seit der Antike war bekannt, dass die Gestirne sich nicht exakt auf Kreisbahnen um die Erde bewegen. Aufgrund der Ungleichheit der Jahreszeiten nahm der griechische Astronom Hipparch (190–125 v. Chr.) eine *Exzenter*stellung der Erde an (d.h. die Erde saß nicht genau im Zentrum der kreisförmigen Sonnenbahn). Dass sich die Planeten auf ihrer Bahn um die Erde teilweise rückwärts bewegen, erklärt Apollonius schon 200 v. Chr. dadurch, dass die Planeten auf ihrer großen Kreisbahn um die Erde (= *Deferent*) noch einmal ihrerseits kleine Kreise (= *Epizykel*) beschreiben.
256 «To save appearances» (John Milton, *Paradise Lost*, Buch VIII, Zeile 82).
257 CSL: Thomas von Aquin (1225–1274), *Summa Theologiae* I. q. 32, 1 ad 2.
258 CSL: Owen Barfield: *Saving the Appearances*, 51.
259 Lat. für: *Bild*.

260 Gemeint ist die Auffassung, dass sich mit den Methoden naturwissenschaftlicher Erkenntnis alles in der Welt erklären lässt.
261 Mittelengl. für: *Autoren*.
262 Mittelengl. «thise olde wise».
263 Im Werk von Herbert George Wells (1866–1946), George Bernard Shaw (1856–1950) und Henri Bergson (1859–1941) wird das Wort «Leben», das in der Biologie lediglich zur Beschreibung all dessen dient, was die einzelnen Lebewesen miteinander gemein haben, zu einer quasi metaphysischen Kraft, die alles Lebendige durchdringt und evolutionär vorantreibt. Für Lewis' Kritik an diesen Ideen vgl. *Studies in Words* (Cambridge 1960), 293ff.
264 Geoffrey Chaucer (1342/1343–1400), englischer Schriftsteller und Verfasser der *Canterbury Tales*. Bernhard von Clairvaux (ca. 1090–1153), französischer Abt und Mystiker. *The Scale of Perfection* ist ein mystisches Werk des englischen Augustinermönches Walter Hilton (ca. 1340/45–1396); die *Imitatio Christi* (1418) ein mystisches Werk des deutschen Augustinermönches Thomas von Kempen (ca. 1380–1471).
265 Diese beiden Beispiele aus Kapitel I: «The Medieval Situation» von *The Discarded Image* bringt Lewis auch zu Beginn des nachfolgenden Essays Nr. II,3 «Vorstellung und Denken im Mittelalter».
266 Das *South English Legendary* ist eine im 13./14. Jh. in Mittelenglisch geschriebene Darstellung des Lebens christlicher Heiliger; sein Autor ist nicht bekannt.
267 CSL: Vgl. die (in Coleridges *Aids to Reflection* zitierte) Maxime *heterogenea non comparari possunt* [= voneinander Verschiedenes kann man nicht miteinander vergleichen].
268 Lewis verwendet den zu seiner Zeit gebräuchlichen Begriff «savage»; heute würde man eher von «indigenen Völkern» (oder ggf. von «Eingeborenen» oder «Ureinwohnern») sprechen.
269 Layamon: *Brut* 15774–15779, nach der Ausgabe von Madden (1847).
270 Lat. für: *isoliert*.
271 Geoffrey von Monmouth (ca. 1100–1154): *History of the Kings of Britain*.
272 Apuleius (ca. 123–170): *De Deo Socratis*.
273 Guillaume Digulleville (1295 – ca. 1358): *Pelerinage de l'Homme* (ca. 1335). Das Zitat bezieht sich auf die englische Übersetzung von John Lydgate (1426), hg. von F.J. Furnivall (London 1899–1901), 3415ff.
274 Aristoteles: *De Generatione Animalium* 778a; *Politeia* 1255b.
275 Englische Satirezeitschrift, die von 1841–1992 herausgegeben wurde und welche nicht zuletzt durch ihre Karikaturen die englische Kultur des 20. Jh. mitprägte.
276 Lat. *quantum sufficit* = in ausreichendem Maß.
277 Die Kathedrale von Salisbury wurde 1220–1266 im Stil der frühen englischen Gotik erbaut; die *Summa Theologica* des Thomas entstand ca. 1265–1273; Dante schrieb seine *Göttliche Komödie* vermutlich zwischen 1307 und 1321.
278 Die Unterscheidung zwischen *simpliciter* und *secundum quid* geht ebenfalls auf Aristoteles zurück: Bei der Interpretation einer Aussage ist stets darauf zu achten, ob sie genau so gemeint ist, wie sie formuliert ist (= *simpliciter*) oder in einem näher zu bestimmenden eingeschränkten oder übertragenen Sinn (= *secundum quid*).
279 Lat. für: *Welt*.
280 Aristoteles: *Metaphysik* 1072b; vgl. Dante: *Göttliche Komödie*, «Paradies» XXVIII, 41–42.
281 «Es ist lieblich für mich, in diesem Meer zu versinken» (Giacomo Leopardi: *L'Infinito* [1819], Zeile 15).
282 «... melancholy space and doleful time» (William Wordsworth: *The Prelude* [1824–1829], Buch sechs, Zeile 136).
283 «... a sad sight» (zitiert bei R.H. Horne: *A New Spirit of the Age* [1844], 347).
284 Lat. für: *das erste Bewegte* = die oberste Sphäre im mittelalterlichen Weltbild.
285 John Milton: *Das verlorene Paradies* (1667); Euklid: *Die Elemente* (3. Jh. v. Chr.); Baruch de Spinoza: *Die Ethik nach geometrischer Methode dargestellt* (1677).
286 «Like one that had been led astray / Through the Heav'ns wide pathless way» (John Milton: «Il Penseroso», 69–70).
287 Aristoteles: *Metaphysik* 1072b.
288 «Le silence eternel de ces espaces infinis m'effraie» (Blaise Pascal: *Pensées*, Fr. 206).
289 Pascal vergleicht in Fr. 347 seiner *Pensées* den Menschen nicht mit einem Tautropfen, sondern mit einem Schilfrohr. Es könnte sein, dass Lewis hier *roseau* (Schilfrohr) mit *rosée* (Tau) verwechselt hat. Das ändert aber nichts an der Aussagekraft des Bildes.
290 Lat. für: *was unmöglich ist*.
291 Als Lewis 1956 diese Vorlesungen hielt, hatte bereits der erste Sputnik-Satellit die Erdumlaufbahn erreicht, es sollte aber noch fünf Jahre dauern, bevor mit Juri Gagarin der erste Mensch die Erde im Orbit umkreisen würde.
292 «... those happie climes that lye / Where day never shuts his eye, / Up in the broad fields of the skye» (John Milton: *Comus*, 976–978).
293 Griech. für: *Greif*. Mächtiges und erhabenes Wesen aus der griechischen Mythologie mit Körper, Schwanz und Hinterbeinen eines Löwen (= König der Landtiere) und Kopf, Flügeln und Vorderfüßen eines Adlers (= König der Lufttiere).
294 Lat. für: *Der Weise wird über die Sterne herrschen*.
295 Vgl. C.S. Lewis: *Die Abschaffung des Menschen* (Einsiedeln 1978), 77f., und Nr. II,6 «Das Natur- und Menschenbild der Renaissance» in diesem Band.
296 Ital. für: *dieser Einfluss*. Influenza ist der englische Name für die Grippe.

297 «On man heavens influence workes not so, / But that it first imprints the ayre» (John Donne: *The Extasie*, 57f.).
298 Pseudo Dionysius Areopagita: *Himmlische Hierarchie* (vor 476), Kapitel 7, § 4.
299 Vgl. hierzu auch Kapitel 1: «Der Mensch ohne Brust» in *Die Abschaffung des Menschen*, in dem C.S. Lewis demonstriert, welche Folgen das Aufgeben dieser alten ethischen Triade hat.
300 Alanus ab Insulis (ca. 1120–1202): *De Planctu Naturae* (1168/76), Prosa III, Abschnitt 444 A, B.
301 Der Stadtteil Mayfair gehört zur «City of Westminster» im Zentrum Londons.
302 Franz. für: *in höchster Vollendung*.
303 Lat. für: *Arbeitsweise*.
304 Aristoteles: *De Caelo*, 279a.
305 *Licht der Erkenntnis, ganz erfüllt von Liebe* (Dante: *Göttliche Komödie*, «Paradies» xxx, 40).
306 Franz. für: *Meisterleistung*.
307 Vgl. Dante: *Göttliche Komödie*, «Paradies» XXVII, 118–120.
308 Vgl. ebd., XXVIII, 41–42.
309 «The best in this kind are but shadows» (William Shakespeare: *A Midsummer Night's Dream*: Akt 5, Szene 1, Z. 211).
310 Franz. für: *Notbehelf*.
311 Nikolaus Cusanus: *De docta ignorantia* (1440), Buch II, Kapitel xii.
312 Vgl. hierzu auch Essay Nr. III,1 «Bluspels und Flalansferes» in diesem Band.
313 Von lat. *stella nova*: «neuer Stern». Die erste Nova der Neuzeit wurde am 11. November 1572 von dem dänischen Astronomen Tycho Brahe im Sternbild Cassiopeia beobachtet.
314 «... with Centric and Eccentric scribl'd o're» (John Milton: *Paradise Lost*, Buch VIII, Zeile 83).
315 CSL: Boethius: *De Consolatione Philosophiae*, Buch II, Prosa 10.
316 Lewis zitiert hier den deutschen Philosophen Friedrich Wilhelm Joseph Schelling (1775–1854) nach Arthur O. Lovejoy: *The Great Chain of Being* (1957), 325. Das Original lautet: «Allemal und nothwendig ist der Entwicklungsgrund *unter dem*, was entwickelt wird» (F.W.J. Schelling: *Denkmal der Schrift von den göttlichen Dingen* [1812], 72).
317 Engl. *primitive*; das Wort bedeutete im Englischen früher einfach «ursprünglich»; vgl. die Essays Nr. I,9 «Christliche Apologetik» und II,1 «De descriptione temporum» in diesem Band.
318 CSL: Vgl. Lovejoy: *The Great Chain of Being*, Kap. ix.
319 John Keats (1795–1821), engl. Dichter; Richard Wagner (1813–1883), dt. Komponist; Johann Wolfgang von Goethe (1749–1832), dt. Dichter und Naturforscher; Johann Gottfried von Herder (1744–1803), dt. Dichter, Theologe und Philosoph.
320 Gottfried Wilhelm Leibniz (1646–1716), dt. Philosoph; Mark Akenside (1721–1770), engl. Arzt und Schriftsteller; Immanuel Kant (1724–1804), dt. Philosoph; Pierre Louis Moreau de Maupertuis (1698–1759), franz. Naturforscher und Philosoph; Denis Diderot (1713–1784), franz. Philosoph.
321 Jean-Baptiste-René Robinet (1735–1820), franz. Naturphilosoph.
322 Franz. für: *Die Entwicklung ist noch nicht abgeschlossen*. J.B. Robinet: *Considerations philosophiques de la gradation naturelle* (1768), Kap. II.
323 Henri Bergson (1859–1941), franz. Philosoph; Pierre Teilhard de Chardin (1881–1955), franz. Jesuit und Philosoph.
324 «... the Gates of the Future are wide open.» Lewis zitiert hier Bergson möglicherweise aus dem Gedächtnis (vgl. Henri Bergson: *Creative Evolution*, Kap. II).
325 «... a taste in universes» (Lovejoy: *The Great Chain of Being*, Kapitel i).
326 Christopher Dawson: *Progress and Religion*, Kapitel vi.
327 Philip Sidney: *The Countess of Pembroke's Arcadia* (1590), II, Kapitel 28.
328 Der Text ist *A Preface to Paradise Lost*, Lewis' Studie über das große Versepos des englischen Dichters John Milton (1608–1674), entnommen. Samuel Johnson (1709–1784) war ein englischer Schriftsteller und Universalgelehrter; Lewis bezieht sich vermutlich auf dessen *Life of Milton*.
329 Schottisch-englische Herrscherdynastie, die in der Mitte des 17. Jahrhunderts die britische Krone gegen die republikanischen Bestrebungen Oliver Cromwells (und anderer) behauptete.
330 D.h. ohne die Macht nach einer gewissen Zeit an den nächsten Bürger weiterzugeben, der ihm vom Rang her gleichsteht.
331 CSL: Isaak ben Juda Abrabanel (1437–1508): *Dialoghi d'Amore*. Übers. von Friedeburg-Seeley und Barnes unter dem Titel *Philosophy of Love by Leone Ebreo* (Soncino Press 1937), 183.
332 Franz. für: *und zwar aus gutem Grund*.
333 Satan behauptet also, die Engel seien, auch wenn sie eine Hierarchie konstituieren, alle gleich frei, die Salbung eines Königs (= des Sohnes) würde aber ihre Freiheit einschränken.
334 Wie Lewis vorher geschrieben hatte: Für Aristoteles war es unter Gleichgestellten Pflicht, die Macht nach einer gewissen Zeit an den nächsten Bürger weiterzugeben, der ihm vom Rang her gleichgestellt ist.
335 Nach 1Mo 10,8–10 und 1Chr 1,10 war Nimrod «der Erste, der Macht gewann auf Erden», also der erste Mensch, der zur Königswürde gelangte.
336 Lewis adaptiert hier eine Passage aus James Boswell: *Boswell's Life of Johnson*, Bd. V (London 1786), 409.
337 «Lady of Christ's» war Miltons Spitzname während seines Studiums am Christ College in Cambridge, vermutlich wegen seines guten Aussehens, seiner gepflegten Manieren und seines goldbraunen Haars.
338 Lat. für: das *Schickliche* bzw. *Angemessene*.

339 CSL: John Milton: *Defensio Secunda. Prose Works*, Bd. I (übers. von Bohn), 265.
340 CSL: John Milton: *Reason of Church Government*, I, Kap. I. «Prose Works», Bd. II (Bohn), 442.
341 Hintergrund dieser Passage ist die mittelalterliche Kosmologie, in der die scheinbare Irregularität der Planeten (d.h. ihre Abweichung von perfekten Kreisbahnen, die sie von uns aus gesehen manchmal sogar rückwärtslaufen lässt) durch Epizykel erklärt wird, also durch zusätzliche kleine Kreisbewegungen auf ihrer großen Kreisbahn um die Erde.
342 *Comus* (1634) ist ein Maskenspiel von John Milton, geschrieben zu Ehren der Keuschheit.
343 Der Text ist Lewis' Werk *English Literature in the 16th Century excluding Drama* entnommen. Gemeint ist hier die kopernikanische Astronomie, in der die Sonne nicht mehr um die Erde kreiste, sonden die Erde um die Sonne.
344 *De revolutionibus orbium coelestium* des Nikolaus Kopernikus (1473–1543) gilt als Grundlagenwerk der modernen Astronomie; seine Theorie, dass die Sonne im Mittelpunkt des Kosmos steht und nicht die Erde (Heliozentrismus), wurde von Johannes Kepler (1571–1630) und Galileo Galilei (1564–1642) begründet und wissenschaftlich ausgebaut.
345 Giordano Bruno (1548–1600), italienischer Priester und Philosoph.
346 Die *Adagia* sind eine Sammlung von Sprichwörtern, die Erasmus von Rotterdam (ca. 1466–1536) zwischen 1500 und 1533 in stetig wachsendem Umfang herausgab und kommentierte.
347 Vinzenz von Beauvais (ca. 1190–1264) war der Verfasser der *Speculum Maius*, der wichtigsten Enzyklopädie des Mittelalters. Dante Alighieri (ca. 1265–1321) schrieb mit seiner *Göttlichen Komödie* die wichtigste literarische Darstellung der mittelalterlichen Weltsicht. «Johannes von Mandeville» nannte sich der unbekannte Verfasser einer zwischen 1357 und 1371 aus verschiedenen Quellen zusammengestellten Sammlung fiktiver Reiseberichte in den Osten und das Heilige Land.
348 Bernardino Telesio (1508/09–1588) war ein italienischer Philosoph, dessen Betonung der Beobachtung der Natur ihn zu einem Vordenker der wissenschaftlichen Revolution der Moderne machte. Der englische Philosoph und Staatsmann Francis Bacon (1561–1626) gilt als einer der Wegbereiter des englischen Empirismus.
349 Die Naturphilosophie des Mittelalters (und noch mehr der Renaissance) ging davon aus, dass alles Seiende im Kosmos auf vielerlei Weise aufeinander wirkt, auch über große Distanz. In der Astrologie nahm man zum Beispiel an, die Sterne und Planeten hätten Einfluss auf das irdische Geschehen (das Schicksal der Menschen miteingeschlossen); Steine wurden als Amulette verwendet; Metalle konnten heilende oder krankmachende Wirkung haben. Diese okkulten Einflüsse konnten grundsätzlich positiv (bei Sympathie) oder negativ (bei Antipathie) sein.
350 Lat. für: *bewegende Seelen* (= die Intelligenzen, die nach mittelalterlicher Vorstellung die Bewegung der himmlischen Sphären verursachten).
351 Sir John Davies (1569–1626), *Orchestra: or A poeme of dauncing* (1596).
352 Lat. für: *Weltseele.*
353 Lat. *per montium crateres ceu os et nares*. CSL: Die Lehre wird ausführlicher entfaltet in Kepler: *Harmonices*, IV, vii.
354 CSL: Es gibt Hinweise, dass der Glaube an ein «beseeltes Universum» echte Halluzinationen hervorrufen konnte. Machiavelli (*De Republica*, i. lvi) kann nicht bestreiten, dass Leute Krieger in den Wolken kämpfen sehen. Chapman (*Hero and Leander*, vi. 157) sagt, die Leute würden «manchmal» glauben, ein Gesicht in der Sonne zu sehen.
355 Lat. für: *Magie*. Das Magie-Konzept der Renaissance ging davon aus, dass das Universum vom Geist des Göttlichen durchdrungen ist und Magie dem Menschen das innere Wirken der Natur und des Kosmos zugänglich machen kann.
356 Lat. für: *Goëtie* oder *Dämonenbeschwörung*; gemeint sind magische Praktiken, die als unerlaubt gelten und mit der Beschwörung von bösen Geistern im Zusammenhang stehen.
357 Lat. für: *gewissermaßen körperlich.*
358 D.h. zu der Überzeugung, dass alles, was ist, Ausdruck ein und derselben (in diesem Fall beseelten) Substanz ist.
359 Eine in der Renaissancezeit einsetzende Bewegung in Stilkunst und Rhetorik, die sich den Stil Ciceros (106–43 v. Chr.) zum Vorbild nimmt.
360 Lat. für: *Wiedergeburt.*
361 Lat. für: *Hexenhammer*. Autor war der Dominikaner Heinrich Kramer (ca. 1430–1505); nach heutigem Forschungsstand stammt die erste Auflage von 1486.
362 Gilles de Rais (1405–1440) war ein französischer Heerführer und Alchemist, der versuchte, sein durch seinen aufwändigen Lebensstil verloren gegangenes Vermögen durch Dämonenbeschwörung zurückzugewinnen. Er wurde später überführt, 140 Kinder sexuell missbraucht und ermordet zu haben. Auf den Bildern des niederländischen Malers Hieronymus Bosch (ca. 1450–1516) sind zahllose Dämonen und Fabelwesen zu sehen, die wehrlose Menschen quälen oder der Verdammnis zuführen. Aleister Crowley (1875–1947) war ein britischer Okkultist, der sich selbst als der «Antichrist» bzw. das «Große Tier» aus der Johannes-Offenbarung bezeichnete.
363 Die «Franklin's Tale» ist eine der *Canterbury Tales* von Geoffrey Chaucer (ca. 1343–1400).
364 «I'll drown my book» (William Shakespeare: *The Tempest* [1610/11], Akt 5, Szene 1, 58).
365 «I'll burn my books» (Christopher Marlowe: *Dr Faustus* [um 1590] 13,113). Das Stück handelt von Dr.

Faustus, der dem Teufel seine Seele verspricht, damit dieser ihm die Macht der Magie verleiht. Diese Zeilen stammen aus der letzten Rede des Dr. Faustus, bevor der Teufel ihn mit hinab in die Hölle nimmt.

366 Feuer ist im Christentum ein Symbol für die Hölle, Wasser hingegen ein Symbol der Taufe.

367 John Dee (1527–1608/09) war ein englischer Mathematiker, Astronom und Philosoph.

368 Lat. für: *Unsinn* und *abergläubisches Zeug*. Roger Bacon (ca. 1220–1292) war ein englischer Franziskaner und Naturphilosoph, Arnaldus de Villanova (ca. 1235–1311) ein katalanischer Arzt und Pharmazeut.

369 Michael Psellos (ca. 1017/18–1078), byzantinischer Universalgelehrter und Philosoph.

370 Im Englischen besteht hier ein Unterschied zwischen *daemon* (= Geist oder übernatürliches Wesen) und *demon* (= Dämon oder böser Geist).

371 Hermes Trismegistos (angeblich der griechische Gott Hermes, der bereits in der Antike mit dem ägyptischen Gott Thoth identifiziert wurde) galt bis in die frühe Neuzeit hinein als Autor des sogenannten *Corpus Hermeticum*, einer Sammlung alchemistischer, okkulter und weisheitlicher Texte; die ersten Belege stammen aus den ersten nachchristlichen Jahrhunderten. Die sogenannte «hermetische» Lehre hatte großen Einfluss auf das Naturbild der Renaissance.

372 Lat. für die kultische Verehrung eines Menschen als Gott.

373 Der französische Philosoph und Existenzialist Jean-Paul Sartre (1905–1980) war der Ansicht, der Mensch sei zur Freiheit *verurteilt*: Es gibt für ihn keine Natur des Menschen, die diesen festlegt und seinem Leben Sinn und Orientierung gibt; der Mensch *ist* das, wozu er sich macht.

374 Pythagoras von Samos (ca. 570–510 v. Chr.) war einer der einflussreichsten Philosophen, Mathematiker und religiösen Lehrer der griechischen Antike. Apollonius von Tyana (ca. 40–120) war ein griechischer Philosoph, der sich zum Vorbild und der Lehre des Pythagoras bekannte.

375 Lat. für: *von nach dem Geschehen aus* oder *rückblickend*.

376 Herbert George Wells (1866–1946) und George Bernard Shaw (1856–1950) vertraten beide einen Evolutionismus, der den Menschen als das (bisher) höchste Produkt der Evolution ansah und sich von einer technischen Beherrschung der Natur die Lösung der gegenwärtigen Menschheitsprobleme erhoffte.

377 Der Text entstand als Vorwort zu Douglas E. Hardings Buch *The Hierarchy of Heaven and Earth. A New Diagram of Man in the Universe* (London 1952).

378 Friedrich Max Müller: *The Science of Language* (London 1864), Zweite Serie, Vorlesung viii über «Metapher».

379 «Goddes privitee» (Geoffrey Chaucer: *Canterbury Tales*, «The Miller's Prologue», Zeile 3164).

380 Trugschluss bzw. dialektischer Betrug, bei dem in einem Syllogismus ein Ausdruck in doppelter Bedeutung verwendet wird, was den Anschein eines gültigen Schlusses erweckt, vgl. Immanuel Kant: *Kritik der reinen Vernunft*, B 411.

381 David Hume: *A Treatise of Human Nature* (1739–1740), Buch I, Teil iv, Abschnitt vii.

382 «Belief feelings»: I.A. Richards: *Principles of Literary Criticism* (London 1924), Kapitel XXXV.

383 Für diese Erfahrung und Lewis' Bewertung des Buches vgl. auch die beiden Briefe vom 25. März 1951 und 10. Dezember 1953 in C.S. Lewis: *Collected Letters Vol. III*, 99–101; 386.

384 Der französische Schriftsteller, Philosoph und Publizist Jean-Paul Sartre (1905–1980) war einer der Hauptvertreter der Philosophie des Existenzialismus im 20. Jahrhundert.

385 Die *Institutio Christianae Religionis* = *Unterricht/Unterweisung in der christlichen Religion* (erschienen 1536/59) ist das theologische Hauptwerk Johannes Calvins (1509–1564).

386 Ralph Waldo Emerson (1803–1882) war ein US-amerikanischer Philosoph und Schriftsteller.

387 Der Humanist, Arzt und Philosoph Marsilio Ficino (1433–1499) gehört zu den zentralen Persönlichkeiten des Renaissance-Humanismus im Florenz des 15. Jahrhunderts.

388 Lat. für: *Selbigkeit* (= das unverwechselbare Es-Selbst-Sein einer Sache).

389 Der Roman *Das Glasperlenspiel* (1943) ist eines der Hauptwerke des Schriftstellers, Dichters und Malers Hermann Hesse (1877–1962); Hesse erhielt 1946 für das Buch den Literaturnobelpreis.

390 Lat. für: *Dorf* bzw. *Flur* oder *Gau* (d.h. ein ländlicher Distrikt des Römischen Reiches).

391 Diana war in der römischen Mythologie unter anderem die Göttin des Mondes. Vesta war die Göttin von Heim und Herd sowie die Hüterin des heiligen Feuers.

392 Das Öl (bzw. der Tran) der Wale wurde bis zum Beginn des 20. Jahrhunderts vorwiegend als Lampenöl genutzt, danach war Waltran (vor allem in Kriegszeiten) ein wichtiger Rohstoff bei der Margarine-, Kerzen- und Seifenherstellung sowie Grundlage für Kosmetika und Pharmazeutika.

393 Lord John Coleridge, Chief Justice (Law Reports, Queen's Bench Division xiv, 288 in: *Reg. v. Dudley and Stephens* [1884]).

394 CSL: M.J.A. Bréal: *Semantics. Studies in the science of meaning, trans. Mrs Henry Cust, with a Preface by J.P. Postgate* (London 1900).

395 CSL: C.K. Ogden und I.A. Richards: *The Meaning of Meaning* (London 1923), 4–5.

396 «Figurativ» meint in diesem Zusammenhang sprachliche Ausdrücke, die gegenstandsbezogen sind, d.h. bezogen auf sinnlich wahrnehmbare Dinge.

397 CSL: Owen Barfield: *Poetic Diction. A Study in Meaning* (London 1928), 140.
398 Gemeint sind hier die Einwohner einer zweidimensionalen Welt in Edwin A. Abbotts *Flatland. A romance of many dimensions* (London 1884).
399 Während die klassische Erkenntnistheorie annahm, das Subjekt gleiche sich im Akt der Erkenntnis dem zu erkennenden Gegenstand an (es richte sich also nach diesem), bestand die «kopernikanische Wende» Kants darin, davon auszugehen, dass die zu erkennenden Gegenstände uns nach Maßgabe des Erkenntnisvermögens des Subjekts erscheinen, d.h. sich also nach diesem richten (vgl. Immanuel Kant: *Kritik der reinen Vernunft* [1781], Vorrede B XVI).
400 Dies ist die indogermanische Sprachwurzel, aus der nahezu alle modernen europäischen Wörter für *erkennen* (engl. to *know*) hervorgehen.
401 Engl. *Lord*; lat. *dominus*; mittelengl. *elder*.
402 Lat. für: *diese Seele*.
403 Lewis schreibt hier «ringing of the changes» und spielt damit auf die englische Praxis des Wechselläutens an, bei der – oft über Stunden – bis zu zwölf Glocken nach bestimmten, sich nie exakt wiederholenden Mustern (engl. «changes») geläutet werden.
404 Als *Kenna* (Pl. *Kenningar*) bezeichnet man das Stilmittel einer poetischen Umschreibung von Begriffen (z.B. *Lindwurmlager* für *Gold*), wie es in der skaldischen oder altnordischen Dichtung der Wikingerzeit vorwiegend in Norwegen und Island in Gebrauch war.
405 Baruch de Spinoza (1632–1677), niederländischer Philosoph.
406 John Bunyan (1628–1688), englischer Prediger und Autor der christlichen Allegorie *The Pilgrim's Progress*; Dante Alighieri (1265–1321), italienischer Dichter und Autor der *Göttlichen Komödie*; Lewis schätzte beide Werke sehr.
407 Joseph Butler (1692–1752), anglikanischer Bischof und Philosoph, dessen überwiegend apologetisch gehaltene Werke durch einen sehr umständlichen, ausschweifenden Stil geprägt sind.
408 Lat. für: *spezifischer Unterschied*.
409 Vgl. hierzu auch C.S. Lewis: «Die Sprache des Glaubens», 169–171, in ders.: *Gültiges und Endgültiges*, hg. von Walter Hooper (Basel 1986), 169–185.
410 CSL: D.h. es ist ein wirkliches Etwas, wenn auch nicht notwendigerweise das, was es vorgibt zu sein. Was zum Beispiel vorgibt, ein Krokodil zu sein, kann ein (wirklicher) Traum sein; was am Frühstückstisch vorgibt, ein Traum zu sein, kann eine (wirkliche) Lüge sein.
411 Lewis bezieht sich auf die Ideenlehre Platons (428/427–348/347 v. Chr.). Laut Platon haben die Gegebenheiten der mit den Sinnen wahrnehmbaren Welt ihre Urbilder in sogenannten «Ideen», d.h. unkörperlichen, unveränderlichen und ewigen Gegebenheiten einer der Sinneswahrnehmung unzugänglichen, rein geistigen Welt.
412 Dante Alighieri (1265–1321) war ein bedeutender Dichter des Mittelalters und nach Lewis' Ansicht einer der größten Dichter überhaupt.
413 Lat. für: *durch Unterschied*. Diese Regel geht auf Aristoteles zurück, nach dem eine Definition stets durch Angabe der nächsthöheren Gattung und der spezifischen Differenz erfolgt.
414 John Locke (1632–1704), engl. Philosoph und Vertreter des Empirismus; Edgar Allan Poe (1809–1849), US-amerikanischer Schriftsteller, besonders bekannt für seine Kriminal- und Horrorgeschichten.
415 *Paradise Lost* (dt. *Das verlorene Paradies*) ist ein 1667 erschienenes episches Gedicht des englischen Dichters John Milton (1608–1674) über den biblischen Sündenfall. Es beginnt mit den Worten: «Of Mans First Disobedience, and the Fruit / Of that Forbidden Tree».
416 Irving Babbit (1865–1933), US-amerikanischer Literaturkritiker, Kulturkritiker und Gegner der Romantik (besonders bei Rousseau). I.A. Richards (1893–1979) war ein britischer Literaturkritiker und Mitbegründer des so genannten «New Criticism».
417 Lewis zitiert hier den bekannten Vers «My soul is an enchanted boat» aus dem lyrischen Drama *Prometheus Unbound* (1820) des englischen Dichters Percy Bysshe Shelley (1792–1822).
418 Griech. für: *der Gebildete*.
419 Lat. für: *fromme Dichter, die phöbuswürdige Lieder gesungen* (Virgil: *Aeneis*, 6. Gesang, Z. 662). Phöbus ist ein Beiname des griechisch-römischen Gottes Apollon, des Gottes der Künste (insbesondere der Musik, der Dichtkunst und des Gesangs).
420 Lewis bekämpft in seinen Beiträgen zu dem unter dem Titel *The Personal Heresy* herausgegebenen Streitgespräch mit dem Literaturkritiker E.M.W. Tillyard die Auffassung, Literatur sei in erster Linie als Ausdruck der Persönlichkeit des Dichters zu lesen. Nach seiner Ansicht geht es nicht darum, *auf den Dichter* zu schauen, sondern auf das, was dieser uns *durch seine Dichtung zeigen will*.
421 Vgl. auch Kapitel II «Is Criticism Possible» von *A Preface to Paradise Lost* (1942), in dem Lewis sich kritisch mit der Behauptung des Dichters und Literaturkritikers T.S. Eliot (1888–1965) auseinandersetzt, nur Dichter seien in der Lage, den Wert von Dichtung zu beurteilen.
422 Lat. für: *alles andere gleich*, d.h. unter sonst gleichen Bedingungen.
423 Lat. für: *schlechthin*.
424 Lat. für: *Nutzen* und *Süße*.
425 Mittelengl. für: *Vergnügen* und *Lehre*. Lewis bezieht sich hier auf die *Canterbury Tales* von Geoffrey Chaucer (1342/43–1400), in denen dieser fordert, Geschichten sollten «of best sentence and moost solaas / von größtem Sinn und höchstem Vergnügen» (A 798) sein, bzw. «in which ther be som mirthe or som doctryne / in denen einige Freude oder einige Lehre sein möge» (B 2125).

426 Amy Maud Bodkin (1875–1967), George Richard Wilson Knight (1897–1985) und David Gwilym James (1905–1968) waren englische Literaturwissenschaftler, die sich besonders mit den mythischen Elementen in der Literatur auseinandersetzten. Maud Bodkin war dabei eine der Ersten, die C.G. Jungs Theorien auf die Interpretation von Literatur anwandte (vgl. auch den Essay Nr. III,3 «Psychoanalyse und Literaturkritik» in diesem Band).
427 Sigmund Freud: «Vorlesungen zur Einführung in die Psychoanalyse» (1916/17), in: *Gesammelte Schriften VII*, 1924, 390f. Die nachfolgenden Zitate sind diesen Vorlesungen entnommen.
428 Ebd., 106.
429 Lewis schrieb als Kind zahlreiche Geschichten, die von sprechenden Tieren handeln, unter ihnen auch eine *Geschichte von Maus-Land* (vgl. Kapitel 1: «Die ersten Jahre», in: *Überrascht von Freude*). Diese Texte sind größtenteils erhalten geblieben und wurden 1985 von Walter Hooper als *Boxen. The Imaginary World of C.S. Lewis* herausgegeben.
430 Titania ist die Elfenkönigin in Shakespeares *Sommernachtstraum*. Helena war in der griechischen Mythologie die Tochter des Zeus und der Leda und galt als die schönste Frau der Welt; ihre Entführung durch den Prinzen Paris war der (offizielle) Anlass für den Trojanischen Krieg.
431 König Julius ist eine Figur in der Welt von Gondal, die die Schwestern Charlotte (1816–1855), Emily (1818–1848) und Anne (1820–1849) Brontë in ihrer Jugendzeit erfanden und die sie in heute zum größten Teil verloren gegangenen Gedichten beschrieben.
432 Anthony Trollope: *An Autobiography*, Hg. H.M. Trollope (London 1883), Band 1, Kapitel III, 57–58.
433 Ebd.
434 Franz. für: *Daseinsgrund.*
435 Bischof Proudie, Reverend Josiah Crawley und der Archidiakon Theophilus Grantly (in der anglikanischen Kirche der Vorsteher eines Kirchensprengels) sind Figuren aus Trollopes Romanserie *The Chronicles of Barsetshire* (1855–1867).
436 Sigmund Freud: «Vorlesungen zur Einführung in die Psychoanalyse» (1916/17), in: *Gesammelte Schriften VII*, 1924, 150ff.
437 Ebd., 161.
438 Lat. für: *unter anderem.*
439 Lat. für: *Jeder riecht für sich selbst gut.*
440 Mit fast denselben Worten weist Lewis auch die psychoanalytische Erklärung seiner Erfahrungen von «Joy» zurück, vgl. C.S. Lewis: *Überrascht von Freude*, Kapitel 11: «Schach».
441 Der *Rosenroman* (franz. *Roman de la Rose*) ist ein allegorisches Liebesgedicht aus dem 13. Jahrhundert. Er ist geschrieben in der Form eines Traums, in dem sich der Protagonist und Ich-Erzähler in eine Rose verliebt und sie nach vielen Schwierigkeiten schließlich erlangt.
442 CSL: E.M.W. Tillyard: *Poetry Direct and Oblique* (London 1934); *Milton and Primitive Feeling. The Miltonic Setting* (London 1938), 43–59. Von besonderer Relevanz, auch wenn es erst nach dem Entstehen dieses Essay erschien, ist Professor Tillyards *Some Mythical Elements in English Literature* (London 1961).
443 Lewis zitiert aus der englischen Übersetzung von Jungs Vortrag *Die Erdbedingtheit der Psyche* von 1927 (veröffentlicht in: *Mensch und Erde*, hg. von Hermann Keyserling [1927], 83–137); die Übersetzung erschien als «Mind and the Earth» in C.G. Jungs *Contributions to Analytical Psychology*, übers. von H.G. und C.F. Baynes (London 1928), 99–140.
444 Lat. für: *unter dem Gesichtspunkt der Ewigkeit.*
445 C.G. Jung: «Die Erdbedingtheit der Psyche».
446 In der Antike wies der Mystagoge seine Jünger in einen Mysterienkult ein.
447 Lewis paraphrasiert hier aus Jungs Vortrag «Die Erdbedingtheit der Psyche».
448 Goethe: *Faust*, «Der Tragödie zweiter Teil», Zeile 6217.
449 Lat. für: *Ich erkenne die Spur ehemaliger Gluten!* (Virgil: Aeneis, IV, 23).
450 Heinrich Schliemann (1822–1890), deutscher Archäologe, der 1868 auf der Basis von Homers *Ilias* die (vermuteten) Spuren des bronzezeitlichen Troja ausgrub. Agamemnon galt in der griechischen Mythologie als «König der Menschen», im Gegensatz zu Zeus als «König der Götter».
451 Robin George Collingwood: *Roman Britain and the English Settlements* (1936).
452 Percy Bysshe Shelley: *Prometheus Unbound* (1818).
453 William Wordsworth: *Preface* to *The Excursion* (1814).
454 Lewis Carroll: *Alice's Adventures in Wonderland* (1865), Kapitel I.
455 Maud Bodkin: *Archetypal Patterns in Poetry. Psychological Studies of Imagination* (London 1934).
456 «Then was kindled within him a thirst which outran / Those perishing waters» (Shelley: *Prometheus Unbound*, Akt I, Z. 544).
457 Griech. für: *die spezifische Freude* (eine Anspielung auf Aristoteles).
458 Lewis Carroll (1832–1898): *Alice's Adventures in Wonderland* (1865); Edwin A. Abbott (1838–1926): *Flatland. A romance of many dimensions* (1884); George MacDonald (1824–1905): *Phantastes. A Faerie Romance* (1858); Kenneth Grahame (1859–1932): *The Wind in the Willows* (1908).
459 Lewis zitiert hier aus der Erstausgabe von 1937; in der von Tolkien selbst besorgten Bearbeitung von 1966 heißt es dann: «Sie sind (oder waren) kleine Leutchen, etwa halb so groß wie wir, kleiner noch als die langbärtigen Zwerge. Hobbits haben keine Bärte.»
460 Dies sind Figuren in Kenneth Grahames *Der Wind in den Weiden.*

461 *Songs of Innocence* (1789) ist eine Sammlung von neunzehn Gedichten von William Blake (1757–1827), die vom Autor selbst illustriert wurde. Sie gilt als ein Vorläufer der englischen Romantik.
462 Naomi Mitchison: «One Ring to Bind Them», in: «New Statesman and Nation» (18. September 1954).
463 *Le Morte d'Arthur* (1485) von Thomas Malory (ca. 1415–1471) ist eine Zusammenstellung und Überarbeitung französischer und englischer Geschichten über König Artus, Guinevere, Lancelot, Merlin und die Ritter der Tafelrunde.
464 J.R.R. Tolkien: «On Fairy Stories», in: *Essays Presented to Charles Williams* (1947).
465 Griech. für: *die Lehre von alten Schriften.*
466 Die Zitate sind der von M. Carroux erstellten und von R. Krege-Mayer überarbeiteten Übersetzung der Gesamtausgabe des *Herrn der Ringe* in sechs Bänden (Stuttgart 1997) entnommen.
467 Angria ist ein Fantasieland, das Charlotte Brontë (1816–1855) als Jugendliche gemeinsam mit ihrem Bruder Branwell (1817–1848) erfand, Jahre, bevor sie mit *Jane Eyre* (1847) als Schriftstellerin Erfolg haben sollte.
468 *Orlando Furioso* (1632) ist ein episches Gedicht von Ludovico Ariosto (1474–1533); *The Water of the Wondrous Isles* (1897) ist ein fantastischer Roman von William Morris (1834–1896).
469 «The wine of life is drawn» (Shakespeare: *Macbeth*, Akt 2, Szene 3, 72).
470 Torquato Tasso (1544–1595) war ein italienischer Renaissance-Dichter.
471 Lewis schreibt zwar *The Lord of the Rings*, er meint aber Tolkiens Essay «On Fairy Stories», veröffentlicht in *Essays Presented to Charles Williams* (1947).
472 Lewis Carroll (1832–1898), Autor von *Alice im Wunderland* (1865) und *Alice im Spiegelland* (1871); Kenneth Grahame (1859–1932), Autor von *Der Wind in den Weiden* (1908), und J.R.R. Tolkien (1892–1973), Autor von *Der Hobbit* (1937).
473 Lat. für: *aus dem Stegreif.* Alle drei Autoren erfanden ihre Geschichten, um sie ihren Kindern zu erzählen oder (im Fall des kinderlosen Carroll) den Kindern von Freunden.
474 Arthur Mee (1875–1943) gab zwischen 1908 und 1910 die *Children's Encyclopedia* heraus und von 1919 an das «Children's Newspaper»; beide waren in England ungemein beliebt.
475 Edith Nesbit (1858–1924) schrieb über 40 Kinderbücher, die ein wichtiges Vorbild für Lewis' eigene Narnia-Geschichten waren. Die Bastable-Serie besteht aus den Büchern *The Story of the Treasure Seekers* (1899), *The Wouldbegoods* (1901) und *The New Treasure Seekers* (1904). Sie handelt von einer englischen Familie, die nach dem Tod der Mutter schwere Zeiten durchmacht.
476 Sir Michael Ernest Sadler (1861–1943) war ein englischer Historiker, Pädagoge und Verfechter des Systems der Public Schools, deren Ziel es war, begabten Kindern unabhängig vom Einkommen der Eltern eine gute Schulbildung zu vermitteln.
477 Die drei Bastable-Bücher sind aus der Perspektive des Jungen Oswald geschrieben.
478 Gemeint ist der Vorwurf, jemand weigere sich, erwachsen zu werden. Die Formulierung «Peter Pantheism» geht vermutlich auf G.K. Chestertons Essay «More Thoughts on Christmas» zurück (1920 in der Sammlung *The Uses of Diversity* veröffentlicht).
479 Lat. für: *du auch.*
480 Diese Passage ist im Anschluss an das paulinische Hohelied der Liebe gebildet: «Als ich ein Kind war, redete ich wie ein Kind, dachte wie ein Kind und urteilte wie ein Kind. Als ich ein Mann wurde, legte ich ab, was Kind an mir war» (1Kor 13,11). In der King James Version heißt es: «When I was a child, I spake as a child, I understood as a child, I thought as a child: but when I became a man, I put away childish things.» Lewis schreibt: «When I was ten, I read fairy tales in secret and would have been ashamed if I had been found doing so. Now that I am fifty I read them openly. When I became a man, I put away childish things, including the fear of childishness and the desire to be very grown up.»
481 Dieser Text entstand 1952 als Vortrag bei der «British Library Association» (dt. Bibliotheksgesellschaft).
482 J.R.R. Tolkien: «On Fairy Stories», in: *Essays Presented to Charles Williams* (1947).
483 Für das Folgende vgl. auch Essay Nr. III,3 «Psychoanalyse und Literaturkritik» in diesem Band.
484 D.h. der Stamm-Mannschaft beim Cricket (oder Fußball).
485 Homer: *Die Odyssee* (ca. 800 v. Chr. schriftlich festgehalten); William Shakespeare: *Der Sturm* (1611), E.R. Eddison: *Der Wurm Ouroboros* (1922).
486 Seit 1922 Abkürzung für die russische Geheimpolizei; Vorgänger des KGB.
487 Das «sehr ernste Märchen», über das sich der Kritiker lobend geäußert hat, war vermutlich *Der Hobbit.* Tolkien beschreibt dort im ersten Kapitel «Ein unerwartetes Fest», wie Bilbo seinen ungebetenen Gästen, den Zwergen, selbstgebackenen Kümmelkuchen anbietet.
488 Anthony Trollope (1815–1882), englischer Schriftsteller, der vor allem für seine «Chronicles of Barsetshire» bekannt ist. Die meisten seiner frühen Werke spielen in Irland, wo Trollope zwischen 1841 und 1859 überwiegend lebte.
489 Herbert George Wells (1866–1946), englischer Schriftsteller und Pionier der Science-Fiction-Literatur. Seine Romane wie z.B. *The Time Machine* (1895; dt. *Die Zeitmaschine*) oder *The War of the Worlds* (1898; dt. *Der Krieg der Welten*) waren auch in Deutschland sehr populär.
490 Lewis meint vermutlich den amerikanischen Romanautor Henry James (1843–1916).

491 Tobias George Smollett (1721–1771), schottischer Dichter und Romanautor.
492 Lewis verwendet den Ausdruck «deep play», der von dem Philosophen Jeremy Bentham (1748–1832) geprägt wurde und Spiele meint, bei denen der Einsatz so hoch ist, dass keine vernünftige Person ihn setzen würde.
493 Dt. *Schöne neue Welt* (1932) des englischen Schriftstellers Aldous Huxley (1894–1963).
494 Dt. *1984/Neunzehnhundertvierundachtzig* (1949) des englischen Schriftstellers George Orwell (1903–1950).
495 *The Waves* (dt. *Die Wellen*) von 1931 gehört zu den sogenannten «experimentellen» Romanen von Virginia Woolf.
496 Dt. *20.000 Meilen unter dem Meer* (1869–1870) des französischen Schriftstellers Jules Verne (1828–1905).
497 Kurzgeschichte von H.G. Wells aus dem Jahr 1903.
498 Dt. *Aufbruch zu den Sternen* (1947) des englischen Physikers und Science-Fiction-Autors Arthur C. Clarke (1917–2008).
499 «The Battle of Maldon» ist ein altenglisches Gedicht über die Schlacht, die 991 in Ostengland zwischen Angelsachsen und Wikingern stattfand. «Lepanto» (1911) ist ein Gedicht von G.K. Chesterton (1874–1936) über die Seeschlacht bei Lepanto/Griechenland zwischen den christlichen Mittelmeermächten und dem Osmanischen Reich im Jahr 1571.
500 *The Countess of Pembroke's Arcadia* (1590) ist ein posthum veröffentlichtes Werk des englischen Schriftstellers Philip Sidney (1554–1586), welches das Ideal des elisabethanischen Adligen beschreibt.
501 Lewis hat eine solche rudimentäre Form der Science-Fiction tatsächlich selbst geschrieben, und zwar als Kurzgeschichte mit dem Titel «Forms of Things Unknown» (dt. «Formen unbekannter Dinge», in C.S. Lewis' *Der dunkle Turm und andere Erzählungen*, hg. von Walter Hooper [Lüdenscheid 1984], 113–120).
502 Homer: *Odyssee*, 11. Gesang.
503 Bereits Aristoteles hatte in seinen *Meterologica* (II,5) gelehrt, die Äquator-Region sei aufgrund der hohen Sonneneinstrahlung unbewohnbar und somit auch unpassierbar.
504 Dante: *Göttliche Komödie*, «Fegefeuer», 2. Gesang.
505 «The Rime of the Ancient Mariner» (1798) (dt. «Die Ballade vom alten Seemann») ist eine Ballade des britischen Dichters Samuel Taylor Coleridge (1772–1834).
506 «Das eigentliche Studienobjekt des Menschen ist der Mensch / The proper study of Mankind is Man» (Alexander Pope: *An Essay on Man* [1734], Brief II, Zeile 2).
507 Dt. *Wenn der Schläfer erwacht*, Roman von H.G. Wells von 1899.
508 Lewis bezieht sich vermutlich auf eine Passage aus E.M. Forsters *A Passage to India* (1924).
509 Altenglisch: *Es ist nicht weit von hier, in Meilen gemessen.* «Beowulf» ist ein frühmittelalterliches episches Heldengedicht, entstanden vermutlich nach 700 und vor 975, worin der Held Beowulf gegen das Monster Grendel kämpft.
510 Die «Immrama» beschreiben die Suche ihrer Helden nach der Anderswelt, die sie auf einer Insel weit westlich von Irland vermuten. Sie machen unterwegs auf mehreren fantastischen Inseln Halt, bevor sie ihr Ziel erreichen. Dieser Typ Geschichte diente Lewis als Vorlage für seine Narnia-Geschichte *The Voyage of the Dawn Trader* ([1952], dt. Titel: *Die Reise auf der Morgenröte*).
511 Oberon ist ein in der Literatur des Mittelalters und der Renaissance (Geoffrey Chaucer, Edmund Spenser, William Shakespeare) mehrfach auftretender Elfenkönig; erstmals erwähnt wird er in der französischen Sage *Les Prouesses et faitz du noble Huon de Bordeaux* aus dem frühen 13. Jh.
512 Lewis bezieht sich auf Henry Rider Haggards Roman *She – A History of Adventure* (1886; dt. *Sie* [1911]). Er handelt von einer weißen Königin, die in Ostsafrika in der Nähe einer antiken Ruinenstadt namens Kôr lebt und seit 2000 Jahren auf magische Weise ihre jugendliche Schönheit erhält. Die von Lewis erwähnten Erdnussplantagen (*Tanganyika Groundnut Scheme*) waren in den Jahren 1946–1951 ein agrarindustrielles Großprojekt der britischen Regierung; die kenianischen Mau-Mau kämpften in den 1950er Jahren gegen die britische Kolonialherrschaft.
513 «Neoklassizismus» ist eine Bezeichnung für eine Literaturtheorie des 18. Jahrhunderts, die in Anknüpfung an die Literaturtheorie der Antike großen Wert auf die Einheit der Handlung legte. Die Episoden eines Werkes mussten daher logisch stimmig miteinander verbunden sein; ein plötzlicher Bruch oder Sprung in der Handlung ohne plausible Erklärung wurde abgelehnt.
514 Aristoteles (384–322 v. Chr.) war der Erste, der die Gesamtheit der zu seiner Zeit bekannten Lebewesen in einem einheitlichen biologischen Schema klassifizierte.
515 Edwin A. Abbott (1838–1926): *Flatland. A romance of many dimensions* (London 1884).
516 Lewis könnte Robert A. Heinleins Geschichte *By His Bootstraps* gemeint haben, die 1941 unter dem Pseudonym Anson MacDonald erschien.
517 *Vice Versa* (1882) und *The Brass Bottle* (1900) sind zwei komische Romane des britischen Autors Thomas Anstey Guthrie (1856–1934), der unter dem Pseudonym F. Anstey schrieb. Der Garuda-Stein ermöglicht es Vater und Sohn in der Geschichte, den Körper des anderen anzunehmen und somit an dessen Stelle zu treten.
518 Roman des schottischen Schriftstellers Robert Louis Stevenson (1850–1894) von 1886.
519 Von dem britischen Schriftsteller und Fernsehproduzenten Marcus Beresford (1919–1994) als Marc Brandel (den er später als echten Namen annahm) geschriebene Kurzgeschichte (1953).

520 *Orlando Innamorato* (erschienen 1483–1495) von Matteo Maria Boiardo (1441–1494) und die Fortsetzung *Orlando Furioso* (1632) von Ludovico Ariosto (1474–1533) sind zwei humoristische epische Gedichte, die in der Zeit Karls des Großen spielen und in denen zahlreiche Zauberer und Fabelwesen vorkommen.

521 Homer gilt als Autor der *Odyssee* (8.–7. Jh. v. Chr.); Sappho (ca. 630–570 v. Chr.) schuf die *Hymn to Aphrodite*; die *Kalevala* sind von Elias Lönnrot (1802–1884) gesammelte finnische Sagen und Mythen; Edmund Spenser (1552/1553–1599), Verfasser von *The Faerie Queen*; «Huon of Bordeaux» ist ein zum «Chanson de Geste» zählendes Heldengedicht aus dem 13. Jh.; Samuel Taylor Coleridge (1772–1834) schrieb die Gedichte «The Rime of the Ancient Mariner» und «Christabel»; «The Earthly Paradise» ist ein episches Gedicht von William Morris (1834–1896).

522 Haldane selbst war Kommunist; nach dem Zweiten Weltkrieg ging er zwar auf Distanz zum kommunistischen Regime in Moskau, blieb aber ein Verehrer Stalins.

523 William Paley (1743–1805) war ein englischer Philosoph und Theologe. In seiner utilitaristischen Ethik begründete er den Gehorsam dem Willen Gottes gegenüber mit der Aussicht, dadurch der ewigen Strafe zu entkommen und der ewigen Glückseligkeit teilhaftig zu werden.

524 Vichy war im Zweiten Weltkrieg nach der Besetzung Frankreichs durch Deutschland der Sitz der französischen Regierung. Da diese Regierung mit den Nationalsozialisten kollaborierte, wurde sie vom französischen Widerstand abgelehnt.

525 König Alfred der Große (849–899) war König von Wessex im Südwesten Englands; unter seiner Herrschaft (871–899) wurden viele lateinische Bücher erstmals ins Englische übertragen. Das *South English Legendary* ist eine im 13./14. Jh. in Mittelenglisch geschriebene Darstellung des Lebens christlicher Heiliger; sein Autor ist nicht bekannt. Vgl. hierzu auch Essay Nr. II,3 «Vorstellung und Denken im Mittelalter» in diesem Band.

526 *Romola* (1862/63) ist ein historischer Roman von George Eliot (1819–1880), der in Florenz gegen Ende des 15. Jahrhunderts spielt.

527 In diesem Essay entwirft Haldane die Zukunftsvision einer Menschheit, die sich, um die Zerstörung der Erde zu überleben, so weit an die physikalischen und chemischen Verhältnisse auf anderen Planeten (Venus, Jupiter) anpasst, dass sie dort weiterexistieren kann. Dabei muss sie sich allerdings so sehr verändern (sie muss auf dem Jupiter zum Beispiel auf ein Zehntel ihrer jetzigen Größe schrumpfen), dass sie mit dem, was heute menschliches Leben ausmacht, quasi nichts mehr zu tun hat. Das betrifft laut Haldane auch die folgenden Dinge: «Zu den Verhaltensweisen, die unsere Vorfahren nach und nach überwanden und die unter uns lediglich in der Form äußerst seltener Verirrungen wiederkehren, gehören solche selbstbezogenen Gefühle wie Stolz und persönliche Vorlieben bei der Partnerwahl. Sie hatten sich auch solche Emotionen wie Mitleid zu eigen gemacht (ein unangenehmes Gefühl, das durch das Leiden anderer Individuen hervorgerufen wird)» (J.B.S. Haldane: *Possible Worlds* [London 1927], 303).

528 «Ich habe eine menschliche Rasse auf Erden gezeichnet, die ganz in der Verfolgung individuellen Glücks aufgeht; auf der Venus bloße Bestandteile eines monströsen Ameisenhaufens. Mein eigenes Ideal liegt natürlich irgendwo dazwischen» (ebd., 310).

529 Lewis bezieht sich auf die folgende Passage aus Haldanes Essay: «Die alte menschliche Rasse hatte das individuelle Glück erfolgreich kultiviert und wurde durch Feuer vom Himmel zerstört. Das ist kein Anlass zu großem Bedauern, weil sich Glück nicht aufaddiert. Das Glück von zehn Millionen Individuen ist nicht das Millionenfache des Glücks von zehn. Doch die einmütige Zusammenarbeit von zehn Millionen Individuen ist etwas jenseits ihres individuellen Verhaltens. Es ist das Leben eines Super-Organismus» (ebd., 307f.).

530 Dies ist eine euphemistische Abkürzung für das «National Institute for Co-ordinated Experiments», der Einrichtung, in der sich im Roman die Kräfte des Bösen sammeln.

531 Engl. «Rake's Progress»; dies ist der Titel einer Serie von Gemälden und Kupferstichen des englischen Künstlers William Hogarth (1697–1764).

532 Conrad Hal Waddington (1905–1975), britischer Evolutionsbiologe, Genetiker und Philosoph.

533 Lewis beschreibt diese Erfahrung in Malvern College (dort «Wyvern» genannt) ausführlich in Kapitel 6 + 7 «Bloodery» und «Licht und Schatten» seiner Autobiografie *Überrascht von Freude*.

534 In der Bibel eine phönizisch-kanaanitische Gottheit, der Kinder geopfert werden mussten.

535 Vgl. hierzu den Essay «Der innere Ring», in: C.S. Lewis: *Der innere Ring und andere Essays* (Basel 1982).

536 Vgl. hierzu auch den Essay Nr. I,7 «‹Bulverismus› *oder* Die Grundlage des Denkens des 20. Jahrhunderts» in diesem Band.

537 Vgl. hierzu auch den Essay Nr. II,5 «Hierarchie» in diesem Band.

Englisches Literaturverzeichnis

Die englischen Originaltexte sind in den folgenden Werken bzw. Sammlungen mit Texten von C.S. Lewis zu finden:

«Bevor wir miteinander reden können», in: *God in the Dock*, hg. von Walter Hooper (Grand Rapids, Michigan 1970), 254–257.

«Bibelkritik oder Auslegung der Heiligen Schrift?», in: *VII. An Anglo-American Literary Review*. Vol. 34 (2017), 71–74.

«Bluspels und Flalansferes: Ein semantischer Alptraum», in: *Selected Literary Essays*, hg. von Walter Hooper (Cambridge 1969), 251–265.

«‹Bulverismus› *oder* Die Grundlage des Denkens des 20. Jahrhunderts», in: *God in the Dock*, hg. von Walter Hooper (Grand Rapids, Michigan 1970), 271–277.

«Christliche Apologetik», in: *God in the Dock*, hg. von Walter Hooper (Grand Rapids, Michigan 1970), 89–103.

«Christliche Wiedervereinigung», in: *Christian Reunion and Other Essays*, hg. von Walter Hooper (London 1990), 17–21.

«Das leere Universum», in: *Present Concerns*, hg. von Walter Hooper (San Diego, New York und London 1986), 81–86.

«Das Natur- und Menschenbild der Renaissance», in: *English Literature in the 16th Century excluding Drama* (London 1954), 2–9, 12–14.

«De Descriptione Temporum», in: *Selected Literary Essays*, hg. von Walter Hooper (Cambridge 1969), 1–14.

«Demokratische Erziehung», in: *Present Concerns*, hg. von Walter Hooper (San Diego, New York und London 1986), 32–36.

«Der Hobbit», in: *Image and Imagination. Essays and Reviews*, hg. von Walter Hooper (Cambridge 2013), 95–98.

«Der Schmerz der Tiere: Ein Problem für die Theologie», in: *God in the Dock*, hg. von Walter Hooper (Grand Rapids, Michigan 1970), 166–171.

«Die Erscheinungen retten», in: *The Discarded Image* (Cambridge 1964), 13–21.

«Die Geschichte Jesu – ein wahrer Mythos»: *Collected Letters of C.S. Lewis.* Vol. I. Family Letters 1905–1931, ed. Walter Hooper (London 2000), 974, 976–977. *Collected Letters of C.S. Lewis.* Vol. II. Books, Broadcasts, and the War 1931–1949, hg. von Walter Hooper (London 2004), 7–8, 12–13, 22–23, 35, 43, 69–70, 121–125.
«Eine Replik auf Professor Haldane»: *On Stories and Other Essays on Literature*, hg. von Walter Hooper (San Diego, New York und London 1982), 69–79.
«Eine Weihnachtspredigt für Heiden», in: *VII. An Anglo-American Literary Review.* Vol. 34 (2017), 47–50.
«Gespräch über das Fahrradfahren», in: *Present Concerns*, hg. von Walter Hooper (San Diego, New York und London 1986), 76–72.
«Gott und das Böse», in: *Collected Letters of C.S. Lewis.* Vol. II. Books, Broadcasts, and the War 1931–1949, hg. von Walter Hooper (London 2004), 121–125.
«Gott und das Leid», in: *Letters of C.S. Lewis.* Revised and enlarged edition, hg. von Walter Hooper (San Diego, New York und London 1993), 415–416, 477; *Collected Letters of C.S. Lewis.* Vol. II. Books, Broadcasts, and the War 1931–1949, hg. von Walter Hooper (London 2004), 953, 956–957; *Collected Letters of C.S. Lewis.* Vol. III. Narnia, Cambridge, and Joy 1950–1963, hg. von Walter Hooper (London 2006), 134–135, 163, 520, 567, 679, 743, 901.
«Hedonik», in: *Present Concerns*, hg. von Walter Hooper (San Diego, New York und London 1986), 50–55.
«Hierarchie», in: *A Preface to Paradise Lost* (London 1961), 73–81.
«Hinter den Kulissen», in: *God in the Dock*, hg. von Walter Hooper (Grand Rapids, Michigan 1970), 245–249.
«Manchmal sagen Märchen am besten, was man sagen will», in: *On Stories and Other Essays on Literature*, hg. von Walter Hooper (San Diego, New York und London 1982), 45–48.
«Meditation in einem Geräteschuppen», in: *God in the Dock*, hg. von Walter Hooper (Grand Rapids, Michigan 1970), 212–215.
«Meine erste Schule», in: *Present Concerns*, hg. von Walter Hooper (San Diego, New York und London 1986), 23–26.

«Moderne Bibelübersetzungen», in: *God in the Dock*, hg. von Walter Hooper (Grand Rapids, Michigan 1970), 229–233.
«Psychoanalyse und Literaturkritik», in: *Selected Literary Essays*, hg. von Walter Hooper (Cambridge 1969), 286–300.
«Schreckliche rote Dinger», in: *God in the Dock*, hg. von Walter Hooper (Grand Rapids, Michigan 1970), 68–71.
Tolkiens «Der Herr der Ringe», in: *Image and Imagination. Essays and Reviews*, hg. von Walter Hooper (Cambridge 2013), 99–109.
«Über den Unterschied von Katholizismus und Protestantismus», in: *The Allegory of Love* (London 1936), 321–324.
«Über die Angst Jesu», in: *Collected Letters of C.S. Lewis*. Vol. II. Books, Broadcasts, and the War 1931–1949, hg. von Walter Hooper (London 2004), 266–269.
«Über drei Weisen, für Kinder zu schreiben»: *On Stories and Other Essays on Literature*, hg. von Walter Hooper (San Diego, New York und London 1982), 31–43.
«Über Science-Fiction», in: *On Stories and Other Essays on Literature*, hg. von Walter Hooper (San Diego, New York und London 1982), 55–68.
«Vivisektion», in: *God in the Dock*, hg. von Walter Hooper (Grand Rapids, Michigan 1970), 224–228.
«Vom Modellcharakter aller Weltbilder», in: *The Discarded Image* (Cambridge 1964), 216–223.
«Vorstellung und Denken im Mittelalter», in: *Studies in Medieval and Renaissance Literature*, hg. von Walter Hooper (Cambridge 1966), 41–63.
«Was ist Dichtung?», in: *The Personal Heresy. A Controversy* (mit E.M.W. Tillyard), Oxford Paperback (London, New York und Toronto 1965), 107–121.
«Xmas und Christmas: Ein verschollenes Kapitel aus Herodot», in: *God in the Dock*, hg. von Walter Hooper (Grand Rapids, Michigan 1970), 301–303.

Anhang

Einige Fotos aus C. S. Lewis' Leben

Broadcasting House, London, um 1950. Von hier wurden Lewis' Radioansprachen im Krieg ausgestrahlt. Die Kirche rechts im Bild ist die All Souls Church am Langham Place, die durch den Dienst von John Stott (1921–2011) berühmt wurde.

Lewis in seinem Haus «The Kilns», 1960. Dies ist eines der bekanntesten Bilder des späteren Lewis. Es zeigt ihn an seinem Schreibtisch sitzend, umgeben von den Dingen, die er beim Schreiben benötigte: zur Linken eine große Tasse Tee, eine Flasche Quink-Tinte, ein Aschenbecher und eine Schachtel Zündhölzer; zur Rechten eine Pfeife, eine Dose Tabak und eine zweite Schachtel Zündhölzer.

Die Familie Lewis vor dem Haus Little Lea, 1905. Hinten (von links nach rechts): Agnes Lewis (Tante), zwei Hausbedienstete, Flora Lewis (Mutter). Vorn (von links nach rechts): Warnie (Bruder), C. S. Lewis, Leonard Lewis (Cousin), Eileen Lewis (Cousine) und Albert Lewis(Vater) mit dem Hund Nero.

Lewis und Warnie mit ihren Fahrrädern vor dem Haus der Familie Ewart, Glenmachan House, im August 1908.

Eine Tennisparty am Glenmachan House im Sommer 1910.
C. S. Lewis steht ganz rechts.

Die Studenten des University College im Trinity Term 1917.
Lewis steht ganz rechts in der hinteren Reihe.

Das Sheldonian Theater, Schauplatz der akademischen Ehrungen in Oxford, 1922. Hier gewann Lewis als 23-Jähriger den Preis für den «besten englischen Essay eines Studenten» zu einem vorgegebenen Thema. In diesem Fall zum Thema «Optimismus».

C. S. Lewis (links) und sein Freund Paddy Moore (rechts) in Oxford im Sommer 1917. Die Identität der Person im Hintergrund des Fotos ist nicht bekannt.

Die Cornmarket Street, eine der belebtesten Einkaufszonen Oxfords.
Im Clarendon Hotel auf der linken Straßenseite aß Lewis mit seinem Vater.

Fast wie eine zweite «Familie»: Links Lewis, daneben Freundin Maureen (die ihm wie eine Schwester wurde) und Mrs. Moore, seine Zimmerwirtin, auf dem Balkon einer Teestube in St. Agnes Cove, Cornwall, 1927.

Sir Herbert Warren (Mitte vorn), der Präsident des Magdalen College, mit den Fellows im Juli 1928. Lewis steht als Fünfter von rechts in der hinteren Reihe.

Der Turm des Magdalen College, Oxford, im Schnee des Winters 1910.

Das New Building, Magdalen College, etwa 1925.

Lewis, seine Zimmerwirtin Mrs. Moore und Bruder Warnie bei «The Kilns» im Dorf Risinghurst, Oxford, Sommer 1930. Dort schrieb Lewis seine «Narnia»-Geschichten und etliche seiner Klassiker.

Das Innere der Kapelle des Magdalen College, etwa 1927. Ab Oktober 1930 nahm Lewis hier regelmäßig an Gottesdiensten teil.

Duke Humfrey's Library, der älteste Teil der Oxforder Bodleian Library, im Jahr 1902. Dieser Lesesaal, der Manuskripten und frühen Druckwerken vorbehalten ist, hat sich seit Lewis' Zeit nur wenig verändert.

Lewis' Freund, der Romanautor und Dichter Charles Williams (1886–1945).

Magdalene College,
Cambridge,
England

16 Jan. 1961

Gentlemen

In reply to your invitation I have the honour of nominating as a candidate for the Nobel Prize in Literature for 1961

Professor J. R. R. Tolkien of Oxford

in recognition of his now celebrated romantic trilogy The Lord of the Rings.

I remain

your obedient servant

C. S. Lewis

(C. S. LEWIS)

C. S. Lewis' unveröffentlichter Brief vom 16. Januar 1961, in dem er J. R. R. Tolkien für den Literaturnobelpreis 1961 vorschlug. Copyright © C. S. Lewis Pte. Ltd.

Lewis' Freund J. R. R. Tolkien in seinen Räumen im Merton College in den 1970ern. © Billett Potter, Oxford.

Addison's Walk, benannt nach Joseph Addison (1672–1719), einem früheren Fellow des Magdalen College, fotografiert 1937. Hier spazierte Lewis manchmal mit Tolkien.

Eine «Landkarte von Narnia», gezeichnet von Pauline Baynes.

Die Examination Schools in der Nähe des Magdalen College. Hier hielt Lewis viele seiner Vorlesungen während seiner Laufbahn an der Universität Oxford.

Eine Gruppe der Inklings beim Pub «The Trout» in Godstow nahe Oxford. Von links nach rechts: James Dundas-Grant, Colin Hardie, Dr. Robert E. Havard, Lewis und Peter Havard (er kein Mitglied der Inklings).

Sie wurde im April 1956 Lewis' Frau: Joy Davidman Lewis, 1960.

Blick vom Fluss Cam auf das Magdalene College, Cambridge, 1955.

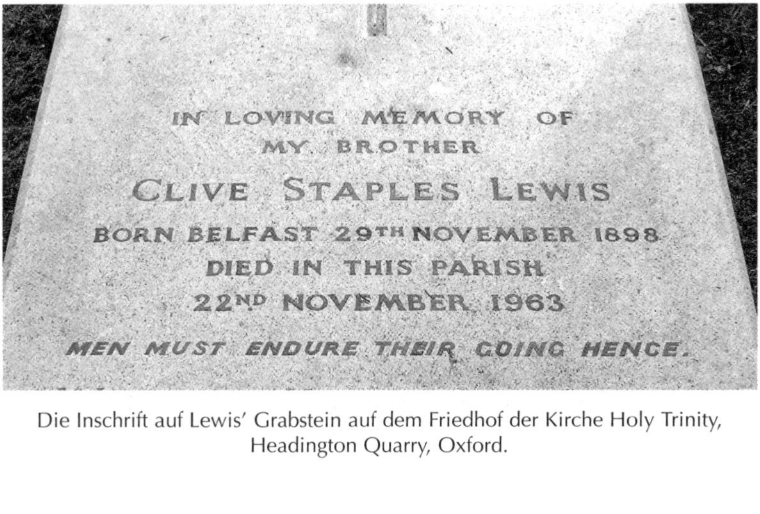

Die Inschrift auf Lewis' Grabstein auf dem Friedhof der Kirche Holy Trinity, Headington Quarry, Oxford.

Ein schöner Augenblick des Friedens. Lewis und sein Bruder Warnie im Urlaub in Annagassan, Grafschaft Louth, Irland, im Sommer 1949.